MAHOMA
Biografía del Profeta

KAREN ARMSTRONG
MAHOMA
Biografía del Profeta

Traducción de Victoria Ordóñez

48
TIEMPO
DE MEMORIA
TUSQUETS
EDITORES

Título original: *Muhammad. A Biography of the Prophet*

1.ª edición: septiembre de 2005

© de la traducción: Victoria Ordóñez, 2005
Diseño de la cubierta: Lluís Clotet y Ramón Úbeda
Reservados todos los derechos de esta edición para
Tusquets Editores, S.A. - Cesare Cantù, 8 - 08023 Barcelona
www.tusquets-editores.es
ISBN: 84-8310-432-6
Depósito legal: B. 34.107-2005
Fotocomposición: Foinsa - Passatge Gaiolà, 13-15 - 08013 Barcelona
Impreso sobre papel Goxua de Papelera del Leizarán, S.A. - Guipúzcoa
Impresión: Limpergraf, S.L. - Mogoda, 29-31 - 08210 Barberà del Vallès
Encuadernación: Reinbook
Impreso en España

Índice

Índice

Para Sally Cockburn,
que también comprende el dolor
y el poder de la tergiversación

AGRADECIMIENTOS

Quisiera agradecer a Liz Knights, mi editora en la editorial Gollancz, y a Peter James, mi corrector de estilo, su esmerada revisión del manuscrito y sus útiles sugerencias. Asimismo, me gustaría expresar mi más profunda gratitud a Rana Kabbani por su inestimable contribución a esta obra.

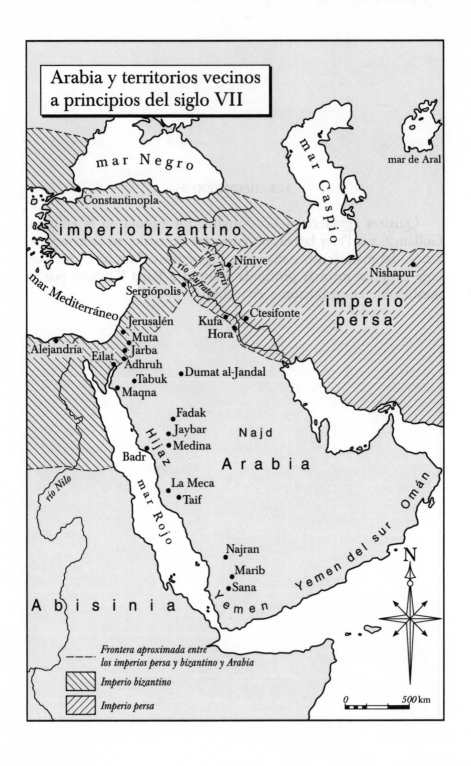

Arabia y territorios vecinos
a principios del siglo VII

mar Negro

mar de Aral

Constantinopla

mar Caspio

imperio bizantino

mar Mediterráneo

río Tigris

río Éufrates

Nínive

Nishapur

Sergiópolis

Ctesifonte

imperio
persa

Jerusalén
Muta
Jarba
Adhruh
Tabuk
Maqna

Kufa
Hora

Alejandría

Eilat

Dumat al-Jandal

Fadak
Jaybar
Medina

Najd

Arabia

Badr

Hiyaz

La Meca
Taif

río Nilo

mar Rojo

Omán

N

Najran

Marib
Sana

Yemen del sur

Abisinia

Yemen

- - - - Frontera aproximada entre
       los imperios persa y bizantino y Arabia

/// Imperio bizantino

/// Imperio persa

0   500 km

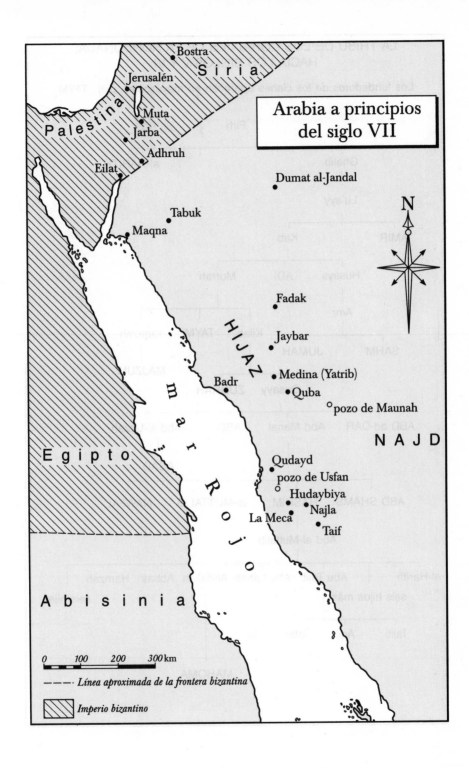

Arabia a principios del siglo VII

Bostra

Siria

Jerusalén

Palestina

Muta

Jarba

Adhruh

Eilat

Dumat al-Jandal

N

Tabuk

Maqna

HIJAZ

Fadak

Jaybar

mar Rojo

Badr

Medina (Yatrib)

Quba

pozo de Maunah

NAJD

Egipto

Qudayd

pozo de Usfan

Hudaybiya

Najla

La Meca

Taif

Abisinia

0   100   200   300 km

- - - - Línea aproximada de la frontera bizantina

Imperio bizantino

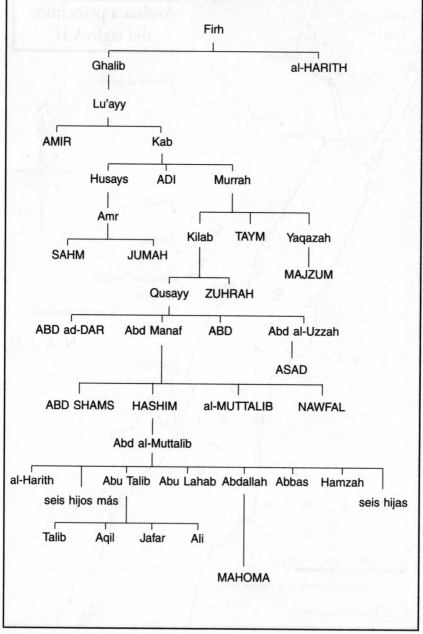

LA TRIBU DE LOS CORAIXÍES DE LA HONDONADA, HACIA LOS SIGLOS V Y VI

Los fundadores de los clanes aparecen en mayúsculas. p.ej., TAYM

Firh
- Ghalib
- al-HARITH

Ghalib → Lu'ayy

Lu'ayy
- AMIR
- Kab

Kab
- Husays
- ADI
- Murrah

Husays → Amr

Amr
- SAHM
- JUMAH

Murrah
- Kilab
- TAYM
- Yaqazah

Yaqazah → MAJZUM

Kilab
- Qusayy
- ZUHRAH

Qusayy
- ABD ad-DAR
- Abd Manaf
- ABD
- Abd al-Uzzah

Abd al-Uzzah → ASAD

Abd Manaf
- ABD SHAMS
- HASHIM
- al-MUTTALIB
- NAWFAL

HASHIM → Abd al-Muttalib

Abd al-Muttalib
- al-Harith
- seis hijos más
- Abu Talib
- Abu Lahab
- Abdallah
- Abbas
- Hamzah
- seis hijas

Abu Talib
- Talib
- Aqil
- Jafar
- Ali

Abdallah → MAHOMA

GENEALOGÍA DE MAHOMA Y FAMILIAS RELACIONADAS

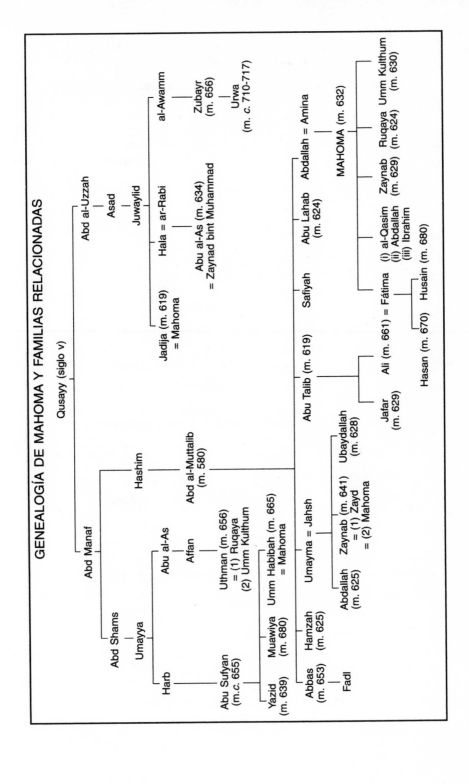

Escribí esta biografía de Mahoma hace poco más de diez años, en pleno caso Rushdie. Durante algún tiempo me habían preocupado los prejuicios contra el islam que solía encontrar incluso en los círculos más liberales y tolerantes. Tras los terribles acontecimientos acaecidos en el siglo XX me pareció que, sencillamente, no podíamos permitirnos cultivar una visión distorsionada e inexacta de la religión que profesan los mil doscientos millones de musulmanes que integran una quinta parte de la población mundial. Cuando el ayatolá Jomeini emitió su infame *fatwa* contra Rushdie y sus editores, estos prejuicios occidentales se hicieron incluso más ostensibles.

En 1990, cuando escribía este libro, a nadie le interesaba saber en Gran Bretaña que casi exactamente un mes después de la *fatwa*, durante una reunión del Congreso Islámico, cuarenta y cuatro de los cuarenta y cinco países miembros condenaron la orden del ayatolá por considerarla poco islámica, aislando de este modo a Irán. Muy pocos occidentales estaban interesados en saber que tanto los jeques de Arabia Saudí, la Tierra Santa del islam, como la prestigiosa madrasa al-Azhar en El Cairo declararon también que la *fatwa* contravenía la ley islámica. Sólo unos pocos parecían dispuestos a escuchar con comprensión a los muchos musulmanes de Gran Bretaña que, pese a desvincularse del ayatolá y oponerse al asesinato de Rushdie, se sintieron profundamente consternados por lo que consideraban un retrato blasfemo del profeta Mahoma en su novela. Al parecer, la *intelligentsia* occidental quería creer que todo el mundo musulmán clamaba por la sangre de Rushdie. Algunos de los principales escritores, intelectuales y filósofos de Gran Bretaña describieron el islam o bien con asombrosa ignorancia o con una indiferencia terrible ante la verdad. En su opinión, el islam era una fe intrínsecamente intolerante y fanática que no merecía respeto alguno; a nadie pareció importarle la sensibilidad herida de los musulmanes que se sintieron ofendidos por el retrato que hizo Rushdie de su querido Profeta en *Los versos satánicos*.

Escribí la presente obra porque me parecía lamentable que la descripción que hizo Rushdie de Mahoma fuera la única que probablemente leyera la mayoría de occidentales. Pese a que podía comprender lo que Rushdie intentaba expresar en su novela, consideré importante presentar la auténtica historia del Profeta, porque fue sin duda uno de los seres humanos más excepcionales de la historia. Me resultó muy difícil encontrar un editor: muchos suponían que a los musulmanes les indignaría que una mujer infiel como yo osara escribir acerca de su Profeta, y si publicaban este libro yo no tardaría en acompañar a Rushdie en su escondite. Pero, después de todo, acabó conmoviéndome profundamente la acogida cálida y generosa que los musulmanes dispensaron a mi libro en aquellos tiempos difíciles. De hecho, los musulmanes y los islamistas más reputados fueron los primeros en tomarme en serio y en creer que yo no era tan sólo una monja fugitiva empeñada en causar problemas. Y, durante los diez años siguientes, pareció que la islamofobia endémica en Occidente comenzaba a disminuir. Los antiguos prejuicios resurgían de vez en cuando, pero la gente parecía cada vez más dispuesta a conceder a los musulmanes el beneficio de la duda.

Entonces tuvieron lugar los espantosos acontecimientos del 11 de septiembre de 2001, cuando unos extremistas musulmanes destruyeron el World Trade Center de Nueva York y un ala del Pentágono, matando a más de cinco mil personas. Este crimen horrendo parecía confirmar todas las ideas negativas de los occidentales acerca del islam, al que presentaban como una doctrina fanática que incita al asesinato y al terror. Escribo esta nueva introducción cuando ha transcurrido poco más de un mes del ataque. Vivimos en una época extraña, en la que continúa vigente la idea de que el islam lleva implícita una peligrosa propensión a la violencia. Durante los interminables debates que siguieron a la tragedia, los críticos del islam solían citar –a menudo fuera de contexto– los pasajes más feroces del Corán, argumentando que dichos pasajes podían inspirar y refrendar el extremismo con suma

18

facilidad. Con excesiva frecuencia pasaron por alto el hecho de que tanto las Escrituras judías como las cristianas pueden ser igualmente belicosas. En la Torah, el libro más sagrado de la Biblia judía, el pueblo de Israel es exhortado repetidas veces a expulsar a los cananeos de la Tierra Prometida, a destruir sus símbolos sagrados y a no suscribir tratados con ellos. Una minúscula proporción de fundamentalistas judíos se basa en estos textos para justificar la violencia contra los palestinos y la oposición religiosa al proceso de paz de Oriente Próximo. Pero casi todo el mundo posee suficientes conocimientos sobre judaísmo como para comprender que estos pasajes intransigentes no son enteramente representativos, y que resulta ilegítimo emplearlos de esta forma. De modo similar, suelen presentar a Jesús como un pacifista, pero en el Evangelio, éste habla y se comporta a menudo de forma muy agresiva. Pese a que en cierta ocasión llega a decir que no ha venido para traer la paz, sino la espada, nadie citó estos versículos cuando los serbios cristianos asesinaron de forma salvaje a ocho mil musulmanes en Srebrenica. Nadie acusó al cristianismo de ser una fe intrínsecamente peligrosa y violenta, porque casi todo el mundo sabía lo suficiente acerca de esta compleja religión como para comprender que tal acusación estaría del todo fuera de lugar. La mayoría de los occidentales poseen un conocimiento tan incompleto del islam que no están preparados para juzgarlo con ecuanimidad o para sostener un debate fructífero sobre estos temas.

Pero incluso en estos tiempos oscuros, en los que los intentos por promover el entendimiento entre musulmanes y occidentales parecen abocados al fracaso, han surgido atisbos de esperanza. En primer lugar, me impresionó el enorme esfuerzo realizado por el presidente George W. Bush y el primer ministro Tony Blair por dejar claro que los terroristas no representaban la tradición islámica, tan rica y compleja; Bush y Blair visitaron numerosas mezquitas, aseguraron a los musulmanes que la guerra que estaban a punto de librar en Afganistán no era contra el islam y recalcaron el hecho de que el islam era una religión esencialmente pacífica, lo cual constituía una auténtica novedad. Ningún líder político hizo esta distinción durante la crisis de Rushdie.

Entonces se produjo un hecho alentador: muchos parecieron darse cuenta de que no podían seguir desconociendo la fe musulmana. El Corán se agotó en las librerías estadounidenses y las ventas de libros sobre el islam, incluyendo algunos escritos por mí, se dispararon. Si bien muy pocos habían estado interesados en conocer la verdad sobre la fe musulmana doce años antes, parecía que ahora, tras la conmoción del 11 de septiembre, la gente quería saberlo todo acerca del islam, el Corán y el Profeta. Es cierto que surgieron reacciones violentas contra los musulmanes en algunos países occidentales: asesinaron a hombres de aspecto árabe, incluyendo a un sij y un cristiano copto; en Londres, un taxista afgano, que probablemente había huido de los talibanes, quedó paralítico del cuello para abajo. Las mujeres tenían miedo a salir de casa tocadas con el *hiyab* y varias mezquitas fueron asaltadas. Pero también existía una preocupación generalizada sobre tan horribles acontecimientos, así como la determinación de ponerles fin. Si la atrocidad cometida en septiembre lleva a un nuevo entendimiento del islam en Occidente, esta tragedia habrá tenido algún resultado positivo.

Me resultó particularmente doloroso descubrir que los terroristas creyeran estar siguiendo los pasos del profeta Mahoma. Osama ben Laden, el principal sospechoso, basaba su ideología fundamentalista en la misión profética de Mahoma. Según este programa fundamentalista, enunciado por primera vez por Sayyid Qutb, un intelectual egipcio ejecutado por el presidente Jamal Adb al-Nasser en 1966, la vida del Profeta constituía una epifanía, un programa divino revelado por Dios; era la única forma de crear una sociedad orientada en la dirección correcta. El profeta Mahoma había luchado contra lo que los musulmanes denominan *jahiliyyah* (literalmente, la Edad de la Ignorancia), el término empleado por los musulmanes para describir la barbarie corrupta de la Arabia preislámica. Pero cada época, según Qutb, tenía su *jahiliyyah*, y los musulmanes del siglo XX deberían seguir el ejemplo del Profeta y extirpar este mal de su territorio. En primer lugar, deberían apartarse de la sociedad *jahili* establecida y crear una vanguardia entregada que pudiera luchar algún día en nombre de los musulmanes, tal y como hiciera Mahoma cuando comenzó a predicar en La Meca. Con el tiempo, al igual que Mahoma, los auténticos musulmanes tendrían que apartarse totalmente de la *jahiliyyah* y crear una sociedad auténticamente islámica, un enclave de fe pura, donde poder prepararse para la lucha venidera. En la última etapa del programa los musulmanes se verían obligados a librar una *yihad*, o guerra santa, seguros de obtener el éxito con el tiempo, como lo estuvo Mahoma cuando conquistó La Meca en el año 630 y unió toda Arabia bajo el dominio islámico.

No cabe duda de que Ben Laden suscribía esta ideología. En las semanas posteriores al 11 de septiembre empleó frecuentemente la terminología de Qutb, y podemos ver sus campos de entrenamiento como enclaves piadosos donde su entregada vanguardia se preparaba para la *yihad*. Los secuestradores también tenían en mente a Mahoma cuando subieron a los aviones condenados. «Sed optimistas», se les exhortaba en los documentos que supuestamente fueron hallados en sus equipajes, «el Profeta siempre fue optimista.»

Pero la mera suposición de que Mahoma hubiera encontrado alguna razón para mostrarse optimista tras la matanza cometida en su nombre el 11 de septiembre resulta obscena, porque, como pretendo demostrar en estas páginas, Mahoma dedicó la mayor parte de su vida a intentar impedir ese tipo de matanza indiscriminada. La palabra *islam*, que denota la «entrega» existencial a Dios de todo su ser que los musulmanes están obligados a hacer, guarda relación con el término *salam*, «paz». Y, lo que es más importante, Mahoma acabaría renunciando a la violencia y practicando una política de no violencia atrevida e inspirada, digna de Gandhi. Al imaginar que la guerra santa fue la culminación de su misión profética, los fundamentalistas han distorsionado todo el sentido de su vida. Lejos de ser el padre de la *yihad*, Mahoma fue un conciliador que arriesgó su vida y casi perdió la lealtad de sus compañeros más cercanos por su empeño en reconciliarse con La Meca. En lugar de librar una batalla intransigente hasta la muerte, Mahoma estuvo dispuesto a negociar y a llegar a un acuerdo. Y esta aparente humillación y capitulación demostró ser, en palabras del Corán, una gran victoria *(fath)*.

Es preciso conocer la historia del Profeta en esta época tan llena de peligros. No podemos permitir que los extremistas musulmanes se apropien de la biografía de Mahoma y la tergiversen para acomodarla a sus objetivos. Además, el Profeta aún tiene mucho que enseñarnos sobre cómo comportarnos en un mundo como el nuestro, tan distinto al de antaño. Al iniciar su misión Mahoma no tenía un plan de acción claro. De forma inevitable, cualquier plan de estas características habría tenido sus orígenes en el mundo antiguo y violento de ataques, represalias y contraataques que Mahoma pretendía dejar atrás. En lugar de diseñar una política determinada y ceñirse a ella, Mahoma se limitó a observar con atención, inteligencia y sensibilidad el devenir de los acontecimientos, permitió que su lógica interna le hablara, supo ver más allá que sus contemporáneos y actuó en consecuencia. Así fue capaz de proporcionar una solución a la Arabia arrasada por la guerra que habría sido del todo inconcebible en un principio. Nosotros también nos enfrentamos a grandes cambios después de la tragedia de septiembre. Tenemos que comprender que no podemos, por ejemplo, entablar este nuevo tipo de guerra con las armas y la ideología de la Guerra Fría. Necesitamos soluciones nuevas para esta situación sin precedentes, y podemos aprender mucho del comedimiento del Profeta. Pero, por encima de todo, podemos aprender de Mahoma cómo obtener la paz. Su trayectoria nos demuestra que deberíamos imponernos como objetivo prioritario extirpar la codicia, el odio y el desprecio de nuestros corazones y reformar nuestra propia sociedad. Sólo entonces será posible edificar un mundo seguro y estable donde todas las personas puedan vivir juntas en armonía, respetando las diferencias de los demás.

En Occidente nunca hemos sido capaces de comprender el islam; siempre hemos albergado ideas rudimentarias, desdeñosas y arrogantes acerca de esta fe, pero ahora hemos aprendido que no podemos seguir mostrando una actitud tan ignorante y llena de prejuicios. Al final de esta biografía incluí una cita del investigador canadiense Wilfred Cantwell Smith, cuya obra ha supuesto una constante fuente de inspiración para mí. En un texto de 1956, Cantwell Smith señaló que tanto Occidente como el mundo islámico deberían realizar un gran esfuerzo si querían pasar la prueba que les planteaba el siglo XX. Los musulmanes tendrían que aceptar la sociedad occidental y su éxito, porque constituían una realidad insoslayable. Pero los occidentales también deberían aprender «que comparten el planeta no con sus inferiores, sino con sus iguales». Hasta que la civilización occidental y la teología cristiana se dignaran «tratar a los otros hombres con un respeto básico, éstas a su vez no habrán logrado adaptarse a las realidades del siglo XX». La tragedia del 11 de septiembre nos demostró que, si bien hemos avanzado un poco, todos nosotros hemos suspendido el examen, tanto Occidente como el mundo islámico. Si queremos obtener mejores resultados en el siglo XXI de la era cristiana, los occidentales tienen que aprender a comprender a los musulmanes, con los que comparten el planeta. Tienen que aprender a respetar y apreciar su fe, sus necesidades, su desazón y sus aspiraciones. Y no puede existir mejor manera de iniciar este proceso esencial que obteniendo un conocimiento más preciso de la vida del profeta Mahoma, cuyo talento y sabiduría, tan sobresalientes, iluminarán esta época oscura y alarmante.

1
Mahoma, el enemigo

Los occidentales nunca han logrado comprender del todo la violenta reacción musulmana al retrato ficticio de Mahoma que Salman Rushdie presentó en *Los versos satánicos*. Parecía increíble que una novela pudiera inspirar tanto odio, una reacción que se consideró prueba de la incurable intolerancia del islam. Resultó especialmente perturbador para los británicos descubrir que las comunidades musulmanas de sus propias ciudades se regían de acuerdo con valores distintos, en apariencia ajenos, y que dichas comunidades estaban dispuestas a defenderlos hasta la muerte. Pero este trágico asunto también trajo a la luz recordatorios incómodos del pasado occidental. Cuando los británicos contemplaban a los musulmanes de Bradford quemar la novela, ¿lo relacionaban con las hogueras de libros que ardieron en la Europa cristiana a lo largo de los siglos? En 1242, por ejemplo, el rey Luis IX de Francia, un santo canonizado por la Iglesia católica, condenó el Talmud judío por considerarlo un ataque maligno contra la persona de Cristo. El libro fue prohibido y muchos ejemplares se quemaron públicamente en presencia del rey. Luis IX no estaba interesado en discutir sus diferencias con las comunidades judías de Francia de forma pacífica y racional. En cierta ocasión afirmó que la única manera de debatir con un judío era matarlo «clavándole la espada en el vientre hasta la empuñadura».[1] Fue Luis quien creó la primera Inquisición a fin de llevar a los cristianos herejes ante la justicia y quien no sólo quemó sus libros, sino también a cientos de hombres y mujeres. Odiaba asimismo a los musulmanes y lideró dos cruzadas contra el mundo islámico. En tiempos de Luis IX la negativa a coexistir con otras religiones no procedía del islam, sino del Occidente cristiano. De hecho, puede decirse que la amarga historia de las relaciones entre Occidente y los musulmanes comenzó con un ataque a Mahoma en la España musulmana.

En el año 850 un monje llamado Perfecto acudió a comprar al zoco de Córdoba, capital del estado musulmán de al-Andalus. Allí salió a su encuentro un grupo de árabes, los cuales le preguntaron quién había sido el profeta más importante, Jesús o Mahoma. Perfecto comprendió de inmediato que se trataba de una pregunta capciosa, porque en el imperio islámico insultar a Mahoma constituía una ofensa capital, y al principio respondió con cautela. Pero poco después estalló súbitamente y comenzó a soltar una encendida retahíla de insultos: tachó de charlatán al Profeta del islam, además de llamarle pervertido sexual y el mismo Anticristo. Lo llevaron de inmediato a prisión.

Este incidente era poco habitual en Córdoba, donde las relaciones entre cristianos y musulmanes solían ser buenas. Al igual que los judíos, los cristianos gozaban de una libertad religiosa total dentro del imperio islámico, y la mayoría de españoles se sentían orgullosos de pertenecer a una cultura tan avanzada, situada a años luz del resto de Europa. Solían llamarlos «mozárabes» o arabizados.

«Los cristianos disfrutan leyendo los poemas y romances de los árabes; estudian a los teólogos y filósofos árabes no para refutarlos, sino para aprender con corrección un idioma árabe elegante. ¿Dónde está el lego que ahora lee los comentarios en latín sobre las Sagradas Escrituras, o que estudia los Evangelios, a los profetas o a los apóstoles? ¡Ay! Todos los jóvenes cristianos de más talento leen y estudian con entusiasmo los libros árabes.»[2]

Álvaro de Córdoba, el lego español que escribió por aquella época este ataque contra los mozárabes, consideraba al monje Perfecto un héroe cultural y religioso. Su denuncia de Mahoma había inspirado un extraño movimiento minoritario en Córdoba, según el cual hombres y mujeres se presentaban ante el cadí, el juez islámico, y probaban su lealtad cristiana mediante un ataque vitriólico y suicida contra el Profeta.

A su llegada a la cárcel, Perfecto estaba muy asustado, por lo que el cadí decidió no imponer la pena de muerte al estimar que los musulmanes habían provocado injustamente al monje. Pero al cabo de unos días Perfecto estalló por segunda vez e insultó a Mahoma con palabras tan ofensivas que el cadí no tuvo más opción que aplicar todo el rigor de la ley. El monje fue ejecutado; un grupo de cristianos, que al parecer vivían al margen de la sociedad, no tardó en desmembrar su cuerpo y venerar las reliquias de su «mártir». Algunos días después, otro monje, llamado Ishaq, se presentó ante el cadí y atacó a Mahoma y a su religión con tal pasión que el cadí, pensando que Ishaq estaba borracho o trastornado, le abofeteó para que entrara en razón. Pero Ishaq persistió en sus insultos y el cadí no pudo continuar permitiendo esta flagrante violación de la ley.

La Córdoba del siglo IX no se parecía al Bradford de 1988. Los musulmanes eran poderosos y estaban muy seguros de sí mismos. Se mostraban extremadamente reacios a ejecutar a estos fanáticos cristianos, en parte porque no parecían estar en pleno uso de sus facultades, pero también porque previeron las consecuencias negativas de un posible culto a los mártires. Los musulmanes no se oponían a conocer otras religiones: el islam había nacido en el seno del pluralismo religioso de Oriente Próximo, donde las distintas fes habían coexistido durante siglos. El imperio cristiano oriental de Bizancio también garantizaba a las minorías religiosas libertad para practicar su fe y organizar sus propios asuntos religiosos. No existía ley alguna contra las campañas propagandísticas de los cristianos en el imperio islámico, siempre que no atacaran la amada figura del profeta Mahoma. En algunas partes del imperio existía incluso una tradición escéptica y librepensadora que era tolerada siempre que se mantuviera dentro de los confines de la decencia y no fuera excesivamente irrespetuosa. En Córdoba tanto el cadí como el emir, o príncipe, se resistieron a ejecutar a Perfecto y a Ishaq, pero no podían permitir esta infracción de la ley. Pocos días después de la ejecución de Ishaq llegaron otros seis monjes procedentes de su monasterio y pronunciaron una nueva diatriba injuriosa contra Mahoma. Aquel verano, alrededor de cincuenta mártires murieron de esta forma. Fueron denunciados por el obispo de Córdoba y por los mozárabes, quienes estaban sumamente alarmados por este agresivo culto al martirio. Pero los mártires encontraron a dos defensores: Álvaro de Córdoba y un sacerdote llamado Eulogio argumentaron que los mártires eran «soldados de Dios» que luchaban con valentía por su fe. Organizaron un complejo ataque moral contra el islam que las autoridades musulmanas no sabían cómo combatir, porque las ponía en evidencia.

Los mártires pertenecían a todos los estamentos de la sociedad: hombres y mujeres, monjes, sacerdotes, legos, gente sencilla y sofisticados eruditos, si bien muchos de ellos parecían anhelar una identidad occidental clara e inconfundible. Parece que algunos procedían de familias mixtas, con un progenitor musulmán y otro cristiano; a otros se les instó a integrarse demasiado en la cultura musulmana –llevaban nombres árabes[3] o se habían visto obligados a trabajar para la administración pública– y se sentían confusos y desorientados. La pérdida de raíces culturales puede ser una experiencia profundamente perturbadora, e incluso en nuestros días puede generar una religiosidad agresiva y desafiante a fin de reafirmar a un yo atribulado. Quizá tendríamos que recordar a los mártires de Córdoba cuando nos sintamos desconcertados por la hostilidad y la furia que muestran algunas comunidades musulmanas en Occidente y en otras partes del mundo donde la cultura occidental amenaza los valores tradicionales. El movimiento de mártires liderado por Álvaro y Eulogio se oponía tan encarnizadamente a los mozárabes cristianos como a los musulmanes, y acusaba a los primeros de deserción cultural. Eulogio visitó Pamplona, en las vecinas tierras de la cristiandad, y regresó con libros occidentales: textos de los padres latinos de la Iglesia y obras clásicas romanas de Virgilio y Juvenal. Quería oponerse a la arabización de sus compatriotas españoles y crear un renacimiento latino que volviera la vista con nostalgia al pasado romano de su país, a fin de neutralizar la influencia de la cultura musulmana dominante. El movimiento perdió fuerza cuando el propio Eulogio fue ejecutado por el cadí, quien le imploró que salvara su vida sometiéndose simbólicamente al islam –nadie comprobaría su conducta religiosa posterior– y no cediera a esta «autodestrucción fatal y deplorable» como los otros «locos e idiotas».[4] Pero Eulogio se limitó a contestarle que afilara la espada.

Este curioso incidente no era habitual en la vida de la España musulmana. A lo largo de los seiscientos años siguientes, miembros de las tres religiones de monoteísmo histórico fueron capaces de vivir juntos en relativa paz y armonía: los judíos, perseguidos hasta la muerte en el resto de Europa, pudieron disfrutar de un brillante renacimiento cultural. Con todo, la historia de los mártires de Córdoba revela una actitud que después se extendería en Occidente. En aquella época el islam era una gran potencia mundial, mientras que Europa, invadida por tribus bárbaras, se había convertido en un páramo cultural. Más tarde el mundo entero parecería ser islámico, del mismo modo que hoy parece occidental, y el islam constituyó un desafío constante para Occidente hasta el siglo XVIII. Ahora parece que la Guerra Fría contra la Unión Soviética está a punto de ser reemplazada por una Guerra Fría contra el islam.

Tanto Eulogio como Álvaro creían que el auge del islam constituía una preparación para la llegada del Anticristo, el Gran Pretendiente descrito en el Nuevo Testamento, cuyo reino presagiaría la llegada de los Últimos Días. El autor de la segunda epístola a los tesalonicenses había explicado que Jesús no regresaría hasta que hubiera tenido lugar la «Gran Apostasía»: un rebelde establecería su dominio en el Templo de Jerusalén y engañaría a muchos cristianos con sus doctrinas verosímiles.[5] En el Apocalipsis también se mencionaba a una gran bestia, marcada con el misterioso número 666, que saldría arrastrándose del abismo, se entronizaría a sí misma en el monte del Templo y dominaría el mundo.[6] El islam parecía concordar a la perfección con estas antiguas profecías. Los musulmanes conquistaron Jerusalén en el año 638, construyeron dos espléndidas mezquitas en el monte del Templo y sin duda parecía que gobernaban el mundo. Pese a vivir después de Cristo, cuando no había necesidad de otra revelación, Mahoma se erigió como Profeta y muchos cristianos se unieron a la nueva religión después de apostatar. Eulogio y Álvaro se habían hecho con una vida breve de Mahoma, en la que aprendieron que el Profeta murió en el año 666 de la Era de España, treinta y ocho años antes de los cálculos convencionales. Esta biografía occidental de Mahoma de finales del siglo VIII fue escrita en el monasterio de Leyre, cerca de Pamplona, en un mundo cristiano atemorizado ante el poderoso gigante islámico. Además de una amenaza política, el éxito del islam planteaba una inquietante cuestión teológica: ¿cómo había permitido Dios que esta fe impía prosperara? ¿Era posible que hubiera abandonado a su propio pueblo?

Las diatribas contra Mahoma emitidas por los mártires cordobeses se habían basado en esta biografía apocalíptica. Esta fantasía espeluznante describía a Mahoma como un impostor y un charlatán que se hizo llamar profeta para engañar al mundo; Mahoma era un hombre libidinoso entregado a los placeres más bajos e inspiró a sus seguidores a obrar como él; algunos se vieron obligados a convertirse a su fe a punta de espada. Por tanto, el islam no era una revelación independiente, sino una herejía, una forma fallida de cristianismo; era una religión violenta basada en la espada, que glorificaba la guerra y las matanzas. Tras desaparecer el movimiento de los mártires de Córdoba esta historia llegó a oídos de algunos habitantes de distintos países europeos, pero apenas se produjeron reacciones. Sin embargo, unos doscientos cincuenta años después, cuando Europa estaba a punto de reintegrarse en la esfera internacional, las leyendas cristianas reprodujeron este retrato fantasioso de Mahoma con una fidelidad asombrosa. Algunos eruditos reputados intentaron presentar una visión más objetiva del Profeta y su religión, pero este retrato ficticio de «Mahound» siguió circulando entre el pueblo. Mahoma, representante de todo lo que «nosotros» esperábamos no ser, se convirtió en el gran enemigo de la identidad occidental emergente. Restos de esta antigua fantasía aún sobreviven en la actualidad. Continúa siendo habitual que los occidentales den por sentado que Mahoma «empleaba» la religión como una forma de conquistar el mundo o de reivindicar que el islam es una religión violenta de la espada, pese a que existen muchos estudios sabios y objetivos sobre el islam y su Profeta que refutan el mito de Mahound.

A finales del siglo XI Europa empezaba a prosperar de nuevo bajo el Papa y estaba haciendo retroceder las fronteras de los territorios islámicos. En el año 1061 los normandos comenzaron a atacar a los musulmanes en la Italia meridional y en Sicilia, y conquistaron la región en 1091; los cristianos del norte de España iniciaron la Reconquista contra los musulmanes de al-Andalus y conquistaron Toledo en 1085; en 1095 el papa Urbano II convocó a los caballeros de Europa para que liberaran la tumba de Cristo en Jerusalén en una expedición que se conocería después con el nombre de Primera Cruzada. En 1099, tras años de enormes dificultades, los cruzados consiguieron conquistar Jerusalén y establecer las primeras colonias occidentales en Oriente Próximo. Este nuevo triunfo occidental adoptó la forma de una guerra abierta contra el islam, pero al principio ningún país europeo sentía un especial odio hacia la religión musulmana o su Profeta. Les preocupaban más sus propios sueños de gloria y la expansión de la Europa papal. La Canción de Roldán, compuesta en tiempos de la Primera Cruzada, evidencia una ignorancia reveladora sobre el carácter esencial de la fe islámica. Los enemigos musulmanes de Carlomagno y Roldán son descritos como idólatras, que se doblegaban ante la trinidad de los «dioses» Apolo, Trivigante y Mahomet, pero eran también soldados valientes y luchar con ellos constituía un placer. Cuando se enfrentaron a los turcos por primera vez en Asia Menor, los ejércitos de la Primera Cruzada también sentían un enorme respeto y admiración por su valor:

«¿Qué hombre, por experimentado y sabio que sea, se atrevería a escribir acerca de la destreza y el valor de los turcos, quienes creyeron que aterrorizarían a los francos como hicieran con los árabes, sarracenos, armenios, sirios y griegos, mediante la amenaza de sus flechas? Sin embargo, que Dios sea loado, sus hombres nunca podrán compararse a los nuestros. Tienen un dicho según el cual comparten el linaje de los francos y nacieron para ser caballeros. Esto es cierto y nadie puede negarlo, si tan sólo se hubieran mantenido firmes en la fe de la cristiandad y hubieran estado dispuestos a aceptar a Un Dios en Tres Personas (...) sería imposible encontrar soldados más fuertes, valientes o diestros; y sin embargo, por la gracia de Dios, fueron derrotados por nuestros hombres».[7]

Los francos se sintieron próximos a los soldados musulmanes en la batalla de Dorileo en 1097, pero dos años después, cuando conquistaron Jerusalén, los cruzados parecieron incapaces de ver a los musulmanes como sus iguales. Asesinaron a los habitantes de la ciudad a sangre fría en una masacre que horrorizó incluso a sus coetáneos, y después los musulmanes fueron considerados alimañas que era preciso expulsar de los lugares santos: la palabra oficial para describirlos en la jerga de las cruzadas era «inmundicia».

Antes del año 1100 en Europa no había apenas interés por Mahoma, pero alrededor de 1120 todo el mundo sabía quién era el Profeta. Hacia la misma época en que los mitos de Carlomagno, el rey Arturo y Robin Hood aparecían en Occidente, el mito de Mahound, enemigo y sombra o álter ego de la cristiandad, se estableció firmemente en la imaginación occidental. Tal y como explica R.W. Southern en su monografía titulada *Western Views of Islam in the Middle Ages* [Opiniones occidentales del islam en la Edad Media]:

> «No cabe duda de que, cuando aparecieron, se creyó que estas leyendas y fantasías constituían un relato más o menos verídico de lo que pretendían describir. Pero nada más producirse adquirieron una vida literaria propia. En el ámbito de la poesía popular, la imagen de Mahomet y sus sarracenos varió muy poco de generación en generación. Como sucede con algunos personajes de ficción muy queridos, se esperaba que mostraran determinadas características, y diversos autores las reprodujeron fielmente durante cientos de años».[8]

Puede que el carácter ficticio de Mahound en Occidente haya dificultado aún más que la gente le considerara un personaje histórico merecedor del mismo enfoque serio que Napoleón o Alejandro Magno. El retrato ficticio de Mahound en *Los versos satánicos* nos recuerda demasiado estas fantasías occidentales tan arraigadas.

A fin de explicar el éxito de Mahoma, las leyendas afirmaban que había sido un mago que urdió falsos «milagros» para engañar a los árabes crédulos y destruir la Iglesia en África y Oriente Próximo. Un relato trataba sobre un toro blanco que había aterrorizado a la población y que al final apareció con el Corán –la Escritura que Mahoma había traído a los árabes– flotando milagrosamente entre sus cuernos. También se dijo que Mahoma había entrenado a una paloma para que picoteara guisantes de sus orejas, de modo que pareciera que el Espíritu Santo le susurraba al oído. Sus experiencias místicas se debían, supuestamente, al hecho de ser epiléptico, lo cual en aquella época equivalía a decir que estaba poseído por los demonios. Se escrutó su vida sexual hasta los detalles más lascivos: se le achacaban todas las perversiones conocidas por el hombre y se dijo que había atraído a adeptos a su religión animándolos a satisfacer sus instintos más bajos. Ninguna de las afirmaciones de Mahoma era verdadera: se trataba de un impostor despiadado que había engañado a casi todo su pueblo. De entre sus seguidores, aquellos que no creyeron sus absurdas ideas guardaron silencio a causa de sus propias ambiciones abyectas. Los cristianos occidentales sólo podían explicar el éxito de la convincente visión religiosa de Mahoma negando su inspiración independiente: el islam era una escisión del cristianismo, la herejía de todas las herejías. Se dijo que un tal Sergio, un monje hereje, se vio obligado a huir de la cristiandad y conoció a Mahoma en Arabia, donde le enseñó su versión distorsionada del cristianismo. Sin la espada, el «mahometanismo» nunca habría florecido: en el imperio islámico todavía se prohibía a los musulmanes discutir con libertad sobre religión. Pero Mahoma tuvo el final que merecía: durante una de sus convulsiones demoniacas fue descuartizado por una piara de cerdos.

Algunos detalles de esta fantasía reflejan la preocupación de los cristianos acerca de su incipiente identidad. El islam fue estigmatizado como «la religión de la espada» durante las cruzadas, un periodo en el que los propios cristianos probablemente albergaban dudas sobre esta forma agresiva de entender la fe que no guardaba relación con el mensaje pacifista de Jesús. En una época en la que la Iglesia imponía el celibato a un clero reacio, los asombrosos relatos acerca de la vida sexual de Mahoma revelan mucho más sobre las represiones de los cristianos que sobre la vida del propio Profeta. Se adivina un tono de mal disimulada envidia en esta descripción del islam como una religión autoindulgente y poco exigente. Al final fue Occidente, y no el islam, el que prohibió el debate abierto sobre cuestiones religiosas. En tiempos de las cruzadas Europa parecía estar obsesionada por el conformismo intelectual y castigaba a quienes se apartaban de la norma con un fervor inigualado en la historia de las religiones. La caza de brujas de los inquisidores y la persecución de los protestantes por parte de los católicos, y viceversa, fueron inspiradas por opiniones teológicas abstrusas que tanto en el judaísmo como en el islam se consideraban asuntos privados y opcionales. Ni el judaísmo ni el islam comparten la concepción cristiana de la herejía, que sitúa las ideas humanas sobre la divinidad a un nivel tan elevado que casi las convierte en una forma de idolatría. La época de las cruzadas, en la que se estableció el ficticio Mahound, fue también un periodo de grandes tensiones y de rechazo en Europa, expresados muy gráficamente en la aversión generalizada al islam.

Cada vez resultaba más evidente que los cristianos occidentales no iban a poder acoger a las distintas comunidades e ideologías religiosas en sus sistemas políticos con tanto éxito como lo habían hecho musulmanes o bizantinos. Además del islam, el judaísmo era la única religión extranjera en suelo europeo; los primeros cruzados iniciaron su viaje a Oriente Próximo masacrando a las comunidades judías a lo largo del valle del Rin en los primeros pogromos generalizados de Europa. El antisemitismo se iba a convertir en una incurable enfermedad europea durante el periodo de las cruzadas. En la misma época en que desarrollaban los mitos sobre Mahound y los sarracenos, los cristianos también inventaron fantasías aterradoras acerca de los judíos. Se decía que los judíos mataban a los niños pequeños y mezclaban su sangre en el pan de la Pascua judía, a fin de profanar la eucaristía e involucrarse en una vasta conspiración internacional para derrotar a la cristiandad. No existía nada semejante a estos mitos antijudíos en el mundo islámico; revelan una preocupación y una enfermedad malsanas en la psique occidental. Pero debido a las conquistas en España, el sur de Italia y Sicilia ahora había decenas de miles de musulmanes dentro de las fronteras de la cristiandad. El orden establecido sólo parecía capaz de enfrentarse a estos extranjeros imponiendo una política oficial de segregación racial que prohibía a los cristianos mantener cualquier contacto con sus vecinos musulmanes y judíos. Una legislación especial de la Iglesia vinculó a las dos religiones como enemigos comunes en los concilios lateranos de 1179 y 1215. So pena de excomunión y la subsiguiente confiscación de sus propiedades, los cristianos tenían prohibido servir en las casas de musulmanes y judíos, cuidar de sus hijos, comerciar con musulmanes y judíos o incluso comer con ellos. En 1227 el papa Gregorio IX añadió los siguientes decretos: los musulmanes y los judíos debían llevar ropa que les distinguiera, no podían aparecer en las calles durante festividades cristianas ni ocupar un cargo público en países cristianos; y al muecín se le prohibía ofender los oídos cristianos convocando a los musulmanes a la oración a la manera tradicional.

El papa Clemente V (1305-1314) declaró que la presencia islámica en tierra cristiana constituía un insulto a Dios. Los cristianos ya habían comenzado a eliminar esta aberración: en 1301 Carlos de Anjou, rey de Francia, exterminó a los últimos musulmanes de Sicilia y el sur de Italia en la colonia de Lucera, que había descrito como «un nido de pestilencia (...) donde abundaba la peor corrupción (...) la pertinaz plaga y repugnante infección de Apulia».[9] En 1492 fue destruido el último bastión islámico en Europa cuando Isabel y Fernando conquistaron Granada: por toda Europa las campanas de las iglesias repicaron alegremente por la victoria cristiana sobre el infiel. Unos cuantos años después, los musulmanes españoles tuvieron que elegir entre deportación o conversión. Muchos prefirieron abandonar Europa, pero algunos se convirtieron al cristianismo y tanto ellos como sus descendientes fueron perseguidos por la Inquisición española durante trescientos años más. El espíritu de los mártires de Córdoba había sustituido la antigua tolerancia, y los cristianos españoles parecían ahora atemorizados por los criptomusulmanes, que vivían entre ellos como enemigos ocultos de la sociedad.

La malsana actitud occidental para con el islam se revelaba a menudo en una reacción esquizofrénica. Así, el sacro emperador romano Federico II era un islamófilo que sin duda se encontraba más a gusto en el mundo musulmán que en la Europa cristiana, pero que al mismo tiempo mataba y deportaba sistemáticamente a los musulmanes de su Sicilia natal. Mientras unos cristianos masacraban a los musulmanes en Oriente Próximo, otros se sentaban a los pies de los eruditos musulmanes en España. Estudiosos cristianos, judíos y mozárabes cooperaron en una extensa traducción que llevó los conocimientos del mundo islámico a Occidente y devolvió a Europa la sabiduría clásica y ancestral que se había perdido en la alta Edad Media. Los filósofos musulmanes Ibn Sina e Ibn Rushd eran venerados como prestigiosos intelectuales, aunque a muchos les costaba cada vez más aceptar el hecho de que ambos fueran musulmanes. El problema fue presentado de forma muy gráfica en la *Divina comedia* de Dante. Ibn Sina e Ibn Rushd (conocidos en Europa como Avicena y Averroes) están en el limbo con los paganos virtuosos que fundaron la cultura intelectual que ellos habían contribuido a propagar en Occidente: Euclides, Tolomeo, Sócrates, Platón y Aristóteles. Sin embargo, el propio Mahoma está en el octavo círculo del infierno, con los cismáticos. Sufre un castigo particularmente repulsivo:

Jamás tonel sin duela o desfondado viose como uno allí, todo
él abierto, desde la barba al vientre, el desdichado.
Su corazón se muestra a descubierto;
sus intestinos cuelgan, y es su saco de excrementos depósito
entreabierto.[10]

Dante no podía admitir que Mahoma poseyera una visión religiosa independiente. Lo presenta como a un cismático que se había separado de la fe madre. El imaginario escatológico revela la repugnancia que el islam inspiraba en el seno cristiano, pero también describe la escisión en la psique occidental, que ve este islam distorsionado como una imagen de sus rasgos más inaceptables. El miedo y el odio, que constituyen una negación categórica del mensaje bondadoso de Jesús, también han abierto una profunda herida en la integridad del cristianismo occidental.

Con todo, otros intentaban presentar una visión más objetiva. En una época en la que judíos y musulmanes aparecían fusionados en la imaginación cristiana como enemigo común de la civilización, resulta interesante resaltar que uno de los primeros retratos positivos de Mahoma en Occidente proceda de Pedro Alfonso, un judío español que se convirtió al cristianismo en 1106 y después vivió en Inglaterra como médico de Enrique I. Pedro Alfonso se muestra hostil hacia el islam, pero lo presenta como una opción razonable para alguien que no estuviera comprometido con la fe «verdadera». Hacia 1120, cuando el odio antiislámico se hallaba en su apogeo, Guillermo de Malmesbury fue el primer europeo que distinguió entre islam y paganismo: «tanto los sarracenos como los turcos adoran a Dios el Creador y veneran a Mahoma no como a Dios, sino como su profeta».[11] Era una apreciación que muchos occidentales se han mostrado reacios a aceptar; algunos realmente se sorprenden al saber que los musulmanes adoran al mismo Dios que judíos y cristianos: se imaginan que Alá es una deidad totalmente distinta, como Júpiter en el panteón romano. Otros suelen dar por sentado que los «mahometanos» veneran a su Profeta del mismo modo que los cristianos veneran a Cristo.

La dificultad de separar realidad y ficción resulta evidente en la obra *Historia de Carlomagno* del pseudo Turpino, escrita poco antes de 1150. Este romance muestra a los idólatras sarracenos adorando a Mahomet junto a Apolo y Tervagant, a la manera habitual de las *chansons de gestes*. Pero la obra también incluye un debate racional entre Roldán y el gigante musulmán Ferragut, donde se reconoce que los musulmanes adoran a un solo Dios. Hacia la misma época, el cronista Otto de Freising negó el mito de la idolatría musulmana:

«se sabe que todos los sarracenos rinden culto a un Dios, reciben la ley del Antiguo Testamento y el rito de la circuncisión y no atacan a Cristo o a los apóstoles. Sólo en un aspecto se alejan de la salvación: al negar que Jesucristo es Dios o el Hijo de Dios, y al venerar al seductor Mahomet como gran profeta del Dios supremo».[12]

Así pues, a mediados del siglo XII comenzaba a extenderse una visión más fidedigna del islam, pero esta mayor objetividad no era lo suficientemente fuerte como para eliminar los mitos hostiles. Realidad y fantasía convivían muy felizmente e, incluso cuando la gente intentaba ser justa, el antiguo odio aparecía en determinados momentos. Mahoma continuaba siendo el impostor y el cismático, pese a que Otto presentaba una visión más racional de su religión.

Pedro el Venerable, el humanitario abad de Cluny, se esforzó más que ningún otro en el siglo XII por ofrecer una visión objetiva del islam. En 1141 recorrió los monasterios benedictinos de la España cristiana y encargó a un equipo de sabios cristianos y musulmanes, bajo el liderazgo del inglés Robert de Ketton, que tradujeran algunos textos islámicos, proyecto que finalizó en 1143. Estos sabios produjeron la primera traducción al latín del Corán, una colección de leyendas musulmanas, una historia musulmana del mundo, una explicación sobre las enseñanzas islámicas y una polémica titulada *La apología de al-Kindi*. Esta hazaña extraordinaria, que proporcionó a los occidentales los medios para emprender por primera vez un estudio concienzudo del islam, obtuvo sin embargo escasos resultados. En esta época los cristianos comenzaban a sufrir importantes derrotas militares en los estados cruzados de Oriente Próximo. Surgió una nueva oleada de sentimientos antimusulmanes, orquestada por Bernardo, el abad de Claravall. No eran buenos tiempos para iniciar un estudio objetivo del Corán. Pedro había escrito su propio tratado, que retrataba el mundo musulmán de forma afectuosa: «Me dirijo a vosotros no como los hombres suelen hacerlo, con armas, sino con palabras: no con la fuerza sino con la razón, no con odio sino con amor (...) Os amo, y al amaros os escribo, y al escribir os invito a la salvación».[13] Pero el título de este tratado era *Resumen de todas las herejías de la secta diabólica de los sarracenos*. Pocos musulmanes auténticos, de haber podido leer el texto latino del abad de Cluny, hubieran encontrado favorable semejante enfoque. Incluso el bondadoso abad, que mostrara en otras ocasiones su oposición al fanatismo de su época, parecía compartir la mentalidad esquizofrénica europea respecto al islam. Cuando el rey Luis VII de Francia encabezó la Segunda Cruzada hacia Oriente Próximo en 1147, Pedro le escribió diciendo que esperaba que matara a tantos musulmanes como amoritas y cananeos habían matado Moisés (sic) y Josué.[14]

A principios del siglo XIII otro piadoso cristiano intentó acercarse al mundo musulmán en el contexto de una cruzada militar. Durante una tregua en la desastrosa Quinta Cruzada (1218-1219), Francisco de Asís apareció en el campamento cristiano sito en el delta del Nilo, cruzó las líneas enemigas y pidió que le condujeran hasta el sultán al-Kamil. Se dice que pasó tres días con el sultán, explicando el mensaje de los Evangelios e instándole a convertirse al cristianismo. Puesto que no insultó la memoria del profeta Mahoma, los musulmanes estaban muy dispuestos a escuchar y parece que quedaron bastante impresionados con este individuo sucio y harapiento. Cuando se fue, al-Kamil dijo: «Orad por mí, para que Dios se digne mostrarme la ley y la fe que más le complazcan». Envió a Francisco de regreso al campamento cristiano «con todo respeto y completamente a salvo».[15]

Pero antes de partir hacia Oriente, Francisco envió a un grupo de sus frailes menores para que predicaran a los musulmanes en España y África, y dichos frailes se acercaron al mundo islámico con un espíritu menos benévolo. Al llegar a Sevilla recurrieron a las tácticas de los mártires de Córdoba. Primero trataron de entrar sin permiso en la mezquita durante la oración del viernes, y tras ser expulsados comenzaron a gritar insultando al profeta Mahoma frente al palacio del emir. En ningún momento tendieron la mano a los sarracenos con compasión y amor durante esta primera incursión misionera importante en el islam. Los franciscanos no estaban interesados en convertir a los musulmanes, pero querían utilizarlos para ganarse la corona del martirio. Gritaron tanto que las autoridades, sumamente avergonzadas por el incidente, se vieron obligadas a encarcelarlos y, para evitar que trascendiera la noticia, los fueron trasladando de prisión en prisión. Eran reacios a imponer la pena capital, pero los cristianos mozárabes de la zona temían que estos fanáticos pudieran hacer peligrar su situación e imploraron a las autoridades que se deshicieran de ellos. Al final los franciscanos fueron deportados a la ciudad de Ceuta, en Marruecos, donde se dirigieron directamente a la mezquita y de nuevo insultaron a Mahoma mientras la gente se congregaba para las oraciones del viernes. Finalmente las autoridades se vieron obligadas a ejecutarlos. Cuando Francisco tuvo noticia de ello, se cree que exclamó con regocijo: «Ahora sé que tengo cinco frailes menores».[16]

Esta actitud parece haber prevalecido en las siguientes misiones franciscanas. En 1227 otro grupo de frailes fueron ejecutados en Ceuta; habían escrito a sus allegados para decirles que el principal objetivo de su misión era «la muerte y condenación de los infieles».[17] Otros llegaron a Tierra Santa. Jacobo de Vitry, el obispo de Acre, que desaprobaba estos métodos, explicó:

«Los sarracenos escuchan de buen grado a los frailes menores cuando éstos hablan de la fe de Cristo y las enseñanzas de los Evangelios. Pero cuando sus palabras contradicen abiertamente a Mahoma, al que describen en sus sermones como un pérfido mentiroso, los golpean sin respeto, y si Dios no los protegiera tan eficazmente, casi les matarían y les expulsarían de sus ciudades».[18]

Así, durante la Edad Media, incluso cuando la gente intentaba ser justa y objetiva o se acercaba al mundo musulmán con el mensaje cristiano, la hostilidad estallaba, a veces de forma particularmente violenta. A finales del siglo XIII el sabio dominico Riccoldo da Monte Croce viajó por diversos países musulmanes y quedó impresionado por la devoción que vio en aquellas tierras: los musulmanes ponían en evidencia a los cristianos, escribió.

Pero cuando regresó a su país para escribir la *Disputatio contra saracenos et alchoranum*, se limitó a repetir los antiguos mitos. La imagen que tenía Occidente del islam comenzaba a adquirir una autoridad más fuerte que cualquier contacto con los musulmanes reales, por positivo que éste fuera. Durante la época de las cruzadas Occidente encontró su alma. Casi todos nuestros intereses y pasiones más característicos se remontan a este periodo. Tal y como señala Umberto Eco en su ensayo «Diez modos de soñar la Edad Media»:

> «De hecho, tanto estadounidenses como europeos son herederos del legado occidental, y todos los problemas del mundo occidental surgieron en la Edad Media: lenguas modernas, ciudades mercantiles, economía capitalista (además de bancos, cheques y tipos de interés preferenciales) son invenciones de la sociedad medieval. En la Edad Media presenciamos el auge de los ejércitos modernos y del concepto moderno de estado-nación, así como de la idea de una federación supranatural (bajo el estandarte de un emperador alemán elegido por una dieta que funcionaba como una convención electoral); la lucha entre pobres y ricos, el concepto de herejía o desviación ideológica e incluso nuestra noción contemporánea del amor como un tipo de felicidad tremendamente infeliz. Podría añadir el conflicto entre Iglesia y Estado, los sindicatos (aunque con forma corporativa) y la transformación tecnológica del trabajo».[19]

También podría haber añadido el problema del islam. Después de la Edad Media los occidentales perpetuaron muchas de las antiguas mitologías medievales. Algunos intentaron obtener una perspectiva más positiva y objetiva, pero pese a que los estudiosos convinieron que el islam y su Profeta no eran los fenómenos monstruosos que la gente imaginaba, los prejuicios tradicionales no desaparecieron.

La visión apocalíptica del islam promovida por los mártires de Córdoba había continuado difundiéndose durante el periodo de las cruzadas, aunque no se le concediera tanta importancia. En 1191, durante su viaje a Tierra Santa con la Tercera Cruzada, Ricardo Corazón de León conoció al celebrado místico italiano Joaquín de

Fiori en Messina, Sicilia. Joaquín le confió a Ricardo que sin duda derrotaría a Saladino. Estaba equivocado, pero hizo otras observaciones interesantes. Creía que se acercaba el fin del mundo y que el resurgimiento del islam era uno de los principales instrumentos del Anticristo, pero añadió que el propio Anticristo ya se encontraba en Roma y estaba destinado a convertirse en papa. A medida que los europeos se volvían más críticos con su sociedad, comenzaron a asociar el islam con el enemigo interno. Los reformistas hicieron la misma identificación entre el papado descreído (su propio archienemigo) y el islam. Así, según textos posteriores del reformista inglés del siglo XIV John Wycliffe, en su época las faltas principales del islam eran exactamente las mismas que las de la Iglesia occidental: orgullo, avaricia, violencia y ansias por obtener poder y posesiones. «Nosotros, mahometanos occidentales», escribió, refiriéndose a la Iglesia occidental en general, «aunque sólo somos unos pocos entre todo el conjunto de la Iglesia, pensamos que el mundo entero estará regido por nuestro juicio y temblará bajo nuestro mando.»[20] Hasta que la Iglesia recuperara el espíritu auténtico de los Evangelios y la pobreza evangélica, este espíritu islámico iba a crecer tanto en Occidente como en Oriente. Ésta era una sutil transmutación de la antigua costumbre de convertir al islam y a su Profeta en lo contrario a todo lo que «nosotros» esperábamos (o temíamos) ser.

Wycliffe tuvo que basarse en abundante información poco fidedigna, pero había leído el Corán en traducción y creyó haber encontrado importantes similitudes entre Mahoma y la Iglesia de Roma. Al igual que la Iglesia, argumentó, Mahoma había sido muy displicente con la Biblia, eligiendo lo que le servía y descartando el resto. Como hicieran las órdenes religiosas, Mahoma incluyó innovaciones que supusieron una carga adicional para los fieles. Por encima de todo, como hiciera la Iglesia, Mahoma prohibió cualquier discusión libre sobre religión. Wycliffe había descubierto antiguos prejuicios medievales en ciertos pasajes del Corán, que no prohíbe el debate religioso en sí, pero señala que ciertos tipos de debate teológico habían causado disensiones en las dos religiones monoteístas más antiguas y las había dividido en sectas enfrentadas. Ciertas ideas sobre Dios sólo podían ser conjeturas especulativas: nadie, por ejemplo, podía demostrar la doctrina de la Encarnación, que Mahoma consideraba la adición de algunos cristianos al mensaje prístino del profeta Jesús. Wycliffe, sin embargo, comparó esta supuesta intolerancia islámica con la actitud de la Iglesia respecto a doctrinas problemáticas como la Eucaristía, consistente en pedir a los cristianos que creyeran ciegamente aquello que no podían entender.

Lutero y los demás reformadores protestantes continuaron esta costumbre. Hacia el final de su vida, enfrentado a las aterradoras invasiones de los turcos otomanos en Europa, Lutero compartió la pesadilla de los mártires de Córdoba y creyó que el islam podía absorber completamente a la cristiandad. En 1542 publicó su propia traducción de la *Disputatio* de Riccoldo da Monte Croce. En el prólogo, Lutero menciona que, pese a haber leído esta obra años atrás, le había sido imposible aceptar que la gente pudiera creer un entramado de mentiras tan manifiesto. Había querido leer el Corán pero no pudo encontrar una traducción al latín –tal y como señala R.W. Southern, esto constituye un revelador indicio del escaso interés por los estudios islámicos en el siglo XVI–, aunque recientemente le había llegado a las manos un ejemplar y pudo comprobar que Riccoldo había dicho la verdad. Preguntaba si Mahoma y los musulmanes eran el Anticristo y respondía que el islam era demasiado burdo como para cumplir esta terrible amenaza. Los auténticos enemigos eran el papa y la Iglesia católica, y mientras Europa se aferrara a estos enemigos internos, se expondría al peligro de ser derrotada por los «mahometanos». Zwinglio y otros reformistas presentaron ideas similares, ya que veían a Roma como la «cabeza» del Anticristo y al «mahometanismo» como su cuerpo. Este enfoque protestante indica que en Europa muchos habían interiorizado la versión distorsionada del islam y lo habían convertido en un símbolo del mal absoluto en su paisaje emocional. Tal y como explica Norman Daniel en su inteligente ensayo titulado *The Arabs and Medieval Europe*, ya no se trataba de una realidad histórica externa que pudiera examinarse críticamente como cualquier otra. Los reformistas habían «introducido el concepto del islam como un estado interior que podía imputarse a los enemigos de la doctrina pura (la defina como la defina el escritor). De esta forma admitían la interiorización del islam como el "enemigo" (indiferenciado) que fuera durante tanto tiempo en la imaginación europea".[21] Daniel cita el ejemplo de católicos y protestantes que comparan a sus oponentes cristianos con el islam, pero sin apenas comprender lo que significaba realmente tal comparación. M. Lefebvre, misionero católico del siglo XVII, veía a los musulmanes como «protestantes mahometanos» que creen en la justificación por la fe: «esperan que se perdonen todos sus pecados, siempre que crean en Mahomet». Pero el autor protestante de libros de viajes del siglo XVIII L. Rauwolff veía a los musulmanes como «católicos mahometanos»: «Persiguen su propia devoción inventada a las buenas obras, limosnas, oraciones, ayuno y liberación de cautivos, etcétera, para satisfacer a Dios».[22] En la Edad Media los cristianos consideraban el islam una versión fallida de la cristiandad, y crearon mitos para demostrar que Mahoma había sido adoctrinado por un hereje. Más tarde, a la luz de recientes divisiones internas en la cristiandad, los occidentales continuaron viendo a Mahoma y a su religión desde una perspectiva esencialmente cristiana; no parecía preocuparles la verdad histórica objetiva, ni parece habérseles ocurrido que los musulmanes tenían intereses propios que no podían definirse adecuadamente con referencia a la práctica cristiana.

No obstante, durante el Renacimiento otros occidentales intentaron adquirir un conocimiento más objetivo del mundo islámico. Continuaban con la tradición y las aspiraciones de Pedro el Venerable, retomadas en el siglo XV por sabios como Juan de Segovia y Nicolás de Cusa. En 1453, justo después de que los turcos hubieran conquistado el imperio cristiano de Bizancio y llevado al islam hasta el umbral de Europa, Juan de Segovia señaló que era preciso encontrar una nueva forma de enfrentarse a la amenaza islámica: nunca la derrotarían mediante guerras o actividades misioneras convencionales. Comenzó a trabajar en una nueva traducción del Corán, en colaboración con un jurista musulmán de Salamanca. También propuso la celebración de una conferencia internacional, en la que pudiera darse un intercambio bien fundamentado de opiniones entre musulmanes y cristianos. Juan murió en 1458, antes de que cualquiera de estos proyectos hubiera dado su fruto, pero a su amigo Nicolás de Cusa le entusiasmó este nuevo enfoque. En 1460 había escrito el *Cribratio alchoran* (la criba del Corán), que no adoptaba un enfoque polémico, sino que intentaba efectuar un sistemático examen literario, histórico y filológico del texto que Juan de Segovia había considerado esencial.

Los estudios sobre la lengua y la civilización árabes se instituyeron durante el Renacimiento, y este enfoque cosmopolita y enciclopédico condujo a algunos eruditos a efectuar una evaluación más realista del mundo musulmán y a abandonar las actitudes más toscas de los cruzados. Pero, al igual que sucediera en la Edad Media, el mejor conocimiento de los hechos no bastaba para neutralizar las antiguas imágenes de odio que se habían apoderado con tanta fuerza de la imaginación occidental.

Esto pudo comprobarse en el año 1697, tras la publicación de dos obras muy influyentes al principio de la Ilustración. Primero apareció la *Bibliothèque orientale*, de Barthélmy d'Herbelot, la obra de referencia más importante y fidedigna sobre temas islámicos y orientales en Inglaterra y Europa hasta principios del siglo XIX. Ha sido descrita como la primera enciclopedia del islam. D'Herbelot acudió a fuentes árabes, turcas y persas y realizó un auténtico esfuerzo para apartarse del enfoque cristiano de miras estrechas: por ejemplo, presentó versiones alternativas de los mitos de la creación vigentes en Oriente en aquella época. Este enfoque sólo podía ser positivo y evidenciaba un espíritu más abierto. Pero bajo el encabezamiento «Mahomet» encontramos esta entrada tristemente familiar:

> «Éste es el famoso impostor Mahomet, autor y fundador de una herejía que ha adoptado el nombre de religión, que llamamos mahometana. Ver entrada bajo Islam.
> »Los intérpretes del Corán y otros Doctores en ley musulmana o mahometana han dedicado a este falso profeta todas las alabanzas que los arios, paulicios o paulianistas y otros herejes han atribuido a Jesucristo, pese a negar su divinidad...».[23]

Aunque D'Herbelot conocía el nombre correcto de la religión, continuó llamándola «mahometana» porque éste era el nombre que «nosotros» empleamos; de modo similar, el mundo cristiano seguía considerando al Profeta, con la distorsión habitual, como una versión inferior de «nosotros».

Aquel mismo año el orientalista inglés Humphry Prideaux publicó una importante obra titulada *Mahomet: the true nature of imposture* (Mahomet: la naturaleza auténtica de la impostura). El título por sí solo demuestra que Prideaux se había creído los antiguos prejuicios medievales –de hecho, cita a Riccoldo da Monte Croce como su fuente principal– pese a que afirmaba haber presentado una visión más racional e inteligente de la religión que la difundida en la ignorante y supersticiosa Edad Media. Como hombre ilustrado, Prideaux argumentaba que el islam no sólo era una mera imitación del cristianismo, sino también un claro ejemplo de la imbecilidad en la que todas las religiones, incluido el cristianismo, podían caer si no se basaban firmemente en la roca de la razón. En teoría, la Edad de la Razón había liberado a la gente de los agobiantes prejuicios del periodo de las cruzadas, pero Prideaux repite todas las antiguas obsesiones irracionales del pasado. Escribió lo siguiente acerca de Mahoma:

> «La primera parte de su vida siguió un curso muy malvado y licencioso, deleitándose con la rapiña, los saqueos y el derramamiento de sangre, de acuerdo con las costumbres de los árabes, que en su mayoría llevaban este tipo de vida; las tribus se enfrentaban casi continuamente, para saquear y obtener las unas de las otras todo lo que pudieran (...)
>
> »Sus dos pasiones predominantes eran la ambición y la lujuria. El camino que siguió para obtener el imperio demuestra claramente la primera; y la multitud de mujeres con las que tuvo relaciones prueba la segunda. Y de hecho estas dos aparecen en toda la estructura de su religión, sin que haya un capítulo en su Corán que no promulgue alguna ley sobre la guerra y el derramamiento de sangre para la promoción de la una; o que otorgue ciertas libertades para el uso de mujeres hoy, o alguna promesa para disfrutar de ellas en el futuro, a fin de gratificar la otra».[24]

Sin embargo, durante el siglo XVIII hubo quienes intentaron promover un mejor entendimiento del islam. Así pues, en 1708 Simon Ockley publicó el primer volumen de su *Historia de los sarracenos*, que disgustó a muchos de sus lectores porque no presentaba el islam reflexivamente como la religión de la espada, sino que intentaba ver la *yihad* del siglo VII desde el punto de vista musulmán. En 1734 George Sale publicó una excelente traducción inglesa del Corán que todavía se considera fiel, pese a ser un poco aburrida. En 1751 Voltaire publicó *Las costumbres y el es-*

píritu de las naciones, obra en la que defendía a Mahoma como un profundo pensador político fundador de una religión racional; Voltaire señalaba que el sistema de gobierno musulmán siempre había sido más tolerante que la tradición cristiana. El orientalista holandés Johann Jakob Reiske (muerto en 1774), un incomparable estudioso de la lengua árabe, podía ver cierta cualidad divina en la vida de Mahoma y en la creación del islam (pero fue acosado por algunos de sus colegas por sus opiniones). Durante el siglo XVIII comenzó a extenderse el mito que presentaba a Mahoma como un legislador sabio y racional de la Ilustración. Henri, conde de Boulainvilliers, publicó su *Vie de Mahomed* (París 1730; Londres, 1731), que describía al Profeta como precursor del Siglo de las Luces. Boulainvilliers coincidía con los estudiosos medievales en que Mahoma se había inventado su religión a fin de convertirse en dueño del mundo, pero le dio la vuelta a esta tradición. A diferencia del cristianismo, el islam era una tradición natural, no revelada, y por esta razón resultaba tan admirable. Mahoma fue un gran héroe militar, como Julio César y Alejandro Magno. Ésta era otra fantasía, porque Mahoma no fue un deísta, pero al menos constituía un intento de ver al Profeta desde una perspectiva positiva. A finales de siglo, en el quincuagésimo capítulo de *Historia de la decadencia y caída del Imperio romano*, Edward Gibbon alabó el elevado monoteísmo del islam y demostró que la aventura musulmana merecía ocupar un lugar en la historia de la civilización mundial.

Pero los antiguos prejuicios estaban tan arraigados que muchos de estos escritores no pudieron resistirse a atacar ocasionalmente al Profeta de forma gratuita, demostrando que la imagen tradicional seguía vigente. Así, Simon Ockley describió a Mahoma como «un hombre muy hábil y astuto, que aparentaba sólo aquellas cualidades, mientras que los principios de su alma eran la ambición y la lujuria».[25] George Sale admitió en la introducción a su traducción que «Es ciertamente una de las pruebas más convincentes de que el mahometanismo no era sino una invención humana, que debe su progreso y establecimiento casi enteramente a la espada».[26] Al final de *Las costumbres*, Voltaire concluyó su descripción positiva del islam con la observación de que Mahoma había sido «considerado como un gran hombre incluso por aquellos que sabían que era un impostor, y venerado como profeta por todos los demás».[27] En 1741, en su tragedia *Mahoma o el fanatismo*, Voltaire se aprovechó de los prejuicios vigentes para poner a Mahoma como paradigma de todos los charlatanes que han sometido a su pueblo a la religión mediante engaños y mentiras: al considerar que algunas de las viejas leyendas no eran lo bastante difamatorias, Voltaire se inventó alegremente algunas más. Incluso Gibbon no sentía aprecio por el propio Mahoma, y argumentaba que había atraído a los árabes con el cebo del sexo y los pillajes. En cuanto a la creencia musulmana en la inspiración divina del Corán, Gibbon declaró con altivez que se trataba de una postura imposible de mantener para el hombre auténticamente civilizado:

> «Este argumento se dirige de forma convincente a un árabe devoto cuya mente esté en sintonía con la fe y el éxtasis, cuyo oído se deleite con la música de los sonidos, y cuya ignorancia sea incapaz de comparar las producciones de la genialidad humana. El infiel europeo será incapaz de captar el estilo rico y armonioso; examinará con impaciencia la inacabable rapsodia incoherente de fábulas, preceptos y arengas, que raramente despierta un sentimiento o una idea, que unas veces se arrastra entre el polvo y otras se pierde en las nubes».[28]

Estas palabras demuestran que los occidentales se sentían más seguros de sí mismos. Los europeos ya no se asustaban ante la amenaza islámica, sino que contemplaban la religión musulmana con condescendencia divertida, dando por sentado que, si «nosotros» no entendemos el Corán, es porque éste carece de solidez. En 1841, Thomas Carlyle también desdeñó el Corán en su texto sobre Mahoma titulado «El héroe como profeta». Éste fue, sin embargo, un llamamiento apasionado a favor de Mahoma y una negación de la antigua fantasía medieval. Casi por primera vez un europeo intentaba ver a Mahoma como a un hombre genuinamente religioso. Pero el Corán fue condenado como el libro más aburrido del mundo: «un embrollo pesado y confuso, burdo, desordenado; inacabables reiteraciones, prolijidad, enredos; en resumen, una estupidez muy burda, muy tosca e insoportable».[29] Muy a finales del siglo XVIII, un incidente revelador puso de manifiesto el rumbo que estaba tomando la nueva confianza en sí mismos de los europeos. En 1798 Napoleón navegó hacia Egipto, acompañado por multitud de orientalistas procedentes de su Institut d'Égypte. Pensaba valerse de estos sabios y de sus conocimientos para subyugar al mundo islámico y desafiar la hegemonía británica en la India. Nada más llegar, Napoleón envió a los sabios a lo que podríamos denominar una misión de investigación, y dio a sus oficiales instrucciones estrictas de que siguieran sus consejos. Obviamente, se habían preparado a fondo. Napoleón se dirigió con cinismo a las multitudes egipcias de Alejandría con la afirmación de que «*Nous sommes les vrais musulmans*». A continuación recibió en sus aposentos con honores militares a sesenta jeques de al-Azhar, la gran mezquita de El Cairo. Napoleón alabó profusamente al Profeta, debatió con ellos el *Mahomet* de Voltaire y parece que supo defenderse bien frente a los ulemas. Nadie se tomó demasiado en serio a Napoleón como musulmán, pero su entendimiento respetuoso del islam aplacó hasta cierto punto la hostilidad de la gente. La expedición de Napoleón no obtuvo los resultados esperados: fue vencido por los ejércitos británico y turco y navegó de regreso a Europa.

El siglo XIX se caracterizó por un espíritu colonialista que promovió en los europeos la creencia malsana de que eran superiores a otras razas: de ellos dependía redimir al mundo bárbaro de Asia y África en una *mission civilisatrice*. Esta actitud afectó inevitablemente la visión occidental del islam, mientras los franceses y los británicos contemplaban con codicia el decadente Imperio otomano. En el apologista cristiano francés François René de Chateaubriand, por ejemplo, encontramos un renovado interés por el ideal de las cruzadas, que había sido adaptado a las nuevas circunstancias. A Chateaubriand le impresionó la expedición de Napoleón, al que veía como una mezcla de cruzado y peregrino. Los cruzados habían intentado llevar el cristianismo a Oriente, argumentó. De todas las religiones, el cristianismo era «la que más favorecía la libertad», pero en la empresa cruzada chocó con el islam: «un culto enemistado con la civilización que favorecía sistemáticamente la ignorancia, el despotismo y la esclavitud».[30] En los tiempos vertiginosos que siguieron a la Revolución francesa, este islam distorsionado se convirtió una vez más en lo contrario a «nosotros». Durante la Edad Media, época en la que predominaron las jerarquías, algunos críticos del islam culparon a

Mahoma por otorgar demasiado poder a personas de baja categoría, como los esclavos y las mujeres. El abandono de este estereotipo no se debía necesariamente a que la gente tuviera un conocimiento más profundo del islam, sino a que la religión musulmana se adecuaba a «nuestras» necesidades y era, como siempre, un rasero con el que medir nuestros logros.

En *Viaje de París a Jerusalén y de Jerusalén a París* (1810-1811), obra de gran éxito en su día, Chateaubriand aplicó su fantasía de las cruzadas a la situación en Palestina. Los árabes, escribió, «parecen soldados sin un líder, ciudadanos sin legisladores y una familia sin padre». Constituían un buen ejemplo de «un hombre civilizado que ha caído de nuevo en un estado salvaje».[31] En consecuencia, clamaban por controlar Occidente, porque les era imposible tomar las riendas de sus propios asuntos. En el Corán no había «ni un principio a favor de la civilización, ni un mandato que pueda elevar el carácter». A diferencia del cristianismo, el islam no predica «ni aversión a la tiranía ni amor a la libertad».[32]

El influyente filólogo francés Ernest Renan intentó dar una explicación científica a estos nuevos mitos raciales e imperialistas. Argumentó que el hebreo y el árabe eran lenguas degradadas, desviaciones de la tradición aria, que se habían viciado irremediablemente. Estas lenguas semíticas sólo podían estudiarse como un ejemplo de atrofia y carecían del carácter progresivo de «nuestros» sistemas lingüísticos. Por esta razón, tanto judíos como árabes constituían *«une combinaison inférieure de la nature humaine»*:

«Podemos observar que, en todos los aspectos, la raza semítica nos parece incompleta en virtud de su simplicidad. Esta raza –si me permiten emplear la analogía– es a la familia indoeuropea lo que un esbozo a lápiz es a la pintura; carece de la variedad, la amplitud, la abundancia de vida que constituye la condición de la perfectibilidad. Como aquellos individuos tan poco fecundos que, tras una infancia placentera, sólo llegan a tener una virilidad mediocre, las naciones semíticas experimentaron su mayor florecimiento en su primera época y nunca fueron capaces de alcanzar la auténtica madurez».[33]

Una vez más, judíos y árabes quedaban fusionados en una única imagen que proporcionaba una descripción favorecedora de «nuestras» virtudes superiores. El nuevo racismo acabaría teniendo, por supuesto, consecuencias nefastas para los judíos europeos. Hitler se sirvió de los antiguos patrones cristianos de odio en su cruzada secular contra los judíos, incapaz de soportar la presencia de una raza extranjera en la pura tierra europea y aria.

Ya no quedaban musulmanes en Europa, pero durante el siglo XIX los británicos y los franceses empezaron a invadir sus países. En 1830 los franceses colonizaron Argel, y en 1839 los británicos colonizaron Adén; entre ambos se apropiaron de Túnez (1881), Egipto (1882) y Sudán (1898), así como de Libia y Marruecos (1912). En 1920, pese a que habían prometido a los países árabes que les devolverían la independencia tras la derrota del Imperio turco, Gran Bretaña y Francia se repartieron Oriente Próximo entre mandatos y protectorados.

Hoy el mundo musulmán asocia imperialismo occidental y misiones cristianas con las cruzadas, y no se equivoca al hacerlo. Cuando llegó a Jerusalén en 1917, el general Allenby anunció que finalmente concluían las cruzadas, y cuando los franceses llegaron a Damasco su comandante marchó hasta la tumba de Saladino en la gran mezquita y gritó: *«Nous revenons, Saladin!»*. Las misiones cristianas respaldaron a los colonialistas en un intento por socavar la cultura tradicional musulmana en los países conquistados, y se concedió un papel desproporcionado en el gobierno del protectorado a los grupos cristianos en dichos países, como los maronitas del Líbano. Los colonialistas habrían argumentado que llevaban progreso y cultura, pero la violencia y el desdén caracterizaban su campaña. La pacificación de Argelia, por ejemplo, duró muchos años y cualquier tipo de resistencia fue aplastada brutalmente mediante incursiones de represalia. El historiador contemporáneo francés M. Baudricourt nos ofrece una idea de cómo era una de aquellas incursiones:

«Al regresar de la expedición, nuestros propios soldados se sentían avergonzados (...) quemaron alrededor de 18.000 árboles; asesinaron a mujeres, niños y ancianos. Las desafortunadas mujeres, especialmente, fueron objeto de la codicia por su costumbre de llevar anillos, tobilleras y pulseras de plata. Estos aros no tienen cierre, como las pulseras francesas. Se sujetan en la infancia a los miembros de las muchachas y no pueden sacarse cuando éstas crecen. Para poder quitárselos nuestros soldados solían cortarles los miembros y dejarlas mutiladas».[34]

Los colonialistas dieron muestras de un evidente desprecio por el islam. En Egipto, Lord Cromer condenó el intento del intelectual liberal Muhammad Abduh (muerto en 1905) de reconsiderar algunas ideas islámicas tradicionales. El islam, declaró, no podía reformarse, y los árabes eran incapaces de regenerar su propia sociedad. Tal y como explicó en su fundamental obra en dos volúmenes titulada *Egipto moderno*, los «orientales» eran irremediablemente infantiles y diametralmente opuestos a «nosotros»:

«Sir Alfred Lyall me dijo en cierta ocasión: "La exactitud le resulta abominable a la mente oriental. Todos los angloindios deberían recordar siempre esta máxima". La falta de exactitud, que fácilmente degenera en falsedad, es de hecho la principal característica de la mente oriental.

»El europeo es un razonador riguroso; sus afirmaciones carecen de ambigüedad; es un lógico nato, pese a que puede que no haya estudiado lógica; es escéptico por naturaleza y exige pruebas antes de aceptar la veracidad de cualquier proposición; su inteligencia educada funciona como un mecanismo. La mente del oriental, por otra parte, como sus calles pintorescas, carece totalmente de simetría. Su forma de razonar es muy descuidada. Aunque los antiguos árabes adquirieron la ciencia de la dialéctica a un nivel algo más elevado, sus descendientes carecen de la facultad lógica. Suelen ser incapaces de sacar las conclusiones más obvias a partir de premisas muy simples que puedan considerar verdaderas».[35]

Pese a que los estudiosos occidentales siguieron intentando presentar una imagen más objetiva del mundo árabe y musulmán, esta superioridad colonial hizo creer a mucha gente que el islam no merecía su atención.

No cabe duda de que esta actitud occidental tan ofensiva ha conseguido alienar al mundo musulmán. Hoy en el islam imperan los sentimientos antioccidentales, pero esto constituye una situación totalmente nueva. Occidente puede haber albergado fantasías sobre Mahoma como enemigo, pero de hecho casi todos los musulmanes desconocían la existencia de Occidente hasta hace poco más de doscientos años. Las cruzadas fueron muy importantes en la historia de Europa y tuvieron una influencia formativa en la identidad occidental, tal y como he argumentado en otra obra.[36] Pero, aunque resulta obvio que afectaron profundamente a las vidas de los musulmanes en Oriente Próximo, las cruzadas tuvieron escasa repercusión en el resto del mundo islámico, donde se consideraron remotos incidentes fronterizos. Los centros del imperio islámico en Iraq e Irán no se vieron en absoluto afectados por este asalto occidental en el Medioevo. Por consiguiente, ni siquiera veían en Occidente a un enemigo. Los musulmanes creían que el mundo cristiano no estaba en Occidente, sino en Bizancio; en aquella época la Europa occidental parecía un páramo bárbaro y pagano, e iba sin duda muy rezagada con respecto al resto del mundo civilizado.

Pero Europa alcanzó a los demás países, y el mundo musulmán, inmerso en sus propios problemas, no se percató de lo que estaba sucediendo. La expedición napoleónica a Egipto abrió los ojos a muchas gentes reflexivas de Oriente Próximo, a quienes impresionó sobremanera el porte tranquilo y seguro de los soldados franceses en este ejército posrevolucionario. Los musulmanes siempre habían respondido a las ideas de otras culturas, y muchos se sintieron atraídos por las ideas radicales y modernizadoras de Occidente. A principios del siglo XX, casi todos los intelectuales más destacados del mundo islámico eran liberales y occidentalistas. Puede que estos liberales detestaran el imperialismo occidental, pero creían que los liberales europeos estarían de su parte y se opondrían a gente como Lord Cromer. Admiraban la calidad del modo de vida occidental, que parecía haber consagrado muchos de los ideales que sustentaba la tradición islámica. En los últimos cincuenta años, sin embargo, hemos perdido esta buena voluntad. La alienación del mundo musulmán puede haberse debido, entre otras razones, a su descubrimiento gradual de la hostilidad y el desprecio para con su Profeta y su religión tan profundamente arraigados en la cultura occidental, y que, a su parecer, han seguido condicionando la política de Occidente hacia los países musulmanes incluso en el periodo poscolonial.

Tal y como señala el escritor sirio Rana Kabbani en *Letter to Christendom* (Carta a la cristiandad):

«¿Acaso no es selectiva la conciencia occidental? Occidente se muestra partidario de los *muyahidin* afganos, que reciben el mismo apoyo de los servicios de inteligencia estadounidenses que la Contra nicaragüense, pero no simpatiza con los musulmanes militantes que no combaten en su Guerra Fría porque tienen preocupaciones políticas propias. Mientras escribo esto mueren cada día más palestinos en los territorios ocupados: casi 600 muertos en el último recuento, más de 30.000 heridos y 20.000 detenidos sin juicio (...) con todo, Israel continúa siendo una democracia a ojos de Occidente, un puesto de avanzada de la civilización occidental. ¿Qué podemos pensar de esta doble moral?».[37]

Occidente debe cargar con parte de la responsabilidad por el desarrollo de la nueva forma radical del islam, que en algunos aspectos, sin duda terribles, se acerca a nuestras antiguas fantasías. Hoy mucha gente en el mundo islámico rechaza a Occidente como impío, injusto y decadente. Algunos especialistas occidentales como Maxime Rodinson, Roy Mottahedeh, Nikki R. Keddie y Gilles Kepel están intentando comprender el significado de este nuevo sentir islámico. Pero, como es habitual, estos intentos por entender de forma más objetiva y abierta la crisis actual en el mundo musulmán sólo incumben a una minoría. Otras voces más agresivas muestran escaso interés por comprender, pero promueven la antigua tradición del odio.

Sin embargo, el nuevo islam radical no está inspirado únicamente por el odio a Occidente, ni es en absoluto un movimiento homogéneo. A los musulmanes radicales les preocupa ante todo solucionar sus propios problemas y encarar la dislocación cultural que muchos han experimentado en tiempos recientes. Resulta imposible generalizar acerca del auge de esta forma más extrema de la religión: no sólo varía de país en país, sino de ciudad en ciudad y de pueblo en pueblo. La gente se siente desarraigada: la cultura occidental ha invadido todos los resquicios de sus vidas. Incluso los muebles de sus casas han sufrido importantes cambios y se han convertido en una señal inquietante de dominación y pérdida cultural. Al refugiarse en la religión, muchos intentan volver a sus raíces y recobrar una identidad que está profundamente amenazada. Pero en cada zona se dan formas del islam totalmente distintas e idiosincráticas, muy influidas por tradiciones y circunstancias locales que no son específicamente religiosas. En su clásico *Recognizing Islam, Religion and Society in the Middle East* (Reconocer el islam. Religión y sociedad en Oriente Próximo), Michael Gilsenan ha explicado que las diferencias son tan importantes entre un distrito y otro que los términos «islam» o «fundamentalismo» ya no sirven para definir el intento actual de articular la experiencia de la gente en Oriente Próximo durante el periodo poscolonial. El fenómeno es sin duda mucho más complejo de lo que los medios suelen indicar. Es muy posible que muchos musulmanes de la zona estén experimentando un sentimiento de temor y pérdida de identidad similar al que se apoderó de los mártires de Córdoba, quienes creían que su cultura y sus valores tradicionales se veían amenazados por un poder extranjero.

Creamos constantemente nuevos estereotipos para expresar nuestro arraigado odio hacia un islam mal comprendido. En los años setenta del pasado siglo nos obsesionó la imagen del jeque del petróleo inmensamente rico; en los años ochenta el fanático ayatolá; desde el caso Rushdie, el islam (o nuestra visión de éste) se ha convertido en una religión que augura la muerte de la creatividad y la libertad artística. Pese a que ninguna de estas imágenes refleja la realidad, que es infinitamente más compleja, ello no impide que la gente emita juicios de valor generalizados y erróneos. Rana Kabbani cita dos comentarios hostiles de Fay Weldon y Conor Cruise O'Brian. En *Sacred Cows* (Vacas sagradas), su contribución al debate sobre Rushdie, Weldon escribe lo siguiente:

> «El Corán no alimenta la reflexión. No es un poema en el que una sociedad pueda basarse de forma segura o sensata. Proporciona armas y poder a la policía del pensamiento, y la policía del pensamiento se pone en marcha fácilmente, y atemoriza (...) Lo considero un texto limitado y limitador en cuanto a la comprensión de lo que yo defino como Dios».[38]

Sólo puedo decir que este comentario no coincide con mi propia experiencia al estudiar el Corán y la historia del islam. Pero Conor Cruise O'Brien, basándose en la tradición que convierte cualquier muestra de respeto por el islam en una deserción cultural, me tacharía de hipócrita. La sociedad musulmana, escribe Cruise O'Brien,

«parece profundamente repulsiva (...) Lo parece porque lo es (...) Un occidental que afirme admirar la sociedad musulmana, sin abandonar por ello los valores occidentales, o es un hipócrita o un ignorante, o ambas cosas. (...) La sociedad árabe está enferma, y ha estado enferma durante mucho tiempo. En el siglo XIX, el pensador árabe [sic] Jamal al-Afghani escribió: "Todos los musulmanes están enfermos, y su único remedio es el Corán". Por desgracia, la enfermedad empeora cuanto más remedio se toma».[39]

Pero no todos los críticos adoptan esta visión, propia de una cruzada. Muchos estudiosos del siglo XX han intentado ampliar el conocimiento occidental del islam: Louis Massignon, H.A.R. Gibb, Henri Corbin, Annemarie Schimmel, G.S. Hodgson y Wilfred Cantwell Smith han seguido los pasos de hombres como Pedro el Venerable y Juan de Segovia y se han valido de la erudición para desafiar los prejuicios de su época. Durante siglos la religión ha permitido a los miembros de una sociedad determinada cultivar un entendimiento más profundo. Puede que la gente no siempre consiga expresar sus ideales religiosos como debiera, pero éstos han contribuido a que ideas basadas en la justicia, la benevolencia, el respeto y la compasión hacia los demás nos proporcionen un patrón de conducta. Un estudio riguroso del islam indica que durante mil cuatrocientos años los ideales del Corán han contribuido en gran medida al bienestar espiritual de los musulmanes. Algunos estudiosos, como el destacado historiador canadiense Wilfred Cantwell Smith, llegan incluso a afirmar que «el segmento musulmán de la sociedad humana sólo puede florecer si el islam es fuerte y vital, puro, creativo y sólido».[40] Parte del problema occidental radica en que durante siglos Mahoma ha sido visto como la antítesis del espíritu religioso y como el enemigo de una civilización decente. Quizá deberíamos intentar verlo como un hombre espiritual, que consiguió llevar la paz y la civilización a su pueblo.

2

Mahoma, el hombre de Alá

Durante el mes de *ramadán*, hacia el año 610, un mercader árabe de la ciudad de La Meca, en el Hijaz, tuvo una experiencia que acabaría cambiando la historia del mundo. Todos los años, Muhammad ibn Abdallah, Mahoma, se dirigía con su esposa y su familia a una cueva del monte Hira en el valle de La Meca para realizar un retiro espiritual. En esa época aquello constituía una práctica habitual en la península arábiga: Mahoma solía pasar el mes rezando y repartiendo limosnas y comida entre los pobres que acudían a visitarle durante este periodo sagrado. Desde la recortada cumbre de la montaña se divisaba claramente la próspera ciudad de La Meca en la planicie inferior. Como todos los mequíes, Mahoma se sentía muy orgulloso de su ciudad, que se había convertido en un centro económico y en el asentamiento más poderoso de Arabia. Los comerciantes mequíes se habían hecho más ricos que el resto de los árabes del Hijaz y disfrutaban de una seguridad que habría sido inconcebible dos generaciones atrás, cuando llevaban la adusta vida nómada propia de las estepas arábigas. Por encima de todo, los mequíes se sentían muy orgullosos de la Kaaba, el antiguo santuario en forma de cubo situado en el centro de la ciudad que, tal y como muchos creían, era en realidad el templo de Alá, el Dios supremo de los árabes. La Kaaba era el santuario más importante de Arabia, al que cada año acudían peregrinos procedentes de todas partes de la península para realizar la peregrinación *hayy*. La tribu de Coraix, a la que pertenecía Mahoma, había sido responsable del éxito comercial de La Meca y sabía que buena parte de su prestigio entre otras tribus árabes se debía a tener el gran privilegio de custodiar el enorme santuario de granito y proteger a sus deidades.

Algunos árabes creían que Alá, cuyo nombre significa simplemente «el dios», era la misma deidad que también adoraban los judíos y los cristianos. Pero a diferencia de las «gentes de las Escrituras», tal y como los árabes denominaban a estas dos religiones venerables, los árabes eran muy conscientes de que Dios nunca les había enviado una revelación o una escritura, pese a que habían custodiado su santuario desde tiempos inmemoriales. Los árabes que se relacionaban con judíos y cristianos tenían una profunda sensación de inferioridad: parecía que Dios los hubiera dejado al margen de su plan divino. Pero la situación cambió en la séptima noche de *ramadán*, cuando una sobrecogedora presencia divina arrancó a Mahoma de su sueño en la cueva de la montaña. Más tarde el Profeta explicaría esta experiencia inefable diciendo que un ángel lo estrechó en un abrazo aterrador que le obligó a exhalar todo el aliento. El ángel le dio una orden tajante: «*Iqra!*», «¡Recita!». Mahoma protestó en vano que no sabía recitar; él no era un *kahin*, uno de los profetas extáticos de Arabia. Pero, dijo, el ángel simplemente lo abrazó de nuevo hasta que, cuando había llegado al fin de su resistencia, descubrió que las palabras de inspiración divina de una nueva escritura brotaban de sus labios. La Palabra de Dios se había pronunciado por primera vez en Arabia y Dios se había revelado por fin a los árabes en su propia lengua. El libro santo recibiría el nombre de Corán: la Recitación.

Esta extraña experiencia iba a tener enormes consecuencias. Cuando Mahoma comenzó a predicar la palabra de Dios en La Meca, toda Arabia se encontraba en un estado de desunión crónica. Cada una de las numerosas tribus beduinas de la península seguía sus propias normas y se encontraba en estado de guerra permanente con otros grupos tribales. Parecía imposible que los árabes se unieran, lo cual significaba que eran incapaces de fundar una civilización y un sistema de gobierno que les permitiera ocupar su lugar en el mundo. El Hijaz parecía condenado a la barbarie salvaje y a traspasar los límites de la civilización. Veintitrés años después, cuando murió el 8 de junio del año 632, Mahoma había conseguido atraer a casi todas las tribus a su nueva comunidad musulmana. Se trataba, sin duda, de una situación inestable. Muchos de los beduinos, como bien sabía Mahoma, se aferraban en secreto al antiguo paganismo, pero, contra todo pronóstico, fue posible conservar la unidad árabe. Mahoma poseía grandes dotes políticas: transformó completamente las condiciones de vida de su pueblo, lo rescató de la violencia infructuosa y de la desintegración y le proporcionó una nueva identidad de la que sentirse orgulloso. Ahora sus gentes estaban preparadas para fundar su propia cultura; las enseñanzas de Mahoma abrieron la puerta a tales reservas de poder que, en cien años, el imperio de los árabes se extendió desde Gibraltar al Himalaya.

Si esta hazaña política hubiera sido su único logro, Mahoma ya merecería nuestra admiración. Pero su éxito dependía de la visión religiosa que transmitió a los árabes y que fue adoptada con presteza por los súbditos del imperio, puesto que satisfacía a todas luces una profunda necesidad espiritual. Mahoma y sus primeros musulmanes no triunfaron con facilidad, como muchos suelen imaginar. Se embarcaron en una lucha dura y desesperada, y no habrían sobrevivido de no haber tenido la religión una importancia excepcional para el Profeta y sus compañeros más próximos.

A lo largo de todos estos años de peligro Mahoma creyó recibir la inspiración directamente de Dios, pero también tuvo que valerse de todos sus talentos naturales. Los musulmanes conocían la capacidad excepcional de su Profeta y eran conscientes de que había cambiado el curso de la historia. Cuatro destacados historiadores escribieron sobre su vida en el periodo islámico clásico: Muhammad ibn Ishaq (muerto hacia 767), Muhammad ibn Sad (muerto en 845), Abu Jafar at-Tabari (muerto en 923) y Muhammad ibn Umar al-Waqidi (muerto hacia 820) centraron su atención en las campañas militares del Profeta. Éstas son una fuente fundamental para poder escribir cualquier biografía de Mahoma y constantemente me referiré a ellas. Dichos historiadores no se basaron tan sólo en sus propias ideas, sino que intentaron hacer una reconstrucción histórica seria. En sus narraciones incluyen documentos anteriores, descubren el origen de tradiciones orales y, aunque veneran a Mahoma como hombre de Dios, no escriben hagiografías poco críticas. Así, Tabari reseña el caso de los Versos Satánicos –ahora tristemente célebres–, que parece demostrar que Mahoma cometió un error. Tanto Ibn Sad como Ibn Ishaq incluyen tradiciones y relatos que no son del todo halagadores: en particular los de Aisha, esposa de Mahoma, una mujer franca y directa cuyos agudos comentarios sobre su esposo han sido anotados escrupulosamente. Estos historiadores, lo suficientemente seguros de las cualidades de su biografiado como para tener que recurrir a encubrimientos favorecedores, nos presentan un retrato absorbente y realista de este hombre extraordinario.

Por supuesto que estos biógrafos tempranos no escribían de la misma forma que los historiadores occidentales modernos. Eran hombres de su tiempo y a menudo incluían historias de carácter milagroso que hoy interpretaríamos de forma distinta, pero eran conscientes de la complejidad del material que estaban describiendo y de la naturaleza esquiva de la verdad. Veremos que el espíritu musulmán es profundamente igualitario. En el arte islámico, el arabesco, con sus motivos repetidos de continuo, no destaca ningún elemento mediante la perspectiva o el primer plano. El efecto se consigue mediante el uso del dibujo como un todo y gracias a la intrincada relación que existe entre las partes iguales. Encontramos un espíritu muy similar en nuestros cuatro historiadores: no suelen favorecer una teoría o interpretación de los acontecimientos en detrimento de otras. A veces presentan una al lado de la otra dos versiones muy distintas de un incidente y no intentan explicar las discrepancias. Veremos, por ejemplo, que Tabari ofrece dos relatos totalmente distintos de la historia de los Versos Satánicos, y que Ibn Ishaq presenta dos versiones mutuamente excluyentes de la conversión de Umar ibn al-Jatab sin siquiera comentar la aparente contradicción. En cada caso el historiador enumera sus fuentes de forma rigurosa, pese a que esta «cadena» de maestros *(silsila)* no satisfaría las exigencias modernas. Todos ellos intentan dar igual peso a cada relato de los acontecimientos lo mejor que saben y no siempre están de acuerdo con todas las tradiciones que mencionan. Esto indica que, pese a su evidente devoción por el Profeta, los primeros historiadores intentaban contar su historia de la forma más honesta y sincera de que eran capaces.

Se advierten varias lagunas en sus descripciones: no sabemos casi nada sobre los primeros años de Mahoma antes de que comenzara a recibir las revelaciones a la edad de cuarenta años. Aparecieron diversas leyendas piadosas sobre el nacimiento, infancia y juventud de Mahoma y éstas están debidamente incluidas, pero no existe nada más sólido en que basarse. Por otra parte, hay muy poco material sobre la temprana misión profética de Mahoma en La Meca. En aquella época, cuando era un personaje más o menos desconocido, nadie creyó que mereciera la pena escribir sobre su misión. Pero durante los diez últimos años de su vida, después de la emigración a Medina, los musulmanes fueron conscientes de que la historia se estaba desarrollando ante sus atónitos ojos y los incidentes se transcribieron con mucho más detalle.

Los historiadores se basaban en tradiciones orales transmitidas por los primeros compañeros del Profeta a las generaciones posteriores. En el siglo IX, estudiosos como Muhammad ibn Ismaiil al-Bujari y Muslim ibn al-Hijjaj al-Qushayri examinaron detenidamente el historial de cada tradición *(hadiz)* para asegurarse de que provenía de fuentes fidedignas. Cualquier tradición que no contara con una cadena de maestros fiable, ya fuera porque existían lagunas preocupantes o porque la reputación religiosa de las autoridades era dudosa, se descartaba sin contemplaciones en sus grandes recopilaciones de tradiciones *(ahadiz)*, sin importar cuán edificantes o halagadoras hubieran podido parecerles al Profeta y a los primeros musulmanes. Como veremos, la *ahadiz* se convirtió en una de las principales fuentes de la Sharia, la Ley Sagrada islámica, y la revisión de las tradiciones nos indica que los musulmanes fueron capaces de adoptar una actitud crítica con respecto a su historia temprana. Esta objetividad también resulta evidente en las obras de los primeros historiadores, y ni ellos ni las posteriores generaciones de musulmanes han considerado que todas las tradiciones conservadas fueran asimismo válidas o fidedignas.

El Corán constituye nuestra principal fuente de información. No se trata, por supuesto, de un relato sobre la vida de Mahoma: revela al Creador más que a su mensajero. Pero nos proporciona de forma indirecta material de un valor inapreciable sobre la historia temprana de la comunidad islámica. Los occidentales creen que el Corán es un libro difícil. Trataré esta cuestión con más detalle en capítulos posteriores, pero quizá sea importante explicar desde un principio en qué consiste esta escritura revelada y cómo deberíamos considerarla. Mahoma afirmó que durante veintitrés años recibió mensajes directos de Dios, que se recopilaron en el libro que ahora conocemos como Corán. El Corán no descendió del cielo de una sola vez, como la Torah o Ley que, según los relatos bíblicos, le fue revelada a Moisés en el monte Sinaí. El Corán le llegó a Mahoma línea a línea, verso a verso, capítulo a capítulo. A veces los mensajes trataban de una determinada situación en La Meca o en Medina. En el Corán, Dios parece responder a algunos de los críticos de Mahoma y explica el significado más profundo de una batalla o de un conflicto en el seno de la comunidad musulmana. A medida que cada nuevo mensaje le era revelado a Mahoma (de quien, como muchos árabes del Hijaz, se decía que era analfabeto) él lo recitaba en voz alta, los musulmanes lo aprendían de memoria y los que sabían escribir lo escribían. Los árabes encontraban asombroso el Corán: no se asemejaba a ninguna otra obra que hubieran leído antes. Algunos, como veremos, se convirtieron inmediatamente, convencidos de que su lenguaje extraordinario sólo podía deberse a la inspiración divina. Los que se negaron a convertirse estaban desconcertados y no sabían qué pensar de esta perturbadora revelación. Los musulmanes todavía lo encuentran profundamente conmovedor: dicen que cuando lo escuchan se sienten envueltos en sonidos de una dimensión divina, similar a la que experimentó Mahoma en el monte Hira cuando lo abrazó el ángel o cuando, más tarde, vio cómo este ser sobrenatural se extendía por todo el cielo, mirara adonde mirara.

A los occidentales les cuesta mucho entender todo esto. Hemos visto que incluso autores como Gibbon y Carlyle, quienes mostraron cierta comprensión hacia el islam, quedaron perplejos al leer el Corán. Esto, por supuesto, no es del todo sorprendente: siempre resulta difícil apreciar los libros sagrados de otras culturas. Existe una anécdota muy conocida acerca de unos turistas japoneses que visitaban Occidente por primera vez. Su inglés era razonablemente bueno y, dado que siempre les gustaba conocer algo acerca de la religión de los países que visitaban, se enfrascaron con diligencia en la lectura de la Biblia. Al acabar de leerla estaban del todo desconcertados y, cuando llegaron a Estados Unidos, consultaron sus dudas a un sabio reputado. Realmente habían intentado perseverar en su lectura, explicaron, pero no consiguieron, por más que se esforzaron, encontrar en el texto ninguna referencia a la religión. El sabio, divertido, admitió que a menos que el lector se mentalizara antes de leer estas escrituras, era sin duda difícil encontrar aspectos religiosos o trascendentales en el relato de la historia del antiguo pueblo judío.

En el caso del Corán existe también el problema de la traducción. Las líneas más bellas de Shakespeare suelen parecer banales en otro idioma por la dificultad que entraña traducir poesía a un idioma extranjero; y el árabe es un idioma especialmente difícil de traducir. Los árabes señalan que las traducciones de poemas o historias que en árabe les han gustado les parecen irreconocibles en otra lengua. Ciertas características del árabe lo hacen intraducible a otros idiomas: incluso los discursos de políticos árabes suenan forzados, artificiales y extraños cuando son traducidos. Si esto sucede con el árabe corriente, de habla cotidiana o literatura convencional, la dificultad es más pronunciada aún en el caso del Corán, escrito en un lenguaje muy complejo, denso y repleto de alusiones. Incluso los árabes que hablan un inglés fluido han comentado que cuando leen el Corán en una traducción inglesa les parece estar leyendo un libro totalmente distinto. Citaré con frecuencia el Corán, pero el lector no puede esperar sentirse tan abrumado por el texto como los primeros musulmanes.

Ello no significa que debamos desestimar el Corán con arrogancia, puesto que no está escrito para ser leído como otros libros. Si abordamos su lectura de forma adecuada, afirman los creyentes, nos producirá la sensación de hallarnos en presencia de Dios. Esto resulta difícil de entender para alguien que ha sido educado en la tradición cristiana, porque los cristianos no tienen un idioma sagrado como lo son el sánscrito, el hebreo y el árabe para hindúes, judíos y musulmanes. Es el propio Jesucristo, y no las Escrituras, quien constituye la revelación cristiana, y el griego en que está escrito el Nuevo Testamento no tiene nada de sagrado. Los judíos entenderán mejor esta espiritualidad musulmana porque veneran la Torah (los primeros cinco libros de lo que los cristianos llaman «el Antiguo Testamento») de forma similar. Cuando estudian la Torah, los judíos no se limitan a pasar los ojos por la página para adquirir información. Pronuncian las palabras en voz alta, saboreando el idioma empleado por el mismo Dios cuando se reveló a Moisés, hasta que se las aprenden de memoria. A menudo se mecen hacia delante y hacia atrás mientras recitan, como impulsados por el aliento del espíritu de Dios. Obviamente, por tanto, cuando los judíos leen la Torah de esta forma están experimentando un libro muy distinto al que leen los cristianos, quienes a menudo encuentran que la mayor parte del Pentateuco constituye una recopilación extremadamente aburrida de leyes poco claras. Los musulmanes también encuentran una sensación de bendición *(baraka)* en las palabras santas que Dios transmitió en el Corán. Al igual que la Eucaristía, el Corán constituye una presencia real de la Palabra divina entre nosotros: Dios se ha expresado a través del Corán en lenguaje humano. El poder del Corán es tal que muchos pueblos del imperio islámico abandonaron sus idiomas propios a fin de adoptar la lengua sagrada del libro santo.

Tal y como está escrito, el Corán no presenta las distintas suras en el orden en que las pronunció Mahoma. Cuando se hizo la primera compilación oficial del Corán hacia el año 650, unos veinte años después de la muerte del Profeta, los editores colocaron las suras más largas al principio y las más cortas, que incluyen las que le fueron reveladas antes, al final. Esta disposición no es tan arbitraria como pudiera parecer, porque el Corán no presenta un relato o un argumento que requieran un orden secuencial, sino que incluye pronunciamientos y reflexiones sobre varios temas, como la presencia de Dios en la naturaleza, las vidas de los profetas y el Juicio Final. Los occidentales lo suelen encontrar aburrido y reiterativo porque parece repetir los mismos temas una y otra vez, pero el libro no se concibió para el uso personal, sino para la recitación litúrgica. Cuando escuchan una sura en la mezquita, los musulmanes recuerdan los principios fundamentales de su fe en una única recitación. Los que no son musulmanes, sin embargo, ven en el Corán una valiosa fuente de información sobre Mahoma. Pese a que no se compiló oficialmente hasta después de su muerte, puede considerarse un texto auténtico. Los especialistas modernos, que han podido fechar las distintas suras con razonable precisión, señalan que los primeros textos del Corán se refieren a los problemas que encontró Mahoma mientras su religión era aún una pequeña secta que pugnaba por salir adelante, y que dichos problemas se olvidaron más tarde, cuando el islam era ya una religión establecida y triunfante. En el Corán, por consiguiente, encontramos un comentario contemporáneo sobre la trayectoria de Mahoma que resulta excepcional en la historia de la religión: nos permite ver las dificultades a las que se enfrentó y la forma en que se fue desarrollando su visión, hasta adoptar un enfoque más universal.

Por otra parte, sabemos muy poco acerca de Jesús. El primer escritor cristiano fue san Pablo, quien redactó su primera epístola unos veinte años después de la muerte de Jesús. Pablo, sin embargo, no estaba interesado en los primeros años de la vida de Cristo, sino que se concentró casi totalmente en el significado espiritual de su muerte y su resurrección. Más tarde, en los Evangelios, los evangelistas se basaron en la tradición oral, que hacía más hincapié que Pablo en la vida de Jesús en Palestina y reproducía sus palabras. Marcos, autor del primer Evangelio, escribió unos cuarenta años después de la muerte de Jesús, en la década de los setenta; Mateo y Lucas escribieron durante la década de los ochenta y Juan hacia el año 100 d.C. Pero estos relatos evangélicos son muy distintos a las primeras biografías de Mahoma escritas por los historiadores árabes. Se ocupan más del significado religioso de la vida de Jesús que de los hechos históricos, y a menudo expresan las necesidades, preocupaciones y creencias de las primeras iglesias más que los acontecimientos originales. Los eruditos especializados en el Nuevo Testamento, por ejemplo, señalan que los relatos evangélicos sobre la pasión y la muerte de Cristo están totalmente confundidos y se han cambiado algunos hechos. Los cristianos de esta época se afanaban por disociarse de los judíos y por esta razón les culpan a ellos, y no a los romanos, de la muerte de Jesús. Se han recogido muy pocas de las palabras auténticas de Cristo, lo cual no significa que los Evangelios sean falsos: expresan una importante verdad religiosa. Jesús prometió enviar su Espíritu a sus discípulos, para compartir de alguna forma las inspiraciones más profundas de éstos.

Mahoma ofrece una imagen muy distinta del personaje idealizado y numinoso del Cristo de los Evangelios. Los musulmanes han desarrollado una devoción simbólica hacia Mahoma, como explicaré en el capítulo 10, pero nunca han afirmado que fuera divino. De hecho, aparece como una figura muy humana en las primeras historias. Ni siquiera se asemeja a un santo cristiano, aunque, por supuesto, si corremos el velo hagiográfico, los mismos santos se hacen más que humanos. Mahoma se asemeja más a los personajes pintorescos de las escrituras judías –Moisés, David, Salomón, Elías–, todos ellos hombres apasionadamente religiosos, sin ser dechados de virtudes. Encarnar la realidad trascendente e inefable que algunos denominan «Dios» en las circunstancias trágicas e imperfectas de la vida humana constituye una penosa lucha. Mahoma no era un santo de escayola. Vivió en una sociedad violenta y peligrosa y en ocasiones empleó métodos que aquellos de entre nosotros lo suficientemente afortunados por vivir en un mundo más seguro encontramos alarmantes. Pero, si somos capaces de dejar a un lado nuestras expectativas cristianas sobre la santidad, descubriremos a un ser humano apasionado y complejo. Mahoma poseía grandes dotes tanto políticas como espirituales –dos características que no siempre van de la mano– y estaba convencido de que todas las gentes religiosas tienen la responsabilidad de crear una sociedad buena y justa. En ocasiones era iracundo e implacable, pero también podía ser tierno, compasivo, vulnerable e inmensamente bondadoso. No disponemos de textos que describan a Jesús riendo, pero a menudo encontramos a Mahoma sonriendo y bromeando con sus allegados. Le vemos jugando con niños, solucionando problemas conyugales, llorando amargamente tras la muerte de un amigo o presumiendo con orgullo de su hijo recién nacido, como haría cualquier padre encandilado.

Si pudiéramos ver a Mahoma como vemos a cualquier otro personaje histórico importante, sin duda lo consideraríamos uno de los mayores genios que el mundo ha conocido. Crear una obra de arte literaria, fundar una religión importante y establecer una nueva potencia mundial no son logros frecuentes. Pero para poder apreciar al máximo su talento tenemos que examinar la sociedad en la que nació y las fuerzas contra las que luchó. Cuando bajó del monte Hira para llevar la Palabra de Dios a los árabes, Mahoma estaba a punto de intentar algo imposible. Unos cuantos árabes de la península se estaban acercando al monoteísmo, pero no habían explorado a fondo las implicaciones de esta creencia, lo cual no sorprende en absoluto. Los judíos tardaron siglos en creer que Yahvé era el único Dios. Probablemente, los antiguos israelitas practicaron la monolatría: es decir, habían acordado que sólo venerarían a Yahvé, pero creían en la existencia de otros dioses. Incluso Moisés puede no haber sido un monoteísta convencido. Los Diez Mandamientos que llevó a su pueblo dan por sentado la existencia de otros dioses: «No tendrás dioses ajenos delante de mí». Pasaron unos setecientos años entre el éxodo de Egipto y el liderazgo de Moisés (hacia 1250 a.C.) y el monoteísmo inequívoco del profeta al que solía conocerse como Segundo Isaías, el cual vivió con los exiliados judíos en Babilonia hacia el año 550 a.C. Sin embargo, Mahoma se empeñó en que los árabes llevaran a cabo este cambio fundamental en tan sólo veintitrés años. Veremos que algunos árabes le imploraron que adoptara una solución monólatra y que aceptara el culto de otros dioses, mientras que él y sus seguidores adoraban sólo a Alá; pero Mahoma se negó rotundamente a transigir.

Proclamar la fe en un único Dios no constituía una mera afirmación teórica y cerebral: exigía un cambio de conciencia. La Biblia nos revela que los antiguos israelitas encontraban irresistible la atracción del paganismo, y veremos que a los árabes les parecía extraordinariamente dolorosa la posibilidad de perder a sus dioses y diosas ancestrales. Quizá no sorprenda que los judíos abandonaran definitivamente el paganismo durante su exilio en el Imperio babilónico. Como todas las principales religiones del mundo, el monoteísmo es en cierto sentido un producto de la civilización. En los grandes imperios la gente adquiría una perspectiva más amplia y una visión enteramente nueva del mundo, que convertía en insignificantes a los dioses locales. Los antiguos imperios proporcionaron a sus miembros el orden y la seguridad necesarios para que floreciera la civilización, y el pueblo empezó a ver que el mismo universo era un lugar ordenado que podía estar bajo un mandato unificado. En las grandes ciudades se aceleró el cambio cultural, mientras que la conciencia individual fue surgiendo a medida que la gente comprendía que sus propias acciones podían afectar el destino de las generaciones futuras. Pero en una sociedad más primitiva, como la de la Arabia del siglo VII, tal perspectiva era prácticamente imposible; no se podía creer en una deidad omnipotente y benévola cuando la vida estaba llena de peligros y el destino parecía arbitrario, cuando predominaba la comunidad en lugar del individualismo y apenas había seguridad social. En un mundo primitivo y pagano las distintas deidades representaban fuentes de poder e influencia, y parecía retorcido darle la espalda a una fuente potencial de ayuda al optar por un único Dios. Si bien es cierto que algunos árabes, como los mequíes, vivían en ciudades, el desierto seguía siendo un recuerdo muy reciente y aún predominaba un desesperado *ethos* tribal.

Uno de los aspectos más sobresalientes del logro de Mahoma fue su aislamiento. Mahoma conocía el judaísmo y el cristianismo, pero su conocimiento de estas religiones era muy limitado. A diferencia de los profetas de Israel, Mahoma no intentaba hallar una difícil solución monoteísta con el apoyo de una tradición establecida que contara con una visión propia y pudiera proporcionar una guía ética elaborada a lo largo de siglos. Jesús y san Pablo estaban inmersos en el judaísmo y los primeros cristianos descendían de los judíos y de sus seguidores, los temerosos de Dios o prosélitos de la puerta. El cristianismo arraigó en el Imperio romano después de que las comunidades judías allanaran el camino y mentalizaran a los paganos. Pero Mahoma tuvo que empezar casi de cero y debió esforzarse en solitario por establecer la radical espiritualidad monoteísta. Cuando Mahoma inició su misión, un observador imparcial habría pensado que no tenía ninguna posibilidad de obtener el éxito. Los árabes, podría haber objetado dicho observador, no estaban preparados para el monoteísmo: no se habían desarrollado lo suficiente como para aceptar esta visión sofisticada. De hecho, intentar introducirla a gran escala en una sociedad violenta y aterradora podía ser extremadamente peligroso, y Mahoma tendría suerte si escapaba con vida.

No cabe duda de que Mahoma estuvo a menudo en peligro de muerte y su supervivencia fue casi un milagro. Pero lo logró. Hacia el final de su vida cortó de raíz el ciclo crónico de violencia tribal que afligía la región y el paganismo dejó de ser habitual. Los árabes estaban preparados para embarcarse en una nueva etapa de su historia. A fin de poder apreciar este logro excepcional es preciso que comprendamos las condiciones de vida en Arabia antes de la llegada del islam, un periodo que los musulmanes denominan *yahiliyyah*, la época de la ignorancia.

Hoy Arabia es una de las regiones más ricas del mundo y las grandes potencias protegen ansiosamente sus intereses petrolíferos en la zona. Pero cuando Mahoma nació en la ciudad de La Meca hacia el año 570, ninguna de las grandes potencias de la región pensaba siquiera en Arabia. Persia y Bizancio estaban enzarzadas en una guerra extenuante, que acabó poco antes de la muerte de Mahoma. Ambas deseaban cultivar las relaciones con los árabes del sur de la península, en lo que es hoy el Yemen. El reino de Arabia del sur era muy distinto al resto de la región: contaba con el beneficio de las lluvias monzónicas, por lo que era rico y fértil, y poseía una cultura antigua y sofisticada. Pero las áridas estepas de Arabia eran un territorio inhóspito y aterrador, habitado por una raza de hombres salvajes a los que los griegos habían dado el nombre de *Sarakenoi,* el pueblo que habita en tiendas. Ni Persia ni Bizancio consideraron la posibilidad de invadir esta región desolada y nadie se hubiera imaginado que estaba a punto de producir una nueva religión mundial, que pronto convertiría a Arabia en una de las principales potencias del mundo.

De hecho, Arabia estaba considerada una región impía y ninguna de las religiones más avanzadas, asociadas con la modernidad y el progreso, habían conseguido introducirse en la zona. Es cierto que unas pocas tribus judías de dudosa procedencia residían en los asentamientos agrícolas de Yatrib (que luego se convertiría en la ciudad de Medina), Jaybar y Fadak, pero estos judíos apenas se distinguían de sus vecinos árabes paganos y su religión era de una naturaleza bastante rudimentaria. Muchos de los árabes de los territorios civilizados se habían convertido al cristianismo, y en el siglo IV habían formado su propia Iglesia siriaca. Pero, en general, los árabes beduinos de Arabia Deserta recelaban tanto del judaísmo como del cristianismo, pese a ser conscientes de que estas religiones eran más sofisticadas que la suya. Sabían que grandes potencias como Persia y Bizancio estaban dispuestas a valerse de ambas religiones como medio de control imperial, algo que, por desgracia, se pudo constatar en el reino de Arabia del Sur, el cual perdió su independencia de forma permanente en 570, el año en que nació Mahoma. El imperio cristiano de Bizancio hizo de Abisinia, hoy Etiopía, un estado satélite cuando se convirtió a una modalidad herética del cristianismo conocida como monofisismo, según la cual Cristo tenía sólo una naturaleza, de carácter divino. Bizancio podía perseguir a los herejes en su territorio, pero no le importaba servirse de ellos para favorecer sus intereses imperialistas en el extranjero. Tras haberse asociado a Abisinia, Bizancio animó a su dirigente, el Negus, a infiltrarse en Yemen para someterlo al protectorado de Constantinopla. En lugar de defenderse solos, los árabes del sur solicitaron ayuda a Persia contra esta amenaza abisinia y los sasánidas persas se mostraron muy dispuestos a ayudar. Los persas también se valieron de la religión como arma ideológica en esta lucha por el imperio, y se decantaron por el judaísmo frente al cristianismo de Bizancio. En el año 510 Yusuf Asai, el rey de Arabia del Sur, se convirtió al judaísmo y pasó a ser conocido como Dhu Nuwas, «el de los rizos colgantes». Pero este intento de obtener la protección persa fracasó cuando el reino judío cayó en manos de Abisina en el año 525: se dice que el rey, joven y atractivo, se adentró cabalgando en el mar presa de la desesperación, hasta que caballo y jinete desaparecieron bajo las olas. Arabia del Sur se había convertido en una provincia más de Abisinia y sus gentes solicitaban ayuda constantemente a Persia. El rey Jusrua llegó a invadir la región en el año 570, y el orgulloso reino del sur pasó a ser una colonia más de Persia. Esta vez la herejía cristiana del nestorianismo (según la cual Cristo tenía dos naturalezas, una humana y otra divina), que también gozaba de aceptación en Persia, se convirtió en religión oficial. Los beduinos árabes de las regiones del Hijaz y Najd, quienes se habían sentido muy orgullosos de sus vecinos del sur de Arabia, vieron su caída como una catástrofe. De forma inevitable, el judaísmo y el cristianismo se vieron empañados por la sospecha.

La desconfianza de los árabes hacia estas dos religiones avanzadas se agudizó debido a una serie de sucesos ocurridos en el norte, donde las dos grandes potencias se habían apresurado a cerrar sus fronteras para impedirse la entrada mutuamente, así como para obstaculizar la entrada de los salvajes sarracenos que periódicamente invadían los asentamientos durante los años de mayor sequía. Ambas buscaron la ayuda de las tribus árabes del norte, que se habían convertido a formas herejes de cristianismo. Bizancio había alentado a los árabes de los territorios fronterizos a convertirse a la fe verdadera construyendo allí monasterios y centros de culto. Al cabo de un tiempo la tribu de Ghassan, que pasaba el invierno en la frontera bizantina, se convirtió al cristianismo monofisita y se confederó con los bizantinos. Los miembros de esta tribu construyeron su campamento meridional de invierno en Sergiópolis, a las afueras de Rusafa; el campamento contaba con una espléndida sala de estilo bizantino para su jefe, cuyos restos aún pueden verse en la actualidad. Los gasánidas formaron un estado barrera bizantino que supuestamente debía defender al imperio cristiano del imperio zoroastro de Persia,[1] pero Persia pudo contraatacar. Los árabes laimíes de la Siria oriental se hicieron nestorianos, una fe que también habían adoptado los árabes en las regiones mesopotámicas del Imperio persa. Por consiguiente, los sasánidas nombraron a los árabes laimíes dirigentes de un estado tapón con capital en Hira para que custodiaran sus propias fronteras. Pero tanto Persia como Bizancio se retiraron de estos estados árabes: el emperador bizantino Heraclio dejó de pagar subsidios a los gasánidas como medida económica durante la guerra contra Persia hacia el año 584 y el rey Jusrua acabó con el régimen laimí hacia el año 602 y colocó a dirigentes persas para que sustituyeran a los árabes. Unos treinta años más tarde, cuando invadieron estas regiones tras la muerte de Mahoma, los ejércitos musulmanes descubrieron que los árabes que las habitaban albergaban mucho resentimiento hacia las grandes potencias y estaban dispuestos a unirse al islam.

Pero esto sucedería en el futuro. A principios del siglo VII, los árabes de la Arabia central estaban rodeados de formas desviadas de cristianismo: en el sur, la majestuosa iglesia cristiana de Najran provocaba la admiración de los beduinos, pero seguían desconfiando de estos sistemas religiosos y estaban empeñados en preservar su independencia de las grandes potencias. Al mismo tiempo, el descontento se había apoderado de los árabes: se sentían inferiores, desde una perspectiva tanto religiosa como política. Hasta que consiguieran crear un estado beduino unido y se adueñaran de su destino seguirían siendo vulnerables a la explotación y podían incluso perder su independencia, como los árabes del sur. Con todo, un estado beduino unido parecía muy poco probable: durante siglos los árabes del Hijaz y Najd habían vivido como nómadas en grupos tribales que estaban constantemente en guerra. A lo largo de los años desarrollaron un modo de vida muy especializado que en el siglo VI d.C. ya se había impuesto en la península. Incluso los árabes que vivían en las ciudades y en los asentamientos organizaban su vida de acuerdo con las viejas costumbres de los pastores: todavía criaban camellos y se consideraban hijos del desierto.

La ética tribal exigía poseer determinadas habilidades técnicas y sociales, además de cualidades personales que se cultivaban con sumo esmero. Los árabes de la península no habían sido siempre nómadas. El camello, que posibilitaba su modo de vida, no se domesticó hasta unos dos mil años antes de nuestra era. Este animal, con su singular capacidad para acumular agua, podía viajar largas distancias en el desierto a una velocidad excepcional. En un principio los árabes habían sido agricultores en las tierras más civilizadas del creciente fértil. Tras acumular una larga experiencia criando animales para el transporte, algunos de los espíritus más emprendedores se adaptaron a las estepas áridas e inhóspitas durante las épocas periódicas de sequía y desecación.[2] Intentar ganarse la vida en estas difíciles circunstancias constituía un desafío y un acto de rebeldía contra un destino cruel, y evidenciaba, quizás, una gran determinación para demostrar que los árabes podían sobrevivir en estas circunstancias casi imposibles. Poco a poco se fueron trasladando a las regiones más desérticas, y se distanciaron de los centros de la civilización. En verano llevaban a pastar a sus camellos junto a los pozos que cada tribu se apropiaba, y durante el invierno deambulaban por las estepas, cubiertas de una rica vegetación que constituía un paraíso para sus animales después de las lluvias. Se alimentaban de leche de camello y de la carne de animales que capturaban sus cazadores. Pero los nómadas no podían sobrevivir solos: necesitaban el apoyo de los agricultores, que les proporcionaban el trigo y los dátiles que resultaban indispensables para complementar su escasa dieta. A medida que los nómadas iban penetrando gradualmente en las zonas desérticas del creciente fértil y la península arábiga, eran seguidos paso a paso por los pioneros agricultores, que se asentaban en los oasis, irrigaban la zona circundante y, dentro de lo posible, hacían florecer el desierto. A su vez, los agricultores dependían de la mayor movilidad de los nómadas, que les permitía tener acceso a mercancías y productos del extranjero. Dada su mayor habilidad como guerreros, los nómadas proporcionaban protección a los árabes de los asentamientos a cambio de una parte de la cosecha.

La vida en las estepas era sumamente precaria. Los nómadas estaban casi siempre hambrientos y sufrían desnutrición; además, competían con encarnizamiento entre ellos por los alimentos básicos. Tan sólo era posible sobrevivir formando un grupo muy unido; un individuo solo no tenía ninguna posibilidad, de modo que los nómadas habían formado grupos autónomos, basados en los lazos de sangre y de parentesco. Estaban unidos por un antepasado común real o mítico y se autodenominaban, por ejemplo, los Bani Kalb o los Bani Asad (los hijos de Kalb o los hijos de Asad). Estos grupos se aliaban entre sí en asociaciones más grandes y con lazos menos evidentes; en Occidente solemos llamar a los grupos pequeños «clanes» y a los más grandes «tribus». Los árabes, sin embargo, no solían hacer esta distinción y empleaban la palabra *qawn* (gente) tanto para los grupos grandes como para los pequeños. A fin de evitar que las tribus crecieran demasiado y resultara difícil controlarlas, los grupos se reconfiguraban constantemente. Era esencial cultivar una lealtad fortísima y absoluta hacia el *qawm* y hacia todos sus aliados. Sólo la tribu podía asegurar la supervivencia personal de sus miembros, pero ello significaba que no tenía cabida el individualismo tal y como lo conocemos ahora, ni los derechos y deberes a él asociados: todo debía subordinarse a los intereses del grupo. Para fomentar este espíritu comunitario, los árabes desarrollaron una ideología denominada *muruwah*, que los estudiosos occidentales suelen traducir como «virilidad», pero que posee un significado mucho más amplio y complejo. *Muruwah* significaba valor en la batalla, paciencia y resistencia ante el sufrimiento y cumplimiento del deber caballeroso de vengar el daño causado a la tribu, protegiendo a sus miembros más débiles y desafiando a los más fuertes. Cada tribu se enorgullecía de su peculiar forma de *muruwah*, que según se creía se heredaba a través de la sangre. Para conservar la *muruwah* del grupo, cada miembro tenía que estar dispuesto a acudir en defensa de un compañero de tribu y obedecer incondicionalmente a su líder. La obligación cesaba fuera de la tribu: en esta fase del desarrollo árabe no existía la noción de una ley natural y universal.

La *muruwah* cumplía muchas de las funciones de la religión y proporcionaba a los árabes ideología y una visión que les permitía hallar sentido a su arriesgada existencia. Sin embargo, era una religión supeditada por completo a la tierra y la tribu constituía su valor sagrado; los árabes desconocían el concepto de la vida de ultratumba y creían que un individuo no tenía un destino único o eterno. Un hombre o una mujer sólo podían alcanzar la inmortalidad a través de la tribu, mediante la perpetuación del espíritu tribal. Todos tenían el deber de cultivar la *muruwah* para asegurar la supervivencia de la tribu, que siempre se ocupaba de sus miembros. Se esperaba que el jefe cuidara de los miembros más débiles de su grupo y que distribuyera las posesiones y las mercancías equitativamente. La generosidad era una virtud importante: un jefe podía poner de manifiesto su seguridad en sí mismo y su poder (y, por consiguiente, el poder de su tribu) mostrándose hospitalario y generoso con los miembros de su tribu y con sus amigos confederados de otros grupos tribales. La hospitalidad y la generosidad continúan siendo las mayores virtudes árabes. Existía también un aspecto pragmático, por supuesto: una tribu que hoy era rica podía fácilmente quedar en la miseria mañana, y si uno había sido mezquino en épocas de abundancia, ¿quién iba a ayudarle cuando más lo necesitara? Pero el cultivo de la generosidad también ayudaba a los árabes a superar la ardua lucha por la supervivencia: la despreocupación por el mañana generaba una indiferencia ante los bienes materiales que resultaba esencial en una región carente de los suficientes productos básicos. Este enfoque también conformaba el profundo fatalismo de la *muruwah: dahr* (tiempo o destino) era una realidad de la vida y tenía que aceptarse con dignidad. La vida sería imposible si la gente no aceptara que algunos desastres eran inevitables. Los árabes, por consiguiente, creían firmemente que nada podía hacerse para prolongar la duración *(ajal)* de la vida de un hombre, o para asegurar una suficiente provisión *(rizq)* de alimentos.

Para poder proteger a la tribu y a sus miembros un jefe tenía que estar dispuesto a vengar todas y cada una de las ofensas recibidas. Al no existir una ley común que una autoridad central pudiera hacer cumplir, sólo era posible conservar un mínimo de seguridad social mediante la rencilla de sangre o venganza familiar. La vida apenas tenía valor y no había nada inmoral en el hecho de matar *per se:* sólo estaba mal matar a los miembros de tu propia tribu o a sus aliados. Cada tribu debía vengar la muerte de uno de sus miembros matando a su vez a un miembro de la tribu del asesino. Ésta era la única forma en que un jefe podía proporcionar protección a los miembros de su tribu: si no tomaba represalias, nadie respetaría su *qawm* y sería posible asesinar a otros miembros de la tribu con impunidad. Al ser habitual que un individuo desapareciera sin dejar rastro, en Arabia no existía el deber de castigar al propio asesino. La tribu ofensora sería castigada con la pérdida de un número equivalente de hombres. Es aquí donde se puede apreciar mejor la mentalidad comunitaria: daba igual un miembro u otro de la tribu para llevar a cabo la venganza. Puesto que hace mucho que hemos dejado atrás este tipo de organización social el principio de la venganza nos parece ahora inaceptable, pero, al no existir un cuerpo de policía como los actuales, ésta era la única forma de asegurar cierto orden público. Este sistema también garantizaba un razonable equilibrio de poder, dado que una pérdida en una tribu provocaba una pérdida similar en la tribu ofensora. Si bien ningún grupo podía aventajar fácilmente a los demás, esta costumbre también impedía que los árabes se unieran. En lugar de juntar sus escasos recursos, los árabes parecían estar atrapados en un ciclo de violencia, donde una venganza daba lugar a otra si una tribu creía que el desquite había sido desproporcionado.

Otro modo consagrado por la tradición para conservar el equilibrio de poder era el *gazu* o incursión, que constituía una ocupación constante y casi un deporte nacional. En tiempos difíciles, los miembros de una tribu atacaban el territorio de uno de sus enemigos con la esperanza de apoderarse de camellos, ganado u otros bienes. El derramamiento de sangre se evitaba dentro de lo posible, para que no pudiera conducir a una venganza.

Como ya hemos comentado, el robo no se consideraba inmoral a menos que se robaran los productos de miembros de la propia tribu o de tribus confederadas. El *gazu* aseguraba una rotación razonable de la riqueza e implicaba el reparto improvisado de alimentos y otros productos disponibles entre los grupos que competían por ellos.

Pese a su indudable brutalidad, la *muruwah* tenía muchos aspectos positivos y algunos se convertirían después en valores islámicos importantes. Al no conocer otros sistemas de organización social, Mahoma organizó la comunidad musulmana basándose en normas tribales. A pesar del nuevo individualismo que el islam contribuyó a fomentar entre los musulmanes, los ideales de comunidad y hermandad continuaron siendo fundamentales. De acuerdo con la visión musulmana, también era sumamente importante que hubiera igualdad entre los miembros de la tribu, puesto que en el sistema tribal no tenía cabida una elite privilegiada. No existía una aristocracia ni se heredaban los cargos. Un jefe no podía legar su puesto a su hijo, pues la tribu necesitaba a los mejores hombres para ocupar dicho puesto, sin tener en cuenta parentesco o privilegios. Este profundo igualitarismo caracterizaría el espíritu islámico y conformaría sus instituciones religiosas, políticas e incluso artísticas y literarias.

Pero continuaba siendo una ética salvaje: sólo sobrevivían los fuertes, de modo que los débiles eran eliminados y podían ser explotados sin misericordia. El infanticidio constituía el método habitual para controlar la natalidad: las niñas sobrevivían a la infancia con mayor frecuencia que los niños y, ya que ninguna tribu podía mantener a más de un determinado número de mujeres, sus miembros mataban a las niñas sin arrepentirse siquiera. De hecho, las mujeres, como los esclavos, carecían de derechos humanos o legales y eran consideradas meras pertenencias. Recibían un trato cruel y no podían esperar una vida mejor. A los hombres se les permitía tomar a tantas esposas como quisieran. Dado que la descendencia solía reconocerse a través de la línea materna, las mujeres eran quienes heredaban oficialmente las propiedades, pero esto no les proporcionaba poder o influencia. Algunos hombres se casaban tan sólo para apropiarse de la herencia legítima de sus esposas.

No sorprende que a los árabes no les interesara la religión en el sentido más convencional del término: no podían permitirse apoyar a una casta de sacerdotes o chamanes responsables de desarrollar las tradiciones mitológicas de la tribu. El puesto del sacerdote lo ocupaba el poeta, quien cantaba las glorias de la tribu, el valor árabe supremo, y las inmortalizaba en sus versos. En lugar de volver a contar historias acerca de los dioses y sus luchas cósmicas, o de explorar los complejos senderos del espíritu en sus leyendas y cuentos, los poetas describían las batallas y los triunfos de la tribu, lamentaban sus desastres y ayudaban a sus miembros a apreciar las cualidades especiales de la *muruwah*. La poesía era una habilidad importantísima, muy valorada por los árabes, y dado que el analfabetismo imperaba en la península los poetas recitaban sus versos en voz alta. Se sentían poseídos por un *jinni*, uno de los duendecillos que según se creía vagaban por el paisaje, y, de hecho, la poesía no sólo se consideraba sobrehumana, sino que también se le atribuían cualidades mágicas. La maldición de un poeta inspirado podía tener un efecto desastroso en un enemigo. La sensación de ser poseído por un poder extraño es común en las experiencias inspiradoras, y en Arabia el poeta desempeñaba muchas de las funciones que en otras comunidades desempeñaban los sacerdotes o los profetas: se abría a las esperanzas y deseos inconscientes de su tribu, y cuando la gente escuchaba sus palabras las reconocía como profundamente suyas. Por consiguiente, los poetas tenían una importancia crucial en la vida política y social de Arabia. Se ha dicho que desempeñaban la función de la prensa responsable en nuestra sociedad, puesto que difundían información y proporcionaban a otras tribus una interpretación de los acontecimientos que podía tener una poderosa influencia en la guerra propagandística.

Había, no obstante, otros individuos poseídos que no eran tan respetados en época de Mahoma. Los *kahins*, o profetas extáticos, eran similares a los profetas videntes peripatéticos de los primeros libros de la Biblia. No eran profetas en el sentido exaltado que después se les daría, sino más bien adivinos, a quienes se consultaba si alguien perdía un camello o quería que le adivinaran el porvenir. El *kahin* a menudo se valía de la ambigüedad para ocultar su ignorancia, de modo que solía pronunciar sus «oráculos» con ripios incoherentes o ininteligibles. Mahoma, como veremos, despreciaba a los *kahins* y consideraba triviales, maliciosas y carentes de sentido sus «profecías».

Pero los árabes poseían una vida espiritual que significaba mucho para ellos. Se creía que diversos lugares eran sagrados, y en ellos se habían erigido santuarios donde se celebraban antiguos rituales dedicados a una deidad en particular. La Kaaba era el más importante de todos estos santuarios, y estaba situado junto a la fuente sagrada de Zamzam en La Meca. Al parecer, este templo de granito en forma de cubo tenía una gran antigüedad y era similar a otros santuarios y santos lugares que no han sobrevivido. En su esquina oriental estaba empotrada la Piedra Negra sagrada, que podía ser un meteorito fulgurante que se hubiera precipitado desde el firmamento, uniendo así cielo y tierra. En época de Mahoma la Kaaba estaba consagrada oficialmente al dios Hubal, una deidad que había sido importada a Arabia desde el reino de los nabateos, en lo que hoy es Jordania. Pero la preeminencia del santuario, además de la fe generalizada en La Meca, parecen indicar que pudo haber estado consagrado originalmente a Alá, el Dios supremo de los árabes. Alrededor de la Kaaba había una franja circular donde los peregrinos se reunían para celebrar la ceremonia del *tawwaf*, siete circunvalaciones del santuario siguiendo la dirección del sol. El santuario también estaba rodeado por 360 ídolos, o efigies de los dioses, que pueden haber sido tótems de las diferentes tribus que acudieron al lugar a celebrar sus ceremonias religiosas durante los meses designados. El terreno que rodeaba La Meca (en un radio de 36 kilómetros desde el centro de la Kaaba) era una zona sagrada donde estaban prohibidos la violencia y los combates.

Esto podrá extrañar a aquellos que hayan crecido en una sociedad más secular, pero, al parecer, santuarios como la Kaaba y los rituales que en ellos se celebraban respondían a una importante necesidad espiritual y psicológica en Arabia. Veremos que Mahoma percibió la atracción misteriosa de la Kaaba durante toda su vida y que las circunvalaciones rituales, que le parecerán tan arbitrarias y tediosas a cualquier observador externo, fueron sumamente importantes en las vidas de los mequíes. No constituían un pesado deber que la gente realizaba de mala gana y de forma mecánica, sino que parecían disfrutar haciéndolo y lo convirtieron en parte de su vida diaria. Les gustaba concluir un placentero día de caza realizando las circunvalaciones antes de regresar a sus hogares; puede que acudieran al mercado cercano para beber vino con algunos amigos íntimos y, si éstos no se presentaban, decidieran entonces pasar la tarde haciendo las circunvalaciones. ¿Qué había en este rito que lo hacía tan compulsivo y qué creía lograr la gente al realizarlo?

Al parecer, los santuarios como lugares de culto eran habituales en el mundo semítico. El círculo, las cuatro esquinas (que representaban las cuatro esquinas del mundo) y los 360 símbolos dispuestos a su alrededor parecen proceder de la antigua religión sumeria. El año sumerio tenía 360 días y cinco días festivos adicionales, que transcurrían «fuera del tiempo», por así decirlo, en los que se celebraban ceremonias especiales que unían el cielo y la tierra. En términos árabes, estos cinco días especiales podrían haber estado representados por la peregrinación *hayy*, que tenía lugar una vez al año y en la que participaban árabes de toda la península. El *hayy* empezaba en la Kaaba y continuaba por distintos santuarios construidos fuera de La Meca, al parecer todos ellos consagrados a otros dioses. Originalmente el *hayy* tenía lugar durante el otoño, y se cree que las distintas ceremonias pueden haber sido una forma de perseguir al sol poniente a fin de provocar las lluvias invernales. Los peregrinos solían acudir en masa hasta la hondonada de Muzdalifa, morada del dios del trueno; realizaban una vigilia nocturna en la planicie que rodea al monte Arafat, que se hallaba a unos veinticinco kilómetros de La Meca; lanzaban piedras a las tres columnas sagradas de Mina y finalmente ofrecían un sacrificio animal. En la actualidad nadie comprende lo que significaban estos ritos; en tiempos de Mahoma, los propios árabes probablemente habían olvidado ya su significado original, pero seguían sintiendo un enorme apego por la Kaaba y por los otros santuarios de Arabia y continuaban celebrando sus rituales con devoción. Todos necesitamos un lugar donde poder recogernos y disponer de algún tiempo para nosotros mismos: nos ayuda a centrarnos y a ser más creativos. En Arabia, donde la vida era una lucha continua, el santuario debió de ser una necesidad. Allí los árabes podían encontrarse en un ambiente relajado, sabedores de que las normas de la venganza tribal no tendrían efecto. En términos prácticos significaba que podían comerciar entre ellos sin temer un ataque de una tribu enemiga, ya que los lugares santos como La Meca solían ser mercados importantes que celebraban una feria anual. Pero puede que el santuario y sus rituales proporcionaran también alivio espiritual. El *tawwaf*, que parece haber tenido un carácter recreativo, sin duda ayudó a los árabes a centrarse y a descubrir una dimensión eterna en sus vidas a través de estos ritos simbólicos.

El santuario representaba probablemente al mundo, con un punto central rodeado por cuatro esquinas. El círculo parece ser un arquetipo, presente en casi todas las culturas como símbolo de la eternidad, del mundo y la psique. Representa, en términos tanto temporales como espaciales, una totalidad: trazar un círculo o circunvalar –una práctica religiosa común en muchas tradiciones– significa un regreso constante al punto de partida; el que recorre el círculo descubre que en el final está el principio. En el centro del círculo, el punto minúsculo y estático del mundo que gira, se halla la eternidad, el significado inefable final, y dando vueltas sin cesar a su alrededor el peregrino aprendía a reorientarse y a encontrar su propio centro en relación con el mundo. La circunvalación se convertía en una forma de meditación: parece que se realizaba en una especie de «trote», quizá no muy distinto al *pas gymnastique*. Requería una concentración física que era quizá tediosa pero que permitía evadirse a la mente. La mayoría de lugares santos de todas las tradiciones se alzan en lo que se supone que es el centro del mundo; en los primeros lugares creados por los dioses. El peregrino los asociaba a una idea atractiva, la del inicio, y creía que, al entrar en ellos, se aproximaba en cierto modo al centro del poder.

Todos necesitamos rituales en nuestras vidas que nos ayuden a crear una actitud interior: los ritos de cortesía, por ejemplo, nos ayudan a cultivar un hábito de respeto hacia los demás. En nuestra sociedad, más secular, mucha gente ya no participa en este tipo de actividades simbólicas, por lo que pueden parecer arbitrarias o incluso desquiciadas. En nuestro mundo es el artista quien crea símbolos llenos de sentido para ayudarnos a descubrir una nueva dimensión en la vida. Mediante ritos como el *tawwaf* o los rituales del *hayy*, los árabes estaban creando un tipo de arte práctico, a través del cual descubrían un significado que no podía expresarse fácilmente con palabras. Es probable que fueran conscientes, a un nivel profundo que eran incapaces de expresar, de la naturaleza simbólica y figurativa de lo que hacían: un estado de ánimo que muchos de los occidentales hemos perdido.

Quizá les resulte particularmente difícil de apreciar a aquellos que han crecido en el mundo protestante, porque algunos tipos de protestantismo contemplan los rituales con desconfianza y hostilidad profundas, rayanas en la superstición.

La Kaaba era el santuario más importante, pero había otros. La circunvalación y el tipo de adoración practicados durante el *hayy* preislámico en el monte Arafat eran elementos de culto esenciales en cualquier lugar de la península. También lo era el terreno *(hima)*, al que no podía darse un uso profano y en el que todos los seres vivos tenían derecho de asilo. Ninguno de los restantes santuarios ha sobrevivido, pero sabemos de otros templos similares a la Kaaba en Najran, Yemen, y en al-Abalat, al sur de La Meca. Con todo, los centros de culto de mayor importancia para nuestra historia eran los tres santuarios cercanos a La Meca consagrados a las tres hijas de Alá *(banat al-Llah)*. En la ciudad amurallada de Taif se alzaba el santuario de Lat, cuyo nombre significa sencillamente «la Diosa», y de cuyo cuidado se encargaba la tribu de Thaqif. También les gustaba llamarla al-Rabba, la Soberana. En Najla se hallaba el santuario de Uzza, el más popular de los tres, cuyo nombre significaba «la Poderosa», y en su santuario junto a la costa de Qudayd se encontraba Mana, diosa del destino. Estas diosas no se parecían a las diosas del panteón grecorromano. No eran personajes como Juno o Palas Atenea, con su historia, mitología y personalidad propias, y no tenían una esfera de influencia especial, como el amor o la guerra. Los árabes no habían desarrollado una mitología para explicar la importancia simbólica de estos seres divinos, y, pese a que se las llamaba las «hijas de Dios», ello no significa que formaran parte de un panteón completo. Los árabes suelen emplear términos de parentesco para denotar una relación abstracta, de modo que, por ejemplo, *banat al-dahr* (literalmente «las hijas del tiempo/destino») significaba sencillamente desgracias o vicisitudes. Puede que las *banat al-Llah* hayan sido simplemente «seres divinos». No estaban representadas en sus santuarios por una estatua o una imagen personalizadas, sino por grandes piedras erectas, parecidas a los símbolos de fertilidad empleados por los cananeos que se describen tan a menudo en la Biblia. Cuando los árabes veneraban estas piedras no las adoraban de forma burda y simplista, sino que las veían como un centro de divinidad. También se cree que estas tres diosas guardaban relación con las diosas semíticas de la fertilidad Anat e Ishtar, por lo que sus cultos pueden haber comenzado antes de que los árabes adoptaran la vida nómada, cuando todavía se dedicaban a la agricultura y vivían de la tierra.[3]

Puede que los árabes no hayan venerado a Lat, Uzza y Mana de forma personalizada, pero veremos que despertaban en ellos sentimientos muy profundos. Su culto estaba confinado a sus santuarios, por lo que la gente no las adoraba en sus casas como habían hecho griegos y romanos con sus dioses y diosas,[4] pero constituían una parte esencial del panorama espiritual de los beduinos del Hijaz, quienes consideraban Najla, Taif y Qudayd lugares santos y santuarios donde los árabes podían encontrar su centro. La antigüedad de las diosas era otra razón para rendirles culto. Cuando las veneraban en sus santuarios los árabes se sentían unidos a sus antepasados, quienes también habían venerado allí a las *banat al-Llah*, y esta práctica les proporcionaba una sensación de continuidad beneficiosa. Estos santuarios no se consideraban tan importantes como la Kaaba, pero, al igual que los otros lugares santos de Arabia, constituían un modo imaginativo de apropiarse del territorio y de proporcionar a las áridas estepas de Arabia una relevancia espiritual. Formaban parte de la identidad básica de muchos árabes, quienes se hubieran sentido profundamente amenazados por cualquier denigración de este antiguo culto.

Pero otros árabes se sentían cada vez más descontentos con la antigua religión, y durante la última fase de la *yahiliyyah* parece que la inquietud y el malestar espiritual empezaban a extenderse por Arabia. El sistema tribal y el antiguo paganismo les resultaron útiles a los beduinos durante siglos, pero a lo largo del siglo VI el modo de vida fue cambiando. Pese a que la mayor parte de la península arábiga se encontraba fuera de la corriente dominante de la civilización, los árabes empezaban a conocer algunas de sus ideas y motivaciones. Parece que algunos habían oído hablar del concepto religioso del más allá, que imprimía un valor supremo al destino eterno del individuo. ¿Cómo encajaba este concepto en el antiguo ideal comunitario del tribalismo? Los árabes que habían comenzado a comerciar con los países civilizados regresaron con historias sorprendentes, mientras que los poetas describían las maravillas de Siria y Persia, pero parecía que a los árabes les estuviera vetado el acceso a tanto poder y esplendor. El sistema tribal les impedía unir sus escasos recursos y enfrentarse al mundo como el pueblo unido que tenían una vaga conciencia de ser. Las tribus parecían atrapadas en un ciclo sin fin de guerras y venganzas tribales: una rencilla de sangre conducía de forma inevitable a otra, mientras las nuevas nociones de individualismo socavaban soterradamente el espíritu comunitario.

Pero los árabes más desorientados eran los que habían optado por una vida sedentaria. Durante el siglo VI una tribu emigró desde la conflictiva región de Arabia del Sur hasta el oasis de Yatrib y se asentó junto a las tribus judías que habitaban el lugar. Aunque lograron cultivar la tierra con éxito, descubrieron que el sistema tribal no funcionaba cuando los árabes ya no recorrían vastos territorios, sino que vivían juntos a escasa distancia los unos de los otros. A principios del siglo VII todo el oasis parecía estar inmerso en un ciclo crónico de violencia y guerras. Pero en La Meca la tribu de Coraix, en la que nació Mahoma hacia el año 570 y que se había convertido en la más poderosa tribu de Arabia, experimentaba un malestar indefinido al descubrir que la antigua ideología no la había preparado para una existencia urbana.

Los coraixíes se habían asentado en La Meca hacia finales del siglo V. Su antepasado Qusayy, con su hermano Zuhrah y su tío Taym, se instalaron en el valle de La Meca junto al santuario. Majzum, hijo de otro tío, y sus primos Jumah y Sahm llegaron allí con Qusayy y tanto ellos como los clanes a quienes dieron nombre fueron conocidos como los coraixíes de la hondonada.[5] Los parientes más lejanos de Qusayy se asentaron en el campo circundante y se les conocía como los coraixíes de las afueras. Según la leyenda, Qusayy, que había viajado por Siria, trajo consigo a las tres diosas, Lat, Uzza y Mana, al Hijaz y entronó al dios nabateo Hubal en la Kaaba. En una campaña que combinó artimañas y fuerza los coraixíes consiguieron hacerse con el control de La Meca y expulsar a los Juzaah, la tribu que la custodiaba, a los que achacaban no haber cumplido su sagrada responsabilidad. Al parecer, tras la muerte de Qusayy, sus hijos Abd ad-Dar y Abd Manaf discutieron, y los efectos de este conflicto continuaron sintiéndose entre sus descendientes y afectaron la política interna de La Meca hasta la época de Mahoma. Abd-ad-Dar había sido el hijo predilecto de Qusayy y contaba con el apoyo de Majzum, Sahm, Jumah, su tío Adi y sus familias respectivas. Se les acabaría conociendo como los Ahlaf, o Confederados. Abd Manaf, hijo menor de Qusayy, impugnó su herencia con el apoyo de su sobrino Asad, así como de Zuhrah, Taym y el venerable al-Harith ibn Fihr. Cerraron su pacto lavándose las manos en una jofaina llena de perfume en la Kaaba y acabaron siendo conocidos con el nombre de Mutayyabun, los Perfumados. Pero ningún lado deseaba un conflicto a gran escala y llegaron a un acuerdo por el que Abd ad-Dar y los Confederados retendrían privilegios nominales mientras que el poder real residiría en Abd Manaf y los Perfumados. Sus descendientes en los clanes que llevaban sus nombres solían atenerse a esta antigua alianza.

Los coraixíes empezaron a comerciar, combinando esta actividad mercantil con la tradicional ganadería. La Meca contaba con un emplazamiento ideal para establecer negocios duraderos. El prestigio de la Kaaba atrajo hasta la ciudad a muchos árabes que realizaban el *hayy* cada año y el santuario creó un clima favorable para el comercio. La Meca se alzaba en un lugar muy propicio, situado en la encrucijada de dos importantes rutas comerciales de Arabia: el camino del Hijaz, que discurría a lo largo de la costa oriental del mar Rojo y unía Yemen con Siria, Palestina y Transjordania, y el camino del Najd, que unía Yemen con Iraq. Los coraixíes triunfaron en los negocios y garantizaron la seguridad de la ciudad entablando alianzas con los beduinos de la zona. Los nómadas eran mejores soldados que los coraixíes y, a cambio de ayuda militar, recibieron una parte de diversas empresas de La Meca. Cultivando una forma de gobernar astuta y calculadora, conocida con el nombre de *hilm*, los coraixíes se convirtieron en la mayor potencia de Arabia durante el siglo VI.

Los coraixíes comprendieron que no debían permitir que las grandes potencias los explotaran, de modo que, para evitar la suerte que corrió el reino del sur, permanecieron estrictamente neutrales en la lucha entre Persia y Bizancio. Pero las relaciones con los bizantinos se deterioraron considerablemente hacia el año 560,[6] cuando Arabia del sur era todavía una provincia de Abisinia, el estado satélite de Bizancio. Al parecer Abraha, el gobernador abisinio de Arabia del Sur, sintió envidia del éxito comercial de La Meca e intentó invadir la ciudad. El incidente ha adquirido tintes legendarios, pero parece ser que Abraha se dio cuenta de que la Kaaba era de crucial importancia para el éxito de los coraixíes. A fin de desviar a los peregrinos hacia Arabia del Sur y así atraer más comercio, Abraha construyó en Saná un magnífico templo cristiano de mármol veteado y, según se dice, cuando acampó fuera de La Meca con su ejército tenía la intención de destruir la Kaaba. Pero parece ser que su ejército sucumbió a la peste a las mismas puertas de la ciudad, por lo que Abraha se vio forzado a batirse en ignominiosa retirada. Como cabía esperar, a los coraixíes les pareció milagrosa esta dramática liberación. Los abisinios habían traído consigo un elefante y los mequíes quedaron fascinados por este animal enorme y peculiar. Más tarde se dijo que, cuando llegó a la zona sagrada situada frente a la ciudad, el elefante se arrodilló y se negó a moverse; a continuación, Dios envió desde la costa una bandada de pájaros que lanzaron piedras venenosas sobre los abisinios hasta provocarles horribles forúnculos. El Año del Elefante tendría una gran importancia para los coraixíes. Como explica el primer biógrafo de Mahoma, Muhammad ibn Ishaq (muerto hacia 767), después de este milagro los beduinos mostraron un profundo respeto por los coraixíes, de los que dijeron: «Son el pueblo de Dios; Dios luchó por ellos y frustró el ataque de sus enemigos».[7] Al propio Mahoma le conmovía la historia del elefante, relatada en la sura 105 del Corán.

Tras este suceso los coraixíes tuvieron mucho cuidado en conservar su independencia, y a principios del siglo VII ya eran mucho más ricos de lo que hubieran soñado en la antigua época nómada. Naturalmente, vieron su salvación en la riqueza y el capitalismo, que parecían haberles rescatado de una vida de pobreza y peligros y haberles proporcionado una seguridad casi divina. Ya no estaban hambrientos ni les acechaban las tribus enemigas. El dinero comenzó a tener para ellos un valor casi religioso, como veremos. Pero, de hecho, el capitalismo activo no era compatible con la antigua ética comunitaria tribal, por lo que alentó una codicia y un individualismo cada vez mayores. Los distintos clanes, enzarzados en una competencia feroz, ya se habían dividido en tres grandes grupos durante la infancia de Mahoma. Algunos de los clanes más débiles, incluyendo el clan de Hashim en el que nació Mahoma, no se habían enriquecido como los demás y se sentían impotentes. En lugar de compartir su riqueza de forma igualitaria, de acuerdo con la antigua ética tribal, algunos amasaban grandes fortunas personales. Explotaban los derechos de los huérfanos y las viudas, apropiándose de sus herencias, y no cuidaban de los miembros más pobres y débiles de la tribu como dictaba el antiguo código de valores. Su nueva prosperidad les había apartado de los valores tradicionales y muchos de los coraixíes más pobres se sentían desorientados y perdidos. Naturalmente, los comerciantes, banqueros y financieros más ricos estaban encantados con el nuevo sistema y acumulaban el capital con celo casi religioso. Separados tan sólo por dos generaciones de la penuria de la vida nómada, creían que el dinero y los bienes materiales podían salvarlos y ansiaban amasar tantas riquezas como les fuera posible. Pero algunos miembros de la generación más joven se sentían desilusionados y, al parecer, andaban buscando una nueva solución espiritual y política al descontento y a la insatisfacción que reinaban en la ciudad.

Suele decirse que el islam es una religión propia del desierto, pero esto no es cierto. Pese a que la antigua ética tribal influyó en el mensaje coránico, cuando recibieron la nueva religión los árabes de La Meca vivían en un ambiente caracterizado por el capitalismo salvaje y las altas finanzas. Al igual que las grandes religiones confesionales y el racionalismo filosófico de Grecia, el islam había surgido en la ciudad, lo cual no deja de sorprendernos a los que hemos crecido pensando que el idealista Jesús de Nazaret era la personificación del espíritu religioso. No esperaríamos que surgiera un profeta de la City londinense o de Wall Street. Pero hinduismo, budismo, jainismo y confucianismo surgieron en los mercados. Los filósofos griegos enseñaban en el ágora, mientras que los grandes profetas de Israel predicaban en las ciudades en una época en que los israelitas estaban empezando a dejar atrás la vida nómada. Todas estas religiones universales se habían desarrollado en el ambiente comercial de la vida urbana, en una época en que los comerciantes empezaban a obtener parte del poder que antes estuviera sólo en manos de los reyes y de las castas aristocráticas de sacerdotes. La nueva prosperidad puso en evidencia las diferencias que separaban a ricos y pobres y llevó a la gente a preocuparse de verdad por problemas de justicia social. Tanto los grandes líderes religiosos como los profetas se ocuparon de estos temas y proporcionaron distintas soluciones. A principios del siglo VII, cuando los coraixíes y algunas de las otras tribus árabes comenzaban a dejar atrás la antigua vida nómada y a per-

86

catarse de los problemas sociales de la vida en los asentamientos, el Profeta del islam llevó un nuevo mensaje religioso a los árabes.

La gente había empezado a avanzar a tientas hacia una religión monoteísta y algunos ya estaban preparados para escuchar el mensaje de Mahoma acerca de la existencia de un único dios. Al parecer, cuando el Profeta comenzó a predicar en La Meca todos reconocían que la Kaaba estaba consagrada a Alá, el Dios supremo de los árabes paganos, pese a que la efigie de Hubal presidía el santuario. A principios del siglo VII Alá adquirió una mayor importancia en las vidas religiosas de muchos árabes. Numerosas religiones primitivas desarrollan una creencia en un dios supremo, al que en ocasiones denominan el dios del cielo. Se cree que este dios se retiró tras crear los cielos y la tierra, como si el esfuerzo le hubiera dejado exhausto. La gente fue perdiendo interés en este ser trascendental, que acabaría desapareciendo, y su lugar fue ocupado por deidades más atractivas y accesibles. En particular, las diosas de la fertilidad tuvieron una influencia más inmediata en las vidas de hombres y mujeres una vez éstos se asentaron y comenzaron a cultivar la tierra, tal y como podemos leer en las Escrituras judías. Los antiguos israelitas comenzaron a adorar a Baal, Anat y Astarot cuando se asentaron en Canaán, además de a su Dios supremo Yahvé. Parecía absurdo abandonar a estas antiguas deidades, que conocían la tierra mucho mejor que ellos. Pero en tiempos difíciles invocaban una vez más el nombre de Yahvé.

Es probable que durante los años nómadas olvidaran los antiguos poderes de las diosas árabes sobre la fertilidad, por lo que Alá, el Dios supremo, adquirió una mayor importancia. El Corán deja claro que todos los coraixíes creían que Alá había creado los cielos y la tierra, un hecho que se daba por sentado:

> Cierto, si preguntas a los *infieles:* «¿Quién creó los cielos y la tierra? ¿Quién sometió al Sol y a la Luna?». Responderán: «Dios».*[8]

Pero también continuaron venerando a los otros dioses, los

---

* Excepto cuando se indique lo contrario, todas las citas del Corán corresponden a la traducción de Juan Vernet, publicada en editorial Planeta, Barcelona, 2003. *(N. del E.)*

cuales continuaban siendo muy importantes para ellos. Como hicieran los antiguos israelitas, los árabes acudían a Lat, Uzza y Mana en tiempos de prosperidad, pero en momentos de crisis acudían instintivamente a Alá, el único dios con el poder suficiente para ayudarles en épocas de grandes peligros. Según el Corán, cuando los árabes realizaban un viaje por mar, que muchos consideraban una aventura arriesgada, solían invocar a Alá hasta que hubiera pasado el peligro, pero cuando estaban a salvo en tierra firme acudían de nuevo a las otras deidades.[9]

Sin embargo, parece que algunos estaban dispuestos a dar un paso más. A principios del siglo VII casi todos los árabes creían que Alá, su dios supremo, era el mismo dios al que adoraban judíos y cristianos. Los árabes que se habían convertido al cristianismo también llamaban «al-Llah» a su dios, y al parecer hacían el *hayy* hasta su santuario junto a los paganos. Pero los árabes eran cada vez más conscientes de que Alá no les había entregado unas escrituras que pudieran considerar propias. Podemos ver en las primeras biografías de Mahoma que los árabes paganos sentían un gran respeto por los pueblos de las Escrituras, quienes poseían conocimientos de los que ellos carecían. Algunos decidieron buscar una religión auténtica que no estuviera asociada a los grandes poderes o contaminada por su conexión con el imperialismo y el control extranjero. Ya en el siglo V, Sozomeno, un historiador cristiano palestino, nos dice que, en su época, algunos árabes volvieron a descubrir la antigua religión de Abraham y empezaron a practicarla de nuevo. En rigor, Abraham no había sido judío ni cristiano, pues vivió antes de que Moisés hubiera entregado la Torah al pueblo de Israel. En Arabia, durante la época en que Mahoma recibió sus revelaciones, encontraremos a algunos árabes que estaban intentando practicar la religión de Abraham.

En su biografía, Ibn Ishaq nos dice que poco antes de que Mahoma iniciara su misión, cuatro miembros de los Coraix decidieron abandonar el culto pagano en la Kaaba y buscar la auténtica religión. Firmaron un pacto secreto y dijeron a los otros miembros de su tribu que ellos

«habían corrompido la religión de su padre Abraham, y que la piedra alrededor de la cual caminaban no era importante; no podía oír, ver, herir o ayudar: "Encontrad una religión propia", dijeron, "porque, por Dios, no tenéis ninguna". Así, cada uno se fue por su lado en busca de la *Hanifiyya*, la religión de Abraham».[10]

Algunos sabios occidentales han argumentado que la pequeña secta *Hanifiyyah* constituye, más que un hecho histórico, una leyenda piadosa que simboliza la inquietud espiritual que caracterizó la última fase de la *yahiliyyah*, pero debe de haber tenido alguna base objetiva. Tres de sus cuatro miembros tuvieron relación con Mahoma y sus primeros compañeros, y el cuarto, Uthman ibn al-Huwayrith, había sido un personaje importante en La Meca cuando Mahoma estaba en la veintena. Uthman, un comerciante coraixí, se había convertido al cristianismo e intentó persuadir a los miembros de su tribu de que le aceptaran como su rey. Prometió que les conseguiría mejores condiciones comerciales con los bizantinos, quienes probablemente querían convertir La Meca en un estado satélite. Su propuesta fue rechazada de plano: al igual que todos los árabes, los coraixíes se oponían firmemente al concepto de realeza.

Los otros tres *hanifs* eran bien conocidos entre la primera comunidad musulmana. Ubaydallah ibn Jahsh era el primo de Mahoma. Se hizo musulmán, pero con el tiempo se convirtió al cristianismo. En el siguiente capítulo veremos que Waraqa ibn Naufal, que también se hizo cristiano, era el primo de la primera esposa de Mahoma y apoyó mucho al Profeta cuando éste comenzó a recibir las revelaciones que a su juicio procedían de Dios. Pero el último miembro de esta secta, con toda probabilidad legendaria, siguió buscando durante toda su vida y nunca se convirtió a ninguna religión oficialmente establecida. Zayd ibn Amr no sólo dejó de rendir culto en la Kaaba, sino que al parecer criticó de forma abierta la religión pagana. Su hermanastro Jattab ibn Nufayl era un pagano devoto al que escandalizaron tanto la apostasía y la falta de respeto a las diosas de Zayd que acabó expulsándole de la ciudad. Se dice que organizó una banda de jóvenes fanáticos paganos para que patrullaran las colinas cercanas a La Meca donde Zayd se ocultaba e impidieran que éste entrara en el santuario. Así pues, Zayd abandonó el Hijaz y viajó a los países civilizados en busca de la auténtica fe. Llegó hasta Mosul, en Iraq, y a continuación emprendió viaje hasta Siria, preguntando acerca de la religión pura de Abraham a todos los monjes y rabinos con los que se cruzaba. Por último encontró a un monje que le habló sobre un profeta que iba a aparecer en La Meca, el cual predicaría la religión que estaba buscando; Zayd emprendió el viaje de regreso pero fue atacado y murió en la frontera meridional de Siria sin llegar a conocer a Mahoma. Su hijo Said, sin embargo, se convertiría en uno de los compañeros más leales de Mahoma.

El relato resulta instructivo. Expresa de forma elocuente el espíritu de búsqueda de algunos árabes de esta época, pero también revela la oposición a que debía enfrentarse cualquiera que amenazara la religión pagana. Muchos coraixíes, como Jattab ibn Nufayl, eran devotos de la fe de sus ancestros y no podían soportar oír una sola palabra contra los antiguos dioses. No creían que fuera preciso realizar cambio alguno: la religión de la Kaaba tenía mucho sentido y era el vínculo de unión de los coraixíes en su ciudad. Veremos que el hijo de Jattab, Umar, compartía de forma apasionada la devoción de su padre por la antigua fe, pero muchos seguían ansiando encontrar una religión alternativa. Circula una historia según la cual, un día antes de que le obligaran a abandonar La Meca, Zayd estaba de pie junto a la Kaaba apoyado en el santuario diciendo a los coraixíes que realizaban las circunvalaciones: «Oh, coraixíes, por Él en cuyas manos está el alma de Zayd, ni uno de vosotros sigue la religión de Abraham sino yo». Pero entonces añadió: «Oh, Dios, si supiera cómo deseas que te veneren te veneraría; pero no lo sé».[11] Sin embargo, la plegaria del árabe no tardaría en ser contestada.

4

Revelación

Sabemos muy poco acerca de los primeros años de la vida de Mahoma. El Corán nos proporciona el relato más fidedigno sobre sus experiencias antes de recibir la vocación profética a los cuarenta años:

> ¿No te encontró huérfano y *te* dio un refugio?
> ¿No te encontró extraviado y *te* guió?
> ¿No te encontró pobre y *te* enriqueció?[1]

Más tarde la tradición musulmana adornó estos hechos escuetos con detalles extraídos de la leyenda, del mismo modo que los Evangelios de Mateo y Lucas añadieron relatos legendarios acerca del nacimiento, la primera infancia y la niñez de Jesús que son versiones poéticas de verdades teológicas: reflejan la naturaleza de la misión de Cristo e indican que ya había sido elegido para la gloria en el seno materno. Tanto Jesús como Mahoma se convirtieron en héroes, casi en el sentido clásico. Ambos se adentraron en terrenos desconocidos, se enfrentaron a situaciones de gran peligro y entregaron a sus gentes un presente que transformaría sus vidas, del mismo modo que Prometeo había robado fuego de los dioses y lo había llevado a la tierra para iluminar las vidas de los hombres. Los relatos sobre la niñez de estos héroes suelen mostrar cómo ciertos poderes que nos resultan incomprensibles los preparaban para su destino excepcional. Jesús se convirtió en un sanador carismático, cuyos milagros constituyeron un elemento señalado de su vida adulta. Mahoma, por otra parte, no hizo milagros: siempre afirmó que la revelación del Corán ya era en sí un milagro y un signo suficiente de su origen divino. Insistía en que él era simplemente «un hombre como los demás» y el Corán confirma esta afirmación: el verso citado más arriba señala que Mahoma se había «apartado del buen camino» cuando Dios se reveló.[2] Por consiguiente, los relatos milagrosos sobre el embarazo de su madre y sobre su infancia no son característicos del resto de su vida, pero constituyen reflexiones poéticas sobre la naturaleza de su profecía y revelan la convicción posterior de los musulmanes de que Mahoma era el «deseado de las naciones»: incluso los judíos y los cristianos esperaban con ansia su llegada.

Se decía que un monje cristiano había vaticinado la llegada del profeta árabe a Zayd ibn Amr, el *hanif*. Éste es un tema recurrente en la vida temprana de Mahoma y en la comunidad musulmana. De hecho, los árabes del Hijaz tuvieron muy poco contacto con los cristianos y no sabían apenas nada acerca del cristianismo. Hasta después de la muerte de Mahoma los musulmanes no se enfrentaron a Iglesias florecientes y en pleno funcionamiento en Siria y Palestina; en el Corán se ofrece una interpretación muy limitada de la fe cristiana, pero no aparecen comentarios hostiles a la religión de Jesús. Presenta la revelación a Mahoma como una continuación y confirmación de la fe anterior. Algunos cristianos árabes de la Iglesia siriaca tradujeron un pasaje de los Evangelios de modo que se indicara que esperaban el mensaje de Mahoma. Jesús había dicho que tras su muerte enviaría a sus discípulos a un Consolador (el Paráclito), que les recordaría todo lo que les había enseñado y les ayudaría a comprenderlo.[3] En el leccionario sirio, el término «Paráclito» se traducía con la palabra *munahhema*, que, considerada a posteriori, parecía muy cercana a Muhammad o Mahoma. Otros cristianos árabes leyeron *periklytos* en lugar de «Paráclito», que puede traducirse por el término árabe *Ahmad*, un nombre frecuente en Arabia y que, como Muhammad, significa «el Alabado». Es evidente que Mahoma conocía esta traducción, porque el Corán se refiere a la creencia de que Jesús había anunciado que otro profeta, llamado Ahmad, llegaría después que él y confirmaría su mensaje.[4]

También se creía que los judíos de Arabia que vivían en los asentamientos agrícolas del norte habían esperado a que apareciera un profeta en la península. Es posible que aumentara la fe mesiánica, que tradujo a términos tradicionales judíos la desazón que se había extendido por Arabia a finales de la *yahiliyya*. De hecho, un rabino muy piadoso emigró a Yatrib desde Siria. Cuando le preguntaban por qué había dejado un país acogedor y fértil para ir a «una tierra de hambre y penurias», respondió que quería estar en el Hijaz cuando se acercara el Profeta. «Ha llegado su hora», dijo a las tribus judías de Yatrib, «y no permitáis que nadie llegue hasta él antes que vosotros, oh, judíos, porque será enviado para derramar sangre y tomar cautivas a las mujeres y los niños de quienes se enfrenten a él. No permitáis que esto os aleje de él.»[5] Este fermento mesiánico impresionó enormemente a los árabes paganos de Yatrib, convencidos de que su religión era inferior e insuficiente comparada con la revelación que los judíos habían recibido en sus Escrituras. Más tarde, uno de ellos recordó la tensión existente entre las tribus judías y árabes del oasis:

«Éramos politeístas idólatras, mientras que ellos [los judíos] eran el pueblo de las Escrituras, y tenían conocimientos que nosotros no poseíamos. Había una enemistad continua entre nosotros, y cuando les ganábamos la batalla y azuzábamos su odio, decían: "Ha llegado la hora del profeta que será enviado. Os mataremos con su ayuda del mismo modo que perecieron Ad e Iram". Solíamos oírles decir esto a menudo».[6]

En el capítulo 7 veremos que todos estos sucesos prepararon a los árabes de Yatrib para la llegada de Mahoma, y que cuando se encontraron con él lo reconocieron de inmediato como el que iba a llegar. Los Evangelios también mencionan la gran expectación que se apoderó de Palestina, donde parece haberse dado un ambiente mesiánico similar. El profeta que habla en nombre de Dios también es, en un sentido profundo, el portavoz de su pueblo, el cual da voz a sus esperanzas y sus miedos. Compartirá la desazón y el tumulto de su época pero podrá abordarlos a un nivel más profundo. Las historias sobre la expectación compartida por judíos y cristianos reflejan el descontento espiritual en Arabia a principios del siglo VII, pero también revelan la poderosa influencia que héroes proféticos como Jesús o Mahoma tuvieron en su generación y en generaciones posteriores: sus logros fueron tan excepcionales y sintonizaron tan a la perfección con las necesidades de la época que, de forma misteriosa, parecían estar predestinados y haber satisfecho las aspiraciones religiosas del pasado.

Mahoma era plenamente consciente del malestar que afligía a la sociedad mequí, pese a su espectacular éxito reciente. El Profeta había nacido hacia el año 570 en el clan de los hachemíes, el cual había perdido poder y se encontraba en situación de desventaja. Hashim ibn Abd Manaf, el nieto de Qusayy, había sido un personaje importante en La Meca. Fue él quien equipó por primera vez las dos caravanas que partían cada año desde La Meca hacia Siria y Yemen, y se decía que tenía buenas relaciones con el Negus de Abisinia y el emperador de Bizancio. Al principio, el clan que había fundado no dejó de prosperar. El hijo de Hashim, Abd al-Muttalib, era un personaje carismático que, según se creía, redescubrió el manantial sagrado de Zamzam, que había sido cubierto de arena por los predecesores impíos de los coraixíes en La Meca. Así, el clan de Hashim tenía el privilegio de proporcionar agua procedente de Zamzam a los peregrinos cuando acudían a hacer el *hayy*. Abd al-Muttalib era también un rico comerciante, cuya gran recua de camellos nos indica que no había abandonado algunas de las antiguas actividades nómadas. Tuvo diez hijos y seis hijas, cada uno de ellos más hermoso que el anterior. El historiador Muhammad ibn Sad recordó la impresión que causaban los hijos de Abd al-Muttalib a los mequíes: «Entre los árabes no había hombres más prominentes y de porte más majestuoso, y ninguno poseía un perfil más noble. Sus narices eran tan grandes que bebían antes que los labios».[7] El hijo menor de Abdallah era particularmente querido por Abd al-Muttalib y se decía que fue incluso más apuesto que sus hermanos: Abdallah sería el padre de Mahoma.

Pero éstos fueron años decisivos para los coraixíes, y las fortunas de sus clanes cambiaban continuamente. Durante la infancia de Mahoma un incidente revelador reavivó el antiguo conflicto entre los Ahlaf (los Confederados) y los Mutayyabun (los Perfumados) y puso de manifiesto el abrupto declive de Hashim, que tuvo lugar cuando Abd al-Muttalib era un anciano. Un comerciante yemení vendió algunas mercancías a uno de los hombres más importantes del clan de Sahm, que formaba parte de los Confederados, pero este hombre se negó a pagar las mercancías y los yemeníes acudieron a la tribu de los coraixíes para reclamar que se hiciera justicia. El jefe del clan de Taym, uno de los Perfumados, convocó una reunión a la que invitó a todos los defensores de la justicia y los tratos limpios. Los clanes de Hashim, al-Muttalib, Asad y Zuhrah –todos ellos miembros de los Perfumados– respondieron a la llamada y firmaron un pacto que luego se conocería con el nombre de Hilf al-Fudul, la Liga de los Virtuosos.[8] Todos ellos se dirigieron a la Kaaba y juraron que siempre se pondrían del lado de los maltratados y oprimidos. Se dice que, siendo un niño, Mahoma estuvo presente en esta ceremonia y después habló con efusión de esta asociación caballeresca. Pero es posible que el Hilf tuviera también un objetivo comercial: los clanes que se habían unido a esta liga se encontraban ahora en una posición más débil que los clanes de los Confederados, los cuales se habían hecho con el monopolio comercial de La Meca y estaban poniendo a los demás en una situación difícil. Parece probable que los miembros del Hilf se hubieran agrupado para luchar contra los monopolistas a fin de salvaguardar sus intereses.

Las circunstancias de la infancia de Mahoma nos indican que su familia se había empobrecido. Cuando llegó el momento de que el joven Abdallah tomara una esposa, Abd al-Muttalib decidió hacer lo mismo para forjar una alianza con el clan de Zuhrah. Él y su hijo menor se comprometieron con Hala bint Wuhayb y Amina bint Wahb, la madre de Mahoma, ambas parientes de un importante mercader del clan de Zuhrah. Existe una leyenda sobre la concepción de Mahoma que difiere enormemente de la concepción de Jesús, tal y como la relatan Mateo y Lucas. El islam nunca ha tenido un concepto demasiado elevado del celibato y su Profeta no nació de una virgen. Abd al-Muttalib y su hijo Abdallah paseaban juntos por las calles de La Meca para visitar a sus nuevas esposas cuando una mujer salió corriendo de una casa e invitó a Abdallah a su cama. Al parecer, en el periodo preislámico los árabes podían tener las mujeres que desearan, y pese a que iba de camino a su propia boda, Abdallah no dio muestras de haberse ofendido con la sugerencia. Se limitó a responder que debía acompañar a su padre, pero decidió visitar a la dama cuando regresara a su casa por la mañana. Al llegar a la casa del padre de Amina, Abdallah consumó su matrimonio de inmediato y Mahoma fue concebido. Pero a la mañana siguiente, cuando visitó a la mujer que lo había invitado a su cama, ésta ya no estaba interesada en él. Ayer había una luz resplandeciente entre los ojos de Abdallah, dijo, que mostraba que estaba a punto de engendrar al

Profeta de su pueblo. Hoy la luz había desaparecido y otra mujer había concebido al Mensajero de Dios.

Abdallah murió cuando Amina estaba todavía embarazada, y la familia se vio en una situación económica tan precaria que sólo pudo dejarle en herencia cinco camellos y una joven esclava llamada Bahira. Se dice que Amina no sintió molestias mientras estaba embarazada de Mahoma; oyó una voz que le decía que llevaba en su seno al señor de los árabes y vio una luz procedente de su vientre en la que estaban visibles los castillos de Basora en Siria, país que más tarde recibiría la luz del islam. Cuando nació Mahoma, el 12 de *rabiu al-awwal,* Amina mandó llamar enseguida a Abd al-Muttalib y le dijo que el niño acabaría convirtiéndose en un gran hombre algún día. Como muestra de alegría y agradecimiento, el anciano llevó a su nuevo nieto a la Kaaba. Se dijo que a él también le habían hablado del gran futuro que aguardaba a Mahoma: un *kahin* había profetizado que uno de sus descendientes lideraría el mundo, y una noche tuvo un sueño en el que vio un árbol que crecía en la espalda del niño; su copa llegaba al cielo y sus ramas se extendían al este y al oeste. De este árbol salía una luz, que era venerada por los árabes y los persas que luego aceptaron el islam.

Muchos padres entregaban a sus hijos en adopción a habitantes del desierto, porque se creía que allí el ambiente era más sano que en la ciudad. Las mujeres beduinas estaban dispuestas a acoger a niños coraixíes para amamantarlos porque podían esperar regalos y ayuda de la familia, pero como Amina era tan pobre ninguna mujer mostró demasiado interés en Mahoma. Había sido un año particularmente malo en Arabia y muchas de las tribus habían sufrido graves hambrunas. Los miembros de la tribu de Bani Sad estaban desesperados y Halima bint Abu Dhuayb, perteneciente a una de las familias más pobres, decidió acoger a Mahoma de todos modos porque no había podido encontrar a otro lactante. Pero la misma Halima pasaba tanta hambre que no tenía leche para amamantar a su propio hijo, la leche de su camella se había acabado e incluso la burra a cuyos lomos había viajado hasta La Meca apenas podía seguir adelante. Pero esto es lo que sucedió tan pronto como acogió al bebé Mahoma:

«Me lo llevé hasta donde estaban mis pertenencias y, al ponerlo a mamar, mis pechos se llenaron a rebosar de leche que el niño bebió hasta estar satisfecho, al igual que su hermano adoptivo. A continuación los dos se quedaron dormidos, mientras que antes de que esto sucediera no podíamos dormir con él. Mi esposo se levantó y se dirigió hacia la vieja camella, y hete aquí que sus ubres estaban llenas; la ordeñó y los dos bebimos su leche hasta saciar nuestra hambre, y pasamos muy buena noche. Por la mañana mi esposo dijo: "¿Sabes, Halima? Has acogido a una criatura bendita". Yo respondí: "Por Alá, eso espero". Luego partimos y yo montaba mi burra llevando al niño conmigo, e iba tan deprisa que los otros asnos no podían seguirla, de modo que mis compañeros me dijeron: "¡Maldita seas!, detente y espéranos. ¿No es éste el asno en el que empezaste el viaje?". "Ciertamente lo es", dije. Y ellos respondieron: "Por Alá, algo extraordinario ha sucedido". Luego llegamos a nuestras tiendas en la región de Bani Sad, y no conozco un territorio más árido.

»Cuando tuvimos al niño entre nosotros mi rebaño solía producir leche en abundancia. Lo ordeñábamos y bebíamos mientras otros no tenían ni una gota de leche, ni podían sacar nada de las ubres de sus camellas, y nuestra gente decía a sus pastores: "¡Ay de vosotros! Enviad a vuestro rebaño a pastar donde vaya el pastor de la hija de Abu Dhuayb". Pero sus rebaños volvían hambrientos, sin producir ni una gota de leche, mientras que los míos tenían leche en abundancia».[9]

No sorprende que Halima se mostrara reacia a perder a Mahoma y suplicara a Amina que le permitiera quedarse con ellos algún tiempo más, hasta que un incidente aterrador pero profético la hizo cambiar de opinión.

Reza la leyenda que cierto día los hermanos adoptivos de Mahoma corrieron llorosos hasta sus padres, gritando aterrorizados que dos hombres vestidos de blanco habían cogido a Mahoma y parecía como si le hubieran abierto el vientre. Halima corrió hasta el lugar y encontró al pequeño, que yacía sin fuerzas en el suelo; más tarde el niño explicaría que los hombres le habían arrancado el corazón y lo habían lavado con nieve; después lo colocaron sobre una balanza y afirmaron que pesaba más que el resto de los árabes juntos. Por último, uno de los hombres le besó en la frente, diciendo con ternura: «Oh, amado de Dios, en verdad nunca estarás asustado, y si supieras todo lo bueno que te espera serías muy feliz».[10] Este relato es similar a las leyendas iniciáticas de otras culturas: simboliza la pureza necesaria para que el iniciado experimente lo divino sin corromper el mensaje sagrado. Algunos escritores musulmanes situaron este incidente justo antes del Viaje Nocturno (la experiencia mística suprema en la vida de Mahoma, que comentaremos en el capítulo 7), lo cual demuestra que eran del todo conscientes de su auténtico significado.

Pero la pobre Halima y su esposo al-Harith no sabían nada de todo esto y era normal que estuvieran aterrorizados. Temiendo que Mahoma hubiera sufrido un ataque de apoplejía, lo llevaron a La Meca de inmediato, antes de que el daño resultara evidente. Pero Amina les calmó, les pidió que le relataran toda la historia y les tranquilizó: éste era un niño excepcional al que habían predicho un gran futuro. Decidió que Mahoma permaneciera junto a ella en La Meca, pero cuando el niño tenía seis años Amina murió y Mahoma quedó huérfano de nuevo. Se fue a vivir a la casa de su abuelo Abd al-Muttalib, quien parece que lo convirtió en su nieto predilecto. Había tenido dos hijos fruto de su último matrimonio y Mahoma se crió con sus dos tíos, Abbas y el alegre Hamzah, los cuales contaban aproximadamente su misma edad. Sin embargo, Abd al-Muttalib era ahora muy viejo y estaba cerca de la muerte. Le gustaba que llevaran su lecho hasta la Kaaba, donde podía yacer a la sombra del santuario rodeado por todos sus hijos mayores. Mahoma solía saltar descaradamente sobre la cama mientras su abuelo permanecía sentado mirándole con afecto y acariciándole la espalda. Murió cuando Mahoma tenía unos ocho años, por lo que el niño se fue a vivir a casa de su tío Abu Talib, quien se había convertido en jefe de los Hashim, y tuvo la compañía de sus primos Talib y Aqil.

Abu Talib era un hombre bondadoso, muy respetado en La Meca pese a la fortuna menguante de su clan. Siempre se portó bien con su sobrino huérfano, aunque su situación económica era cada vez más precaria. En cierta ocasión decidió permitir que Mahoma lo acompañara en un viaje de negocios a Siria, y ante la sorpresa de los coraixíes, cuando llegaron a Basora un monje llamado Bahira salió corriendo de su celda para invitarles a comer. No solía prestarle atención a la caravana, pero aquel año vio que estaba semioculta por una nube brillante, lo cual le indicó que el muy esperado profeta debía de estar presente. Éste es el equivalente musulmán de la historia evangélica acerca del niño Jesús perdido en el templo, pero los primeros relatos demuestran la ignorancia de estas fuentes tempranas con respecto al cristia-nismo: Bahira, el nombre del monje, se ha confundido con la palabra siria *bhira*, que significa «reverendo». Los cristianos afirmaron que fue Bahira quien adoctrinó a Mahoma en la herejía que denominaban «mahometanismo».

Puesto que Mahoma era el más joven del grupo, lo dejaron fuera para que vigilara las mercancías mientras los coraixíes respondían a la invitación de Bahira. Durante la comida el monje estudió detenidamente a los comerciantes, pero ninguno respondía a las descripciones del Profeta que había encontrado en sus libros. ¿Iba alguien más con ellos? Los coraixíes se sintieron repentinamente avergonzados por haber dejado al nieto del gran Abd al-Muttalib sentado fuera como un esclavo, por lo que le hicieron entrar y el monje lo observó con atención. Tras la comida, Bahira llevó a Mahoma a un lado y le pidió que jurara por Lat y Uzza, las diosas de su pueblo, que le respondería sinceramente. «No me pidas que jure por Lat y Uzza», protestó Mahoma, «porque, por Alá, nada me resulta más odioso que estas dos.» Mahoma juró sólo por Alá, y respondió a las preguntas que Bahira le hacía acerca de su vida. A continuación el monje examinó su cuerpo y encontró la marca especial de la profecía entre sus omóplatos. «Lleva a tu sobrino de regreso a su país y guárdale de los judíos», aconsejó Bahira a Abu Talib, «porque, ¡por Alá!, si le ven y saben de él lo que yo sé, le harán daño; un gran futuro aguarda a este sobrino tuyo, así que llévatelo a casa sin dilación.»[11]

Pero hasta que Mahoma tuvo unos veinticinco años apenas dio muestras de esta grandeza, pese a haberse convertido en un joven muy capaz. En La Meca lo conocían como al-Amin, el Responsable: durante toda su vida tuvo el don de inspirar confianza en los demás. Se había convertido en un hombre apuesto, con un cuerpo compacto y sólido de estatura media. Tenía el cabello y la barba de pelo grueso y rizado, y una expresión luminosa que llamaba especialmente la atención y se menciona en todas las fuentes. Poseía un carácter decidido y entusiasta, que le hacía concentrarse de lleno en lo que estuviera haciendo, lo cual se reflejaba también en su porte. Así, nunca miraba por encima del hombro, incluso si se le enganchaba el manto en un arbusto espinoso; años después, sus ayudantes podían hablar y reír abiertamente a sus espaldas, seguros de que no iba a darse la vuelta. Si se volvía para hablar con alguien, nunca se inclinaba parcialmente hacia dicha persona, sino que giraba todo su cuerpo y se dirigía a ella de frente. Cuando daba la mano a alguien, nunca era el primero en retirarla. Sus tíos se habían asegurado de que tuviera un buen entrenamiento militar, de modo que se convirtió en un arquero diestro y en un competente espadachín y luchador, pero nunca llegó a ser tan avezado en el combate como su joven tío Hamzah, quien al crecer se había convertido en un gigante de prodigiosa fortaleza física. Su tío Abbas se hizo banquero y Mahoma encontró trabajo como comerciante, cuya misión consistía en conducir las caravanas hasta Siria y Mesopotamia. En Occidente solían llamarle camellero, una descripción peyorativa para esta tarea administrativa que requería cierta responsabilidad. No obstante, en la actualidad algunos estudiosos occidentales han cuestionado esta profesión, afirmando que Mahoma no demostró tener un conocimiento de primera mano de Siria y de los otros países civilizados y que el Corán nunca se refiere a las llamativas procesiones y prácticas del cristianismo sirio, que inspiraron a otros poetas contemporáneos de la península.[12] Con todo, nos parece bastante rebuscado cuestionar la versión tradicional sobre la temprana carrera de Mahoma como comerciante, porque cuesta creer que alguien se la hubiera inventado.

Pese a su destreza, la situación de orfandad en que se encontraba le impedía avanzar, lo cual debió de ser frustrante; veremos que a lo largo de su vida a Mahoma siempre le preocuparon las dificultades de los huérfanos y el trato que éstos recibían. Su baja posición social suponía una traba para encontrar esposa. En determinado momento quiso casarse con Fajita, una hija de Abu Talib que tenía su edad. Pero Abu Talib tuvo que señalarle que aún no estaba preparado para casarse, y concertó un matrimonio más ventajoso para ella con el aristocrático clan de Majzum. Por muy amable y diplomático que se hubiera mostrado Abu Talib, este rechazo debió de afectar profundamente a Mahoma. Éste era un hombre que amaba y necesitaba a las mujeres, a diferencia de muchos de sus contemporáneos. Más tarde, algunos de sus compañeros más íntimos, quienes creían firmemente que las mujeres debían comportarse con sumisión, señalaron que en el periodo preislámico la mayoría de habitantes de La Meca tenían poca consideración hacia el sexo femenino. Hemos visto que las mujeres carecían de categoría social durante la *yahiliyyah*, e incluso algunos de los musulmanes más prominentes trataban mal a sus esposas e hijas. Pero parece que Mahoma disfrutaba sinceramente de la compañía de las mujeres y necesitaba tener su afecto y mantener con ellas relaciones íntimas. Años más tarde, su ternura y su aparente indulgencia para con sus esposas desconcertarían a algunos de sus compañeros más cercanos. Mahoma no era el ser perverso y libidinoso de las leyendas occidentales: necesitaba a las mujeres como amigas íntimas además de como amantes.

Hacia el año 595, sin embargo, su suerte cambió de forma drástica. Una pariente lejana, Jadija bint Juwaylid, le pidió que llevara algunas mercancías hasta Siria. La vida urbana solía proporcionar a algunas mujeres la oportunidad de tener negocios florecientes: en la Europa del siglo XII un número significativo de mujeres banqueras, comerciantes y tenderas prosperaron enormemente, lo cual, al parecer, sucedió también en La Meca. Jadija se había casado dos veces y había tenido algunos hijos; pertenecía al clan de Asad, que era más poderoso que el de Hashim a principios del siglo VII, y se ganaba muy bien la vida como comerciante. Mahoma aceptó su encargo y partió en un viaje que sería decisivo. Un tal Maysara, el cual le acompañó, vio cosas que le extrañaron y que después explicó debidamente a Jadija. Un monje, afirmó, lo llevó a un lado y le dijo que Mahoma era el profeta cuya llegada se esperaba con tanta expectación en Arabia. Más tarde, y para su asombro, vio a dos ángeles que protegían a Mahoma del sol abrasador. Cuando Jadija escuchó estas historias se fue directamente a consultar a su primo Waraqa ibn Naufal, el *hanif*, que se había hecho cristiano y había estudiado las Escrituras. Sin embargo, Waraqa también esperaba ansioso al profeta árabe, y tras escuchar las noticias de Jadija exclamó: «¡Si esto es cierto, Jadija, en verdad Mahoma es el profeta de este pueblo!».[13]

Jadija le propuso matrimonio a Mahoma: no la motivaba únicamente el entusiasmo de Waraqa, sino que también le impresionaron las cualidades personales del joven miembro de su tribu.

Pese a la diferencia de edad, necesitaba un nuevo marido y Mahoma le pareció un candidato apropiado. «Me gustas por nuestra relación», le dijo, «y por tu excelente reputación entre tu gente, tu lealtad, buen carácter y sinceridad.»[14] De acuerdo con la tradición, Jadija contaba cuarenta años por aquella época, pero, dado que tuvo al menos seis hijos con Mahoma, era con toda probabilidad algo más joven, aunque seguía siendo considerablemente mayor que su nuevo marido. Los occidentales a menudo han contemplado con desdén este matrimonio con la viuda rica y madura. Se ha insinuado que Mahoma aceptó el matrimonio por razones cínicas. Incluso Maxime Rodinson, en su biografía favorable al Profeta, da a entender que Mahoma debió de encontrar este matrimonio sexual y emocionalmente frustrante, lo cual no podía estar más alejado de la realidad. En los primeros años de su misión profética Mahoma no podría haber seguido adelante sin el apoyo y el consejo espiritual de su esposa. Jadija fue una mujer excepcional. Era, afirma Ibn Ishaq, «decidida, noble e inteligente». Siempre que lo atacaban sus enemigos o se sentía aturdido por la fuerza de sus experiencias místicas Mahoma acudía directamente a su esposa para que le consolara, y durante el resto de su vida Jadija, la primera persona que reconoció el don excepcional de su marido, «le daba fuerza, aligeraba su carga y proclamaba su verdad».[15] Pese a ser un hombre apasionado Mahoma no tomó a otra esposa más joven mientras estuvo casado con Jadija, un hecho en el que deberían fijarse aquellos que critican su posterior poligamia. De hecho, tras la muerte de Jadija, Mahoma solía enfurecer a las mujeres con las que se casó alabando constantemente a su primera esposa, y en una ocasión palideció de dolor cuando creyó haber oído su voz. El suyo no fue un matrimonio de conveniencia: Mahoma entregaba una gran parte de los ingresos familiares a los pobres y obligaba a su propia familia a vivir de modo muy frugal.

Pese a su austeridad, parece haber sido un hogar feliz. Jadija tuvo al menos seis hijos con Mahoma. Sus dos hijos varones –al-Qasim y Abdallah– murieron en su primera infancia, pero nacieron también cuatro hijas: Zaynab, Ruqaya, Umm Kultum y Fátima. Mahoma adoraba a los niños: los abrazaba, los besaba y se unía a sus juegos, y siempre sintió devoción por sus hijas. Los árabes acostumbraban adoptar un título honorífico, conocido como el *kunya*, cuando nacía su primogénito varón, y desde entonces a Mahoma solían llamarle Abu al-Qasim (padre de Qasim), un nombre que siempre le complació especialmente. A Jadija la habrían llamado Umm al-Qasim, la madre de Qasim.[16] Pero Mahoma pudo compensar hasta cierto punto la pérdida de sus hijos varones. El día de su boda, Jadija le obsequió un muchacho esclavo procedente de la tribu de Kalb, en Arabia septentrional. Zayd ibn Harith sentía tanto afecto por su amo que cuando su familia finalmente le localizó y acudió a La Meca con el dinero necesario para pagar su rescate, el muchacho les imploró que le permitieran quedarse con Mahoma. A cambio, Mahoma le devolvió la libertad y Zayd se convirtió en su hijo adoptivo. Unos cuantos años más tarde, cuando su hija menor Fátima contaba unos cuatro años, la familia aumentó de nuevo. Abu Talib tenía por aquel entonces problemas económicos, y en aquel año de hambruna particularmente severa su situación había empeorado aún más. Para aligerar su carga, Abbas se llevó a su casa a su hermano menor Jafar y Mahoma acogió al hijo menor de Abu Talib, un niño de cinco años llamado Ali. Mahoma, huérfano también, se tomó muy en serio esta relación. Siempre que sus padres adoptivos beduinos venían a visitarle les regalaba alimentos u ovejas. Tanto Zayd como Ali prosperaron bajo su cuidado; con los años se convertirían en líderes excepcionales de la primera comunidad musulmana y Ali, en particular, pareció inspirar siempre una profunda devoción en sus amigos.

En estos años tranquilos antes de que Mahoma recibiera su llamada, su posición social en La Meca había mejorado. Era especialmente conocido por su bondad hacia los pobres y los esclavos. Un incidente de aquella época nos parece profético en retrospectiva: en el año 605, cuando Mahoma contaba unos treinta y cinco años, los coraixíes decidieron reconstruir la Kaaba; se habían desprendido varias piedras, necesitaba un tejado nuevo y poco tiempo atrás unos ladrones habían destrozado el santuario. Pero éste era un trabajo arriesgado debido a la santidad del edificio. En la mayoría de sociedades tradicionales todo lo sagrado es tabú y tiene que manejarse con extremo cuidado. Sin duda a los coraixíes les preocupaba la posibilidad de demoler este gran santuario, pero siguieron adelante con el proyecto. Walid ibn al-Mughira, jefe de Majzum y uno de los hombres más influyentes de

La Meca, se acercó cautelosamente con su pico, diciendo: «Oh, Dios, no temas, oh, Dios, sólo pretendemos hacer lo mejor». Se permitió que el trabajo diera comienzo y cada clan asumió la responsabilidad de reconstruir una parte determinada para asegurar que la reconstrucción fuera un esfuerzo comunitario de toda la tribu. Sin embargo, cuando llegaron a los cimientos se dijo que toda la ciudad tembló, y los coraixíes decidieron dejarlos intactos.

Levantaron nuevos muros, pero se produjo una acalorada discusión cuando llegó el momento de devolver la Piedra Negra a su sitio, porque todos los clanes se disputaban este honor. La discusión se prolongó durante cinco días, lo cual evidenciaba la feroz competitividad que estaba destruyendo la unidad tribal en La Meca. Finalmente, tras perder la esperanza de alcanzar un acuerdo satisfactorio, los clanes decidieron aceptar la opinión de la primera persona que pasara por el lugar. Por casualidad, dicha persona fue Mahoma, quien acababa de regresar de un viaje de negocios y, como de costumbre, había acudido directamente a la Kaaba para hacer las circunvalaciones. Los hombres le aclamaron aliviados: «Aquí está al-Amin», gritaron todos, «estamos satisfechos».[17] Mahoma les pidió que trajeran un manto y colocaran la piedra sagrada en el centro, y luego ordenó que un representante de cada clan sujetara un extremo de la prenda de modo que pudieran volver a colocar la piedra en su lugar entre todos. Mahoma llevó a cabo una reconstrucción más completa de la Kaaba cuando la convirtió en el centro del mundo islámico: también estaba destinado a restablecer la unidad de los coraixíes alrededor del santuario sagrado de Alá.

Como hemos visto, Mahoma comenzó a hacer retiros espirituales de forma regular cuando tenía unos cuarenta años. Aisha, con la que se casaría años después, comentó que a partir de entonces el Profeta empezó a pasar más tiempo en soledad, entregado al culto a Dios. Comenzó a tener sueños que parecían llenos de promesas y esperanza, «como el amanecer». Durante estos periodos de soledad practicaba los ejercicios espirituales que los árabes denominan *tahannuth* y repartía alimentos a los pobres: tanto los rezos como la entrega de limosnas se convertirían en prácticas esenciales de su religión de Alá. Puede que pasara mucho tiempo absorto en sus pensamientos, y sabemos que más adelante diagnosticaría muy acertadamente el malestar que se había apoderado de La Meca. Mahoma debió de sentirse apesadumbrado: ningún mequí habría tomado en serio sus ideas, mientras que la precaria situación de su clan le impedía adoptar un papel de liderazgo en la vida urbana. Sin embargo, también debía de saber de forma instintiva que poseía cualidades excepcionales que aún no había empleado. El Corán incluye frecuentes reflexiones sobre el hecho de que Dios no hubiera mandado nunca un profeta a los coraixíes, pese a haber enviado profetas a todos los pueblos que habitaban la tierra. Mahoma probablemente creía que sólo un mensajero de Dios podría solucionar los problemas de su ciudad, pero sabemos por el Corán que nunca llegó a imaginarse por un momento que él iba a ser dicho profeta.[18] En todo caso, como hiciera Moisés, Mahoma subió su montaña y en la cumbre encontró a su Dios en la séptima noche de *ramadán* del año 610.

No sabemos demasiado acerca del *tahannuth*, pero probablemente consistía en los ejercicios disciplinados que han aparecido en la mayoría de tradiciones religiosas para ayudar a los adeptos a trascender las limitaciones de sus experiencias cotidianas. Más tarde Mahoma expresaría esta experiencia de lo inefable diciendo que le había visitado un ángel, el cual apareció a su lado en la cueva y le ordenó que recitara. Como algunos de los profetas hebreos, que también eran muy reacios a pronunciar la palabra de Dios, Mahoma se negó. «No soy un recitador», insistió, pensando que el ángel le había confundido con uno de los *kahins* de dudosa reputación, los adivinos de Arabia. Pero el ángel «me estrechó en su abrazo hasta que llegué al límite de mi resistencia»,[19] y finalmente Mahoma se sorprendió a sí mismo pronunciando las primeras palabras del Corán:

¡Predica en el nombre de tu Señor, el que te ha creado!
Ha creado al hombre de un coágulo.
¡Predica! Tu Señor es el Dadivoso
que ha enseñado *a escribir* con el cálamo:
ha enseñado al hombre lo que no sabía.[20]

Cuando Mahoma volvió en sí, lo invadían el terror y la repugnancia. Pensar que, contra su voluntad, se había convertido probablemente en un *kahin* poseído por el *jinn* lo llenaba de tal desesperación, afirma el historiador Tabari, que ya no quería seguir viviendo. Tras salir corriendo de la cueva comenzó a escalar hasta la cumbre de la montaña con la intención de suicidarse lanzándose al vacío. Pero en la ladera tuvo otra visión de un ser que, más tarde, identificaría con Gabriel:

> «Cuando estaba a medio camino en la montaña, oí una voz desde el cielo que decía: ¡Oh, Mahoma!, ¡tú eres el apóstol de Dios y yo soy Gabriel! Levanté la cabeza hacia el cielo para ver quién hablaba y hete aquí que vi a Gabriel con forma de hombre y un pie a cada lado del horizonte (...). Me quedé de pie mirándolo fijamente, sin moverme hacia delante o hacia atrás; entonces empecé a mirar en otra dirección, pero en cualquier parte del cielo que mirara le veía igual que antes».[21]

Este ángel no era un ser hermoso de aspecto natural como los que suelen aparecer en el arte cristiano. En el islam, Gabriel es el Espíritu de la Verdad, el medio a través del cual Dios se revela al hombre. Fue una experiencia sobrecogedora y muy intensa de una presencia que llenaba el horizonte por completo y de la cual era imposible escapar. Mahoma sufrió la embriagadora aprehensión de la realidad indescriptible que ha sobrecogido a profetas y adivinos de casi todas las tradiciones. En el cristianismo se ha descrito como el *mysterium terribile et fascinans* y en el judaísmo se ha denominado *kaddosh*, santidad, la aterradora otredad de Dios.

Las distintas tradiciones presentan relatos contradictorios de la visión original de Mahoma; algunas afirman que consistía únicamente en la visión de la cueva; otras sólo mencionan la visión del ángel en el horizonte. Pero todas hacen hincapié en el terror que sintió Mahoma. Los profetas hebreos también habían gritado ante la visión de la santidad, temerosos de hallarse cerca de la muerte: «¡En qué lamentable estado me encuentro!», gritó Isaías cuando tuvo la visión de Dios en el Templo, «¡Estoy perdido!». Incluso los ángeles se protegían con sus alas de la presencia divina, pero él miró al Señor de los Ejércitos con sus ojos impuros.[22] Jeremías había experimentado a Dios como un dolor insoportable que se apoderó de todos sus miembros; como le sucediera a Mahoma cuando sucumbió al abrazo del ángel, Jeremías experimentó la revelación como una especie de violación divina.[23] Fue invadido por una fuerza tan terrible que conmocionó todo su ser, escasamente preparado para recibir tal impacto divino. Lo que todos estos profetas experimentaron podría denominarse trascendencia, una realidad que está más allá de cualquier concepto y a la que las religiones monoteístas denominan «Dios». La experiencia fue *terribile* porque condujo a todos estos profetas hasta un territorio inexplorado, apartado del consuelo de la normalidad, donde todo constituía una profunda conmoción. Pero era también *fascinans* y ejercía una atracción irresistible, porque recordaba en cierto modo algo ya conocido, íntimamente arraigado en el yo más profundo. Sin embargo, a diferencia de Isaías y Jeremías, Mahoma no contaba con el consuelo de una religión establecida que lo apoyara y lo ayudara a interpretar su experiencia. Ésta parecía haberle llegado sin haberla buscado en absoluto y provocó en él desconsuelo y desesperación. Había sido conducido a un ámbito que nunca hubiera sido capaz de imaginar y tenía que explicárselo a sí mismo de alguna manera. Sintiéndose aislado y aterrorizado, acudió instintivamente a su esposa.

Arrastrándose a gatas, mientras toda la parte superior de su cuerpo temblaba convulsivamente, Mahoma se echó sobre el regazo de Jadija. «¡Cúbreme, cúbreme!», gritó, implorándole que le protegiera de esta presencia aterradora. Pese a su desdén por los *kahins*, que siempre se cubrían con un manto cuando pronunciaban un oráculo, Mahoma había adoptado por instinto la misma postura. Temblando, esperó a que disminuyera el terror mientras Jadija lo abrazaba, calmándole y tratando de ahuyentar sus miedos. Todas las fuentes resaltan lo mucho que Mahoma se apoyó en Jadija durante esta crisis. Más adelante tuvo otras visiones en la ladera de la montaña y en cada ocasión se dirigió directamente a Jadija y le imploró que lo abrazara y lo envolviera con su manto. Pero Jadija no era sólo una consoladora figura materna: era también la consejera espiritual de Mahoma. Fue ella quien pudo proporcionarle el apoyo que otros adivinos y profetas han encontrado en una religión establecida. Cuando el miedo disminuyó en aquella primera ocasión, Mahoma le preguntó si se había convertido en un *kahin;* era la única forma de inspiración que le resultaba familiar y, pese a su sobrecogedora santidad, su experiencia se asemejaba de modo inquietante a la de las gentes poseídas por el *jinn* en Arabia. Así, Hassan ibn Thabit, el poeta de Yatrib que más tarde se haría musulmán, afirmó que cuando recibió su vocación poética se le apareció su *jinni*, el cual le echó al suelo y extrajo de su boca por la fuerza las palabras inspiradas.[24] Mahoma despreciaba al *jinn*, que podía ser caprichoso y cometer errores. Si ésta era la forma en que Alá le había recompensado por su devoción, prefería no seguir viviendo. El Corán nos revela cuán suspicaz fue Mahoma a lo largo de su vida ante cualquier sugerencia de que podía ser simplemente un *majnun*, poseído por un *jinni*, y diferencia cuidadosamente los versos del Corán de la poesía convencional árabe.

Jadija se apresuró a tranquilizarle: Dios no actuaba de forma tan cruel y arbitraria. Mahoma había intentado honestamente vivir de acuerdo con los mandatos divinos, y Dios, por su parte, no iba a permitirle fracasar: «Eres bondadoso y considerado con tus parientes. Ayudas a los pobres y desesperados y asumes su carga. Te esfuerzas por restablecer las elevadas cualidades morales que tu pueblo ha perdido. Honras al invitado y acudes en ayuda de los que sufren penurias».[25] Para tranquilizarle aún más, Jadija sugirió que consultaran a su primo Waraqa, quien conocía las Escrituras y podía proporcionarles un consejo más experto. Waraqa no tuvo duda alguna. «¡Santo! ¡Santo!», gritó de inmediato. «Si me has dicho la verdad, oh, Jadija, ha acudido a él el mayor *namus* que visitó a Moisés en otros tiempos, y, ciertamente, él es el profeta de su pueblo.»[26] Cuando volvió a encontrarse con Mahoma en la Kaaba, el cristiano corrió hacia el nuevo profeta del único Dios y le besó en la frente.

Debemos hacer una pausa para considerar la naturaleza de esta experiencia. Hoy ya no rechazamos automáticamente todas estas visiones o intuiciones como producto de la histeria o de la mala fe. En todas las culturas, la inspiración ha sido considerada como una forma de posesión benigna, tanto en términos artísticos como religiosos. El poema o el mensaje parecen hablar a su creador con una fuerza imperativa, y también parecen revelarse por sí solos. Con frecuencia, un pensador verdaderamente creativo también siente que se ha inspirado de este modo: de alguna manera ha descubierto una realidad no creada que posee una existencia independiente. El ejemplo más famoso es el de Arquímedes, quien salió de la bañera de un salto al descubrir su famoso principio gritando «¡Eureka! ¡Lo he encontrado!». Al relajarse estaba más receptivo y la solución pareció haberle llegado de forma espontánea, como si no fuera producto de su mente. Todos los pensamientos auténticamente creativos son de alguna manera intuitivos; exigen un salto adelante en el mundo oscuro de la realidad no creada. Vista de esta forma, la intuición no es la abdicación de la razón sino más bien la razón acelerada, encapsulada en un instante, de modo que la solución aparece sin tener que recurrir a arduos preparativos lógicos. Un genio creativo regresa de este territorio inexplorado como uno de los héroes de la antigüedad, el cual ha arrebatado algo a los dioses y se lo ha llevado a los hombres. Es posible, quizá, ver la inspiración religiosa de modo similar.

El poeta que «escucha» el poema que parece hallarse fuera de su mente está, por supuesto, escuchando a su inconsciente. Se ha convertido en portador de un mensaje o don procedente de lo que solemos denominar las musas o los dioses. En una sociedad pequeña como la de La Meca, sus habitantes compartían un inconsciente muy similar. En términos puramente seculares, Mahoma se había adentrado a un nivel más profundo en el problema al que se enfrentaban sus contemporáneos y les había llevado algo que pocos estaban dispuestos a escuchar. Veremos que a medida que Mahoma sacó a la luz el Corán, verso a verso, sura a sura, y lo recitó a la gente, muchos reconocieron sus palabras a un nivel profundo. El Corán consiguió derribar sus prejuicios, preocupaciones y objeciones ideológicas hasta llegar a una solución imaginativa, espiritual y social en la que nadie había reparado antes, pero que daba respuesta a sus deseos y aspiraciones más profundas. En todas las religiones la idea de Dios o de la Realidad Suprema está condicionada culturalmente. Al parecer, los árabes del Hijaz estaban buscando una nueva solución religiosa que se adecuara a sus necesidades particulares. Rechazaban la idea cristiana de Dios, que estaba influida por la filosofía racionalista y los ideales de la antigua Grecia. Mahoma había recurrido instintivamente a la experiencia religiosa semítica de los grandes profetas hebreos, que se adecuaba mejor a los habitantes de Oriente Próximo. Resulta tentador considerar la popularidad del islam entre los pueblos de Siria, Mesopotamia, Irán y África del norte como un rechazo a una idea de Dios de inspiración griega que era ajena a sus necesidades y un retorno a una visión más semítica.

Pero Mahoma nunca fue consciente de estar fundando una nueva religión mundial. Ésta iba a ser una religión para los árabes, quienes parecían haber sido apartados del plan divino. Dios había enviado una escritura a los judíos y a los cristianos –en el Corán se les llamaba los *ahl al-kitab*, las Gentes del Libro– pero no transmitió ninguna revelación especial a los árabes. La revelación que Mahoma comenzó a recitar bajo inspiración divina en el monte Hira era un Corán árabe. Este mensaje respondía a las necesidades más profundas de los árabes: de alguna forma Mahoma había alcanzado un nuevo nivel de consciencia, donde podía reconocer los fallos de su sociedad, y poco a poco fue proporcionando a los árabes una solución concebida de forma especial para ellos.

Solemos emplear la palabra «revelación» para describir un pensamiento o una visión enteramente originales, pero la etimología de la palabra indica que se trata de algo que ha sido «desvelado», «descubierto». Por naturaleza, ningún concepto o visión religiosos pueden ser originales, porque se refieren a la realidad preexistente. Mahoma comprendió y expresó esta verdad con mayor claridad que muchos otros líderes religiosos. No había nada nuevo acerca de la revelación en el monte Hira. Era simplemente la antigua religión de Dios, que había sido revelada una y otra vez, pero que le había sido encomendada a Mahoma para que la transmitiera a los árabes. La religión de Alá que Mahoma empezaría a predicar poco después en La Meca no tuvo su inicio en el monte Hira, sino en el día de la Creación. Dios había convertido a Adán en su *kalipha* o delegado en la tierra, y después envió a un profeta tras otro a todos los pueblos del mundo.[27] El mensaje siempre había sido el mismo, por lo que todas las religiones eran esencialmente una. El Corán nunca pretendió eliminar las revelaciones anteriores, pero en principio una tradición, unas Escrituras y un culto eran tan válidos como los otros.[28] Importaba la calidad de la entrega personal a Dios, y no a cualquier expresión humana de su voluntad. La gente no tenía por qué «desear otra religión que no fuese de Dios».[29] Todos los profetas habían confirmado y continuado la revelación que hacía Dios de sí mismo. Así, al referirse a la creencia de que Jesús había profetizado la llegada de un «Paráclito» (que, como hemos visto, algunos árabes habían traducido por Ahmad, una variante del nombre de Muhammad o Mahoma), el Corán dice:

Recuerda cuando Jesús, hijo de María, dijo: «¡Hijos de Israel! Yo soy el Enviado que Dios os ha mandado para confirmar el Pentateuco, que me precedió, y albriciar un Enviado que vendrá después de mí. Su nombre será Ahmad».[30]

La revelación de Mahoma sólo se diferenciaba en que por primera vez Dios había enviado a un mensajero a los coraixíes y unas Escrituras en su propia lengua.

Existe, por consiguiente, una actitud despreocupada hacia las formas históricas de revelación. Merece la pena recalcar este punto, porque actualmente los occidentales no suelen asociar la tolerancia con el islam. Pero tal y como indica el siguiente capítulo, la intolerancia hacia el islam no surge de las diferencias doctrinales que han dividido a los cristianos, sino de una fuente completamente distinta. Tras la muerte de Mahoma nadie exigió a judíos y cristianos que se convirtieran al islam, sino que se les permitió practicar su religión libremente en el imperio islámico. Más tarde zoroastros, hindúes, budistas y sijs también pasaron a formar parte del Pueblo del Libro. La coexistencia con gentes de otras religiones nunca ha constituido un problema para los musulmanes. El imperio islámico pudo acoger a cristianos y judíos durante siglos, pero la Europa occidental siempre se ha mostrado reacia a tolerar a musulmanes y judíos en territorio cristiano.

La revelación en el monte Hira en el año 610 fue sin duda un acontecimiento importante en la historia islámica, pero no era más que el principio. El milagro del Corán, según creen hoy muchos musulmanes, no residía en la forma en que Mahoma recibió la revelación en el monte Hira, en La Meca y, más tarde, en Medina, sino en su continua capacidad para proporcionar fe en el sentido último de la vida a millones de hombres y mujeres de todo el mundo. La religión islámica ha tenido que ser innovadora y creativa en todo momento a fin de transmitir la visión original a un mundo cambiante: en cada generación ha tenido que responder como cualquier otra fe a los dictados de la modernidad.

En el Corán a Mahoma se le suele denominar el profeta *ummî* o profeta iletrado, y la doctrina de su analfabetismo enfatiza la naturaleza milagrosa de su inspiración. Sin embargo, algunos estudiosos occidentales han afirmado que el título *ummî* no

111

debería traducirse por analfabeto y que, como comerciante que era, es probable que Mahoma dominara los rudimentos de la escritura. Estos eruditos creen que Mahoma afirmaba ser un profeta para las gentes «iletradas» que no habían recibido unas Escrituras divinas. En otras palabras, *ummî* significa «el profeta» para los gentiles. Otros escritores han ido más allá al afirmar, de forma incorrecta, que *ummî* guarda relación con la palabra *umma*, comunidad, y que por tanto este título significa «el profeta del pueblo». De hecho, *ummî* y *umma* no guardan relación alguna y los musulmanes encuentran insultante esta interpretación. Hemos visto que, durante casi mil años, los occidentales han sido incapaces de creer que Mahoma tuviera una auténtica vocación profética. Éste parece ser otro intento de encontrar una explicación convincente. De hecho, podríamos considerar retorcido desafiar la interpretación tradicional musulmana de la palabra *ummî*. En las primeras fuentes no se menciona que Mahoma supiera leer o escribir. Cuando precisaba enviar una carta se la dictaba a alguien instruido, como Alí. Haber ocultado toda su vida su capacidad de leer y escribir habría supuesto un gran engaño. Además de ser desacostumbrado en él, este fraude habría sido muy difícil de mantener, pues Mahoma vivía rodeado de toda su gente. La interpretación de *ummî* como iletrado es sin duda muy temprana y tiene una gran importancia para los musulmanes. Posee un significado simbólico similar al concepto del alumbramiento virginal en el cristianismo, que recalca la pureza exigida a un hombre o a una mujer que transmitan la palabra de Dios a la humanidad: la revelación no debe estar matizada por aportaciones humanas.

Sin embargo, sería un error imaginar que Mahoma actuó pasivamente como una especie de teléfono entre Dios y los hombres. Al igual que les sucediera a otros profetas, en ocasiones le costó mucho encontrar sentido a las revelaciones, que no siempre recibía en forma clara y verbal. A veces le llegaron como visiones más que como palabras.[31] Como hemos visto, Aisha, posterior esposa del Profeta, afirmó que las primeras revelaciones de Mahoma fueron visuales. Eran como intuiciones fértiles pero imprecisas, de significado abrumador y transfigurador: «visiones auténticas, semejantes a la claridad del amanecer *[falaq assubh]*, constituyeron la primera señal de su misión profética que recibió el apóstol».[32] La frase expresa la transformación repentina del mundo cuando el sol atraviesa la oscuridad en los territorios orientales donde no hay crepúsculo. Más que un mensaje explícito, Mahoma experimentó una sorprendente visión de esperanza.

La tradición musulmana nos muestra que nunca fue fácil traducir este mensaje en palabras. Mahoma dijo en cierta ocasión: «Nunca recibí una revelación tras la cual no pensara que me habían arrancado el alma».[33] Fue un proceso creativo sumamente angustioso. Algunas veces, según Mahoma, el contenido verbal era lo suficientemente claro: le pareció ver al ángel en forma de hombre y pudo oír sus palabras. Pero en otras ocasiones era más doloroso e incoherente: «A veces la revelación me llega como el repiqueteo de una campana, y esto es lo más difícil para mí; la reverberación disminuye cuando soy consciente de su mensaje».[34] Veremos cómo Mahoma realiza una introspección y examina su alma en busca de una solución al problema, de forma similar a un poeta que escucha el poema que está sacando a la luz de forma gradual. El Corán le advierte que escuche el significado inarticulado con atención y con lo que Wordsworth denominaría una «pasividad sabia». No tiene que apresurarse a traducirlo en palabras antes de que éstas hayan surgido a su debido tiempo:

¡No muevas tu lengua, al revelar el Corán, para acelerar!
A Nos nos incumbe su reunión y su predicación.
Cuando lo predicamos, ¡sigue su predicación!
A Nos nos incumbe su explicación.[35]

La Voz Divina no estaba bramando un mensaje desde el cielo; Dios no era una realidad claramente definible que se encontraba «allí fuera». Era preciso escucharle practicando la introspección. Más tarde los sufíes, los místicos del islam, desarrollaron el concepto de Dios como base de nuestro ser. Algunos oían la voz divina que les decía: «No hay otro dios sino tú».

Por otra parte, desconocemos cuántas revelaciones recibió Mahoma durante los primeros días, pero sabemos que Mahoma, Jadija y Waraqa no hablaron de ellas. Mahoma no era de ningún modo el hombre siempre dispuesto a llamar la atención que describen sus enemigos occidentales. Sin embargo, tras recibir las primeras revelaciones, vivió un periodo de silencio durante unos dos años. Fue una época de gran desolación, y algunos escritores

113

musulmanes han atribuido a este periodo su desesperación rayana en el suicidio. ¿Le habían engañado después de todo? ¿Era un iluso? ¿O acaso Dios lo había considerado poco eficaz como portador de las revelaciones y le había abandonado? El silencio parecía ominoso, pero entonces llegó la sura 93, la sura de la Mañana, y le confortó con la belleza radiante de sus versículos:

¡Por la mañana!
¡Por la noche cuando impera!
Tu Señor no te ha abandonado ni *te* aborrece.
La última *vida* será mejor para ti que la primera.
Tu Señor te dará y quedarás satisfecho.
¿No te encontró huérfano y *te* dio un refugio?
¿No te encontró extraviado y *te* guió?
¿No te encontró pobre y *te* enriqueció?
¡No maltrates al huérfano!
¡No rechaces al pobre!
¡Explica el beneficio que te ha hecho tu Señor!

Mahoma estaba a punto de iniciar su misión. Había aprendido a tener fe en sus experiencias y ahora creía que procedían directamente de Dios. No era un iluso *kahin*. Este acto de fe exigía valor, pero Mahoma había decidido dar un paso que exigiría aún más resolución. Se había avenido a aceptar la interpretación que hizo Waraqa de su experiencia: había sido llamado para ser el profeta de los coraixíes. Ahora tendría que presentarse ante su pueblo. Waraqa le advirtió que no sería fácil. Él era un anciano que no iba a vivir mucho tiempo, le confesó, pero deseaba seguir viviendo para poder ayudar a Mahoma cuando su pueblo le expulsara. Mahoma se horrorizó al oír estas palabras. ¿En verdad lo iban a expulsar?, preguntó angustiado. Waraqa le respondió con tristeza que un profeta nunca es honrado en su propio país. Como veremos, Mahoma obró con mucha cautela cuando comenzó a difundir la palabra de Dios, pues sabía que probablemente ridiculizarían sus palabras. La gente podría pensar que era un agente de los bizantinos, como el *hanif* cristiano Uthman ibn al-Huwayrith, o podrían acusarle de traición e impiedad para con la religión tradicional. Pese a ello, Mahoma estaba dispuesto a aceptar su peligrosa misión, que iba a conducirle en una dirección que jamás habría imaginado.

5
El amonestador

Mahoma se había enfrentado a una experiencia tan terrible como esclarecedora en el monte Hira, similar a la lucha de Jacob con su ángel. Ahora tenía que transmitir a su pueblo el mensaje que había arrancado del reino divino. La sura de la Mañana emitía un claro mandato social: los hombres y las mujeres tenían que cuidar a los desfavorecidos de la tribu. No se trataba de un concepto nuevo: había tenido una gran importancia en el antiguo ideal del *muruwah*, pero los coraixíes parecían haberlo olvidado. Según el Corán, este mensaje había sido fundamental en las revelaciones de todos los profetas anteriores a lo largo de la historia del mundo. La tradición musulmana afirma que dichos profetas ascendían a 124.000, un número simbólico que indica infinitud. Dios no abandonó a los hombres sin transmitirles el modo de vida correcto, pese a que la mayoría de la gente se obstinó en desoír el mensaje divino. Pero ahora Dios había enviado finalmente un profeta a los coraixíes, quienes nunca antes habían recibido un enviado así. En el año 612, al principio de su misión, Mahoma tenía un concepto muy modesto de su papel. No era un salvador o un mesías; su misión no era universal, y en esta fecha ni siquiera creía que debiera predicar a los otros árabes de la península. Simplemente tenía que transmitir un mensaje en La Meca y sus alrededores, como el último profeta de una larga lista.[1] No debería tener una función política:[2] no era más que el *nadhir*, el amonestador. El concepto que tenía Mahoma de su vocación acabaría cambiando, pero al principio tan sólo creía que había sido enviado para advertir a los coraixíes de los peligros del rumbo que habían adoptado en tiempos recientes:

¡Oh, el arropado!
¡Incorpórate y advierte!

¡Engrandece a tu Señor!
¡Purifica tus vestidos!
¡Evita la suciedad![3]

Pero estas palabras no significaban que Mahoma hubiera iniciado su misión con un mensaje agorero. El Juicio Final se mencionaba de forma sucinta en las primeras suras o capítulos del Corán, pero el mensaje de la primera época era en lo esencial alegre. Mahoma quería que todos los hombres y mujeres de La Meca conocieran la bondad de Dios, la cual se podía apreciar en el mundo natural. Él los había creado y guiado y conservaba el orden del universo en su beneficio. Cuando contemplaran las «señales» *(ayat)* de Alá en el mundo que todos los coraixíes reconocían que Él había creado, empezarían a ser conscientes de la pródiga generosidad de Dios y de su propia obstinada ingratitud:

¡Mátese al hombre! ¡Qué incrédulo es!
¿De qué le ha creado?
De una gota de esperma.
Le ha creado y le ha fijado el destino.
Luego le ha facilitado la senda,
le ha hecho morir y le ha hecho enterrar.
Cuando quiera, luego, le resucitará.
¡No! El *hombre* no ha cumplido lo que *Dios* le ha mandado.
¡Observe el hombre sus alimentos!
Nos hemos hecho correr el agua,
después hemos hendido la tierra,
y en ella hemos hecho brotar granos,
vides, cañas,
olivos, palmeras,
jardines frondosos,
frutos y pastos
como lote para vosotros y para vuestros rebaños.[4]

Pero los hombres seguían negándose a vivir de acuerdo con el mandato divino.

Sin embargo, Mahoma no dictó una larga lista de exigencias. En general, se contentaba con reformar el antiguo código de honor árabe con el que estaban familiarizados los coraixíes. El Corán tan sólo exige que los hombres y las mujeres se esfuercen por crear una sociedad justa, donde los más vulnerables reciban un trato decente. Ésta era la base del mensaje coránico. Si los musulmanes nos parecen intolerantes en la actualidad, deberíamos comprender que no son siempre intolerantes con otras visiones de la realidad, como lo ha sido el cristianismo occidental, sino que se muestran intolerantes ante la injusticia, tanto si la comete uno de sus propios dirigentes, como el Sha Muhammad Reza Pahlavi del Irán o el presidente Anwar al-Sadat de Egipto, o la cometen los poderosos países occidentales. El mensaje coránico de la primera época es muy simple: está mal acumular riqueza para amasar una fortuna personal, pero está bien dar limosna y distribuir la riqueza de la sociedad.

Los estudiosos occidentales nos dicen que es un error ver a Mahoma como a un socialista. Señalan que nunca criticó el capitalismo, el cual, después de todo, había sido muy beneficioso para los coraixíes, y que no intentaba abolir completamente la pobreza, una tarea imposible en la Arabia del siglo VII. Puede que Mahoma no se ajustara a los conceptos recientes del socialismo, tal y como ha evolucionado en Occidente, pero sí era socialista en un sentido más profundo, lo cual ha dejado una huella indeleble en el espíritu del islam. Es cierto que no condenaba la acumulación de riqueza y posesiones como hizo Jesús: los musulmanes no estaban obligados a dar todo cuanto poseían, pero tenían que ser generosos con su riqueza y entregar una parte regular de sus ingresos a los pobres. La donación de limosnas *(zakat)* se convertiría en uno de los cinco «pilares» *(rukn)* básicos del islam.[5] La temprana ética islámica ya exigía la donación de limosnas.[6] Los musulmanes no deben acumular su dinero o desarrollar una rivalidad compulsiva para adquirir más que los otros.[7] Tienen que cuidar a los pobres y no deberían arrebatarles su herencia a los huérfanos cuando administren su propiedad, como hacían tantos coraixíes.[8] Estas normas prevalecieron incluso cuando los musulmanes se convirtieron en una gran potencia mundial y cuando muchos se hicieron inmensamente ricos. El igualitarismo del islam, de acuerdo con la Ley Sagrada, conllevaba la pérdida gradual de poder político real por parte del califa, quien pasaba a convertirse en un símbolo de unidad. Puede que la corte hubiera sido rica, pero los musulmanes píos en todos los ámbitos de la

vida religiosa del imperio islámico –tanto juristas como místicos–
afirmaron que la riqueza ostentosa era poco islámica. Cuando un
dirigente local quería dar fe de sus credenciales musulmanas, ante
todo debía demostrar que vivía con frugalidad de acuerdo con el
ideal igualitario. Así, en la época de las cruzadas, tanto Nur ad-Din
como Saladino, quienes organizaron la respuesta musulmana, entregaron la mayor parte de sus posesiones a los pobres y vivieron
con sencillez y austeridad junto a sus acompañantes. De esta forma se ganaron el beneplácito del pueblo, demostrando que eran
mejores musulmanes que ningún otro dirigente de Oriente Próximo. Construyeron imperios basados en el respaldo popular y la
gente les consideraba auténticos musulmanes porque sus vidas
eran muy similares a las del Profeta.

El propio Mahoma vivió siempre de forma sencilla y frugal,
incluso cuando se convirtió en el *sayyd* más poderoso de Arabia.
El Profeta detestaba el lujo, y a menudo no había nada para comer en su casa. Nunca tuvo más de un manto, y cuando algunos
de sus compañeros le instaron a vestir ropas ceremoniales más lu-
josas siempre se negó, prefiriendo la tela gruesa y basta que llevaba la mayoría de la gente. Cuando recibía un regalo o parte de
un botín, lo entregaba a los pobres y, como Jesús, solía decirles
a los musulmanes que los pobres entrarían en el Reino de los Cielos antes que los ricos. No fue casual que muchos de sus primeros conversos se encontraran entre las gentes más desfavorecidas
de La Meca: los esclavos y las mujeres reconocieron que su religión les ofrecía un mensaje de esperanza. Como veremos, Mahoma atrajo a conversos de los clanes más ricos, pero casi todos
los coraixíes poderosos y aristocráticos guardaron las distancias:
cuando los musulmanes se reunían en la Kaaba, solían burlarse
de la plebe con la que el nieto del gran Abd al-Muttalib se complacía en asociarse. Cuando el islam se hizo más poderoso, no
eran los musulmanes más ricos de las clases altas sus compañeros
más próximos, sino los conversos plebeyos procedentes de los
clanes más pobres de los coraixíes. Nada de esto se debía únicamente a preferencias personales. Mahoma sabía que tenía que dar
ejemplo a los primeros musulmanes y que Alá detestaba la injusticia y la explotación. Una sociedad decente, que reflejara la voluntad de Dios, debía cultivar un modo de vida estrictamente
igualitario.

Por consiguiente, un laico moderno podría preguntar: ¿por qué molestarse hablando con Dios? En lugar de sufrir tan terribles experiencias en el monte Hira, ¿por qué Mahoma no se limitó a iniciar una campaña en pro de la reforma social? El Profeta sabía que el problema tenía una causa más profunda y que tales reformas serían meramente cosméticas. No tendrían efecto a menos que los coraixíes colocaran otro valor trascendente en el centro de sus vidas. Mahoma comprendió, a un nivel más profundo que cualquiera de sus contemporáneos, que el descontento de los mequíes escondía una actitud malsana y poco realista de osadía *(yatqa)* y autosuficiencia *(istaqa)*.[9] En épocas anteriores, cuando la tribu tenía más importancia que el individuo, los árabes se dieron cuenta forzosamente de que todos sus miembros dependían los unos de los otros. En las estepas arábigas siempre habían estado en peligro de extinción, pero su éxito los había protegido de los peligros habituales de la vida árabe. Así pues, resultaba comprensible que hubieran hecho del dinero una nueva religión y se creían dueños de su propio destino. El Corán insinúa que algunos incluso creían que el dinero podía proporcionarles la inmortalidad[10] que en otros tiempos sólo les había proporcionado la tribu. Con todo, su sociedad había estado basada en un ideal comunitario. Ahora los clanes luchaban contra otros clanes y algunos, como el de Hashim, creían que su supervivencia estaba amenazada. La antigua unidad de la tribu se estaba resquebrajando, lo cual significaba que ésta acabaría desintegrándose. La propia trayectoria de Mahoma confirmaría esta idea. Con el tiempo, unos veinte años más tarde, el Profeta vencería a los coraixíes no sólo por méritos propios –aunque éstos eran considerables– sino porque habían sido incapaces de oponerse a él con un frente unido. Cuando Mahoma inició su misión, un cruel individualismo estaba usurpando la antigua ética comunitaria: el Corán lo describe con el escalofriante ejemplo de la persona que estaría dispuesta a sacrificar a todos sus familiares próximos para salvarse en el Juicio Final,[11] una decisión impensable en otros tiempos, cuando los lazos de sangre se consideraban sagrados.

A fin de corregir estos abusos los coraixíes tendrían que dar cabida a un nuevo espíritu. Casi todas las soluciones políticas surgidas en esta época tuvieron un cariz religioso. Cuando pidió a los coraixíes que consideraran las implicaciones de su fe en Alá,

Creador del cielo y la tierra, Mahoma no les estaba proponiendo nada nuevo. El ateísmo, en el sentido moderno del término, parece haber sido psicológicamente imposible antes del siglo XVIII, y después sólo ha sido posible en Occidente. Todos los coraixíes creían implícitamente en la existencia de su Dios supremo. Muchos de ellos llegaron a creer que Alá era el Dios que veneraban tanto judíos como cristianos. Ahora Mahoma los obligaba a pensar en las consecuencias de su fe. Él no tenía que demostrar la existencia de Alá, pero señaló que, si los coraixíes realmente creían en lo que decían, deberían reflexionar con mayor detenimiento. Judíos y cristianos creían que Dios resucitaría a los muertos en el Juicio Final, una idea que el antiguo fatalismo árabe había rechazado pero que tendría consecuencias drásticas para cada alma individual: incluso los miembros más débiles de una tribu tenían un destino eterno y por ello una importancia sagrada. Si los coraixíes estaban convencidos de que Alá había creado el mundo, quizá debieran contemplar esta creación con otros ojos.

En los primeros años de su misión, cuando predicaba sólo a personas cuidadosamente seleccionadas, Mahoma recordó a los coraixíes muchas creencias preciadas y les pidió que las reconsideraran y las aplicaran a su situación actual. ¿Qué coherencia podía existir entre el nuevo culto a la autosuficiencia y sus recuerdos orgullosos del Año del Elefante, cuando Dios salvó la ciudad de la destrucción mediante un milagro espectacular que aumentaría enormemente el prestigio de los coraixíes? Ésta era una «señal» más que deberían considerar con detenimiento:

> ¿No has visto lo que hizo tu Señor con los dueños del elefante?
> ¿Acaso no confundió sus tretas
> y envió contra ellos los pájaros ababil?
> Les arrojaron piedras de arcilla
> y los dejaron como cereal verde comido.[12]

Al alardear acerca de este acontecimiento los coraixíes confesaron que no habían obtenido el éxito y el poder simplemente por méritos propios.

El Corán no revelaba nada original: afirmaba ser un «recordatorio»[13] de algo que todos sabían ya y se limitaba a aclarar antiguos hechos, destacándolos de forma más lúcida. Con frecuencia el Corán introduce un tema nuevo con frases como «¿No has visto?» o «¿Acaso no has pensado?». La Palabra de Dios no consistía en emitir órdenes atronadoras de forma arbitraria desde lo alto, sino que invitaba a los coraixíes a iniciar un diálogo y les proponía un reto que, en lugar de destruir el pasado, completaba los antiguos conceptos y tradiciones árabes. Por citar un ejemplo, el Corán recordaba a los coraixíes que la Kaaba, de la que se sentían tan orgullosos, era la Casa de Alá y una de las principales razones de su éxito. Ésta había sido la causa de la invasión abisinia durante el Año del Elefante. Sin su santuario, que Alá les había proporcionado, no habrían podido establecer un mercado tan frecuentado, su ciudad estaría constantemente amenazada por ataques de otras tribus y ellos no se habrían liberado de la enfermedad árabe del hambre:

> En la concordia con los coraixitas,
> en su concordia en la caravana de invierno y verano.
> ¡Adoren al Señor de este Templo!
> Él los ha alimentado, los ha salvado del hambre
> y los ha puesto a salvo del temor.[14]

El Corán no los exhortaba a quedarse de brazos cruzados y encomendarse a Dios, sino todo lo contrario, como veremos. Pero sí les pedía que reconsideraran algunas de sus creencias más básicas a la luz de su situación actual. A los coraixíes les complacía enormemente realizar las circunvalaciones sagradas alrededor de la Casa de Alá, pero cuando daban prioridad al éxito material y personal era como si hubieran olvidado el significado de los antiguos ritos. La concordia *(ilaf)*, la unidad de los coraixíes alrededor de este lugar sagrado, corría peligro porque estaban destruyendo el antiguo ideal comunitario y no trataban con consideración a los clanes más débiles, los huérfanos, los pobres, los ancianos y los vulnerables. Si continuaban obrando de esta forma perderían el rumbo en la vida.

En esta etapa temprana el Corán intentaba hacer ver a los mequíes todo lo que aún le debían a Alá, pese a su éxito reciente y a su aparente seguridad. Deberían contemplar las señales de su bondad y su poder, que se manifestaban en cualquier lugar del mundo natural. Si no conseguían reproducir esta benevolencia en su propia sociedad quedarían al margen de la auténtica naturaleza de las cosas:

El Clemente
ha enseñado la Predicación.
Ha creado al hombre,
ha enseñado el discurso.
El Sol y la Luz *están sometidos* a un ciclo.
La hierba y el árbol se prosternan.
Ha elevado el cielo, ha colocado la Balanza.
¡No abuséis en el peso!
¡Haced la pesada con equidad! ¡No defraudéis en la balanza!
Ha puesto la tierra *como morada* para los hombres:
en ella se encuentran frutos y palmeras recubiertos.
los granos recubiertos y las plantas aromáticas.
[¿Qué dones de vuestro Señor negaréis?][15]

Las demás criaturas aceptan a Dios y se inclinan ante Él, reconociéndole como su causa primigenia y el origen de su ser, sin el cual no podrían seguir adelante. Dios es la fuerza o energía esencial que da forma a todas las cosas y las mantiene vivas y pujantes. Es el creador del equilibrio que preserva la relación correcta entre las cosas, y a menos que los coraixíes restablecieran este equilibrio en su propia sociedad, concediendo la debida importancia y justa mesura a todas sus relaciones mutuas, no podrían estar en sintonía con la naturaleza de las cosas. Con el objetivo de ayudar a sus primeros conversos a adquirir esta actitud de reconocimiento responsable de Dios, Mahoma les exigía que se postraran ante Él para realizar plegarias rituales dos veces al día, como las estrellas y los árboles. Estos rezos *(salat)* se convirtieron en otro de los cinco pilares del islam. El gesto externo ayudaría a los musulmanes a cultivar la actitud interior y a reorientar sus vidas a un nivel básico.

Con el tiempo la religión de Alá que predicaba Mahoma se conocería con el nombre de *islâm*, el acto de entrega existencial que se esperaba que cada converso hiciera a Dios: un *muslîm* es «el que entrega» todo su ser al Creador. Al principio, sin embargo, los creyentes llamaron a su religión *tazaqqa*. Ésta es una palabra de significado poco claro, difícil de traducir. Al cultivar la *tazaqqa*, los conversos de Mahoma tenían que adoptar virtudes como la compasión y la generosidad; debían emplear su inteligencia para cultivar un espíritu bondadoso y responsable, que les llevara a dar con generosidad de lo que tuvieran a todas las criaturas de Dios. Al reflexionar de manera inteligente sobre los misterios de la creación los musulmanes aprenderían a comportarse con bondad, y esta actitud generosa conduciría a un perfeccionamiento espiritual. Alá constituía el ejemplo supremo. Se exhortaba a los musulmanes a contemplar sus señales a fin de apreciar su misericordia para con todo el mundo natural. Como consecuencia de su inteligencia generosa, reinaban el orden y el provecho en lugar del caos y la barbarie egoísta. Si se sometían a sus mandatos, los musulmanes descubrirían que un perfeccionamiento similar podría transfigurar sus vidas.

Las demás criaturas son *muslîms* naturales que no pueden elegir más que hacer la voluntad de Dios y entregarse al plan divino.[16] Sólo el hombre tiene la libertad de realizar un acto voluntario de *islâm* para entregar su vida al que es origen y sustentación de su ser. No se somete a un tirano arbitrario, sino a las leyes fundamentales que gobiernan el universo.

Pero ¿qué hay de la crueldad de la naturaleza, los desastres naturales que llamamos «actos de Dios» en el habla legal? El Corán los tiene muy en cuenta. Los versículos que acabo de citar continúan así:

Para ellos constituye una aleya el que Nos hayamos cargado
a sus antepasados en el Arca repleta
y que les hayamos creado *otros buques* semejantes en los
que embarcan;
si queremos, los anegamos; no articulan un sonido ni se
salvan
si no es por una misericordia procedente de Nos y por
un goce *que les tenemos asignado* hasta *determinado* instante.[17]

Nadie conocía la dureza del mundo natural mejor que los árabes. En el paganismo y en la tradición religiosa oriental los distintos dioses no son otra cosa que manifestaciones de una fuerza primitiva, la *rerum natura*, que es suprema, inescrutable y del todo impersonal. Algunas de estas deidades simbolizaban sus características benevolentes y personificaban el amor, la fertilidad, la ley o la sabiduría, pero otras expresaban los aspectos más oscuros de la vida que hombres y mujeres experimentaban en el mundo. Eran dioses de la guerra o la violencia, y en ocasiones poseían características malignas. Según la tradición hindú, el mal es una de las máscaras de la realidad trascendente e impersonal de Dios. La visión pagana, con sus dioses y diosas enfrentados, era una expresión trágica pero valiente y sincera del conflicto que cada persona siente en el mundo y en lo más profundo de su ser. En el paganismo el conflicto no tiene una resolución concebible. En Arabia el significado simbólico original de los antiguos dioses se perdió durante el periodo nómada, y la religión árabe no desarrolló una mitología para expresar esta concepción pagana. Pero es posible encontrar elementos de esta concepción en el Corán, donde las señales de Dios en el mundo expresan el inescrutable misterio divino que en otros sistemas simbolizaran los dioses.

En el Corán, Alá es mucho más impersonal que el Yahvé de las Escrituras judías o el Padre que está encarnado en Jesucristo. En la temprana religión tribal de los hebreos, Yahvé había infligido desastres u otorgado beneficios a los hombres y a las mujeres como una expresión –en ocasiones bastante arbitraria– de su voluntad. Pero cuando Alá provoca el ahogamiento de la gente, por citar un ejemplo, no actúa inspirado por ninguna animadversión personal. Se acerca más tanto a la *rerum natura* como al dios sublime de los posteriores profetas hebreos, el cual trasciende completamente todos los conceptos puramente humanos del bien y el mal, lo correcto y lo erróneo.

> Porque no son mis pensamientos vuestros pensamientos
> ni vuestros caminos son mis caminos, dijo Yahvé.
> Como son más altos los cielos que la tierra
> son mis caminos más altos que vuestros caminos
> y mis pensamientos más que vuestros pensamientos.[18]

No podemos sino maravillarnos ante el don espiritual de Mahoma, quien apenas había tenido contacto con judíos o cristianos practicantes y cuyo conocimiento de estas revelaciones más antiguas era inevitablemente rudimentario, pero pese a ello consiguió adentrarse en la experiencia monoteísta. El Corán pone de relieve que Dios elude nuestros pensamientos humanos y que podemos hablar de Él sólo mediante señales y símbolos, los cuales en parte revelan y en parte ocultan su naturaleza inefable. Todo el discurso coránico es simbólico en esencia; se refiere constantemente a las grandes «similitudes» que pone a la consideración de los musulmanes. No existen doctrinas acerca de Dios que lo definan, sino meras señales de naturaleza sacramental donde puede experimentarse alguno de sus aspectos.

A menudo los occidentales interpretamos mal la naturaleza metafórica de la teología coránica, porque en la actualidad solemos leer un libro en busca de información. Pero en la Edad Media los cristianos desarrollaron un método de lectura de sus Escrituras totalmente simbólico, no muy distinto a la forma en que los musulmanes enfocan el Corán. Incluso algunos de los acontecimientos que describe –en las vidas de los profetas o en el cercano Juicio Final– son, en esencia, representaciones simbólicas de verdades divinas y no deberían interpretarse como hechos literales. Del mismo modo que los budistas consideran a los distintos dioses y diosas como aspectos de ellos mismos, los musulmanes siempre han hablado del «Moisés del alma» o el «José del corazón» y han visto el conflicto entre el bien y el mal, descrito con tanta frecuencia en el Corán, como un drama espiritual que se representa una y otra vez en su interior. Por consiguiente, al recitar el Corán los musulmanes adquieren conciencia de la historia de su propio ser, más que de una historia objetiva acerca de la salvación. Realizan el esfuerzo imaginativo de experimentar en su interior la lucha para regresar al origen de la Creación y para combatir el mal que habita en su interior.

El Corán animó a hombres y mujeres desde el principio a adoptar esta actitud imaginativa y simbólica, como puede constatarse en sus magníficas descripciones de las señales de la naturaleza. En el cristianismo existe en ocasiones una visión bastante pesimista del mundo natural, el cual, según se cree, ha perdido su perfección original a causa de los pecados del hombre. Pero, al igual que el judaísmo, el islam no cree en la Caída del hombre ni en el pecado original en el sentido cristiano: muerte, dolor y aflicción no eran castigos a un defecto primigenio de los hombres, sino que siempre formaron parte del inescrutable plan divino. El mundo físico no es impuro: constituye una epifanía que nos revela una experiencia de lo sublime que el lenguaje o el pensamiento humano normales no pueden transmitir. La imaginación, el arte y la religión han tenido siempre la función de contemplar a través de este mundo fragmentario todo el poder del ser original. El Corán exhorta a los musulmanes a realizar el esfuerzo imaginativo e intelectual de ver el mundo que los rodea en forma simbólica:

> En la creación de los cielos y la tierra; en la variación de las noches y los días; en el barquichuelo que se desliza por el mar *llevando* lo que es útil a los hombres; en el agua que Dios hace descender del cielo, con la que vivifica la tierra después de su muerte; en la distribución, por ella, de toda clase de bestias; en el cambio de los vientos y de las nubes sumisas entre el cielo y la tierra, *eso son* aleyas para la gente que razona.[19]

La tradición musulmana siempre ha resaltado la importancia de la imaginación: el gran filósofo sufí Muid ad-Din al-Arabi (muerto en 1240) habla de la imaginación como la facultad que nos da Dios para crear una teofanía personal, o manifestación de Dios, en el mundo que nos rodea. Esta extraordinaria capacidad humana permite a hombres y mujeres sobrevivir a los sobresaltos y tragedias a que es proclive la carne. Pero el Corán no pide a los musulmanes que abdiquen de la razón. Las señales van dirigidas a «unas gentes que comprenden», «unas gentes que saben»: se exhorta a los musulmanes a «buscar» señales en el mundo natural y a examinarlas detenidamente.[20] Esta actitud también contribuyó a cultivar una curiosidad inteligente que permitió a los musulmanes desarrollar una excepcional tradición matemática y científica. Nunca ha surgido un conflicto entre la investigación racional científica y la religión en la tradición islámica, como el que surgió en el siglo XIX cuando los cristianos creyeron que los descubrimientos de Lyell y Darwin socavaban irrevocablemente la fe. De hecho, algunos místicos de las sectas radicales shiíes han utilizado la ciencia y las matemáticas como un preludio a la contemplación.

Así, cuando Mahoma pidió a los coraixíes que aceptaran que su revelación procedía de Dios, no exigió que asintieran a un credo o a un listado de opiniones teológicas. Al igual que en el judaísmo, no existe un culto de ortodoxia en el islam, donde ideas y conceptos sobre Dios son esencialmente asuntos privados. De hecho, el Corán muestra recelo acerca de la especulación teológica, que considera una mera proyección humana y una realización de deseos subconscientes. Esta forma doctrinaria de pensar, aplicada a la realidad trascendente de Alá, sólo pueden ser conjeturas *(zanna)*: el hábito de hacer conjeturas ociosas sobre asuntos inefables ha dividido a las Gentes del Libro en sectas enfrentadas.[21] En lugar de promover la ortodoxia o las enseñanzas correctas, tanto el islam como el judaísmo hacen hincapié en la ortopraxia, una práctica religiosa tradicional común. En el Corán, por tanto, un «creyente» no es aquel que ha aceptado una lista de proposiciones, como los distintos credos o los treinta y nueve artículos. Creyente es quien ha adquirido una aprehensión inmediata y sobrecogedora de la realidad divina, a la que se ha entregado, y expresa su *islam* a través de las prácticas asociadas de oración *(salat)* y donación de limosnas:

> Los creyentes son aquellos que cuando se cita el nombre de Dios, sus corazones temen, y cuando se les recitan sus aleyas, aumentan su fe y se apoyan en su Señor;
> quienes cumplen la plegaria y de lo que les proveemos gastan *en la limosna*.
> [Éstos son los verdaderos creyentes: tendrán lugares *preferentes* junto a su Señor, perdón y generosa subsistencia.][22]

Por otra parte, el no creyente *(kafir bi namat al-Llah)* no es aquel que rehúse creer en la existencia de Alá o que haya adoptado la teología equivocada, sino «el que le es ingrato a Dios». El Corán clarifica en su empleo de la raíz «KFR» que esta actitud conllevaba una obstinación deliberada: los *kafirs* de La Meca sabían en su fuero interno lo que significaban estas señales, pero se oponían a Dios con arrogancia antes que cambiar sus vidas.[23]

Pese a que, en los primeros años, Mahoma realizó un enorme esfuerzo por apelar a intereses básicos de los coraixíes, como la Kaaba, sabía instintivamente que su mensaje despertaría un profundo antagonismo. Fue muy cauto con respecto a la gente a la que acudió: durante los tres primeros años de su misión Ma-

127

homa ejerció un ministerio estrictamente privado y la palabra se difundió de boca en boca. No obstante, el Profeta consiguió formar un pequeño grupo de creyentes fervorosos, quienes reconocieron en el acto la importancia de lo que estaba diciendo. El grupito se reunía para realizar la plegaria ritual cada mañana y cada atardecer; el *salat* provocó un profundo rechazo entre los coraixíes, a quienes parecía terrible que árabes con siglos de feroz independencia beduina a sus espaldas estuvieran dispuestos a postrarse como esclavos. Esta reacción instantánea puso en evidencia que Mahoma había tocado un punto sensible: esta profunda obediencia desafiaba al nuevo orgullo y a la arrogante autosuficiencia de los coraixíes con tal fuerza que los musulmanes ya no pudieron realizar el *salat* en público y tuvieron que retirarse a las cañadas que rodeaban la ciudad. También parecían practicar un tipo de donación de limosnas que se veía como una purificación moral, y se levantaban durante la noche para hacer vigilias, durante las cuales recitaban el Corán.

Es probable que esta práctica derivara de las vigilias nocturnas que hacían en el desierto sirio los monjes cristianos, quienes solían levantarse de madrugada para recitar salmos. Esto había influido en la idea árabe de lo que debería ser una Escritura: no se trataba de un libro para leer en privado, sino de un texto para ser recitado en voz alta en ceremonias litúrgicas. Pese a que, obviamente, hoy lo estudian en privado, los musulmanes todavía afirman que el Corán produce un mayor impacto al recitarlo en voz alta, acompañado de una salmodia especial. El sonido posee su propio significado misterioso y permite que el lenguaje del Corán aspire a la condición de música, la cual nos proporciona una experiencia más poderosa y completa de lo trascendente que ningún otro arte. El Corán impidió que Alá fuera un Dios remoto «de ahí fuera». Cada vez que describen la conversión de algún nuevo adepto los primeros biógrafos explican que el islam «entró en su corazón». En el siguiente capítulo examinaré con más detenimiento el papel del Corán y la experiencia de los primeros musulmanes que se convirtieron tras leer este texto, pero parece que la extraordinaria belleza del árabe recitado despertó sentimientos muy profundos y supo traducir los anhelos y aspiraciones subconscientes de quienes lo oían. Todos hemos pasado por una experiencia similar cuando un poema o una pieza musical parecen alejarnos temporalmente de nuestro ser y nos ofrecen indicios de otra realidad. La expresión de esta Palabra no fue una experiencia fácil para Mahoma. Las revelaciones continuaron llegando mientras él estaba inmerso en sus actividades cotidianas. Solía desvanecerse y sudaba abundantemente, incluso en días fríos. Otras fuentes afirman que sentía una enorme pesadez, una emoción similar a la aflicción y que escuchaba las palabras divinas con la cabeza metida entre las rodillas.

¿Quiénes fueron los primeros musulmanes? Jadija aceptó la verdad de las revelaciones desde el principio y la siguieron los familiares más cercanos de Mahoma: Ali, Zayd y las cuatro hijas del Profeta. Pero para profunda decepción de Mahoma, sus tíos Abu Talib, Abbas y Hamzah no mostraron ningún interés. Abu Talib le dijo que no era capaz de abandonar la religión de sus antepasados, expresando una reserva que muchos de los otros coraixíes sentían también. Mahoma era consciente de que, pese a tener raíces en la antigua tradición pagana, su revelación de Alá amenazaría a los coraixíes más conservadores, razón por la que trató de pasar inadvertido durante los tres primeros años de su misión. Pero Abu Talib sentía un gran respeto personal por Mahoma e, incluso cuando se volvió difícil hacerlo, continuó actuando como su protector oficial. Como jefe de los hachemíes, el apoyo de Abu Talib fue crucial para Mahoma: puede que el antiguo espíritu tribal estuviera desintegrándose, pero ningún individuo podía sobrevivir a menos que recibiera la protección de su clan.

Con todo, otros miembros de su familia sí aceptaron a Mahoma como su profeta, incluyendo al otro hijo de Abu Talib, Jafar, a su amigo intimo y primo Abdallah ibn Jahsh y a la hermana de éste, Zaynab, y a su hermano Ubaydallah. Éste era uno de los *hanifs* que habían estado buscando una forma alternativa de monoteísmo. Sin embargo, las esposas de Abbas y de Hamzah perdían la paciencia ante la falta de decisión de sus maridos: tanto Umm Fadl como Salamah se hicieron musulmanas, al igual que Asma, esposa de Jafar, y Safiyah bint Abd al-Muttalib, tía de Mahoma. Umm Ayman, la esclava liberada de Mahoma, también se unió a la secta: Umm Ayman era la pequeña esclava que Abdallah, el padre de Mahoma, le había dejado a Amina junto a los cinco camellos. Mahoma dijo de ella en cierta ocasión: «Quien se quiera casar con una mujer del pueblo del Paraíso, que se case con Umm Ayman».[24]

Estas palabras impresionaron profundamente a Zayd y éste le pidió a Mahoma la mano de Umm Ayman, pese a que ella era algunos años mayor que él. Umm Ayman aceptó y la pareja engendró a Usamah, primer nieto de Mahoma y uno de los primeros niños nacidos en el seno del islam.

Pero en los primeros tiempos Mahoma encontró a un gran aliado cuando su amigo Attiq ibn Uthman, a quien siempre se conoce por su *kunya* Abu Bakr, se convirtió al islam. Se cree que Mahoma dijo años más tarde: «Todos aquellos a los que he invitado a aceptar el islam han dado siempre muestras de renuencia, desconfianza y vacilación, excepto Abu Bakr. Cuando le hablé del islam no se contuvo ni vaciló».[25] Eran muy pocos los conversos que podían influir en La Meca, pero, tal y como afirma Ibn Ishaq, Abu Bakr

«era un hombre cuya compañía muchos deseaban, muy apreciado y de carácter amable. Sabía más acerca de la genealogía de los coraixíes que ningún otro, así como de sus faltas y sus méritos. Era un comerciante bondadoso y de elevados principios. Su gente solía acudir a él para discutir numerosos asuntos debido a sus amplios conocimientos, su experiencia comercial y su carácter sociable. Abu Bakr comenzó a llamar a Dios y al islam a todos aquellos en los que confiaba de entre los que acudían a él y se sentaban con él».[26]

Abu Bakr atrajo a muchos de los hombres más jóvenes de La Meca a la religión de Alá, incluyendo a algunos procedentes de los clanes más poderosos. Era conocido por su hábil interpretación de los sueños, por lo que cierto día Jalid ibn Said, hijo de un importante financiero de Abd Shams, acudió a él muy angustiado. Había soñado que estaba de pie al borde de un gran hoyo lleno de fuego y descubrió horrorizado que su padre intentaba empujarle para que cayera en su interior. Luego notó dos manos que le tomaban por la cintura y tiraban de él para salvarle. Al despertar, se dio la vuelta y vio que su salvador no era otro que Mahoma. El sueño, tal y como nos ha llegado, revela la vaga pero imperiosa sensación de peligro que experimentaban muchos de los hombres de la generación más joven. No tenían tan presentes las dificultades de la vida en el desierto y parece que el nuevo capitalismo no les complacía tanto como a sus padres, con los que mantenían un enfrentamiento soterrado. Mahoma estaba despertando emociones hasta entonces ocultas en aquellos jóvenes, quienes sentían muy vivamente el descontento que se había apoderado de La Meca. Jalid se hizo musulmán, pero ocultó su religión a su padre tanto tiempo como le fue posible.

Otro sueño relacionado con la conversión al islam ilustra el aspecto más positivo del impacto coránico. El joven y aristocrático comerciante Uthman ibn Affan, quien también era miembro del clan de Abd Shams, regresaba de un viaje de negocios a Siria cuando oyó en sueños una voz que gritaba en el desierto: «¡Que despierten los que duermen porque en verdad Ahman ha venido a La Meca!».[27] Esta voz impresionó y desconcertó a Uthman a un tiempo, pues apelaba a algo en su interior pese a que desconocía el significado de las palabras: la experiencia del *islâm* con frecuencia llevaba a los musulmanes a creer que se habían despertado después de un largo periodo de letargo. Sin embargo, al día siguiente se unió a Uthman en su viaje otro joven comerciante, Talhah ibn Ubaydallah de Taym, primo de Abu Bakr. Talhah también volvía de Siria y le dijo a Uthman que había conocido allí a un monje; éste le había hablado del profeta Ahmad que pronto se alzaría en el Hijaz, pero añadió la sorprendente noticia de que Ahmad era en realidad Mahoma ibn Abdallah, del clan de Hashim. Los dos jóvenes regresaron apresuradamente a La Meca y se dirigieron de inmediato a visitar a Abu Bakr.

El historiador mequí Ibn Shihan al-Zuhri, nacido unos cuarenta años después de la muerte de Mahoma y que dedicó su vida a estudiar los primeros años del islam, nos dice que el Profeta no tardó en alcanzar un éxito notable:

«El Mensajero de Dios (que Dios le bendiga y le ampare) llamaba a la gente al islam tanto en secreto como de forma abierta, y allí le respondieron los que quisieron de los hombres jóvenes *[ar-dath-ar-rijal]* y de los débiles *[du'afar ar-nas]*, de modo que los que creían en él eran numerosos, y los coraixíes no creyentes no criticaron lo que dijo. Cuando pasaba por su lado, mientras estaban sentados en grupos, le señalaban diciendo: "Por ahí va el joven del clan de Abd al-Muttalib que habla del cielo"».[28]

Ibn Ishaq también confirma este éxito temprano,[29] pero al-Zuhri deja claro que los primeros conversos procedían de dos grupos bien definidos: los jóvenes y los «débiles». En la nueva secta había algunas personas singularmente desfavorecidas, quienes sin duda se sintieron atraídas por sus enseñanzas sociales y acabaron convirtiéndose en figuras importantes del islam. Entre ellas estaban Abdallah ibn Masud, un pastor que poseía un talento especial para memorizar las nuevas revelaciones a medida que se producían y por ello se convirtió en uno de los más fidedignos entre los primeros recitadores del Corán; Jabbab ibn al-Aratt, un herrero y espadero; los dos libertos Suhayb ibn Sinan y Ammar ibn Yasir, quienes fueron adoptados como confederados por el poderoso clan de Majzum; y un grupo de esclavos –hombres y mujeres– cuyo miembro más famoso era el abisinio Bilal, quien se convertiría en el primer muecín que llamó a los fieles a la oración.

Pero no todos los débiles estaban en la miseria. Éste era un término tribal que se refería al prestigio social de los distintos clanes. Cuando Mahoma inició su misión los clanes de los coraixíes estaban divididos en tres grandes grupos, que W. Montgomery ha dividido de la siguiente manera:

A	B	C
Hashim	Abd Shams	Majzum
al-Muttalib	Nawfal	Sahm
Zuhrah	Asad	Jumah
Taym	Amir	Abd ad-Dar
al-Harith ibn Fihr		
Adi		

Todos los clanes del grupo A pertenecían al antiguo Hilf al-Fudul y eran los clanes más débiles de la ciudad, a excepción de Adi, cuya situación había empeorado recientemente, y Asad (el clan de Jadija), que se había hecho más fuerte. Casi todos los primeros conversos de Mahoma procedían del grupo A. Abu Bakr y Talhah, por ejemplo, eran ambos miembros de Tayn; el joven y prometedor mercader Abd al Kaaba (cuyo nombre pasaría a ser Abd al-Rahman) era miembro del clan de Zuhrah. Los miembros de estos clanes débiles podían haber triunfado personalmente –Abu Bakr, por ejemplo, era un hombre rico–, pero el reducido poder de sus clanes los obligaba a ocupar un lugar secundario en la ciudad. Como veremos, la mayoría de los enemigos más encarnizados de Mahoma procedían de los clanes más poderosos de los grupos B y C y estaban más que satisfechos con el statu quo. Pero puede que algunos de los conversos de Mahoma procedentes de los clanes importantes –como Jalid y Uthman– pensaran que no podían ocupar un lugar en los estratos más altos y se dieran cuenta de que se estaba abriendo una brecha entre los más poderosos y los árabes de segunda fila. Todas estas jerarquías, injusticias y divisiones eran ajenas al espítitu árabe, por lo que estos hombres abrazaron el mensaje de Mahoma. Por consiguiente, el islam comenzó siendo un movimiento de hombres jóvenes y de individuos que se sentían forzados a ocupar un lugar secundario en la ciudad de La Meca.

No cabía duda de que se avecinaba un conflicto, y pronto resultó evidente que el islam estaba empezando a dividir a muchas familias. En lugar de frenar la desunión de los coraixíes el islam pareció empeorar la situación desde que Mahoma comenzó a predicar de forma más pública y abierta. En el 615, unos tres años después de iniciar su misión, Mahoma recibió una revelación que le exhortaba a declararse abiertamente a todos los miembros de su clan y a invitarles a convertirse al islam.[30] Al principio se creyó incapaz de desempeñar este cometido, pero siguió adelante e invitó a los cuarenta hombres principales de Hashim a una modesta comida. El exiguo ágape era en sí un mensaje: Mahoma se había vuelto muy crítico con la ostentosa hospitalidad que prodigaban los árabes para exhibir su poder, pues le recordaba la presuntuosidad de antaño.[31] Años más tarde, Ali, uno de los que sirvieron la comida, la describió como si se tratara del milagro de los cinco panes y los peces: pese a que sólo había alimentos suficientes para una persona, todos comieron hasta saciarse.

Al final de la comida, mientras explicaba los principios de su revelación, Mahoma fue interrumpido con descortesía por Abu Lahab, hermanastro de Abu Talib, y la reunión se suspendió. Mahoma tuvo que invitarles a todos de nuevo al día siguiente. Una vez más, les explicó el islam y al final les suplicó que se unieran a él:

«Oh, hijos de Abd al-Muttalib, no conozco a ningún árabe que haya acudido a su pueblo con un mensaje más noble que el mío. Os he traído lo mejor de este mundo y del venidero. Dios me ha ordenado que os llame a Él. Así que, ¿quiénes de vosotros cooperaréis conmigo en esta aventura? ¿Está entre vosotros mi hermano, mi albacea y mi sucesor?».

Se produjo un incómodo silencio: ni siquiera Abu Talib o los coetáneos de Mahoma, Abbas y Hamzah, pronunciaron una sola palabra. Finalmente Ali no lo pudo soportar más y, pese a ser un adolescente falto de aplomo, habló ante todos ellos:

«Yo, pese a ser el más joven, legañoso, de cuerpo más gordo y piernas más delgadas, dije: "Oh, Profeta de Dios, seré tu ayudante en esta cuestión". Él puso su mano sobre mi nuca y dijo: "Éste es mi hermano, mi albacea y mi sucesor entre vosotros. Escuchadle y obedecedle"».

Al oír estas palabras los hombres se levantaron para irse, gritándole jovialmente a Abu Talib: «¡Te ha ordenado que escuches a tu hijo y que le obedezcas!».[32]

Pese a que, en general, la gente parecía dispuesta a colaborar con él, Mahoma estaba dividiendo a las familias. Abu al-As ibn Rabi, el sobrino de Jadija, perteneciente al clan de Abd Shams, se había casado con la hija mayor de Mahoma, Zaynab, pero no se había convertido al islam y su clan estaba intentando persuadirle para que se divorciara de ella. Pero Abu al-As y Zaynab se amaban, por lo que el primero respondió con firmeza a los miembros de su clan que no pensaba repudiarla pese a que no podía seguirla en la nueva fe. En la familia de Jadija, el islam estaba empezando a causar otras profundas divisiones: su hermanastro Nawfal ibn Juwaylid parecía oponerse rotundamente al islam, pero su hijo Aswad se hizo musulmán; su sobrino Hakim ibn Hizam continuó sintiendo afecto por Jadija pero no se convirtió al islam, pese a que su hermano Jalid sí lo hizo. Abu Bakr tenía problemas similares. Su esposa, Umm Ruman, le siguió a la religión de Alá junto a los dos hijos de Abu Bakr, Abdallah y Asma, pero Abd al-Kaaba, el hijo de ambos, se oponía a ella con vehemencia. Como hiciera

Jesús, Mahoma parecía estar volviendo a padres contra hijos y a hermanos contra hermanos, además de socavar los vínculos, deberes y jerarquías básicas de la vida familiar. Este problema no tardó en agravarse aún más.

¿Por qué algunos encontraban inaceptable el mensaje de Mahoma en aquellos primeros años? Nadie parece haber criticado sus enseñanzas sociales, pese a que los clanes más poderosos se oponían a su mensaje: un individuo podía ser egoísta y avaricioso, pero ello no le convertía en defensor del egoísmo y el materialismo. Según los textos del Corán, al parecer casi todas las primeras críticas se centraban en el concepto del Juicio Final, que Mahoma había tomado de la tradición judeocristiana. Este concepto, que estaba ocupando gradualmente un lugar más relevante en las revelaciones, hacía hincapié en el destino eterno del individuo, cuyas acciones tienen una importancia crucial. El simbolismo del Juicio reforzó la idea de la responsabilidad individual frente a la responsabilidad meramente comunitaria y proporcionó a los árabes un motivo y un incentivo para adquirir y fomentar el nuevo espíritu. El Corán advierte a los coraixíes que en el último día su riqueza y el poder de su clan, del que dependían muchos de sus miembros, no les servirían de nada; a todos y cada uno de ellos se les preguntaría por qué no habían cuidado de los huérfanos o asistido a los pobres. ¿Por qué habían acumulado fortunas personales de forma egoísta y no habían compartido su riqueza con los miembros más vulnerables de la tribu? Ésta era obviamente una idea amenazadora para los adinerados coraixíes, quienes no pensaban tomarse demasiado en serio esta ideología igualitaria, pese a que quizá supieran a un nivel subconsciente que su conducta violaba las tradiciones de sus antepasados. Resultaba más fácil burlarse de la idea de un Juicio Final: no eran más que «cuentos de hadas de los antiguos»,[33] o un mero engaño.[34] ¿Cómo podían volver a la vida cuerpos que se habían podrido bajo tierra? ¿Hablaba en serio Mahoma cuando decía que sus antepasados, muertos muchos años atrás, también se levantarían de la tumba?[35] Los coraixíes se aferraban a la antigua creencia árabe de que no existía vida después de la muerte, pero el Corán señala que no se puede probar dicha afirmación: es una mera especulación humana *(zanna)*.[36]

El Corán también señala que estas objeciones están inspiradas en la culpabilidad y el materialismo, que han embotado la percepción de la gente. Los que niegan la realidad del Juicio son aquellos que saben que su conducta social es reprobable.[37] Parece que muchos de los pasajes que describen las señales fueron concebidos para responder a algunas de estas objeciones: si Dios pudo crear a un ser humano a partir de una gota de semen –una maravilla que el Corán no puede dejar de alabar– así como las restantes maravillas del mundo, ¿por qué no podría hacer resucitar a un muerto?

¿No ha visto el hombre que Nos le hemos creado a partir de una *gota* de esperma? Hele aquí convertido en un adversario declarado.

Nos ha propuesto una parábola, pero ha olvidado su creación. Ha dicho: «¿Quién resucitará los huesos, si están carcomidos?».

Responde: «Los resucitará Quien los ha creado por primera vez –Él es omnisciente por encima de toda criatura–,

Quien pone el fuego en el árbol verde cuando vosotros *lo encendéis*».

¿Acaso Quien ha creado los cielos y la tierra no tiene poder para crear *otros seres* semejantes a vosotros? ¡Sí! Él es el Creador, el Omnisciente.

Cuando quiere una cosa, su Orden consiste en decir: «¡Sé!», y es.

¡Gloria a Dios. Quien tiene en su mano el señorío de toda cosa! A Él seréis devueltos.[38]

El propio Juicio Final se convirtió en una imagen impactante del Retorno final a Dios, su creador, su sustentación y su origen, que todos los seres emprenderán con el tiempo.

Pero a pesar de estas objeciones, parece que Mahoma tuvo bastante éxito en los primeros años de su misión. En un momento dado parecía que fuera a ganarse a toda la gente de su tribu a la religión reformada de Alá, pero en el año 616 se produjo una crisis. Hasta aquel momento Mahoma no había mencionado a las otras deidades árabes. Probablemente, muchos de los coraixíes daban por sentado que podían seguir venerando a Lat, Uzza y Mana a la manera tradicional. No parece que Mahoma hubiera recalcado el aspecto monoteísta de su revelación, pero finalmente se vio obligado a hacerlo. Al prohibir a sus conversos adorar a las *banat al-llah* el Profeta se encontró con que la mayoría de sus seguidores lo abandonaban, y que el Corán estaba a punto de dividir a la tribu de los Coraix.

6
Los Versos Satánicos

La primera señal de que se avecinaban problemas surgió cuando menos se esperaba. Algunos de los coraixíes siguieron a un grupo de musulmanes hasta los cañizales de La Meca y los atacaron mientras realizaban allí el *salat*. Los musulmanes se defendieron, con lo que se derramó la primera sangre en nombre del islam cuando el primo de Mahoma, Sad ibn Abu Waqqas, hirió a uno de sus asaltantes con la quijada de un camello. Es probable que este incidente horrorizara a todos los habitantes de La Meca. Los coraixíes eran generalmente un pueblo tolerante, pero tan pronto como Mahoma prohibió el culto a las antiguas deidades de Arabia un abismo de sospecha y de odio se abrió de repente entre la mayoría coraixí y la comunidad musulmana. Tal y como dice Ibn Ishaq:

«Cuando el apóstol predicó de forma abierta el islam tal y como Dios le había ordenado, su pueblo no se alejó ni se volvió en contra de él, por lo que he oído, hasta que habló en tono desdeñoso de sus dioses. Cuando lo hizo se ofendieron sobremanera y resolvieron por unanimidad tratarle como a un enemigo, excepto aquellos a los que Dios había protegido por el islam de tal mal, aunque formaban una minoría despreciada».[1]

Pero ¿por qué se ofendieron tanto los coraixíes? Algunos ya se habían acercado a la visión monoteísta al considerar que el judaísmo y el cristianismo eran superiores al antiguo paganismo árabe. El culto de las Hijas de Dios *(banat al-Llah)* estaba restringido principalmente a algunos santuarios en Taif, Najla y Qudayd y debía de tener una importancia menor en la vida religiosa de La Meca. Es cierto que algunos de los coraixíes temían ofender a las tribus beduinas, que ya habían echado de La Meca a tribus guardianas de la Kaaba por su impiedad, pero el problema era más profundo. El Corán nos revela que todos los hombres importantes de la ciudad hicieron causa común de forma instintiva contra Mahoma, al que declararon enemigo del pueblo. El concepto de que sólo había un Dios constituía una innovación extraordinaria, exclamaron; el culto a las *banat al-Llah* era un deber sagrado, que unía a todo el pueblo de Arabia.[2]

Cuando Mahoma invitó a Abu Talib a hacerse musulmán, éste dijo que no podía abandonar la fe de sus antepasados. Nos es difícil apreciar tal devoción instintiva al pasado porque nuestra sociedad moderna ha institucionalizado el cambio y esperamos un progreso continuo. Apreciamos la originalidad y no nos ofenderíamos como se ofendió Mahoma si nos acusaran de innovadores.[3] Pero en sociedades más tradicionales la continuidad con el pasado constituye un valor sagrado. La clase de cambio que damos por sentada exige una revisión constante de la infraestructura que ninguna sociedad anterior a la nuestra podía permitirse. La religión a menudo tenía carácter de tratado en ciertas sociedades premodernas. La civilización y la cultura suelen ser vistas como logros precarios a los que no hay que amenazar gratuitamente insultando a los dioses patronales, de modo que las innovaciones se suelen restringir a una pequeña elite: el destino de Sócrates, quien fue sentenciado a muerte en Atenas en el año 399 a.C., demuestra que podía ser peligroso dar rienda suelta a un espíritu indagador. Sócrates fue sentenciado por blasfemar y corromper a la juventud. Mahoma tuvo que afrontar acusaciones similares y escapó por muy poco a la muerte.

Al exigir a los habitantes de La Meca que adoraran sólo a Alá y abandonaran el culto a los otros dioses, Mahoma les estaba pidiendo que adoptaran una actitud religiosa completamente nueva, difícil de aceptar para muchos miembros de su tribu. Hemos visto que el credo monoteísta no exigía tan sólo un asenso intelectual, sino un cambio de mentalidad. La exigencia del Profeta inspiró un profundo temor porque amenazaba rituales sagrados de los que se creía que dependía la supervivencia de la sociedad. Los primeros cristianos pasaron por una experiencia similar en el Imperio romano, donde el «progreso» no se veía como una marcha intrépida hacia el futuro sino como un retorno a un pasado idealizado. Los dioses paganos de Roma eran considerados los guardianes del Estado: si no se observaba su culto dichos dioses retirarían su protección. Esto no significa que el paganismo romano fuera una fe intrínsecamente intolerante: mientras los nuevos dioses no reemplazaran a las deidades ancestrales de los romanos, sus devotos podían tener plena libertad religiosa. Siempre había cabida para un nuevo culto y la gente a menudo pertenecía a distintas sectas. La conversión radical a una religión y el rechazo de las restantes era algo insólito. Si bien era cierto que los judíos adoraban a un solo Dios y condenaban la idolatría, todo el mundo sabía que el judaísmo era una religión antiquísima y por consiguiente muy apreciada. Los cristianos podrían disfrutar de la misma tolerancia que los judíos siempre que se les considerara miembros de la sinagoga, pero cuando dejaron claro que no observaban la antigua Ley judía se les acusó de impiedad –falta de respeto hacia la fe originaria– y ateísmo, porque se negaban a adorar a los dioses de Roma. Al negarse a reconocer a estas deidades paganas, los cristianos violaron un tabú: la gente creía que causarían una catástrofe, y para prevenirla los emperadores sucesivos ordenaron su persecución. Los horribles sufrimientos de los mártires mostraron cuán profundamente amenazaban al espíritu romano; sus cuerpos destrozados eran un sacrificio a los dioses y una demostración de que el pueblo no aprobaba este «ateísmo».

Si esto sucedía en el poderoso Imperio romano, resulta fácil comprender que los coraixíes se sintieran profundamente perturbados por el ateísmo de Mahoma, tras haberse negado éste a reconocer a las antiguas diosas. La vida nómada había sido conservadora precisamente porque era precaria. A nadie se le habría ocurrido atacar las costumbres tradicionales para encontrar una nueva ruta hasta las fuentes ancestrales. Los coraixíes sólo llevaban dos generaciones lejos de las estepas y sin duda creían que su triunfo mercantil era frágil, pese a su tan alardeada autosuficiencia. Al igual que hicieran los romanos, valoraban la continuidad con el pasado y creían que su éxito se basaba en un respeto devoto a las tradiciones de sus antepasados. Por tanto, en el Corán y en las primeras fuentes Mahoma es acusado constantemente por sus enemigos de ser un peligro para la sociedad, de haber abandonado la religión de sus antepasados y de defender el ateísmo; eran unas emociones muy similares a las que enfurecieron y aterrorizaron a las multitudes que acudían a los circos romanos.

Algunos de los primeros apologistas cristianos intentaron acercarse a los paganos para demostrar que su religión no era una innovación blasfema: Justino, el celebrado teólogo de Palestina, escribió dos *apologiae* (hacia 150 y 155) para probar que los cristianos seguían los pasos de Platón y otros filósofos venerados que habían creído en un único Dios. El Corán también hace referencia a un momento en que, al parecer, Mahoma intentó acercarse a los coraixíes para apaciguar sus miedos con la esperanza de entablar nuevamente relaciones de amistad. Dios recuerda lo siguiente a Mahoma:

> *Los impíos* casi te han tentado y *te han apartado* de aquello que te habíamos inspirado para que ideases algo contra Nos. *Si lo hubieses hecho,* te hubiesen tomado por amigo íntimo.
> Si no te hubiésemos confirmado, casi les hubieras seguido un poquito.[4]

En Occidente, algunos estudiosos han dado por sentado que estas palabras se refieren al ahora tristemente célebre incidente de los llamados «Versos Satánicos», cuando, según dicen, Mahoma hizo una concesión pasajera al politeísmo.

El relato, tal y como aparece en las crónicas de Ibn Sad y Tabari, afirma que en cierta ocasión Satanás interfirió en la recepción de la divina Palabra por parte de Mahoma. Mientras la sura 53 le era revelada, de acuerdo con esta tradición, Mahoma se sintió inspirado a recitar dos versículos que declaraban que las tres diosas Lat, Uzza y Mana podían ser veneradas como intermediarias entre Dios y los hombres. Pero dado que consideraban a las *banat al-Llah* seres divinos, los coraixíes creyeron equivocadamente que el Corán las situaba al mismo nivel que el mismo Dios. Pensando que Mahoma había aceptado que sus diosas tuvieran la misma categoría que Alá, los paganos coraixíes accedieron a realizar el *salat* junto a los musulmanes y la agria disputa pareció desvanecerse. Puesto que el Corán parecía haber refrendado la devoción de sus antepasados y haber abandonado su mensaje monoteísta, ya no veían al islam como una amenaza sacrílega que podría provocar una catástrofe para el pueblo de La Meca. Sin embargo, la historia no acabó así; más tarde Mahoma recibió otra revelación, según la cual esta aceptación aparente del culto a las *banat al-Llah* había estado inspirada por Satanás. Por consiguiente, los dos versículos fueron suprimidos del Corán y reemplazados por otros que declaraban que las tres diosas eran producto de la imaginación de los árabes y no merecían ningún tipo de culto.

Tenemos que dejar claro que muchos musulmanes consideran apócrifo este relato. Señalan que no existe una referencia clara sobre el tema en el Corán y que Ibn Ishaq no lo menciona en el primer y más fidedigno relato de la vida de Mahoma, ni en las grandes recopilaciones de tradiciones *(ahadiz)* sobre Mahoma que fueron compiladas en el siglo IX por Bujari y Muslim. Los musulmanes no rechazan algunas tradiciones simplemente porque pueda hacerse una interpretación crítica de ellas, sino porque no están lo suficientemente atestiguadas. Los enemigos occidentales de un mal entendido islam, sin embargo, han aprovechado este relato para ilustrar la manifiesta insinceridad de Mahoma: ¿cómo podía ser un auténtico profeta un hombre que cambió la palabra divina a su antojo? Sin duda un profeta auténtico sería capaz de distinguir entre inspiración divina e inspiración satánica. ¿Estaría dispuesto un hombre de Dios a cambiar su revelación sólo para atraer a más conversos? Recientemente, sin embargo, estudiosos como Maxime Rodinson y W. Montgomery Watt han intentado demostrar que no es preciso hacer una interpretación tan negativa de esta historia, incluso tal y como nos ha llegado. No obstante, el incidente tuvo una importancia mucho mayor en el mundo occidental que en el islámico, al menos hasta 1988.

Desde el conflicto ocasionado por la novela de Salman Rushdie *Los versos satánicos*, que fue publicada en dicho año, la historia ha adquirido un nuevo significado. Los musulmanes han protestado porque la novela incluye una parodia de la vida de Mahoma: repite todos los antiguos mitos occidentales acerca del Profeta y lo presenta como a un impostor con ambiciones puramente políticas, un hombre libidinoso que se valió de sus revelaciones para tener a tantas mujeres como quisiera, e indica que sus primeros compañeros eran gentes despreciables e inhumanas. Ante todo, a los musulmanes les duele profundamente que el libro denigre la integridad del Corán. Consideran que Rushdie ha elegido el incidente de los Versos Satánicos, que da título a la novela, para demostrar que el libro sagrado de los musulmanes no puede distinguir entre el bien y el mal y, como siempre han mantenido los críticos occidentales, para afirmar que inspiraciones puramente humanas o incluso malévolas son la voluntad de Dios.

Muchos de los defensores más elocuentes de Rushdie declararon que el islam era una religión que vetaba el saber y la libertad artística, pese a que los primeros musulmanes fundaron una gran civilización de enorme belleza y establecieron una tradición filosófica racionalista que sirvió de inspiración a muchos estudiosos en el Occidente medieval. Los retratos fantasiosos que Rushdie hace del Profeta y de sus primeros compañeros no se presentan, por supuesto, como hechos, sino como visiones de uno de los personajes que sufre un ataque psicótico. Gibreel Farishta, un actor de cine indio que ha perdido sus raíces culturales, interioriza y hace suyas las imágenes de odio y desprecio que durante casi mil años se han promovido en el mundo occidental, al que ha intentado adaptarse.

Puesto que este conflicto reciente entre Occidente y el mundo musulmán ha reabierto antiguas heridas, es importante aclarar en qué consistió con exactitud el incidente de los Versos Satánicos, si es que realmente sucedió. ¿Estaba dispuesto Mahoma a poner en peligro su mensaje monoteísta para atraer a más conversos? ¿Estuvo el Corán marcado por la influencia del mal absoluto, aunque fuera durante un breve periodo? En su contexto, podemos ver que, tal y como han argumentado tanto Rodinson como Watt, el relato no presenta a Mahoma como a un impostor cínico. Cuando leemos a Tabari, quien ofrece dos versiones diferentes de lo sucedido en su historia y en sus comentarios al Corán, vemos que ha tomado en consideración las circunstancias de la ruptura definitiva de Mahoma con los coraixíes. Al igual que hiciera Ibn Ishaq, Tabari afirma que en un principio los coraixíes estuvieron dispuestos a aceptar el mensaje de Mahoma. Cita una tradición temprana de un tal Urwah ibn al-Zubayr, un pariente lejano de Mahoma que escribió unos setenta años después de su muerte, quien hace hincapié en el éxito inicial del Profeta. Al principio, asegura Urwah, los coraixíes no se apartaron de Mahoma «sino que casi lo escucharon». Siempre que predicara el culto a Alá, con su compromiso para con los pobres y los necesitados, todos los habitantes de La Meca habrían estado dispuestos a aceptar este culto reformado al antiguo Dios supremo. Pero tras afirmar que el culto a Alá debía excluir la devoción por los restantes dioses ancestrales, dice Urwah, los coraixíes «lo rechazaron con vehemencia, mostrando su desaprobación por lo que decía, y se alzaron contra él los que antes le habían seguido, excepto aquellos a los que Dios protegió, quienes formaban un número reducido». De la noche a la mañana, el islam se convirtió en una secta minoritaria despreciada por casi todos. Urwah añade un detalle interesante: nos dice que los primeros coraixíes que se alzaron contra Mahoma fueron aquellos que tenían propiedades en Taif, la ciudad de Lat.[5]

A muchos de los coraixíes les gustaba escaparse a Taif para dejar atrás el calor abrasador de La Meca y tenían casas de verano en la ciudad de Lat, que se encontraba en una parte más fresca y fértil del Hijaz. El templo de la diosa debía de ser importante para ellos porque allí realizaban sus ritos mientras estaban lejos de la Kaaba. Cuando Mahoma prohibió a su tribu adorar a Lat puede que les invadiera la angustia y el temor de ver peligrar su situación en Taif. Tabari cita la tradición de cierto Abu al-Aliya para indicar que los coraixíes estaban lo suficientemente preocupados como para intentar llegar a un acuerdo con Mahoma: si prometía hacer algún comentario conciliador acerca de las tres *banat al-Llah*, según esta tradición, los coraixíes lo admitirían en los círculos de poder de La Meca. Por consiguiente, se dice que Mahoma recitó los dos versos en alabanza de Lat, Uzza y Mana como intercesoras válidas, y hasta más tarde no cayó en la cuenta de que sus palabras habían estado inspiradas por Satanás.[6] Pero esta historia no concuerda con otras tradiciones ni con el propio Corán. Debemos recordar que un historiador musulmán como Tabari no comparte necesariamente todas las tradiciones que reseña: espera que el lector las compare con otras y que tome sus propias conclusiones acerca de su validez. En esta fase tan temprana de su misión profética Mahoma no estaba interesado en el poder político, de modo que esta historia, tal y como la narra Abu al-Aliyah, no parece muy probable. El Corán, como hemos visto, niega que Mahoma tuviera una función política en La Meca hacia esta época; algún tiempo después el Profeta rechazaría de plano tratos similares con los coraixíes más influyentes.

En su historia, Tabari también incluye una tradición que ofrece una versión muy distinta del relato. Nos muestra a Mahoma reflexionando profundamente para hallar una solución al conflicto con los coraixíes que tanto lo angustiaba. No había introducido una referencia favorable a las *banat al-Llah* a fin de obtener ventajas materiales, tal y como indica la otra versión de la historia. Tabari explica que Mahoma estaba buscando una solución auténticamente creativa que reconciliara a los coraixíes con su mensaje monoteísta:

> «Cuando el apóstol vio que sus gentes le habían dado la espalda se sintió afligido por su alejamiento de lo que les había traído de Dios y ansió que Dios le enviara un mensaje que le reconciliara con su pueblo. Debido a su amor por sus gentes y a su preocupación por ellas le hubiera complacido sobremanera poder eliminar el obstáculo que tanto dificultaba su tarea; por tanto, meditó sobre el proyecto con la esperanza de que se realizara, pues le era muy querido».[7]

Cierto día, afirma Tabari, mientras meditaba en la Kaaba, la respuesta pareció llegarle en una revelación que asignaba un lugar a las tres diosas sin comprometer su visión monoteísta. Muchos de los coraixíes estaban sentados en la Kaaba cuando fue revelada la sura 53. Todos se incorporaron y escucharon atentamente cuando Mahoma comenzó a recitar estas palabras:

> ¿Habéis visto a Lat, Uzza
> y Mana, la otra tercera?[8]

Cualquier mensaje pronunciado por Mahoma acerca de las *banat al-Llah* podía tener consecuencias trascendentales. ¿Iba a mostrarles que el Corán rechazaba de plano su culto o emitiría un mensaje más positivo acerca de las diosas? Fue en este momento, apunta Tabari, cuando Satanás puso en su boca palabras similares a estos dos versos:

> éstas son las aves excelsas *[gharaniq]*
> cuya intercesión se espera.

De acuerdo con esta versión de la historia, a los coraixíes los llenó de alegría la nueva revelación. Las *gharaniq* eran probablemente grullas numídicas, de las que se creía que volaban más alto que ninguna otra ave. Mahoma, quien puede que creyera en la existencia de las *banat al-Llah* como creía en la existencia de los ángeles y los *jinn*, había dedicado a las diosas un delicado cumplido, sin comprometer su mensaje. Las *gharaniq* no estaban al mismo nivel que Alá –nadie había sugerido que lo estuvieran–, pero, al encontrarse a medio camino entre el cielo y la tierra, podrían actuar de intermediarias válidas entre Dios y los hombres como hacen los ángeles, cuya intercesión es aprobada en los versículos siguientes de la sura 53.[9] Los coraixíes difundieron las buenas noticias por toda la ciudad: «Mahoma ha hablado maravillas de nuestras diosas. Ha afirmado en sus recitaciones que son las *gharaniq* excelsas, cuya intercesión se espera».[10]

Es posible que aquellos que han crecido en el mundo cristiano interpreten mal la palabra «Satanás» tal y como se hace referencia a ella en este incidente. En el mundo cristiano, Satanás se convirtió en un personaje de monstruosa maldad, pero en el Corán –al igual que en las Escrituras judías– es un personaje mucho más dúctil. Al relatar su caída en desgracia el Corán afirma que, cuando hubo creado a la humanidad, Dios ordenó a todos los ángeles que se postraran ante Adán, pero el Shaitan (o Iblis, como se le suele llamar en una arabización del término griego *diabolos)* se negó a hacerlo y fue expulsado de la presencia divina. El Corán no considera esta negativa como el pecado original y absoluto, sino que indica que Satanás será perdonado en el Último Día.[11] Algunos sufíes incluso llegaron a afirmar que Satanás había amado a Dios más que los otros ángeles, porque se había negado a honrar a una mera criatura con la obediencia que sólo Dios merecía. El controvertido incidente de los Versos Satánicos, por consiguiente, no implica que una maldad real empañara el mensaje coránico siquiera por un momento. El islam no se adhiere a la doctrina de la caída en el sentido cristiano. Nos dice que Adán sucumbió a las tentaciones de Satanás, pero su ejercicio de libre albedrío fue visto por los musulmanes, así como por la mayoría de los judíos, como una fase necesaria del desarrollo humano. Adán se convertiría en el primero de los grandes profetas pese a su pecado y pese a ser culpable de un error «satánico», mientras que el Shaitan nunca se convirtió en el destructor de la humanidad. Deberíamos tener en cuenta esta distinción lingüística cuando oigamos a algunos musulmanes referirse a Estados Unidos en la actualidad como «el Gran Satán». En el shiísmo popular, el Shaitan se considera un ser ridículo e insignificante que prefería el oropel a los auténticos dones del espíritu. En la época del Sha, muchos iraníes veían a Estados Unidos como «el Gran Trivializador», que intentaba tentar a sus gentes para llevarlas por el mal camino del materialismo decadente.[12]

Más tarde veremos que los coraixíes le pidieron a Mahoma que aceptara una solución monólatra: él podría adorar sólo a Alá, mientras que ellos adorarían tanto a sus deidades ancestrales como al Dios supremo. Pero Mahoma siempre se negó a aceptar esta solución. En la historia que ha conservado Tabari, Mahoma sustituyó los mal llamados Versos Satánicos por una rotunda negación de la existencia de estas diosas. Según la tradición, cierta noche Gabriel acudió al Profeta y le preguntó: «¿Qué has hecho, Mahoma? Has recitado a estas gentes algo que no te traje de Dios y has dicho lo que Él no te dijo».[13] Llegaron nuevos versículos que desestimaban a las *banat al-Llah* como «meros nombres». Las diosas eran invenciones humanas y no hubo revelación divina sobre ellas:

> Esto no son más que nombres que, vosotros y vuestros padres, les habéis dado. Dios no ha hecho descender poder ninguno en ellas. Siguieron la conjetura y lo que *sus* almas deseaban, mientras, procedente de su Señor, les había llegado la dirección.[14]

Ésta es la más radical de todas las denigraciones coránicas de las diosas, y después de la inclusión de este versículo en el Corán no podían surgir más dudas acerca de un acuerdo con los coraixíes.

Incluso tal y como aparece en la historia de Tabari, el relato sobre los Versos Satánicos no implica una solución cínica por parte de Mahoma. De acuerdo con la tradición, cuando se enteró de que los versos que había pronunciado estaban inspirados por el Shaitan, Mahoma quedó desolado. Pero, afirma Tabari, Dios le reconfortó de inmediato enviándole una revelación según la cual todos los profetas anteriores habían cometido «errores satánicos» similares. El problema tenía solución, porque Dios siempre respondía enviando nuevos versículos muy superiores a los que era preciso rechazar. Aquí el Corán reconoce los riesgos que entraña el concepto «revelación»:

Antes de ti no hemos mandado a ningún enviado ni Profeta sin que el Demonio echase el *pecado* en su deseo cuando lo deseaban, pero dios borra lo que echa el Demonio y a continuación corrobora sus aleyas.[15]

Adán, el primer profeta, se dejó llevar, como hemos visto, por una sugerencia de Satanás; los posteriores mensajeros también incluyeron Versos Satánicos cuando transmitían la palabra de Dios a sus pueblos, lo cual no significaba que sus escrituras estuvieran contaminadas por influencias malignas. Los árabes solían emplear la palabra *shaitan* para referirse a un tentador puramente humano. Hemos visto cuánto le costaba a Mahoma interpretar correctamente las revelaciones: era muy posible confundir el trasfondo de la inspiración con una idea propia, o expresarla con las palabras equivocadas. Pero esto, por supuesto, no le daba licencia para retocar el Corán a su conveniencia. El Corán deja claro que ningún mortal puede cambiar las palabras sagradas, y que si Mahoma tomaba alguna vez tal iniciativa las consecuencias serían terribles.[16] Durante el periodo en que revelaba su mensaje divino a un profeta determinado, Dios podía enmendar las escrituras. Desde una perspectiva humana, podemos afirmar que Mahoma se sintió inspirado en todo momento mientras transmitía el Corán a los árabes. La revelación fue progresiva y Mahoma vio a veces nuevas implicaciones en su mensaje que matizaban ciertas afirmaciones previas.

Fue entonces cuando el mensaje de Mahoma adquirió un nuevo énfasis, que presentaba la unidad divina como la parte más importante de la revelación. A partir de aquel momento el Profeta se convertiría en un celoso monoteísta.

En épocas recientes hemos comenzado a apreciar la belleza del paganismo tradicional con sus muchas deidades, así como el modo sincero y valiente con que se enfrenta a la tragedia y al sufrimiento, rechazando el lujo de una solución definitiva. En comparación, el monoteísmo puede parecer monolítico y haber sido el causante de todo tipo de problemas filosóficos. Si el panteón pagano demostró que existían diversas maneras de enfocar la eternidad, la insistencia monoteísta en que hay un solo Dios parece intolerante y no permite diferentes visiones. Pero, al parecer, el politeísmo pertenece a una fase en la evolución de la raza humana en la que la conciencia no estaba completamente consolidada, y tanto el mundo como el cosmos contenían distintos elementos que no estaban siempre en perfecta armonía. Cuando los hombres y las mujeres comienzan a comprender que constituyen una unidad indisoluble y cuando el universo parece haberse convertido en una única entidad, gobernada por una fuerza común, la gente empieza a dirigirse hacia la solución monoteísta. Los antiguos dioses se convierten en meros aspectos del ser o de la realidad última o –en términos teístas tradicionales– en meros atributos divinos.

Podemos apreciar este cambio en el Bajo Imperio romano. La experiencia de vivir dentro de una entidad política gigantesca ayudó a la gente a ver el mundo conocido como un todo unitario: los dioses y los cultos locales ligados a una zona determinada parecían ahora inadecuados. Cada vez eran más numerosos los individuos que habían comenzado a ver que Dios era en cierta manera Uno, como enseñaron los grandes filósofos griegos. Pero, tal y como hemos visto, fue una transición dolorosa. Inevitablemente, algunos estaban más preparados para el cambio radical a una religión monoteísta que otros, y el paganismo floreció durante mucho tiempo después de que el cristianismo se convirtiera en la religión estatal oficial del imperio a principios del siglo IV. La particular solución monoteísta obligaba a la gente a rechazar con firmeza el pasado sagrado, y a algunos les afectó profundamente esta ruptura de la continuidad. En Arabia se produjo una crisis similar a principios del siglo VII. El ámbito político había influido en la psicología espiritual y personal de los árabes: estaban rodeados por grandes imperios y eran conscientes de la existencia de un mundo unificado fuera de Arabia Deserta. Comenzaban a verse a sí mismos como individuos, con derechos y responsabilidades inalienables, lo cual significaba que empezaban a tener conciencia propia. El antiguo sistema tribal –según el cual cada tribu actuaba de forma independiente– cada vez se adaptaba menos a las circunstancias de la modernidad. La historia de los *hanifs* evidencia cierta disposición por parte de algunos árabes al monoteísmo, pero otros no estaban todavía preparados para romper de forma radical con el pasado y perder la continuidad que había sustentado su antigua espiritualidad.

Si es cierto que Mahoma era cada vez más consciente del significado de su vocación, el Profeta debió de percibir la necesidad de que los árabes encontraran un interés común. El monoteísmo es incompatible con el tribalismo: exige que los miembros de un mismo pueblo se unan en una única comunidad. Con el tiempo Mahoma vería la unidad árabe como un ideal importante, pero en el año 616, cuando existía una grave ruptura con los coraixíes, a Mahoma le preocupaba más la necesidad religiosa de encontar una única realidad trascendente tras los múltiples signos de la naturaleza. Los versículos que habían reemplazado a los Versos Satánicos indicaban que las antiguas deidades eran meras proyecciones humanas y no estaban al mismo nivel que Alá, el dios sublime y trascendente que sobrepasaba las limitadas concepciones humanas. Pero la mayor parte de la invectiva coránica contra los «compañeros» o asociados de Alá recalca la inefectividad de los dioses paganos de forma bastante similar a algunas de las Escrituras judías. Carece de sentido convertirlos en el centro de nuestro mundo porque no pueden hacer nada por nosotros. Son incapaces de proporcionar alimentos y sustento a sus devotos,[17] e incluso resultan incompetentes en su papel de intercesores: en el Juicio Final no podrán ayudar a las mujeres y los hombres que habían depositado su confianza en ellos.[18] Los dioses eran meras criaturas, como los hombres, las mujeres, los ángeles y los *jinn*, los cuales no podían ofrecer una solución radical. En estos pasajes el Corán se parece mucho a algunos de los salmos hebreos, que Mahoma no habría leído pero que empleaban los mismos argumentos:

Aquellos a los que llamáis
además de a Dios, son
sirvientes, igual que vosotros;
llamadles y dejadles que os respondan, si decís la verdad.
¿Acaso tienen pies
con los que caminar,

o tienen manos con las que asir,
o tienen ojos con los que ver,
o tienen orejas con las que oír?
Decid: llamad entonces
a vuestros asociados *[shuruka];*
entonces sed astutos conmigo, y no me deis tregua.
Mi protector es Alá
quien envió el Libro,
y acoge bajo su protección a los justos.
Y aquellos a los que llamáis,
además de a Dios,
no tienen poder para ayudaros, ni pueden ayudarse a sí mismos.*[19]

El Corán concibe a este Dios trascendente desde una perspectiva esencialmente árabe: es descrito en términos tribales como un jefe eficaz, que puede dar protección *(awliya)* y ayuda *(nasr),* mientras las antiguas diosas eran como jefes peligrosamente débiles, que no podían cuidar de forma adecuada a los miembros de su tribu.

La unidad divina se convertiría en la base de la espiritualidad musulmana, que pretende reproducir dicha unidad en la vida de cada persona y en la sociedad. Lograr esta integración personal, que permitiera al individuo entrever al único Dios durante la búsqueda de un centro y un objetivo únicos en el yo auténticamente integrado, suponía un esfuerzo constante. La primera parte de la *shahada,* la profesión de fe musulmana, resume la intención personal de cada musulmán: «Soy testigo de que no hay otro Dios sino Alá». Con el tiempo esto prohibiría a los musulmanes no sólo venerar –aunque en forma limitada– a otras deidades como Lat, Uzza y Mana, sino también permitir que otros supuestos dioses les distrajeran de su entrega a Alá. Las ideologías, aspiraciones o pasiones humanas podían prometer una especie de salvación, pero en última instancia acabarían resultando decepcionantes. Obviamente, esto podía aplicarse al dinero, al éxito o a los lujos materiales, pero también se refería a otros intereses seculares que parecen atractivos pero que no pueden mitigar este descontento básico y que llevan a tantos seres humanos a buscar consue-

---

* La traducción de esta sura se ha realizado a partir del original inglés. *(N. de la T.)*

lo en el arte y la religión. En nuestros días, cuando algunos musulmanes han adoptado con entusiasmo ideologías extranjeras como el nacionalismo o el socialismo, los reformistas les advierten que no les proporcionarán la satisfacción que prometen. Estas ideologías no son malignas, sino inadecuadas, y no pueden proporcionar protección, ayuda o satisfacción definitivas, ni a nivel individual ni a nivel social o político. El pecado de *shirk* (asociar a meras criaturas con Alá, el Bien Supremo) advierte a los musulmanes que no concedan una enorme importancia a ideales meramente humanos, por nobles que sean, hasta el punto de convertirlos en idolatría.

Inmediatamente después de la ruptura definitiva con los coraixíes fue revelada la sura 112, o sura de la Sinceridad. Los musulmanes la recitan con frecuencia durante los rezos diarios en la mezquita, y les recuerda la unidad divina que deben intentar experimentar en sus vidas integrando sus personalidades, reuniendo sus fuerzas dispersas y encontrando su prioridad más profunda:

> Di: «Él es Dios, *es* único,
> Dios, el solo.
> No ha engendrado ni ha sido engendrado,
> y no tiene a nadie por igual».

Pero no eran demasiados los coraixíes que estaban dispuestos a romper radicalmente con el pasado y abandonar a las antiguas deidades. Al parecer, muchos de los conversos de Mahoma desertaron y algunos de los coraixíes más poderosos iniciaron una campaña para librarse de él. Le consideraban un apóstata, un «ateo» enemigo de los valores más sagrados e inviolables de su sociedad. Una delegación visitó a Abu Talib, el jefe del clan de Mahoma, y le pidió que le retirara su protección *(awliya)*. Nadie podía sobrevivir en Arabia sin un protector: puede que el sistema tribal estuviera en decadencia, pero la tribu o el clan eran las unidades básicas de la sociedad, y resultaba prácticamente imposible vivir al margen de uno de estos grupos; un hombre desprotegido podía ser asesinado con impunidad. Pero la delegación le recordó a Abu Talib su deber para con la tribu de los coraixíes: «Oh, Abu Talib, tu sobrino ha maldecido a nuestros dioses, ha insultado nuestra religión, se ha burlado de nuestro modo de vida

153

y ha acusado a nuestros antepasados de estar equivocados; o bien le detienes tú o has de dejarle en nuestras manos (...) y te libraremos de él».[20] La situación era extremadamente delicada. Abu Talib amaba a Mahoma, pero no quería provocar la enemistad de los otros clanes. No era musulmán y le incomodaba la condena que hacía Mahoma de la antigua religión, pero si les entregaba a su sobrino para que lo mataran habría fracasado como jefe, porque no habría proporcionado la protección suficiente. Esto constituiría un gran golpe para el prestigio del clan de Hashim, que ya estaba en declive. Por el momento, Abu Talib se negó a comprometerse. Respondió con evasivas a los jefes tribales y Mahoma continuó predicando bajo su protección.

Pero después de un tiempo los coraixíes volvieron a visitar a Abu Talib con una amenaza. «Por Dios, no podemos soportar que injurien a nuestros padres, se burlen de nuestras costumbres e insulten a nuestros dioses», gritaron. «Si no nos libras de él lucharemos contra vosotros dos hasta que uno de los bandos perezca.» Los coraixíes creían estar luchando por su modo de vida, que se veía amenazado a diario. Ya habían advertido que no era posible llegar a un acuerdo y que sólo un bando podía ganar. Abu Talib quedó consternado. Llamó a Mahoma y le imploró: «Líbrame a mí y líbrate a ti mismo». «No me hagas cargar con un peso mayor del que pueda soportar.» Creyendo que Abu Talib iba a entregarle, Mahoma respondió, con lágrimas en los ojos, que estaba listo para morir: «Oh, tío mío, por Dios, si me colocan el sol en la mano derecha y la luna en la izquierda con la condición de que abandone este rumbo, hasta que Dios me haga victorioso o yo perezca en el empeño, no lo abandonaría». A continuación, Mahoma perdió la compostura y salió de la habitación llorando amargamente. Pero Abu Talib le pidió de inmediato que regresara. «¡Ve y predica lo que quieras, porque, por Dios, nunca te abandonaré bajo ningún concepto!»[21] Mahoma estaba a salvo por el momento. Siempre que Abu Talib fuera su protector y pudiera garantizar su protección, nadie podría hacerle daño en La Meca.

Abu Talib, uno de los poetas más inspirados de La Meca, escribía versos apasionados denunciando a todos los clanes que tradicionalmente habían sido aliados de los hachemíes pero que ahora unían sus fuerzas contra ellos a causa de Mahoma. El clan de al-Muttalib respondió declarando su solidaridad con los hachemíes, con los que tenían estrechos vínculos de parentesco, pero tras estas buenas noticias se produjo una triste deserción. Abu Lahab había sido hostil a Mahoma desde el principio, pero para intentar arreglar las relaciones con su sobrino prometió a dos de sus hijos en matrimonio con dos hijas de Mahoma, Ruqaya y Umm Kultum. Sin embargo, después de que Mahoma se hubiera negado a reconocer a las *banat al-Llah*, Abu Lahab decidió aliarse más estrechamente con Abd Shams, el clan de su esposa, y obligó a sus hijos a repudiar a las dos hermanas. El joven y elegante converso musulmán Uthman ibn Affan llevaba tiempo admirando a Ruqaya, la más bella de las hijas de Mahoma, y ahora se le presentó la oportunidad de pedir su mano.

Abu Lahan iba a colaborar tan estrechamente como le fuera posible con los principales enemigos de Mahoma. El jefe de éstos era Abu al-Hakam, sobrino de Walid, el anciano jefe del clan de Majzum. Se convirtió en líder de la oposición a Mahoma, y los musulmanes lo rebautizaron Abu Jahl: el Padre de la Ignorancia. Tenía mucha ambición personal y puede que hubiera sentido celos de la habilidad política de Mahoma, pero también parece que el mensaje religioso de Mahoma le ofendía profundamente. Otros jefes importantes se unieron a él, incluyendo a Abu Sufyan, el jefe del clan Abd Shams, un hombre extremadamente inteligente y que fue en otros tiempos amigo personal de Mahoma. Su suegro Utba ibn Rabia y su hermano Shayba estaban también entre la vanguardia de la oposición, así como Ummayah ibn Jalaf, el jefe del clan de Jumah, un corpulento anciano. Finalmente se les unió Suhayl ibn Amr, jefe del clan de Amir, un pagano devoto que, al igual que Mahoma, solía hacer retiros espirituales. Pero Suhayl continuaba indeciso: puede que hubiera reconocido ciertos temas religiosos en el mensaje de Mahoma. También les apoyaban algunos miembros de la generación más joven: Amr ibn al-As, un guerrero y diplomático enérgico y capaz, Jalid ibn al-Walid y Safwan ibn Ummayah. Pero el más ferviente de los enemigos más jóvenes de Mahoma era Umar ibn al-Jattab, quien contaba unos veintiséis años cuando Mahoma rompió su relación con los coraixíes. Umar era el hijo del ardiente pagano Jattab, quien había expulsado de la ciudad a su propio hermanastro Zayd el *hanif* cuando éste denigró la antigua religión. Umar era igual que su padre: mientras los otros urgían precaución, con la típica astucia de los coraixíes, Umar estaba dispuesto a emprender acciones violentas.

Todos estos hombres habían perdido a familiares que se habían pasado al bando musulmán. El Corán continuaba dividiendo encarnizadamente a las familias. Suhayl ibn Amr, por ejemplo, había perdido a su hijo mayor Abdallah, a dos de sus hijas y sus maridos, a tres de sus hermanos y a su prima y cuñada Sawdah. Era como si Mahoma estuviera formando un nuevo tipo de clan compuesto en su mayoría por jóvenes disidentes que habían renunciado a su antigua lealtad a sus familias. Es probable que sus oponentes vieran las implicaciones políticas del mensaje musulmán antes que el propio Mahoma. El Corán continuaba insistiendo en que Mahoma no tenía ninguna función política en La Meca, pero, un hombre que afirmaba estar recibiendo mensajes de Alá ¿cuánto tiempo tardaría en aceptar el liderazgo de otros mortales? Algunos de sus enemigos más acérrimos también parecían creer que no cabía esperar una solución negociada. Sólo un bando podía ganar esta batalla crucial, y hombres como Abu Jahl y su sobrino el joven Umar no veían ninguna posibilidad de que existiera una solución pacífica.

Pero por el momento sólo podían esperar. Mientras Mahoma contara con el apoyo de Abu Talib ningún coraixí podría matarle sin provocar una venganza de los clanes de Hashim y al-Muttalib que acabaría repercutiendo en su propia familia. Por tanto, al principio la oposición se limitó a imponer sanciones y a ridiculizarlo. Los coraixíes podían atacar a los esclavos y a los musulmanes más débiles con impunidad, pero se veían obligados a emplear métodos más sutiles con aquellos que, como Mahoma, disfrutaban de la protección suficiente. Ibn Ishaq nos explica la política general de Abu Jahl:

«Cuando le decían que un hombre se había hecho musulmán, si se trataba de un hombre con prestigio social que tuviera parientes que pudieran defenderle, lo reprendía y se burlaba de él diciendo: "Has abandonado la religión de tu padre, el cual era mejor hombre que tú. Te declararemos un bruto, te tacharemos de idiota, y destruiremos tu reputación". Si era un comerciante, decía: "Boicotearemos tus productos y te reduciremos a la indigencia". Si era una persona carente de prestigio social, le golpeaba e incitaba al pueblo en su contra».[22]

Los esclavos eran quienes más sufrían, porque carecían de la protección de un clan. Ummayah, jefe del clan de Jumah, solía sacar de casa a su esclavo abisinio musulmán Bilal en las horas más calurosas del día, lo ataba y lo dejaba expuesto al sol con una gran piedra sobre el pecho. Bilal no se amilanaba y proclamaba la unidad divina gritando «¡Uno!, ¡uno!»; el eco de su voz, de una potencia extraordinaria, se podía oír por toda la zona. Abu Bakr, que vivía cerca de allí, no podía soportar observar el sufrimiento de Bilal y se lo compró a Ummayah para concederle la libertad. Se dice que había liberado a otros siete esclavos de esta forma. Pero algunos de los musulmanes de alta cuna sufrieron a manos de sus propias familias: Jalid ibn Said, el joven que se convirtió tras soñar con el hoyo en llamas, fue encerrado por su padre y privado de comida y agua. El clan de Majzum trató tan mal a la familia del liberto Ammar ibn Yasir que su madre acabó muriendo.

Mahoma decidió encontrar un hogar seguro para los musulmanes que estaban expuestos a los peores sufrimientos, por lo que pidió al Negus de la Abisinia cristiana que los acogiera. Pese a que los coraixíes habían sido enemigos de La Meca desde el Año del Elefante, el Negus accedió y, en el año 616, unos ochenta y tres musulmanes abandonaron La Meca con sus familias. Fueron guiados por Uthman ibn Mazum, que había sido monoteísta y ascético antes de su conversión. Algunos de los miembros de la familia del propio Mahoma también partieron, incluyendo a Jafar, hijo de Abu Talib, y la hija de Mahoma Ruqaya con su marido Uthman ibn Affan. Los estudiosos occidentales modernos han sugerido que pueden haber existido otras razones para este éxodo además del intento de buscar asilo. Puede que Mahoma estuviera intentando establecer una ruta comercial independiente hasta el sur para aquellos musulmanes que sufrían las sanciones comerciales de Abu Jahl. También se ha sugerido que la lista de emigrantes demuestra que pudieron haber surgido ciertas desavenencias en la comunidad musulmana. Algunos de los emigrantes, como Uthman ibn Mazum y Ubaydallah ibn Jahsh habían llegado al monoteísmo por convicción personal y puede que sintieran celos de la influencia que ejercía en Mahoma un recién llegado relativo como Abu Bakr. Pero aunque supusieran un motivo para algunos, estas desavenencias no pueden haber sido demasiado importantes: Ubaydallah se convirtió al cristianismo mientras estaba en Abisinia, pero Uthman volvió a La Meca cuando ya no corría peligro y continuó siendo leal a Mahoma y a Abu Bakr.

Los coraixíes enviaron dos delegados al Negus poco después de la llegada de los musulmanes para pedirle que los devolviera a su clan: esta salida en masa suponía una amenaza por muchos motivos. Los delegados le explicaron al Negus que los musulmanes habían blasfemado contra la fe del pueblo de La Meca y habían perturbado el orden social. Por consiguiente, eran extremadamente peligrosos y no se debía confiar en ellos. El Negus mandó llamar a los emigrantes musulmanes y les preguntó qué tenían que decir en su defensa. Jafar respondió que Mahoma era un profeta del Dios verdadero, el cual había confirmado sus revelaciones a Jesús. Para demostrar la verdad de su afirmación, Jafar comenzó a recitar el relato coránico de la concepción virginal de Cristo en el seno de María:

«Y recuerda en el Libro a María, cuando se alejó de su familia hacia un lugar oriental,
y tomó, lejos de ellos, un velo. Le enviamos nuestro Espíritu, y *éste* tomó ante ella *la forma* acabada de un mortal.
Ella exclamó: "¡En el Clemente me refugio contra ti, si eres piadoso!".
Respondió: "Ciertamente, yo soy el enviado de tu Señor para darte un muchacho puro".
Ella dijo: "¿Cómo tendré un muchacho si no me ha tocado un mortal y no soy una prostituta?"
Respondió: "Así ha hablado tu Señor: Eso es fácil para Mí. Lo pondremos como aleya entre los hombres y como misericordia procedente de Nos. Es asunto decidido"».[23]

Cuando Jafar hubo acabado, la belleza del Corán había surtido efecto. El Negus lloraba tanto que se le mojó la barba, y las lágrimas rodaban por las mejillas de sus obispos y consejeros tan copiosamente que sus rollos quedaron empapados.

Los delegados intentaron causar problemas señalándole al Negus que el Corán no aceptaba la divinidad de Cristo, pero él continuó negándose a deportar a los musulmanes y enviarlos de vuelta a La Meca. A los cristianos de Abisinia les molestó el apoyo del Negus a gente que era obviamente hereje, por lo que tuvo que recurrir a diversas artimañas para justificarlo. Pero los musulmanes pudieron practicar su religión libremente siempre que eligieran permanecer en Abisinia. Tal y como nos ha llegado, sin embargo, la historia de la aventura abisinia es incompleta: puede que Mahoma tuviera un plan económico o político que no funcionó, de modo que, hacia la época en que historiadores como Ibn Ishaq empezaron a escribir, estos planes se habían olvidado. La delegación procedente de La Meca pudo demostrarle al Negus que los musulmanes no eran un grupo tan poderoso como él había imaginado cuando les acogió, y a partir de entonces puede que no les hubiera dado el apoyo que esperaban.

Entretanto, en La Meca, Abu Jahl y sus colegas continuaron molestando al Profeta y a sus Compañeros. Pronto encontraron nuevas objeciones: ¿por qué había decidido Alá escoger a Mahoma y no a un hombre más importante como al-Walid? ¿Por qué no hacía milagros Mahoma? ¿Por qué enviaba Alá el Corán fragmento a fragmento en lugar de transmitirlo en una revelación tan impresionante como la que recibió Moisés en el monte Sinaí? ¿Por qué Dios no había enviado a un ángel como su mensajero en lugar de valerse de un ser humano común y corriente? Algunos de los coraixíes creían que Mahoma estaba siendo instruido por un judío o un cristiano en lugar de recibir las revelaciones del propio Alá. Pero los coraixíes poco podían hacer, además de quejarse: la persecución se limitó principalmente a sanciones comerciales y a insultos una vez que los musulmanes más vulnerables se hubieron marchado a Abisinia. El mismo Mahoma fue tratado con bastante dureza. Así, Amr ibn al-As, uno de los dos delegados enviados por los coraixíes al Negus y que, como veremos, no se haría musulmán hasta mucho más tarde, recordaba cierta ocasión en la que Mahoma fue insultado en la Kaaba. Cuando realizaba las circunvalaciones, los jefes de los coraixíes estaban sentados cerca quejándose de él: «Decían que nunca habían conocido nada parecido a los problemas que había causado este tipo; había declarado que su modo de vida era estúpido, había insultado a sus antepasados, injuriado su religión, dividido a la comunidad y maldecido a sus dioses. Ellos habían soportado

159

lo indecible, o algo por el estilo». Para cuando Mahoma hubo realizado el tercer circuito, acompañado por este coro de protestas, la indignación se reflejaba en su rostro. A continuación se paró en seco, se encaró con sus críticos y dijo: «¿Queréis escucharme, oh, coraixíes? Por Él, que tiene mi vida en su mano, os traigo matanzas [dhabh]». Esta última palabra horrorizó tanto a quienes estaban allí que se quedaron sin habla, pero al día siguiente ya habían recuperado su valor. Se abalanzaron sobre Mahoma cuando éste apareció en la Kaaba, rodeándole amenazadoramente, y empezaron a tirar de su manto. Entonces intervino Abu Bakr, llorando, y preguntó: «¿Mataríais a un hombre por decir "Alá es mi Señor?"». A continuación lo dejaron tranquilo. «Esto», concluyó Amr, «es lo peor que nunca vi a los coraixíes hacerle.»[24] Debió de ser angustiante y enojoso, pero este acoso obviamente no era severo. Los coraixíes se avergonzaban con facilidad y la violencia era contenida.

Sin duda este tipo de comportamiento estaba demostrando ser contraproducente, ya que empujó a algunos a unirse a Mahoma. Cierto día, por citar un ejemplo, Abu Jahl se mostró particularmente insultante hacia Mahoma; éste ni siquiera se molestó en contestar, sino que pasó resuelto por delante de Abu Jahl en dirección a su casa. Pero ese mismo día, algo más tarde, su tío Hamzah, el corpulento, acudió a la Kaaba después de una partida de caza, con su arco colgado al hombro. Era, afirma Ibn Ishaq, «el hombre más fuerte de los coraixíes y el más implacable».[25] Tras una jornada en el campo, Hamzah disfrutaba realizando las circunvalaciones rituales y charlando después con cualquiera que estuviera en la Kaaba, pero en esta ocasión una mujer le llevó a un lado y le contó la forma tan ofensiva en que Abu Jahl se había dirigido antes a Mahoma. Hamzah no era musulmán, pero cuando oyó estas palabras le invadió la ira. Salió corriendo al encuentro de Abu Jahl y le golpeó con todas sus fuerzas en la espalda con el arco: «¿Acaso lo insultarás cuando yo siga su religión?», bramó. «¡Devuélveme el golpe si eres capaz!» Abu Jahl contuvo a toda prisa a sus acompañantes y les dijo que dejaran solo a Hamzah, «porque, por Alá, he ofendido profundamente a su sobrino», admitió.[26] La conversión de Hamzah impresionó a los coraixíes; por razones obvias creyeron que era mejor dejar tranquilo al Profeta.

Pero la causa más frecuente de conversión se encontraba en el propio Corán. Durante la peregrinación a la Kaaba del año 616, cuando los peregrinos acudían a La Meca desde toda Arabia, Abu Jahl situó a sus hombres en todas las puertas de la ciudad para prevenir a sus habitantes contra Mahoma. Un peregrino, el poeta llamado al-Tufayl ibn Amr, de la tribu occidental de Daws, se alarmó tanto por lo que le dijeron que decidió taparse las orejas con algodón para asegurarse de no oír el encantamiento del Profeta. Pero cuando llegó a la Kaaba y vio a Mahoma de pie rezando ante el santuario se sintió ridículo. «¡Que Dios bendiga mi alma», dijo, «aquí estoy, un hombre inteligente, un poeta, que conoce perfectamente la diferencia entre el bien y el mal, así que ¿qué me impide escuchar lo que está diciendo este hombre? Si es algo bueno lo aceptaré; si es malo lo rechazaré.» Siguió a Mahoma, quien le explicó su religión y a continuación recitó algunos versos del Corán. Tufayl estaba asombrado: «¡Por Alá, nunca he oído palabras mejores o más justas!», exclamó.[27] Volvió junto a los suyos y durante los años siguientes convirtió a unas setenta familias de su propia tribu.

Al parecer, la extrema belleza del Corán eliminó las reservas de mucha gente. Tufayl había derribado voluntariamente las barreras del miedo cuando se sacó el algodón de las orejas. Otros, sin embargo, no se dejaron influir y mantuvieron las barreras en su sitio. En cierta ocasión, los coraixíes decidieron cambiar de enfoque y enviaron a Utba ibn Rabia, del clan de Abd Shams, para que llegara a un acuerdo con Mahoma: si prometía permanecer en silencio, le concederían cuanto deseara: dinero, posición, incluso la realeza. De ser esto cierto, constituye una prueba de su desesperación: el dinero tenía un valor casi sagrado para muchos de los coraixíes, que sentían un odio innato hacia la autoridad suprema y hacia instituciones como la realeza. Mahoma esperó hasta que Utba hubo acabado de hablar y entonces le dijo: «Ahora, escúchame». Utba se sentó, se apoyó sobre las manos y escuchó con atención mientras Mahoma empezaba a recitar la sura 41, que describe la barrera que algunos de los coraixíes estaban levantando en sus corazones para impedir que el mensaje divino entrara en sus almas:

Ellos, en su mayoría, se han apartado; ellos no escuchan.

Dicen: «Nuestros corazones están en *medio de* envolturas que *los aíslan* de aquello hacia lo que les invitáis; en nuestros oídos hay sordera, y entre nosotros y tú hay un velo».[28]

El Corán menciona a menudo el velo que aísla el corazón endurecido contra el poder imperioso de su mensaje. Utba todavía no estaba preparado para aceptarlo sin reservas. No se unió a Mahoma cuando éste se postró al final de la recitación, pero cuando regresó al Senado junto a sus amigos, éstos vieron de inmediato que había vivido una experiencia muy intensa. A Utba le costó mucho describir lo que le había sucedido al escuchar la belleza de aquellas palabras y sólo pudo explicar lo que no había sentido. El Corán era distinto a cualquier texto inspirado que los árabes hubieran conocido antes: no se parecía a la poesía, a los conjuros de un mago o a los oráculos ininteligibles de los *kahin*. Curiosamente, ninguno de los enemigos de Mahoma lo acusó de fingir las revelaciones: sin duda estaba sucediendo algo extraño que no podían explicar. Por último, Utba advirtió lo siguiente a los coraixíes: «Seguid mi consejo y haced lo mismo que yo, dejad a este hombre en paz, porque, por Dios, las palabras que he oído se difundirán por todas partes».[29]

Podemos decir que, en cierto modo, Mahoma había descubierto una forma literaria totalmente nueva, para la que algunos estaban preparados pero que otros encontraban alarmante y perturbadora. Producía un efecto tan nuevo y tan poderoso que su misma existencia parecía un milagro que excedía a los logros humanos normales. Los enemigos de Mahoma se han visto desafiados a producir otra obra similar; su carácter exclusivo constituía una prueba de su origen divino, mientras que sus versículos eran señales que proporcionaban un encuentro sacramental con Dios.[30] Los musulmanes todavía experimentan una presencia misteriosa cuando recitan el Corán o se sientan frente a los textos del libro sagrado que decoran las paredes de sus mezquitas. Hemos visto que el Corán es tan importante para la espiritualidad musulmana como Jesús, el Verbo, para el cristianismo. Más tarde, algunos musulmanes afirmaron que el Corán constituía la expresión en habla humana normal de la «Palabra no creada», como el Logos en el prólogo al Evangelio de san Juan. Por consiguiente, el Corán, más que divulgar información privilegiada, constituye un símbolo similar a los de la Torah, la Persona de Cristo o los sacramentos, que miembros de otras tradiciones han cultivado como señales de lo divino entre nosotros.

La idea de que un texto, una obra de arte o una pieza musical pudieran producir una «presencia real» o una experiencia trascendental ha inspirado recientemente a críticos occidentales como George Steiner y Peter Fuller. Cuando Ibn Ishaq y los primeros biógrafos mencionan que el islam «había entrado en el corazón» de alguien que escuchaba atentamente el Corán, eliminando sus prejuicios y sus miedos, quizás estén sugiriendo algo similar a la experiencia estética descrita por Steiner en su obra *Presencias reales*. Aquellos de nosotros a los que nos cuesta captar la belleza del Corán probablemente hayamos experimentado en nuestras propias tradiciones lo que Steiner denomina «la indiscreción del arte, la literatura y la música serias», que «indaga en los lugares más recónditos de nuestra existencia». Estas manifestaciones artísticas, argumenta Steiner, en realidad nos dicen: «Cambia tu vida». Constituye un encuentro de una dimensión trascendental, que se introduce por la fuerza en «la pequeña casa de nuestro ser cauteloso». Una vez hayamos escuchado la llamada de dichas manifestaciones artísticas, esta casa ya no será «habitable de la misma forma que antes».[31] Steiner, que no cree en Dios, sugiere que el arte representa para mucha gente la única posibilidad de alcanzar la trascendencia en un mundo escéptico. Ni que decir tiene que existen diferencias importantes entre su teoría y la experiencia de los musulmanes que creían que la belleza del Corán había cambiado sus vidas de forma irrevocable, pero los testimonios de estos primeros encuentros con el libro sagrado del islam sí sugieren una perturbación similar de la sensibilidad, un despertar y una inquietante visión de enriquecimiento que elimina cualquier reserva. El libro de Steiner fue muy elogiado cuando se publicó, lo que indica que reflejaba la experiencia de muchos de sus lectores; su teoría puede proporcionarnos alguna pista acerca del extraordinario efecto de este clásico de la literatura árabe. Mahoma como poeta y profeta, y el Corán como texto y teofanía, deben contarse entre los ejemplos más sorprendentes de la relación que vincula las experiencias religiosa y artística.

Sin esta invasión o «anunciación», tal y como la denomina Steiner, es muy poco probable que la primera comunidad musulmana hubiera sido capaz de llevar a cabo la temible ruptura con el pasado, violar antiguas leyes sagradas y superar prejuicios arraigados. La belleza del Corán, que despertara los sentimientos más ocultos de los primeros musulmanes, también se trascendía a sí misma, como las señales que describía. Era capaz de llegar a los lugares más recónditos y de animar a los musulmanes a cambiar sus vidas a un nivel mucho más profundo que el racional. Hoy los musulmanes afirmarían que el milagro del Corán radica en su capacidad para seguir provocando este efecto en la gente, incluso en aquellos que no son hablantes nativos del árabe. Así pues, el distinguido estudioso iraní Sayyid Hossein Nasr señala que el Corán todavía exige que los musulmanes cambien sus vidas. Los versículos fragmentarios e incoherentes –especialmente los de las primeras suras– constituyen un ejemplo de lenguaje humano aplastado bajo el peso de la Palabra divina, y también revelan una incoherencia en el individuo. A fin de descubrir el significado interno y simbólico del Corán, el musulmán debe integrarlo en su vida. Leer o escuchar el Corán constituye una disciplina espiritual, no una experiencia cerebral para obtener información o para recibir una directiva clara. El proceso de *tawil* (interpretación simbólica) es la búsqueda de un significado íntimo que exige que el individuo también se adentre en las profundidades de su ser. *Tawil* significa literalmente «devolver algo a sus principios o a su origen» y el Corán también exige que, cuando los musulmanes se enfrenten al texto sagrado, vayan desde lo externo *(zahir)* hasta lo secreto o interior *(batin)* de su ser para descubrir su fundamento y su origen.[32]

No cabe duda de que un occidental tendrá una experiencia completamente distinta. La belleza del árabe no sólo resulta inaccesible al traducirlo, sino que exige un enfoque que a la mayoría nos resulta ajeno. Limitarse a realizar una lectura cerebral y externa sin que la belleza del idioma árabe nos anime a buscar lo inefable que se oculta detrás del habla constituye probablemente una experiencia desoladora, particularmente si la lectura se realiza con un espíritu hostil o desde una posición de superioridad imaginada, como la que encontramos en Gibbon: éste no es el espíritu receptivo y creativo capaz de producir una experiencia estética.

Hacia finales del año 616 el Corán se ganó a su converso más sorprendente. Tras decidir que había llegado la hora de asesinar a

Mahoma, Umar ibn al-Jattab recorrió con paso firme las calles de La Meca, espada en mano, hasta llegar a una casa situada a los pies del monte Safa, donde sabía que el Profeta estaba pasando la tarde. Umar desconocía que su hermana Fátima y su marido Said (el hijo de Zayd el *hanif*) se habían hecho musulmanes y que, creyendo que Umar estaba lejos de allí, invitaron a Jabbab ib al-Aratt, el herrero musulmán, para que les recitara la sura más reciente. Pero cuando iba de camino al monte Safa Umar fue abordado por otro musulmán secreto de su clan, quien para disuadirle de su propósito le dijo que volviera a su casa y viera lo que allí sucedía. Umar regresó a toda prisa, y cuando entraba en su calle escuchó las palabras del Coran que salían de su propia ventana. «¿Qué son esas paparruchas?», bramó mientras entraba en la casa. Jabbab se retiró apresuradamente a una habitación del piso superior mientras Umar se abalanzaba sobre Fátima y Said y golpeaba a su hermana, hasta echarla al suelo. Sin embargo, nada más ver la sangre de Fátima se debió de avergonzar; de cualquier manera, su rostro cambió de expresión. Umar recogió el manuscrito que Jabbab había dejado caer con las prisas y comenzó a leer los primeros versículos de la sura 20, ya que era uno de los pocos coraixíes que sabían leer y escribir con fluidez. «¡Qué palabras tan bellas y tan nobles!», exclamó asombrado, y este Saulo de Tarso musulmán no fue derribado por una visión de Jesús, el Verbo, sino por la belleza del Corán, que apartó su odio mortal y sus prejuicios para desvelar una receptividad interior de la que no había sido consciente. Umar asió de inmediato su espada, corrió por las calles de La Meca hasta el monte Safa e irrumpió en la casa en la que se hallaba Mahoma. Pensando sin duda que el ataque era la mejor forma de defensa, Mahoma le agarró por la capa: «¿Qué te trae aquí, hijo de Jattab?», gritó. Umar respondió: «Oh, apóstol de Dios, he acudido hasta ti para creer en Dios y en su apóstol y lo que ha traído de Dios».[33] Mahoma dio las gracias en voz tan alta que todos los que se encontraban en la gran casa (y que se habían escondido aterrorizados cuando vieron acercarse a Umar) se dieron cuenta de lo que había sucedido.

Pero Ibn Ishaq ha recogido otra versión de la conversión de Umar que merece la pena citar. Umar había sido un gran bebedor en sus días impenitentes y nada le complacía más que divertirse con sus amigos en el mercado. Una noche no apareció ninguno de sus compañeros de bebida, por lo que Umar pensó que podría pasar el tiempo realizando las circunvalaciones alrededor de la Kaaba. A su llegada vio a Mahoma, quien estaba de pie cerca del santuario recitando el Corán en voz baja, y decidió que le apetecía escuchar sus palabras, por lo que se escondió bajo la tela de damasco que cubría el gran cubo de granito y rodeó lentamente el santuario hasta situarse frente a Mahoma. Tal y como dijo Umar, «no había nada entre nosotros, excepto la cubierta de la Kaaba»; ya casi había bajado la guardia, y la magia del idioma árabe despejó sus últimas reticencias: «Cuando escuché el Corán mi corazón se ablandó y lloré, y el islam entró en mí».[34]

Umar nunca fue un hombre de medias tintas. A la mañana siguiente decidió comunicarle la noticia a su tío Abu Jahl, metiéndose de lleno en la boca del lobo. «¡Seas bienvenido, sobrino!», exclamó alegremente Abu Jahl al abrirle la puerta, «¿qué te trae por aquí?» Umar nos dice: «Respondí que había venido a decirle que creía en Dios y en su apóstol Mahoma y consideraba cierto lo que éste predicaba. Me cerró la puerta en las narices y contestó: "¡Que Dios te maldiga a ti y a lo que has traído!"».[35] Como cabría imaginar, la conversión de Umar fue la gota que colmó el vaso, en especial porque se negó con rotundidad a realizar el *salat* en privado y se postraba ante la Kaaba delante de todos. Abu Jahl y Abu Sufyan no podían soportar contemplarle, pero no podían hacer nada porque Umar contaba con la protección de su clan, Adi.

Abu Jahl intentó entonces someter a Mahoma privándole de alimentos e impuso un boicot a los clanes de Hashim y al-Muttalib, logrando así que los otros clanes firmaran un tratado para unirse contra la amenaza musulmana. Nadie podía casarse o comerciar con miembros de los dos clanes proscritos, lo cual significaba que nadie podía venderles comida. En aras de la seguridad, todos los miembros de los clanes Hashim y al-Muttalib, tanto musulmanes como no musulmanes, se trasladaron a la calle de Abu Talib, que se convirtió en un pequeño gueto. Cuando Mahoma, Jadija y los restantes miembros de su hogar llegaron allí, Abu Lahab y su familia se marcharon y se instalaron oficialmente en el barrio del clan de Abd Shams. La prohibición duró dos años. Abu Talib y los miembros de los clanes Hashim y al-Muttalib que no se habían hecho musulmanes se negaron, por principios puramente tribales, a abandonar a los miembros de sus tribus. Pero la prohibición no era popular, sobre todo entre los miembros de otros clanes que tenían familiares en los clanes de Hashim y al-Muttalib, a los que no podían dejar morir de hambre con la conciencia tranquila. Musulmanes como Abu Bakr y Umar (quienes eran, por supuesto, miembros de otros clanes) solían enviar comida y provisiones regularmente al gueto, como hacían otros parientes y amigos. Un tal Hishim ibn Amr, quien tenía varios parientes en el clan de Hashim, solía traer por la noche un camello cargado de provisiones hasta la calle de Abu Talib, le daba un golpe en los cuartos traseros y lo hacía avanzar pesadamente callejón abajo. En cierta ocasión Abu Jahl detuvo a Hakim ibn Hizam, el sobrino de Jadija, cuando se dirigía al gueto con un saco de harina en las manos. No tardaron en ponerse a discutir acaloradamente y alguien que pasaba por allí intervino en la discusión, poniéndose de parte de Hakim: ¿realmente iba a impedir Abu Jahl que un hombre llevara comida a su propia tía? Cuando Abu Jahl siguió negándose a dejar pasar a Hakim, el enojado viandante le derribó de un fuerte golpe propinado con una quijada de camello.

Durante los cuatro meses sagrados, en los que la violencia estaba prohibida en La Meca, Mahoma y los musulmanes podían abandonar el gueto y el Profeta acudía con regularidad a la Kaaba, donde era objeto de nuevos insultos. La esposa de Abu Lahab, que se creía poeta, disfrutaba gritando versos insultantes a Mahoma cuando éste pasaba por el lugar. En cierta ocasión echó un montón de leña espinosa en su camino. Fue probablemente por esta época cuando Alá reveló la sura 111:

> ¡Perezcan las dos manos de Abu Lahab! ¡Perezca *él mismo*!
> De nada le ha servido su riqueza y lo que ha adquirido:
> será tostado en un fuego llameante,
> y su mujer acarreará la leña
> teniendo en el cuello una cuerda de fibras.

Los que han crecido escuchando el Sermón de la Montaña pueden encontrar muy poco edificante que Mahoma no pusiera la otra mejilla, pero en los Evangelios el propio Jesús maldecía a menudo a sus enemigos con términos contundentes. Profetizó un destino terrible para las ciudades de Betsaida y Corazín, que no habían escuchado sus palabras, y en el Evangelio según san Mateo se dice que insultó a los fariseos y a los saduceos lanzándoles una diatriba que era claramente injuriosa.

También hacia esta época se introduce un tono de intransigencia en el Corán: predice constantemente una catástrofe en la ciudad de La Meca, que se había negado a escuchar la Palabra de Dios. Al parecer, el conocimiento que poseían los musulmanes de las Escrituras judías comenzó a ampliarse durante este duro periodo. El Corán empieza a relatar nuevas historias acerca de los profetas anteriores para consolar a los musulmanes, lo cual refleja entusiasmo ante el descubrimiento: tales historias suelen empezar con preguntas como «¿Habéis recibido la historia de Moisés?», o «¿Os habéis enterado de la historia del Faraón?». Moisés era el profeta más popular en tiempos de la prohibición: el Corán señala una y otra vez que había advertido al faraón que obedeciera la Palabra de Dios, pero los egipcios no quisieron escucharlo y fueron castigados por ello. Sin embargo, otros profetas –José, Noé, Jonás, Jacob, Jesús– también advirtieron a sus gentes que debían vivir de forma correcta y crear una sociedad justa y benévola si querían evitar una catástrofe inminente. El Corán también incluía a algunos profetas no bíblicos, hombres notables como Hud, Suayb y Salé, enviados por Dios a los antiguos pueblos árabes de Ad, Madyan y Tamud con el mismo mensaje. Con todo, Mahoma seguía teniendo un conocimiento limitado de las Escrituras. Los personajes proféticos venerados por los árabes en sus propias tradiciones aparecían junto a los profetas de la Biblia como si tuvieran el mismo prestigio: de hecho, como hemos visto, el Corán considera que todas las religiones correctamente guiadas proceden de Dios. Mahoma desconocía la cronología en que aparecieron los profetas de las Escrituras: al parecer, creía que María, la madre de Jesús, era la misma persona que Mariam, la hermana de Moisés en las Escrituras judías. Los relatos de los profetas reflejan la situación de Mahoma y los primeros musulmanes mucho mejor que la versión bíblica original. Así pues, la historia de Noé nos ofrece una idea muy clara de las dificultades que experimentó Mahoma en el Senado de La Meca y las distintas objeciones que puso dicho Senado a su misión profética:

Enviamos a Noé a sus gentes. Dijo: «¡Gentes mías! ¡Adorad a Dios! No tenéis otro dios fuera de Él. ¿No seréis piadosos?». El Consejo –quienes, entre sus gentes, fueron incrédulos– dijo: «Éste es un mortal semejante a vosotros que quiere sobreponerse a vosotros. Si Dios hubiese querido, hubiese hecho descender los ángeles. No hemos oído esto a nuestros primeros padres. No es más que un hombre poseso. ¡Dejadle un tiempo!».[36]

Pero, como hemos visto, el Corán considera todas estas historias señales –relatos simbólicos de las relaciones de Dios con los hombres– más que narraciones históricas fidedignas, e intenta adentrarse en los acontecimientos de estos antiguos relatos, tal y como los conocían los árabes, para llegar al centro del mensaje.

Después de que Noé fuera rechazado por su pueblo, Alá le ordenó construir el arca y ahogó a todos aquellos que no hicieron caso de sus advertencias. Por esta época, el Día del Juicio se convierte en un acontecimiento temible en el Corán: los justos son separados de los injustos en los grandes escenarios simbólicos, que constituyen «una aleya para quien teme el tormento de la última vida».[37] Pero el Corán deja claro que este castigo no es arbitrario: las ciudades y las gentes que se negaron a oír las advertencias del Profeta fueron los artífices de su propia destrucción.[38] La ciudad de La Meca ahora sufriría una catástrofe porque los coraixíes se negaron a enmendar sus vidas y crear un tipo de sociedad que se ciñera al mandato auténtico.

Pero en esta época el mensaje del Corán no sólo predecía muerte y destrucción. Instaba a los musulmanes una y otra vez a ser pacientes y a soportar sus sufrimientos presentes con fortaleza y dignidad. No deberían aprovechar la oportunidad para vengarse de sus enemigos. Las historias de los profetas del pasado también los consolaban, pues señalaban que su fe no era una «innovación» escandalosa; pese a que parecían dar la espalda a sus antepasados, contaban con su propio linaje espiritual que se remontaba a Adán, el primer profeta, quien instruyó a la humanidad acerca de la forma correcta de vivir. Ya entonces Mahoma tenía claro que él era diametralmente opuesto a los coraixíes, incluso a aquellos que se mostraban menos intransigentes que Abu Jahl. Poco después de imponer la prohibición, una pequeña delegación acudió a Mahoma esperando hallar una solución pacífica. La dirigía el venerable Walid, del clan de Majzum, quien estaba demasiado cerca de la muerte como para sentirse personalmente amenazado por Mahoma, y la integraban otros tres líderes de los clanes de Sahm, Asad y Jumah. Todos estos clanes habían sido miembros del antiguo Hilf al-Fudul, y puede que a los delegados les preocupara que la prohibición proporcionara a Abu Jahl demasiado poder en La Meca. Sin duda reconocieron el potencial de Mahoma y creían que quizás el Profeta pudiera mejorar la suerte de los clanes más débiles.

Esta delegación propuso una solución intermedia: los musulmanes podían venerar a Alá en su religión, mientras que las otras tribus podían seguir adorando a Lat, Uzza y Mana. Pero Mahoma ya había pensado en todo ello. Respondió a la delegación con la sura 109 –la sura del Rechazo–, que anunciaba la separación definitiva:

Di: «¡Oh, incrédulos!
¡No adoraré lo que adoráis!
Vosotros no adoráis lo que adoro,
y yo no adoro lo que habéis adorado.
Vosotros no adoráis lo que adoro.
Tenéis vuestra religión. Yo tengo mi religión».

Después de dos años de prohibición, la situación mejoró repentinamente y cabía pensar que la firmeza de Mahoma hubiese merecido la pena. La prohibición era cada vez más impopular: esperar que la gente viera morirse de hambre a sus parientes iba en contra de demasiadas tradiciones árabes, por lo que se produjo un envío ilegal e ininterrumpido de comida y provisiones destinadas al gueto. Al final, cuatro coraixíes, parientes cercanos de miembros de los clanes de Hashim y al-Muttalib, planearon una campaña para poner fin a la prohibición. Hishim ibn Amr, la persona que con tanta frecuencia enviara su camello cargado de comida hasta la calle de Abu Talib, comenzó a buscar apoyo y consiguió encontrar a otras personas de ideas similares para que presionaran a Abu Jahl. Tres de ellos –al-Mutim ibn Adi, Abu al-Bajtar ibn Hisham y Sama ibn al-Arward– pertenecían a clanes del antiguo Hilf y puede que les preocupara el ascendiente que

Majzum, el clan de Abu Jahl, había obtenido en La Meca durante la prohibición. Pero el cuarto hombre –al-Zuhayr ibn Abi Ummayya, pariente de Abu Talib– era miembro del clan de Majzum y acordaron que fuera él quien iniciara la misión.

En el día convenido, Zuhayr se vistió con una larga túnica blanca y realizó las circunvalaciones con solemnidad alrededor de la Kaaba. Al finalizar, dio un paso al frente y se dirigió públicamente a todos los ancianos de la ciudad. ¿Cómo podían permanecer sentados mientras los clanes de Hashim y al-Muttalib sufrían de esta forma? Abu Jahl protestó indignado, pero los otros cuatro hombres apoyaron la moción de Zuhayr. Al final, Mutim se dirigió con paso firme a la Kaaba para encontrar el documento que los clanes habían firmado al principio de la prohibición, y se dice que la gente quedó muy impresionada al descubrir que los gusanos se habían comido el pergamino, excepto un trocito que contenía el encabezamiento: «En tu nombre, ¡oh, Alá!». Los hombres insistieron en que se revocara la prohibición.

El regocijo se apoderó de la comunidad musulmana; parecía que habían llegado tiempos mejores. La comunidad exiliada en Abisinia se enteró de las noticias y Uthman ibn Mazum condujo a unas treinta familias de regreso a La Meca, dejando al resto con Jafar, hijo de Abu Talib. Mahoma y Jadija no ocultaron su alegría por volver a ver a su hija Ruqaya y a su yerno Uthman ibn Affan. Pero los emigrantes regresaron demasiado pronto: inevitablemente, la prohibición había causado algunas dificultades, pese al reguero ilegal de provisiones, y a principios del año 619 se produjo una muerte que hizo intolerable la estancia de Mahoma en La Meca.

7

La hégira.
Una nueva dirección

Los biógrafos del Profeta a veces denominan al año 619 el Año de la Tristeza de Mahoma. Jadija murió poco después del final de la prohibición; contaba ya unos sesenta años y es posible que su salud se hubiera resentido irreparablemente por la escasez de alimentos. Había sido la compañera más próxima a Mahoma, y tras su muerte nadie la iba a reemplazar. Ni siquiera el fiel Abu Bakr o el apasionado Umar serían capaces de proporcionar a Mahoma tan íntima colaboración, por lo que esta pérdida debió de afectarle profundamente. Pero al cabo de poco tiempo se produjo una segunda muerte que tendría consecuencias de un cariz más práctico. Abu Talib enfermó de gravedad y resultó evidente que no volvería a recuperarse. Antes de su muerte los coraixíes hicieron una última oferta de paz; pese a haberle sometido a tanta presión, sabían que Abu Talib se había comportado como un auténtico *sayyid* árabe por proporcionar un apoyo tan inquebrantable a los miembros de su clan. Abu Jahl encabezó una delegación hasta su lecho de muerte para pedirle que propiciara una reconciliación: si Mahoma reconocía su religión, ellos lo dejarían en paz. Pero Mahoma, que ya había meditado sobre esta cuestión dos años antes, contestó a los coraixíes que Alá era el único Dios. Esta afirmación los enfureció y se marcharon diciendo con tono desafiante que el propio Alá juzgaría quién estaba equivocado.

Después de que se hubieran marchado, Mahoma se sorprendió cuando Abu Talib le dijo que había obrado bien al rechazar este acuerdo, por lo que imploró a su tío que diera un paso más y se sometiera a la voluntad de Alá. Pero Abu Talib le contestó con afecto que si hiciera tal declaración de fe sería únicamente para complacerle. Murió, tal y como había vivido, en la fe de sus antepasados. En el último momento, sin embargo, Abbas observó que los labios del moribundo se movían y le dijo a Mahoma que parecía estar recitando la *shahada*. Pero Mahoma negó con la cabeza: sabía que Abu Talib no se había convertido al islam.

Abu Lahab pasó a ser el nuevo jefe de los hachemíes, lo cual ponía a Mahoma en una situación muy difícil. En un principio, tal y como se esperaba de él por ser jefe, Abu Lahab proporcionó a Mahoma cierta protección; pero no resultó tan efectiva como la de Abu Talib: todos sabían que la proporcionaba de mala gana, por lo que se aprovecharon de la nueva vulnerabilidad de Mahoma. Sus vecinos empezaron a gastarle bromas pesadas con un útero de oveja: solían golpear a Mahoma con este órgano repugnante mientras rezaba, y un bromista incluso lo echó a la olla de la familia. Un día, mientras Mahoma caminaba por la ciudad, un joven coraixí le echó tierra encima. Su hija se puso a llorar al verle regresar a casa cubierto de tierra y siguió llorando mientras lo limpiaba. «No llores, mi niña», la consoló Mahoma, «porque Dios protegerá a tu padre.» Pero se dijo a sí mismo con tristeza: «Los coraixíes nunca me trataron así mientras Abu Talib vivía».[1]

La nueva debilidad de Mahoma pudo haber influido en la situación de otros musulmanes. Abu Bakr, por ejemplo, quedó prácticamente arruinado por culpa de la prohibición: su capital se redujo de 40.000 a 5000 dirhams. Abu Bakr vivía en el barrio del clan de Jumah, y desde que se convirtiera al islam había tenido malas relaciones con su jefe, el anciano y obeso Ummayah ibn Jalaf. Ummayah había disfrutado exponiendo a su esclavo musulmán Bilal al sol durante el primer periodo de persecución, pero ahora podía hacerle lo mismo a Abu Bakr, un comerciante respetado. Ataba juntos a Abu y a su joven primo Talhah y los dejaba bajo un sol abrasador en esta situación ignominiosa. Estos acontecimientos demostraban que Taym, su clan, ya no estaba dispuesto a proteger a Abu Bakr, o no era capaz de hacerlo, por lo que éste se dio cuenta de que no tenía ningún futuro en La Meca. Con la bendición de Mahoma, Abu Bakr abandonó la ciudad y se dirigió a la comunidad emigrante de Abisinia con el propósito de unirse a ella. Pero por el camino se encontró con Ibn Dughumma, el jefe del pequeño grupo de tribus nómadas (conocidas como los ahabish) que se habían aliado con los coraixíes. Ibn Dughumma se horrorizó al oír que prácticamente habían echado a Abu Bakr de La Meca y sugirió que regresaran de inmediato porque él mismo tomaría a Abu Bakr bajo su protección. Abu Bakr aceptó encantado, y los coraixíes, ansiosos por cultivar la amistad de Ibn Dughumma, tuvieron que aceptar la situación, pero le pidieron al beduino que se asegurara de que Abu Bakr no rezara o recitara el Corán en público. Era un hombre carismático, explicaron, y podría apartar a los jóvenes de la fe de sus mayores. Ibn Dughumma aceptó estas condiciones y Abu Bakr prometió que sólo rezaría en la intimidad de su hogar.

Pero otros se negaron a tener que ocultarse. Uthman ibn Mazum, el ascético, pertenecía al clan de Majzum y disfrutaba de la protección poderosa y efectiva de Walid, pero le parecía intolerable estar a salvo mientras otros sufrían, por lo que acudió hasta Walid y, ante la evidente perplejidad del anciano, renunció a su protección. Ésta parecía una oportunidad magnífica para la penitencia voluntaria, pero era más característica de la piedad cristiana que de la musulmana. Durante las persecuciones romanas, algunos fanáticos cristianos se inculpaban a sí mismos de forma voluntaria ante las autoridades a fin de convertirse en mártires, pero Mahoma no aprobaba estos excesos. Iba contra la tradición árabe: la vida había sido siempre lo suficientemente dura en Arabia como para exponerse a nuevos riesgos y sufrimientos. Unos cuantos días después, Uthman acudió a un recital poético de Labid ibn Rabia, el mejor poeta árabe de la época. Los coraixíes se sentían honrados de que Labid hubiera visitado su ciudad y se avergonzaron profundamente cuando Uthman comenzó a interrumpir al poeta con comentarios impertinentes. Cuando Labid recitó: «Todo excepto Alá es vano», Uthman gritó: «¡Cierto!», pero cuando Labid continuó diciendo: «Y todo lo bello debe cesar inevitablemente», Uthman le espetó: «¡Mientes! ¡Las dichas del paraíso nunca cesarán!». Ésta era una conducta imperdonable hacia un invitado ilustre y Labid se sintió profundamente ofendido. «Oh, hombres de Coraix», dijo, «vuestros amigos nunca solían mostrarse tan airados. ¿Desde cuándo sucede esto entre vosotros?» «No tengas en cuenta lo que ha dicho ese hombre», gritó alguien del público, «es uno de los patanes de Mahoma. Han abandonado nuestra religión.» Pero entonces Uthman profirió comentarios tan ofensivos que este mismo hombre se levantó y le puso un ojo morado. Walid, un anciano cortés que debió de mirar con consternación esta escena escandalosa, exclamó: «Oh, sobrino, tu ojo no tendría que haber sufrido si hubieras permanecido bajo mi segura protección». Pero Uthman ofreció agresivamente la otra mejilla y desafió al público a que le amorataran el otro ojo.[2] Mahoma se esforzó por desvincularse de este desagradable incidente.[3] No hubiera aprobado tal descortesía, y debió de parecerle que una provocación de este tipo no haría sino empeorar la situación. Pero entonces se produjo una crisis. Alentado por Abu Jahl, Abu Lahab preguntó a Mahoma si su padre Abd al-Muttalib, quien quiso mucho a Mahoma y estuvo muy orgulloso de él cuando era un niño, se hallaba ahora en el infierno. Se trataba de una pregunta engañosa: Mahoma había adoptado la idea judeocristiana de que sólo los que profesaban la fe auténtica podrían salvarse. No tenía al alcance de la mano ninguna de las sutiles respuestas liberales que los monoteístas han concebido en años recientes para soslayar este problema. Si decía que el antiguo paganismo podía salvar a gente como Abd al-Muttalib, los coraixíes sin duda responderían que en este caso no había necesidad de abolirlo. Pero si admitía que Abd al-Muttalib no se había salvado, Abu Lahab podía retirarle su protección a quien había denigrado la memoria de su amado progenitor.

Mahoma tuvo que buscarse a un nuevo protector, y fue una señal de su desesperación que intentara encontrarlo en Taif, la ciudad de Lat. Taif era una ciudad mercantil similar a La Meca, aunque no tan próspera. Pero estaba situada en una parte más fértil de Arabia, y cuando Mahoma se aproximaba a la ciudad amurallada, edificada sobre una colina, debió de atravesar bellos jardines, huertos y campos de trigo. Varios miembros del clan de Abd Shams y de Hashim, su propio clan, poseían allí residencias de verano, por lo que quizá Mahoma tuviera contactos en la ciudad. Sin duda iba a correr un gran riesgo, ya que a los thaqif, guardianes del antiguo santuario, les habría ofendido profundamente la condena por parte de Mahoma del culto a Lat. El Profeta visitó a tres hermanos y les pidió que aceptaran su religión y le dieran protección, pero le rechazaron de forma insultante. De hecho, a los tres thaqif les indignó tanto la afrenta de Mahoma por atreverse a hacerles semejante propuesta que ordenaron a sus esclavos que lo persiguieran por las calles.

Para huir de la turba, Mahoma corrió a esconderse en un huerto que pertenecía a Utba ibn Rabia y a su hermano Shayba, quienes estaban sentados en el jardín en aquel momento y lo vieron todo. Pertenecían a la vanguardia de la oposición a Mahoma en La Meca, pero eran hombres justos y les habría afligido ver a un coraixí huir de forma tan ignominiosa, por lo que le enviaron a un muchacho esclavo con un plato de uvas. Agazapado en el huerto, Mahoma creyó que se le habían acabado los recursos. Debió de acusar profundamente la ausencia de Jadija en aquellos momentos: éste era el tipo de problema que ella siempre supo solucionar, y sin duda Mahoma echaba en falta su consejo. Era habitual que los árabes «se refugiaran» en una deidad o en un *jinni* en caso de emergencia, pero ahora Mahoma «se refugió» en Dios:

«Oh, Alá, ante Ti me quejo de mi debilidad, de mi desamparo y de mi mansedumbre ante los hombres. Oh, Misericordioso entre los misericordiosos, Tú eres el Señor de los débiles y Tú eres mi Señor. ¿A quién me confiarás? ¿A alguien venido de lejos que me maltrate? ¿O a un enemigo al que Tú hayas dado poder sobre mí? Si no estás enojado conmigo, no me preocupa. Pero si contara con tu favor, todo sería más llevadero. Me refugio en la luz de tu semblante que ilumina la oscuridad, y todas las cosas de este mundo y del siguiente están correctamente ordenadas, por temor a que hagas descender tu ira sobre mí, o que tu cólera se pose en mí. Es tu voluntad mostrarte agraviado hasta que estés satisfecho. No hay poder ni fuerza sino en Ti».[4]

Es poco habitual que Ibn Ishaq nos ofrezca un relato tan íntimo del estado de ánimo de Mahoma, lo cual indica que sufrió una crisis en su desarrollo espiritual. El Profeta ya no podía confiar en la compañía de los hombres, por lo que tuvo que asumir que no existía otro dios, otra seguridad, otro «protector» auténtico que no fuera Alá.

Dios pareció responder a su plegaria casi de inmediato enviándole una señal cuando Addas, el muchacho esclavo, llegó con el plato de uvas. Addas, un cristiano procedente de Nínive, en lo que es hoy Iraq, quedó estupefacto al ver a este árabe bendiciendo el plato «en nombre de Dios» antes de comer. Por su parte, Mahoma se sorprendió gratamente al saber que Addas era de Nínive, la ciudad del profeta Jonás, y le dijo al muchacho que él también era profeta y por consiguiente «hermano» de Jonás. Addas se emocionó tanto que besó la cabeza, las manos y los pies de Mahoma, para disgusto de Utba y Shayba, quienes habían estado observando el incidente: fue un ejemplo más del asombroso poder de Mahoma sobre los jóvenes. Mahoma se sintió menos aislado tras conocer a este miembro de las Gentes del Libro, quien le hizo pensar en todos los habitantes del inmenso mundo más allá de Arabia que entenderían su misión profética, pese a que los árabes del Hijaz no podían entenderla. De camino hacia su casa, se dice que también fue consolado por un grupo de *jinn* que le oyeron recitar el Corán y quedaron prendados de su belleza.[5]

Pero «buscar refugio en Alá» no significaba que Mahoma pudiera prescindir de la protección humana. El Corán deja claro que los musulmanes tienen que esforzarse al máximo para solucionar sus propios problemas, y no deben abandonarse perezosamente a la misericordia divina: «Dios no altera lo que hay en las gentes hasta que éstas alteran lo que hay en sus interiores».[6] Es un versículo que hoy gustan de citar los musulmanes que están involucrados en una lucha política. Antes de entrar en la ciudad, Mahoma mandó un aviso a los tres jefes de los otros clanes, pidiéndoles que lo aceptaran como confederado. Cuando los coraixíes supieran que había estado dispuesto a marcharse a Taif, su posición en la ciudad sería aún más peligrosa. Los dos jefes a los que acudió primero –Ajnas ibn Shariq, del clan de Zuhrah, y Suhayl ibn Amr, del clan de Amir– se negaron por cuestiones de principios tribales,[7] pero el tercero –Mutim, jefe del clan de Nawfal, que había hecho campaña a favor de anular la prohibición– acogió a Mahoma bajo su protección y el Profeta pudo entrar en la ciudad.

Ésta, sin embargo, no podía ser una solución a largo plazo, y por aquel entonces Mahoma empezó a predicar a los peregrinos beduinos que venían a hacer el *hayy* anual, con la esperanza de encontrar entre ellos un protector más permanente. Mahoma estaba empezando a ampliar su misión para incluir a otros árabes, pero al principio los beduinos se mostraron hostiles e insultantes, y no parecían interesados en la religión de Mahoma. Fue una época desoladora, pero quizá porque se vio obligado a abandonar sus ideas preconcebidas y a agotar todos sus recursos, Mahoma tuvo la mayor experiencia mística de su vida en el año 620.

El Profeta estaba de visita en casa de su prima Umm Hani, la hermana de Ali y Jafar, y, dado que ésta vivía cerca de la Kaaba, Mahoma se levantó en plena noche y fue a recitar allí el Corán. Finalmente decidió dormir un rato en el *hijr*, un recinto cercado situado al noroeste del santuario. Entonces le pareció que Gabriel lo despertaba, lo izaba sobre un corcel celestial llamado *Buruq* y se lo llevaba volando milagrosamente durante la noche hasta Jerusalén, que el Corán llama *al-masjid al-aqsa*: la mezquita más remota.[8] Después de este vuelo nocturno *(isra)*, Mahoma y Gabriel llegaron al monte del Templo, donde fueron recibidos por Abraham, Moisés, Jesús y un grupo compuesto por muchos otros profetas. Oraron juntos y le trajeron a Mahoma tres copas que contenían agua, leche y vino. Mahoma eligió beber la leche, como símbolo del camino intermedio que el islam ha intentado tomar entre el ascetismo extremo y el hedonismo. A continuación trajeron una escalera *(miraj)* y tanto Mahoma como Gabriel subieron hasta el primero de los siete cielos y emprendieron el ascenso hasta el trono de Dios. En cada etapa Mahoma pudo ver a uno de los grandes profetas: Adán presidía el Primer Cielo, donde Mahoma tuvo una visión del infierno; Jesús y Juan Bautista estaban en el Segundo Cielo; José en el Tercero; Enoc en el Cuarto; Aarón y Moisés en el Quinto y el Sexto y, finalmente, Abraham en el Séptimo, en el umbral de la esfera divina.

Ibn Ishaq deja la visión suprema en reverente oscuridad, pero cita una tradición que ofrece una razón práctica para que se produjera esta experiencia, pese a que parece haber sido una experiencia personal para el propio Mahoma porque no incluía ninguna revelación que debiera incluirse en el Corán. Cuando llegó al trono divino, Dios comunicó a Mahoma que los musulmanes tenían que hacer el *salat* cincuenta veces al día. Durante el descenso, Moisés instó a Mahoma a subir de nuevo para que Dios redujera el número de plegarias. Moisés mandó volver a Mahoma una y otra vez, hasta que el número de oraciones prescritas se redujo a cinco, que continuó pareciéndole excesivo, pero Mahoma estaba demasiado avergonzado como para pedir una nueva reducción. Tras la muerte de Mahoma los musulmanes rezaban cinco veces al día. Esta tradición nos muestra que la religión no fue concebida como una carga insoportable, sino como una disciplina moderada que todos pudieran cumplir.[9]

Esta experiencia religiosa ha tenido una importancia crucial en la evolución de la espiritualidad islámica. Se celebra cada año en el 27 de *rayab*, el séptimo mes lunar, y místicos, filósofos y poetas han especulado acerca de su significado a lo largo de los siglos. Incluso se ha incorporado a la tradición occidental, porque los relatos musulmanes del *miraj*, el ascenso al cielo de Mahoma, influyeron en el relato de Dante sobre su viaje imaginario por el infierno, el purgatorio y el cielo en la *Divina comedia*, aunque, con la típica esquizofrenia occidental, como hemos visto, Dante colocó al Profeta en uno de los círculos más bajos del infierno. Los sufíes, quienes estaban sobre todo interesados en esta experiencia, creían que la visión suprema de Mahoma había sido descrita en el Corán en la sura 53:

> Cierto, lo ha visto descender otra *vez*
> junto al azufaifo de al-Muntaha;
> a su lado está el jardín de al-Mawa,
> cuando cubría el azufaifo lo que *le* cubría.
> La mirada *de Mahoma* no se desvió ni se desbordó:
> vio la mayor de las aleyas de su Señor.[10]

Como sucede en la tradición hindú, el azufaifo marca el límite del conocimiento normal y mundano. El Corán deja claro que Mahoma vio sólo una de las aleyas de Dios, no al mismo Dios, y más tarde los místicos resaltaron la paradoja de esta visión, en la que Mahoma vio y no vio a un tiempo la Esencia Divina.[11]

Los sufíes describían a Mahoma como a un héroe que abría un nuevo camino hasta Dios en esta experiencia, tan cercana a las experiencias de otros místicos en tradiciones muy dispares. El relato persa del siglo XIII escrito por el gran poeta Farid ud-Din Attar se acerca mucho al espíritu de san Juan de la Cruz, quien también recalcó la importancia de dejar atrás todos nuestros conceptos y experiencias humanos para ir más allá de lo que el Corán denomina el azufaifo, el límite del conocimiento humano. Attar revela que, en última instancia, Mahoma tuvo que dejar atrás a todo el mundo: ni siquiera Gabriel pudo acompañar al Profeta en la última etapa de su viaje. En su vuelo, tras haber trascendido la percepción sensorial normal, así como la lógica y la razón, Mahoma se introdujo en un nuevo ámbito de experiencia, pero aún tenía que prepararse para dejar atrás su cuerpo.

> Oyó una llamada, un mensaje del Amigo.
> Le llegó una llamada de la Esencia del Todo:
> «¡Deja alma y cuerpo, ser transitorio!
> ¡Oh, tú, mi meta y mi objetivo, entra ahora
> y contempla mi Esencia cara a cara, amigo mío!»
> Sobrecogido, perdió el habla y se perdió a sí mismo
> –Mahoma no conocía al Mahoma de aquí,
> no podía verse a sí mismo–, vio el Alma de las Almas,
> el rostro de Aquel que creó el universo.[12]

Es una experiencia común a todas las grandes tradiciones místicas, una expresión de la creencia según la cual ningún hombre puede ver a Dios y seguir viviendo. Pero tras haber muerto simbólicamente y haberse enfrentado a la experiencia de la extinción, Mahoma se convirtió en un ser mejor. Más tarde retomaría esta experiencia y ampliaría la capacidad humana para adentrarse en lo divino. El *miraj* se convirtió en paradigma del aspecto místico del islam: los sufíes siempre hablaban de una aniquilación *(fana)* en Dios, a la que seguía un renacer *(baqa)* y un perfeccionamiento de la propia conciencia.

Algunos musulmanes aseguran que Mahoma viajó hasta el trono de Dios corporalmente, pero Ibn Ishaq cita una tradición de Aisha en la que queda claro que el Viaje Nocturno y la Ascensión fueron experiencias puramente espirituales. Sea cual fuere nuestra forma de interpretarla, la experiencia mística es un hecho en la vida humana y parece ser muy similar en la mayoría de tradiciones. Los budistas afirman que estos presentimientos del sentido último de la vida y la expansión de la conciencia son estados puramente naturales, más que un encuentro con el Otro. Al parecer, en situaciones extremas, la conciencia humana crea imágenes o paisajes míticos determinados para describir este encuentro, de forma similar a como, en un contexto completamente distinto, aquellos que están cerca de la muerte suelen describir la experiencia también de un manera determinada: se adentran por un largo pasillo, son recibidos junto a una puerta por alguien que les dice que vuelvan, etcétera. En todas las religiones existen hombres y mujeres que poseen un don especial para este tipo de actividad y que han cultivado estas experiencias mediante ciertas disciplinas y técnicas que, una vez más, son sorprendentemente similares. El *miraj* de Mahoma, tal y como lo describen los escritores musulmanes, es muy parecido a la experiencia del misticismo en torno al trono de Dios en la tradición judía, que floreció desde el siglo II hasta el X d.C. Los adeptos se preparaban para realizar un vuelo y un viaje místicos hasta el trono de Dios mediante disciplinas especiales. Ayunaban, leían determinados himnos que provocaban cierta receptividad y empleaban determinadas técnicas físicas. Parece que solían meter la cabeza entre las rodillas tal y como hacía Mahoma, según algunas tradiciones musulmanas; en otras tradiciones han tenido una gran importancia los ejercicios respiratorios, mediante los cuales los adeptos experimentaban un peligroso ascenso al trono de Dios y, al igual que los musulmanes, describían la visión suprema de formas paradójicas que recalcan su inefabilidad esencial. Los místicos de esta tradición también consideraban a sus fundadores héroes que habían descubierto un nuevo camino para llegar a Dios y arriesgaban sus vidas en el empeño.

Ciertos aspectos del *isra* y el *miraj* son muy similares a las iniciaciones místicas en las que algunas personas realizan una dolorosa transición de un tipo de vida a otro. Dicha transición es asombrosamente similar, por ejemplo, a la experiencia de la joven matrona Perpetua, una mártir cristiana que murió en Cartago durante la persecución de Severo en el año 203. La mayoría de especialistas cree que las *Actas de Perpetua y Felicitas*, que fueron publicadas por un compilador justo después de su muerte, son auténticas. Nos dicen que, mientras Perpetua estaba esperando su juicio en la cárcel, sus compañeros la instaban a implorarle a Dios una visión que les revelara si realmente iban a morir. Se lo habían pedido a Perpetua porque era conocida por sus especiales dotes místicas, y ésta prometió darles una respuesta al día siguiente. Probablemente de modo subconsciente, Perpetua adoptó un estado de ánimo receptivo, similar al que adoptan hoy los sujetos psicoanalizados al relatar sueños reveladores a sus terapeutas.[13] Como era de esperar, aquella noche Perpetua soñó que veía una escalera (como en el *miraj* de Mahoma) que llegaba hasta el cielo; el ascenso era muy peligroso y en determinado momento temió no llegar hasta lo alto, pero animada por sus compañeros perseveró y se encontró en un jardín inmenso y bellísimo. Allí un pastor que ordeñaba una oveja le dio un poco de cuajada; al despertar, Perpetua descubrió que «todavía estaba masticando algo dulce difícil de definir». Ahora sabía que sin duda iba a morir e instó a sus amigos de la cárcel a «no albergar más esperanzas en el mundo».[14] Perpetua tuvo algunos sueños más y los transmitió a sus compañeros; dichos sueños muestran que, de forma subconsciente, la muchacha aceptaba la proximidad de su propia muerte y estaba preparándose no sólo para su paso a la vida eterna, sino también para el martirio, considerado como la suprema experiencia religiosa en los primeros años del cristianismo. Mahoma no iba a morir, pero estaba a punto de iniciar una nueva fase de su misión que requería una ruptura con el pasado y constituía una especie de muerte. La visión era, sin embargo, reconfortante: Mahoma no tomó su leche, como Perpetua, del Buen Pastor, sino de los grandes profetas del pasado, en una visión que expresa continuidad con las revelaciones anteriores.

El propio *miraj* también recuerda la experiencia iniciática de un chamán que, según el estudioso estadounidense ya fallecido Joseph Campbell, todavía «tiene lugar en Siberia y a lo largo de todo el continente americano hasta Tierra del Fuego». Campbell explica que en su primera juventud el chamán tiene «una experiencia psicológica sobrecogedora que le lleva a mirar hacia su interior. Es una especie de colapso esquizofrénico. Todo su inconsciente se abre, y el chamán cae dentro».[15] Los bosquimanos, por ejemplo, provocan esta experiencia durante una danza maratoniana: un chamán describe lo que le sucedió al entrar en trance y desplomarse:

«Cuando salgo, comienzo a trepar, y trepo por hilos, los hilos que están allí abajo, en el sur. Subo por uno y lo dejo, luego trepo por otro. Luego lo dejo y trepo por otro (...) Y cuando llegas al lugar en que está Dios, te haces pequeño. Te has hecho pequeño. Entras empequeñecido en el lugar de Dios. Allí haces lo que tienes que hacer, y luego vuelves donde está todo el mundo (...) y finalmente entras de nuevo en tu cuerpo».[16]

El chamán ha pasado por una forma de extinción personal y se ha introducido en lugares adonde otros no pueden acceder; después traerá noticias procedentes del ámbito de la imaginería mitológica, de la sede del poder.

Tal y como nos ha llegado, el Viaje Nocturno revela que Mahoma estaba empezando a comprender que podía llegar a ser más que un humilde amonestador de los coraixíes, pero aún seguía buscando a un nuevo protector humano. Durante el *hayy* se esforzó por visitar a los peregrinos mientras acampaban durante los tres días señalados en el valle de Mina, yendo de una tienda a otra. De esta forma conoció a un grupo de seis paganos árabes de Yatrib durante el *hayy* del año 620, los cuales habían acampado en el barranco de Aqaba, en la parte del valle más cercana a La Meca. Mahoma se sentó con ellos, les habló de su misión y recitó el Corán, pero esta vez en lugar de ser recibido con hostilidad y rechazo descubrió que los árabes parecían atentos y animados. Cuando Mahoma hubo finalizado los paganos se miraron y dijeron que éste debía de ser el profeta del que siempre hablaban los judíos de Yatrib. Durante años habían provocado a sus vecinos paganos con historias acerca de un profeta que les destruiría, del mismo modo que fueron destruidas las antiguas tribus árabes de Ad e Iram. Si Mahoma era realmente este profeta tenían que impedir que los judíos llegaran a él primero. Asimismo, comprendieron de inmediato que Mahoma podía solucionar los problemas aparentemente insuperables de Yatrib.

En aquella época Yatrib no era todavía una ciudad como La Meca. Consistía en un oasis, una isla fértil de unos 32 km^2 rodeada de colinas volcánicas, rocas y tierra pedregosa y yerma. No era un centro comercial, sino un asentamiento agrícola habitado por distintos grupos tribales que vivían unos junto a otros en sus poblados y granjas, en un clima de feroz hostilidad. Originalmente la zona había sido cultivada por colonos pioneros judíos, cuya procedencia se desconoce. Puede que fueran refugiados de Palestina que huyeron a Arabia después de que los romanos hubieran aplacado la rebelión del año 135 d.C., o quizá se tratara de tribus árabes que se habían convertido al judaísmo. Una tercera posibilidad podría ser que varios árabes independientes se hubieran afiliado a un grupo de hebreos y hubieran adoptado su religión. A principios del siglo VII había tres grandes tribus judías en Yatrib:

Bani Qurayzah, Bani Nadir y Bani Qaynuqa, más pequeña y menos importante. Los judíos conservaban una identidad religiosa diferenciada, pero por lo demás era casi imposible distinguirlos de sus vecinos paganos árabes. Tenían nombres árabes, no judíos, observaban las convenciones del sistema tribal y solían ser tan ferozmente hostiles entre ellos como lo eran con cualquiera de las tribus árabes.

Durante el siglo VI los Bani Qaylah comenzaron a emigrar desde Arabia del Sur y se asentaron en el oasis junto a los judíos. Estos recién llegados se agruparon en dos ramas relacionadas –los Aws y los Jasraj– que se convirtieron en dos tribus diferenciadas, compuestas por clanes diferentes. Al principio los Aws y los Jasraj eran más débiles que los judíos, pero gradualmente fueron obteniendo sus propias tierras, construyeron sus propias fortalezas y se convirtieron en sus iguales. A principios del siglo VI los Aws y los Jasraj disfrutaban de una posición algo más fuerte que la de los judíos, pero habían empezado a luchar entre ellos.

La transición de la vida nómada a la sedentaria había provocado una crisis en Yatrib aún más intensa que el descontento de La Meca. Las costumbres tribales que tan bien funcionaran en las estepas ya no eran pertinentes. En el desierto, cuando los separaban grandes distancias, los nómadas habían defendido celosamente sus tierras ancestrales. Pero cuando tuvieron que apiñarse en un pequeño oasis, en el que cada tribu vigilaba con desconfianza su escaso terreno, el sistema dejó de funcionar. Un grupo emprendía un ataque *(gazu)* contra el territorio enemigo a la manera consagrada por la tradición, y la tribu que había sido víctima del ataque se veía obligada a vengarse. Gradualmente las distintas tribus de Yatrib acabaron atrapadas en un ciclo de violencia; las guerras constantes estaban destruyendo la tierra, acabando con los cultivos y socavando la fuente de riqueza y poder de Yatrib. Las tribus judías se involucraron profundamente en el conflicto y se aliaron en distintas configuraciones tanto con los Aws como con los Jasraj. En el año 617 se llegó a un punto muerto. Ningún grupo podía hacerse con la supremacía y ambos bandos, así como sus respectivos aliados, estaban exhaustos. La guerra civil había culminado aquel año en la batalla de Buath, que dio la victoria nominal a los Aws y a sus confederados judíos, los Bani Nadir, pero ambos fueron totalmente incapaces de sacarle partido a su victoria y hacerla efectiva. Todos estaban empezando a comprender que, pese a la arraigada desconfianza de los árabes hacia la realeza, una autoridad suprema constituía la única esperanza para Yatrib. Abdallah ibn Ubbay, uno de los jefes de los Jasraj, se había negado a luchar en la batalla de Buath al ver que era imposible obtener la victoria. De este modo se ganó la reputación de persona imparcial, y la gente empezaba a considerarle un posible rey o jefe supremo. Pero, naturalmente, mucha gente desconfiaba de esta solución. Los Aws, como cabía esperar, eran muy reacios a entregar el poder supremo a un miembro de los Jasraj, y los clanes menos poderosos de los Jasraj tampoco estaban dispuestos a permitir que Ibn Ubbay se hiciera con la supremacía.

Cuando Mahoma se presentó ante los seis peregrinos de Yatrib durante el *hayy* del año 620, éstos vieron de inmediato que, como profeta de Alá, sería un líder mucho más imparcial que Ibn Ubbay. No los escandalizó su mensaje monoteísta: llevaban tanto tiempo viviendo junto a los judíos que estaban acostumbrados a la idea de un único Dios y parecían bastante dispuestos a rebajar a las antiguas diosas al nivel de los *jinn* y de los ángeles. Llevaban mucho tiempo sintiéndose inferiores a los judíos porque no tenían escrituras propias y eran «un pueblo sin conocimiento»,[17] por lo que se estremecieron cuando oyeron decir a Mahoma que era un profeta para los árabes y les había traído un Corán árabe. Se entregaron a Dios de inmediato, con grandes esperanzas para Yatrib: «Hemos dejado a nuestro pueblo, porque no hay ninguna tribu tan dividida por el odio y el rencor. Quizá Dios los unirá a través de ti. Así que vayamos a ellos e invitémosles a esta religión tuya; y si Dios los une en ella, entonces ningún hombre será más poderoso que tú».[18] Acordaron visitar de nuevo a Mahoma al cabo de un año. Resultaba esencial que Mahoma obtuviera un apoyo más amplio en el oasis si tenía que mudarse allí con sus compañeros. No anticipaba problemas por parte de los judíos, porque siempre había creído que su mensaje era igual que el suyo, pero todos estos peregrinos pertenecían a las tribus menos numerosas de Jasraj. Si Mahoma iba a unir Yatrib tendrían que atraer a algunos de los Aws a su fe.

Durante algunos años la causa musulmana pareció haberse estancado, pero esto indicaba que la situación podía mejorar. Mahoma también realizó algunos cambios importantes en su hogar aquel año. Necesitaba una esposa y ansiaba una presencia femenina en su vida, por lo que alguien le sugirió que se casara con Sawdah, la prima y cuñada de Suhayl, jefe de los Amir. Sawdah y su marido Sakran, hermano de Suhayl, habían emigrado a Abisinia en el año 616 y Sakran había muerto poco después de que regresaran a La Meca. Sawdah accedió a la boda, por lo que Hatib ibn Amr, otro de los hermanos de Suhayl, la entregó en matrimonio al Profeta.

Abu Bakr también ansiaba forjar un vínculo más estrecho con Mahoma, al que había servido tan lealmente durante todos estos años con gran sacrificio personal. Su hijita Aisha sólo contaba seis años en el 620 y ya la habían prometido en matrimonio al hijo de Mutim, jefe de los Nawfal, el nuevo protector de Mahoma. Pero Mutim estaba más que dispuesto a renunciar a la boda porque su esposa temía que su hijo se hiciera musulmán, de modo que Aisha fue prometida formalmente a Mahoma en una ceremonia en la que la pequeña no estuvo presente. Años después recordaría que la primera vez que se percató de su nueva condición fue cuando su madre le explicó que ya no podría jugar en las calles como las otras niñas, sino que tendría que invitar a sus amigas a jugar con ella en la casa familiar.

El harén de esposas de Mahoma ha provocado un sinfín de especulaciones escabrosas y lascivas en Occidente, además de mucha mal disimulada envidia, tal y como vimos en el capítulo 1, cuando mencioné que a Mahoma lo han acusado con frecuencia de lujuria. Más tarde el Corán decretó que un musulmán sólo podía tener cuatro esposas, pero a Mahoma, por ser el Profeta, se le permitía tener muchas más. En aquella época muy pocos en Arabia consideraban la monogamia como una norma particularmente aconsejable, y años después, cuando Mahoma se estaba convirtiendo en un gran *sayyid* árabe, su gran harén constituía un símbolo de su posición social. En una sociedad tribal, la poligamia suele ser la norma. La Biblia no muestra ningún escrúpulo al mencionar las hazañas sexuales del rey David o el enorme harén del rey Salomón, que deja en ridículo al de Mahoma. Al igual que Mahoma, ambos vivieron en una época en la que sus pueblos hacían la transición de la vida tribal a la urbana. Pero sería del todo equivocado imaginar a Mahoma retozando de forma decadente en un jardín de delicias terrenales; de hecho, sus muchas esposas le causaron a veces, como veremos, bastantes problemas. Basta con que nos fijemos en dos detalles: en primer lugar, ni Sawdah ni Aisha fueron escogidas por sus encantos sexuales. Aisha no era más que una niñita, y a sus treinta años Sawdah había pasado su primera juventud y estaba empezando a engordar. Sabemos muy poco acerca de ella, lo cual indica que esta boda tuvo más de acuerdo práctico que de matrimonio por amor. Sawdah, quien sabía cómo ocuparse del hogar de Mahoma, vio mejorar su categoría social, al menos en la comunidad musulmana, al convertirse en la esposa del Profeta. En segundo lugar, ambos matrimonios tuvieron una dimensión política: Mahoma estaba forjando importantes vínculos de parentesco. Todavía tenía esperanzas puestas en Suhay, un hombre profundamente religioso, y el matrimonio con Sawdah lo convirtió en su pariente político. También era importante establecer un vínculo más estrecho con Abu Bakr: Mahoma estaba empezando a constituir una especie de clan alternativo, que no se basaba en el parentesco sino en la ideología, pese a que los lazos de sangre aún se consideraban muy importantes.

Abu Bakr debió de alegrarse de este vínculo con Mahoma, porque por esta época volvía a estar aislado en La Meca. Había construido una pequeña mezquita junto a la puerta de su casa, lo cual escandalizó al clan de Jumah. «Era», dice Ibn Ishaq, «un hombre bondadoso y cuando leía el Corán se emocionaba tanto que se echaba a llorar. Jóvenes, esclavos y mujeres solían quedarse de pie junto a él cuando recitaba el Corán, asombrados ante su comportamiento.»[19] Cuando fue acogido bajo la protección de Ibn al-Dughumma, los coraixíes estipularon que ya no estaba permitido rezar en público, por lo que una delegación se presentó ante el jefe beduino y le preguntó con indignación:

«¿Le habéis dado a este tipo protección para que pueda herirnos? Hete aquí que reza y recita lo que Mahoma ha transmitido, y su corazón se ablanda y llora. Y su aspecto llama la atención, por lo que tememos que pueda seducir a nuestros jóvenes, a nuestras mujeres y a los débiles. Id a él y decidle que se vaya a su casa y haga lo que quiera allí».[20]

Pero Abu Bakr se negó a abandonar su mezquita: tal vez creyera que ya no podía seguir transigiendo y que ya había aguantado bastante. Así pues, se convirtió una vez más en el blanco de todos los insultos: la gente le echaba tierra encima por la calle y los jefes de los coraixíes le dijeron con desdén que él era el único responsable de cuanto le sucedía.

Durante el *hayy* del año 621 los seis conversos de Yatrib volvieron a La Meca tal y como se había acordado, llevando con ellos a siete personas más, dos de las cuales eran miembros de la tribu de Aws. De nuevo encontraron a Mahoma en el barranco de Aqaba y prometieron formalmente adorar sólo a Alá y observar los mandamientos. Más tarde uno de ellos diría lo siguiente:

«Le prometimos al apóstol que no asociaríamos nada a Dios, ni robar, ni fornicar, ni matar a nuestros hijos, ni calumniar a nuestros vecinos, no desobedeceríamos [a Mahoma] en lo que era correcto; si cumplíamos esto el paraíso sería nuestro; si cometíamos alguno de estos pecados estaba en manos de Dios castigarnos o perdonarnos según su voluntad».[21]

En esta reunión, que después se conocería como el Primer Aqaba, se concedió más importancia a la religión que a la política. El antiguo paganismo no había conseguido solucionar la crisis en Yatrib, y la gente estaba preparada para aceptar una nueva ideología. Las exigencias religiosas de Mahoma ayudarían a los musulmanes a cultivar el respeto por los demás como individuos con determinados derechos inalienables; esta nueva moralidad reemplazaría al antiguo ideal colectivo de la tribu, que daba más importancia al grupo que a sus miembros. Este nuevo individualismo constituiría una posible base para un nuevo tipo de sociedad, porque ayudaría a las gentes de Yatrib a comprender que unos no se beneficiarían necesariamente a costa de otros, como había sucedido en el desierto, donde no había suficientes productos básicos para repartir.

Cuando los peregrinos regresaron a Yatrib, Mahoma envió con ellos a Musab ibn Umayr, un musulmán sumamente hábil que había regresado recientemente de Abisinia, para que instruyera a la gente del oasis y para que recitara el Corán. El odio tribal estaba ahora tan arraigado que ni los Aws ni los Jasraj podían soportar que un miembro de la tribu enemiga leyera el libro santo o dirigiera las oraciones, por lo que la recitación tenía que realizarla una persona imparcial que no perteneciera a ninguna de las dos tribus. Al principio los hombres más importantes de los Aws se mostraron extremadamente hostiles hacia la nueva religión; cierto día, Sad ibn Muadh, jefe de uno de sus clanes principales, se horrorizó al saber que Musab estaba sentado a la vista de todos en un jardín de su territorio, predicando a los miembros de su clan. Pero Musab era el invitado de su primo hermano Asad ibn Zurara, uno de los primeros seis conversos, y no estaría bien visto que Sad insultara al visitante de La Meca. Así pues, Sad envió a Usayd ibn al-Hudayr, su hombre de confianza, para que echara a Musab de su tierra. Usayd asió su lanza y se dirigió con paso firme hacia el jardín. Cuando encontró a los que estaban sentados alrededor de Musab, escuchándole con atención, les dirigió una mirada furibunda y exigió saber qué pretendía el musulmán viniendo a engañar a sus camaradas más débiles. Musab respondió: «¿Por qué no te sientas y escuchas? Si te complace lo que digo puedes aceptarlo, y si no te complace no tienes por qué prestar atención». Usayd dijo que le parecía justo, por lo que clavó su lanza en el suelo y se sentó a escuchar el Corán. Como solía suceder, la belleza de las palabras acabó con su reticencia, y los miembros de su clan pudieron observar que se le demudaba visiblemente el rostro y su expresión se volvía pacífica y luminosa. Al final de la recitación, Usayd gritó: «¡Qué discurso tan bello y maravilloso! ¿Qué hay que hacer para ser miembro de esta religión?». Musab le dijo que purificara su ropa, proclamara su fe en el único Dios y se postrara con reverencia. Tan pronto como Usayd hubo cumplido estos requisitos, se fue corriendo en busca de Saad.

Nada más verle, Saad supo por la expresión de su cara que Usayd le había fallado. Cogió su lanza y gritó indignado: «¡Por Alá, puedo ver que has sido del todo incompetente!», y se dirigió a grandes zancadas hacia el jardín. Volvió a suceder lo mismo; Musab le pidió que se sentara y escuchara, Saad clavó su lanza en el suelo y no tardó en rendirse a la belleza del Corán. Esta conversión sería decisiva. Saad reunió a sus gentes a su alrededor y les preguntó por qué aceptaban su liderazgo. Respondieron: «[Eres] nuestro jefe, el que defiende mejor nuestros intereses, el que tiene mejor juicio y el más afortunado en su liderazgo». Saad les dijo entonces que siguieran confiando en él incondicionalmente en esta cuestión, y añadió: «No hablaré a un hombre o a una mujer de entre vosotros hasta que creáis en Dios y en su apóstol».[22] A raíz de esto todo el clan se convirtió en masa al islam. Por supuesto, la historia está simplificada y con los años ha adquirido una pátina de romanticismo, pero Sad demostró ser uno de los musulmanes más fervientes de Yatrib y es probable que su conversión impresionara profundamente a aquellos que ansiaban un nuevo liderazgo fuerte y una solución a problemas en apariencia insolubles.

Al cabo de poco tiempo había musulmanes en casi cada familia del oasis, aunque existía un pequeño reducto de resistencia pagana en el clan de Aws, inspirado por el poeta y jefe Abu Qays ibn al-Aslat. Los poetas siempre habían tenido una importancia crucial a la hora de definir y celebrar la identidad de la tribu, y podían destruir la reputación de una persona con tanta eficacia como los medios de comunicación en la actualidad. La propaganda poética adversa podía ser tan devastadora en Arabia como una derrota militar importante, y deberíamos tener en cuenta este dato cuando consideremos la hostilidad de Mahoma hacia los poetas que lo ridiculizaban. Durante este año de dificultades en Yatrib, Abu Qays instó a los árabes de su clan a ser consecuentes con su monoteísmo auténticamente árabe y a no aceptar un Corán contaminado por sus asociaciones extranjeras. Abu Qays se dirige a Alá, a quien el pueblo de Yatrib ya consideraba el único Dios:

Señor de la humanidad, cosas graves han sucedido.
Tanto difíciles como sencillas.
Señor de la humanidad, si hemos errado
llévanos por el buen camino.
De no ser por nuestro Señor seríamos judíos
y la religión de los judíos no es conveniente.
De no ser por nuestro Señor seríamos cristianos
junto a los monjes del monte Jalil [Galilea].
Pero cuando fuimos creados, fuimos creados
hanifs; nuestra religión es de todas las generaciones.
Traemos encadenados a los camellos para el sacrificio
cubiertos con telas, pero con el lomo desnudo.[23]

No es de extrañar que Abu Qays viera una conexión entre la nueva fe de La Meca y las Gentes del Libro, porque desde el Primer Aqaba Mahoma había introducido algunas prácticas judías importantes. Obviamente, estaba tendiendo la mano a los judíos del oasis, y debía de esperar trabajar y rezar con el pueblo de esta revelación más antigua, después de un periodo tan largo de aislamiento. Mahoma ordenó a Musab que celebrara una reunión especial para los musulmanes los viernes por la tarde, cuando los judíos se estuvieran preparando para su Sabbat; de esta forma vinculó el nuevo servicio religioso con la festividad judía, sin dejar de mantener una distancia diplomática. A continuación prescribió un ayuno para los musulmanes en el Yom Kipur judío (el Día de la Expiación), que se celebraba el décimo día del mes judío de *tishri:* el ayuno judío se denominó por tanto Ashura, que en arameo arabizado significa «el décimo». Los musulmanes ahora tenían que rezar al mediodía, como hacían los judíos; hasta entonces sólo habían realizado el *salat* por la mañana y al anochecer, levantándose también durante la noche para hacer vigilias. Se dijo ahora a los musulmanes que podían casarse con mujeres judías y comer comida judía. Sin embargo, no tenían que observar todas las normas alimentarias de los judíos, sino sólo una versión modificada, que era sorprendentemente similar a la que recibieron en los Hechos de los Apóstoles los gentiles convertidos al cristianismo.[24] Por encima de todo, los musulmanes recibieron ahora la orden de rezar en dirección a Jerusalén, como hacían los judíos y los cristianos. El Viaje Nocturno de Mahoma a Jerusalén reveló que esta antigua ciudad santa tenía una enorme importancia también para la fe musulmana, y adoptar Jerusalén como *qibla* o dirección de la plegaria constituía una prueba y un recordatorio constantes de la conexión existente entre la nueva religión y las revelaciones más antiguas. Ahora los musulmanes rezaban mirando a Jerusalén tres veces al día; esta postura física les conduciría a una nueva orientación espiritual y, a un nivel más básico, les enseñaría que tenían los mismos objetivos que las Gentes del Libro.

El Corán también adoptó el nombre arameo que los judíos daban a Yatrib, *medinta*, que significaba simplemente «la ciudad». En árabe se convirtió en *al-Madinat*, palabra de la que procede la «Medina» actual. Cinco años atrás, cuando había estado buscando un nuevo hogar para algunos de sus compañeros, Mahoma apeló a los cristianos monofisitas de Abisinia, pero aquel intento, por razones que no comprendemos del todo, no pareció fructificar. Ahora el propio Mahoma había descubierto que no podía continuar viviendo en La Meca, pero habría sido impensable que el apóstol de los árabes abandonara Arabia. Esta vez instó a toda la comunidad musulmana a emigrar con él al oasis recién bautizado con el nombre de Medina, y solicitó ayuda y apoyo a las tribus judías que allí habitaban.

En el año 622 un gran grupo de peregrinos abandonó Medina en dirección a La Meca durante la época del *hayy*. Algunos de ellos seguían siendo paganos, pero setenta y tres de los hombres y dos de las mujeres eran musulmanes y representaban a las familias más influyentes de Medina. Durante el viaje se produjo un incidente que resultaría ser extrañamente premonitorio. Al-Bara ibn Marar, uno de los jefes de los Jasraj, sugirió tímidamente a los otros peregrinos que cambiaran la *qibla* durante todo el *hayy*. Se dirigían con impaciencia hacia La Meca, donde Alá tenía su santuario más importante y donde casi todos ellos iban a conocer a su profeta por primera vez. Parecía retorcido dar la espalda a La Meca mientras rezaban a fin de mirar hacia Jerusalén. Los otros pensaron que Bara estaba equivocado, porque por lo que sabían la *qibla* de Mahoma era Jerusalén y con eso les bastaba. Bara se mantuvo firme y convirtió a La Meca en su *qibla* durante el viaje. Pero, al no estar completamente seguro de su decisión, después de que llegaran se dirigió inmediatamente a la Kaaba en busca de Mahoma y le preguntó su opinión. La respuesta de Mahoma fue ambigua: «Tú tenías una *qibla*, si la hubieras mantenido».[25] Pero el propio Mahoma continuó rezando de cara a Jerusalén y Bara, obediente, hizo lo mismo. Más tarde los miembros de su clan recordarían la perspicacia de Bara, quien murió poco después de volver a Medina. Muchos creían que las intuiciones de los hombres cercanos a la muerte debían tomarse muy en serio.

Durante la estancia ritual en el valle del Mina se celebró otra reunión en el barranco de Aqaba, pero esta vez tuvo lugar en plena noche. El juramento que hicieron aquel año se conocería más tarde como el Juramento de la Guerra: «Nos comprometimos a la guerra en completa obediencia al apóstol, en buena o mala fortuna, en los momentos buenos y en las dificultades y circunstancias funestas; que no seríamos injustos con nadie; que diríamos la verdad en todo momento; y que en el servicio de Dios no temeríamos la censura de nadie».[26] El Juramento de la Guerra no significaba que el islam se hubiera convertido de pronto en una religión agresiva y marcial; era sencillamente algo necesario para el paso que Mahoma estaba a punto de dar. Instaba a sus Compañeros a realizar una Hiyra (hégira) o Emigración de La Meca hasta Medina, pero la hégira no era sólo un cambio geográfico. Los musulmanes de La Meca estaban a punto de abandonar a los coraixíes y aceptar la protección permanente de una tribu con la que no tenían vínculos de sangre.[27] Era un cambio sin precedentes y, en cierto modo, ofendía tanto a los árabes como la denigración de las diosas paganas. Siempre había existido un sistema de confederación por el cual un individuo o todo un clan podían convertirse en miembros honorarios de otra tribu y aceptar su protección, pero ésta no era una ruptura permanente; los vínculos de sangre tenían un valor sagrado en Arabia y conformaban la base de la sociedad. La misma palabra «hégira» nos indica que esta separación dolorosa resultaba primordial para aquellos que habían tomado la decisión de emigrar a Medina. La primera raíz de la palabra «*HJR*», *hajara-hu*, se ha traducido por «se separó de la comunión o relación amistosa o cariñosa... dejó... de asociarse con ellas».[28] Por su parte, los musulmanes de Medina tuvieron que prometer que proporcionarían protección *(awliya)* y ayuda *(nasr)* permanentes a gentes que no pertenecían a sus familias. A partir de entonces se les conocería como los Ansar, las gentes que prestaron ayuda *(nasr)* al Profeta y a sus Compañeros. *Ansar* suele traducirse por «los Ayudantes», pero esta traducción no refleja plenamente lo que la palabra implicaba: *nasr* significaba que era preciso estar preparado para respaldar la «ayuda» y el «apoyo» con la fuerza si era necesario. Ésta es la razón por la que los musulmanes de Medina hicieron el Juramento de la Guerra.

El Juramento se hizo en secreto. No sólo estaba Mahoma a punto de tomar una decisión inusitada que le afectaría tanto a él como a sus Compañeros de La Meca, sino que corría un gran peligro. Ibn Ishaq recalca los aspectos positivos de la hégira y hace que parezca una decisión voluntaria. Pero el Corán habla de los musulmanes que fueron «expulsados» o «echados» de La Meca.[29] Al parecer, Mahoma era consciente de que algunos estaban conspirando para matarlo.[30] Quizá Mutim le había dado protección a su regreso de Taif sólo bajo la condición de que abandonara el proselitismo. El Corán nunca menciona las ventajas de la hégira, pero sugiere que los musulmanes fueron obligados a marcharse contra su voluntad. En la reunión celebrada durante el *hayy* del año 622 reinaba una sensación de peligro y parecía como si se hubieran quemado las naves de forma irremediable. La reunión tuvo que mantenerse en secreto; los Ansar ni siquiera se la mencionaron a sus compañeros paganos durante la peregrinación, por si chismorreaban acerca de la hégira proyectada en La Meca y hacían sospechar a los coraixíes acerca de lo que se estaba tramando.

En la noche del Juramento, los Ansar dejaron a sus compañeros paganos durmiendo en sus tiendas y se escabulleron «sigilosamente, como gangas» hasta el barranco de Aqaba, donde se encontraron con Mahoma acompañado por Abbas.[31] Abbas todavía no se había convertido al islam, pero amaba a su sobrino y las primeras fuentes indican que quería asegurarse de que Mahoma estaría totalmente a salvo en Medina. Abbas comenzó la reunión advirtiendo a los Ansar que reflexionaran con cuidado antes de prometer ayuda y protección a los musulmanes de Coraix: «Si creéis que podéis ser fieles a lo que le habéis prometido y podéis protegerlo de sus enemigos, entonces asumid la obligación que habéis contraído. Pero si pensáis que le traicionaréis y abandonaréis después de que se haya ido con vosotros, dejadle ahora».[32] Pero los Ayudantes estaban dispuestos a atenerse a su decisión. Bara tomó a Mahoma de la mano, como representante de los Aws y los Jasraj, y juró que los musulmanes darían al Profeta exactamente la misma protección que daban a sus propias mujeres e hijos. Pero mientras Bara hablaba, otro Ayudante lo interrumpió: el pueblo de Medina había hecho otras alianzas y tratados, y si protegían a los musulmanes de La Meca puede que tuvieran que romper algunos de ellos. ¿Qué sucedería si después Mahoma abandonaba Medina y dejaba a su pueblo a merced de antiguos aliados que fueran a vengarse? Mahoma sonrió y respondió: «Soy vuestro y sois míos. Haré la guerra contra los que os hagan la guerra y estaré en paz con los que estén en paz con vosotros».[33] A continuación, como ambos bandos estaban satisfechos, los Ayudantes ratificaron el Juramento de la Guerra.

Después de que hubieran regresado a Medina, Mahoma comenzó a persuadir a los musulmanes de La Meca para que hicieran la hégira. Fue un paso irrevocable y aterrador. Nadie sabía cuál sería el resultado, porque nunca antes había sucedido en Arabia nada parecido. Mahoma no ordenó a los musulmanes que emigraran. A cualquiera que se mostrara reacio o que creyera que le fallaban las fuerzas se le permitió quedar atrás. Algunos musulmanes importantes se quedaron en La Meca y nunca se les acusó de apostasía o de cobardía. Pero durante los meses de julio y agosto del año 622 alrededor de setenta musulmanes partieron con sus familias en dirección a Medina, donde se alojaron en las casas de los Ayudantes hasta que pudieron construir sus propias viviendas. No parece que los coraixíes se esforzaran demasiado en detenerlos, aunque algunas mujeres y niños fueron retenidos por la fuerza y un hombre fue obligado a regresar atado a su camello. Pero los musulmanes se cuidaron de no llamar la atención, y a menudo accedieron a encontrarse fuera de la ciudad. Viajaban en grupos pequeños y discretos. Umar partió con su familia, Uthman ibn Affan con su esposa Ruqaya, y otros miembros de la familia del Profeta se adelantaron con Zayd y Hamzah. Mahoma y Abu Bakr se quedaron en La Meca hasta que todo el mundo se hubo marchado. Esta enorme deserción pronto dejó huecos preocupantes en la ciudad, que simbolizaban la herida abierta que Mahoma había infligido a la tribu de Coraix, tan próspera y unida sólo diez años atrás. Abdallah ibn Jahsh, primo de Mahoma, hizo la hégira con su familia y sus hermanas: tras su marcha la gran casa de los Jahsh, que se alzaba en el centro de La Meca, quedó totalmente vacía. Tenía un aspecto desolador y profético a ojos de Utba ibn Rabia, «con sus puertas abriéndose y cerrándose a merced del viento, vacía de habitantes».[34]

En el mes de agosto murió Mutim, el protector de Mahoma. Una vez más la vida del Profeta corría peligro. Se celebró una reunión especial para hablar de él en el Senado, de la que Abu Lahab se cuidó de ausentarse. Algunos jefes simplemente querían echar a Mahoma de la ciudad, pero otros comprendieron que podía ser muy peligroso permitirle unirse a los otros Emigrantes. Todos los que hicieron la hégira eran traidores desesperados y sin principios que habían roto los vínculos sagrados de parentesco. Ahora nada los detendría, y con Mahoma como líder podían constituir una amenaza para la seguridad de La Meca. Abu Jahl finalmente dio con un plan para deshacerse de Mahoma sin provocar una sangrienta contienda: cada clan tenía que escoger a un hombre joven, fuerte y con buenos contactos como su representante, y estos jóvenes matarían juntos a Mahoma. Así estarían implicados todos los clanes, de modo que los Hashim tendrían que contentarse con el precio de la sangre, ya que no serían capaces de luchar contra todos los coraixíes.

No tardaron en reclutar al grupo de jóvenes. Éstos se reunieron junto a la casa de Mahoma, pero los perturbó escuchar por las ventanas las voces de Sawdah y de las hijas del Profeta. Sería vergonzoso matar a un hombre en presencia de sus mujeres, por lo que decidieron esperar hasta que Mahoma saliera de casa por la mañana. Uno de los conspiradores miró por la ventana y vio a Mahoma tendido en su cama, envuelto en su manto. No se dieron cuenta de que, alertado, según se dice, por el arcángel Gabriel, Mahoma se había escapado a través de una ventana trasera y había dejado a Ali, quien había retrasado su hégira para ayudar a Mahoma a arreglar sus asuntos, haciéndose el dormido vestido con su ropa. Cuando Ali salió de la casa tranquilamente a la mañana siguiente, vestido con el manto de Mahoma, los jóvenes se dieron cuenta de que los habían engañado. Los coraixíes ofrecieron una recompensa de cien camellas a cualquiera que les llevara a Mahoma, vivo o muerto.

Entretanto, Mahoma y Abu Bakr se habían escondido en una cueva de una de las montañas de las afueras de la ciudad y permanecieron allí tres días. De vez en cuando sus partidarios salían a hurtadillas de la ciudad para llevarles noticias y provisiones. En un momento dado, de acuerdo con la tradición, una partida de búsqueda pasó frente a la cueva, pero ni siquiera se molestaron en mirar en su interior: una telaraña gigantesca cubría la entrada, y frente a ella había crecido milagrosamente una acacia durante la noche; justo en el lugar en que un hombre tendría que poner el pie para trepar hasta la cueva había una paloma silvestre, que obviamente llevaba algún tiempo incubando sus huevos. Durante estos tres días, Mahoma experimentó una profunda calma y sintió con fuerza la presencia de Dios. El Corán se refiere a la experiencia de la *sakina*, que en árabe significa «serenidad», pero que en este contexto parece haber recibido la influencia de la palabra hebrea «*Shekinah*», el término para describir la presencia divina en la tierra:

Auxiliad al *Enviado, ya que* Dios les socorrió cuando quienes no creen lo expulsaron junto con otro, *Abu Bakr*. Cuando ambos estaban en la gruta, he aquí que decía a su compañero: «¡No *te* entristezcas! Dios está con nosotros». Dios ha hecho descender su presencia sobre él y le ha auxiliado con ejércitos que no veíais.[35]

Cuando les pareció seguro hacerlo, Mahoma y Abu Bakr salieron trepando de la cueva, con cuidado de no molestar a la paloma silvestre, y montaron las dos camellas que Abu Bakr había traído. Abu Bakr quería regalarle la mejor camella a Mahoma, pero éste insistió en comprarla: ésta era su hégira personal, su ofrenda a Dios, por lo que era importante que se las arreglara por sus propios medios. Llamó a la camella *Qaswa*, y fue su montura favorita durante el resto de su vida.

El viaje en el que se habían embarcado era sumamente peligroso, porque podría decirse que mientras iban de camino nadie protegía oficialmente a Mahoma. Su guía los condujo por una ruta muy tortuosa, y zigzaguearon adelante y atrás para que sus perseguidores no pudieran seguirles el rastro. Entretanto, los musulmanes de Medina esperaban ansiosos su llegada. Algunos Emigrantes vivían ahora en Quba, el punto más meridional del oasis, y cada día, después de las plegarias matutinas, solían subir a las rocas volcánicas cercanas y otear el horizonte. En la mañana del 4 de septiembre del año 622 uno de los judíos vislumbró al grupo y les gritó a los Ayudantes: «Hijos de Qaylah! ¡Ha llegado, ha llegado!».[36] De inmediato hombres, mujeres y niños salieron en masa para recibir a los viajeros y los encontraron descansando bajo una palmera.

Mahoma y Abu Bakr se quedaron en Quba tres días, y en el último Ali se unió a ellos. Pero los musulmanes de la «ciudad» (como se conocía a la parte más densamente poblada del oasis) mostraron su impaciencia por verle, así que Mahoma partió para encontrarse con ellos y decidir dónde iba a vivir. Montó en su camella *Qaswa*, de la que se decía que estaba bajo inspiración divina, y cuando se acercaban a Medina decidió soltarle las riendas.

Por el camino, varias personas le imploraron que desmontara y se quedara en sus casas, pero Mahoma rehusó cortésmente hasta que al final *Qaswa* se tendió en el suelo frente a una tienda de dátiles que pertenecía a dos hermanos huérfanos y se negó a seguir adelante. Mahoma desmontó, permitió que le llevaran el equipaje hasta la casa más cercana y comenzó a negociar con los hermanos para que le vendieran sus tierras. Cuando hubieron acordado un precio justo el Profeta ordenó que se iniciara la construcción de una mezquita, que también sería su hogar familiar. Todos los musulmanes se pusieron a trabajar, tanto los Emigrantes como los Ayudantes. No todos los coraixíes estaban acostumbrados al trabajo manual y el elegante yerno de Mahoma, Uthman ibn Affan, parecía encontrarlo particularmente extenuante. Mientras trabajaban solían cantar versos compuestos especialmente para la ocasión:

La verdadera vida es la vida de ultratumba
¡Oh, Señor! Ten compasión de los *ansar* y los *muhachirin*[37]

Mahoma solía cambiar la última línea por «Ten compasión de los *muhachirin* [Emigrantes] y de los *ansar* [Ayudantes]». Este cambio rompía la rima y el ritmo; se trataba de una especie de demostración pícara del «analfabetismo» de Mahoma: no era un poeta nato, y su evidente ineptitud demostraba cuán milagroso era el Corán.

Pero los Emigrantes y los Ayudantes necesitaban un vínculo más formal que una canción y una actividad compartida. Se redactó un tratado que, por suerte, se ha conservado en las primeras fuentes, por lo que tenemos acceso al proyecto de la primera comunidad islámica. Dicho tratado estipulaba que Mahoma establecería una alianza con las tribus árabes y judías de Medina. Las distintas tribus del oasis debían enterrar su vieja enemistad y formar una especie de tribu que las englobaría a todas ellas. Los musulmanes y los judíos tenían que vivir en paz con los paganos de Medina, siempre que no firmaran un acuerdo separado con La Meca en un intento por deshacerse del Profeta. El artículo número 20 de la alianza reza así: «Ningún idólatra debe jamás tomar bajo su protección ni los bienes ni la persona de un coraixí, ni apoyarse en él para enfrentarse a un creyente».[38] Dios era la cabeza de la comunidad y la única fuente de seguridad *(dhimma)*.[39] En cuanto a los musulmanes, formaban un grupo totalmente distinto. Todas las tribus eran «una comunidad *[umma]* única, distinta a las de los otros hombres».[40] Hasta entonces la tribu había sido la unidad básica de la sociedad; la *umma*, sin embargo, era una comunidad basada en la religión más que en el parentesco, algo que no tenía precedentes en Arabia. Mahoma no había dictado en su mandato original que se estableciera una teocracia: probablemente ni siquiera supiera en qué consistía. Pero los acontecimientos lo obligaron a adoptar una solución totalmente nueva, que iba más allá de sus ideas preconcebidas iniciales. Desde hacía algunos años el islam era una fuerza disgregadora en la sociedad. Mahoma había sido acusado de robarles a los padres sus hijos, pero hasta la hégira nadie había pensado en abandonar la tribu de Coraix. Ahora se habían abolido los antiguos vínculos tribales, de modo que los Aws y los Jasraj formaban una *umma*. El islam empezaba a ser una fuerza de unión más que de división.

Pero, de forma inevitable, el concepto de tribu iba a afectar la visión que los primeros musulmanes tenían de la *umma*. Las condiciones tribales todavía determinaban la forma en que los musulmanes veían la nueva comunidad. Así, según el Corán,

> Quienes creen, han emigrado, han combatido con sus riquezas y sus personas en la senda de Dios; quienes han dado refugio y han auxiliado, *todos* ésos están en relación unos con otros. Para quienes creen y no han emigrado, no tenéis relación de ninguna clase hasta que emigren. Si os piden socorro a causa de la religión, debéis prestarles el auxilio, a menos que sea contra gentes con las que tengáis una alianza.[41]

Para convertirse en miembro, era preciso hacer la hégira, dejar la tribu y unirse a la *umma*. Como la tribu, la *umma* era un mundo en sí misma: «una comunidad única, distinta a las de los otros hombres»,[42] pero convertiría en «confederadas» a otras tribus a la manera convencional. La unidad de la *umma* iba a reflejar la unidad divina, que los musulmanes también tenían que fomentar en su vida personal. Ningún lazo de sangre o antigua alianza tribal debía interponerse en su camino, ni se le podía permitir dividir la unidad de la *umma* en bandos enfrentados: ningún musulmán podía luchar contra otro, fuera cual fuera su tribu. Mahoma todavía no era el jefe de la *umma*. Tenía una posición muy modesta en Medina, que al principio era muy inferior a la de otros jefes de Medina como Sad ibn Muadh o Ibn Ubbay. Su única función especial consistía en ser un árbitro imparcial de las disputas entre musulmanes.

Ésta fue una solución revolucionaria, pero en los primeros tiempos todo el mundo se mostraba dispuesto a adoptarla porque Medina había estado sumida en una situación terrible, y cualquier cambio parecía preferible a las antiguas guerras inacabables. No había oposición por parte de los paganos. Un asceta árabe llamado Abu Amir (a veces conocido como al-Rahib: el Monje) desertó a La Meca después de la llegada de Mahoma, pero después de esto todos los paganos que no se habían convertido al islam procuraron no llamar la atención. Incluso Abu Qays se convirtió al islam y fue un buen musulmán. Al principio los judíos estaban dispuestos a aceptar el nuevo sistema y algunos decidieron convertirse a esta nueva forma de monoteísmo árabe. Pero Mahoma nunca les pidió que aceptaran su religión de Alá, a menos que se mostraran deseosos de convertirse. Un pasaje coránico sugiere que los judíos conversos formaron una especie de comunidad paralela y siguieron considerándose judíos ante todo.[43] Habían recibido una revelación auténtica propia y, según el Corán, no era necesario que aceptaran el islam. Así pues, al principio el futuro parecía esperanzador, e incluso hubo un converso que ni siquiera era árabe. Mientras construían la mezquita un esclavo persa llamado Salman, que pertenecía a uno de los judíos de la tribu Bani Quayzah, se presentó ante Mahoma y le relató su historia. Había nacido cerca de Isfahan, se había convertido al cristianismo y había viajado hasta Siria, donde escuchó historias sobre el profeta que tenía que aparecer en Arabia. Cuando iba de camino al Hijaz lo hicieron prisionero y, providencialmente, lo llevaron a Medina. Salman se convertiría en un personaje venerado en el islam: se le suele considerar el precursor de todos los pueblos orientales no árabes que dedicaron su talento al servicio del islam.

En abril del año 623, unos siete meses después de la hégira, los musulmanes acabaron de construir la mezquita. Estaba hecha de ladrillos, pero en el muro septentrional orientado a Jerusalén una hornacina rodeada de piedras señalaba la *qibla*, o dirección de la plegaria. Había un gran patio destinado a los rezos formales. Al principio los musulmanes solían presentarse para rezar sin que los llamaran, pero esta situación era obviamente insatisfactoria ya que todos llegaban a horas distintas. Mahoma pensó en usar un cuerno de carnero, como los judíos, o un badajo de madera, como los cristianos orientales, pero uno de los Emigrantes tuvo un sueño: un hombre que llevaba un manto verde le dijo que la mejor manera de llamar a los creyentes a la oración consistía en pedir a un hombre de voz resonante que convocara a la gente gritando «*ial-Llahu Akbar!*» (Dios es el más grande) tres veces para recordar a los musulmanes que Dios era más importante que cualquier deidad. La llamada debía continuar así: «Atestiguo que Mahoma es el apóstol de Dios. Venid a rezar. Venid a rezar. Venid al servicio divino. Venid al servicio divino. *Al-Llahu Akbar. Al-Llahu Akbar.* No hay otro dios sino Alá». A Mahoma le complació la idea y designó a Bilal, el liberto de Abu Bakr, como candidato indiscutible. Cada mañana Bilal trepaba hasta el tejado de la casa más alta que estuviera cerca de la mezquita y se sentaba allí esperando el amanecer. Cuando veía que ya amanecía, solía estirar los brazos antes de iniciar la llamada, y decía: «Oh, Dios, te alabo y te pido ayuda para que los coraixíes acepten tu religión».[44]

Mahoma no tenía vivienda propia en la mezquita, pero se adosaron dos pequeños habitáculos al muro oriental, uno para Sawdah y otro para Aisha. Más tarde todas sus mujeres dispondrían de habitáculos propios adosados a la mezquita y Mahoma residiría con cada una de ellas por turno. Cuando la mezquita estuvo terminada, Mahoma envió a Zayd para que trajera a las mujeres de su familia, que estaban aún en La Meca, hasta su nuevo hogar. Zayd volvió con Sawdah, Umm Kultum y Fátima, las hijas de Mahoma (Zaynab se había quedado atrás con su marido pagano Abu al-As) y su propia esposa Umm Ayman. También lo acompañaban los últimos miembros de la familia de Abu Bakr que hicieron la hégira: Abdallah, su hijo, Umm Ruman, su esposa, y sus hijas Asma y Aisha.

Cuando llegaron las mujeres se celebraron diversas bodas. Mahoma decidió que Sayd debía tener otra esposa más cercana a su edad que Umm Ayman, y le pidió a Abdallah ibn Jahsh en su nombre la mano de su bella hermana Zaynab, a la que no complació en absoluto la idea. Zayd, bajo, de piel oscura y nariz chata, no era un joven demasiado atractivo, y Zaynab ambicionaba algo mejor, como veremos. Pero aceptó cuando vio que éste era realmente el deseo de Mahoma. Abu Bakr también casó a su hija Asma con el primo de Mahoma, Zubayr ibn al-Awwam, para estrechar aún más el vínculo con la familia del Profeta.

Por último, casi un mes después de ir a La Meca, se decidió que había llegado el momento de celebrar la boda de Mahoma con Aisha. La niña contaba tan sólo nueve años, por lo que no hubo banquete nupcial y el ceremonial fue muy breve. De hecho, fue tan modesta la boda que el mismo día Aisha desconocía que se iba a casar y estuvo jugando con sus amigos en un balancín. Abu Bakr había comprado una bella tela de rayas rojas en Bahrein y con ella le confeccionaron un traje de novia y después la llevaron a su pequeño habitáculo junto a la mezquita. Allí la esperaba Mahoma, quien rió y sonrió mientras la engalanaban con joyas y adornos y peinaban su larga cabellera. Luego trajeron un cuenco con leche y tanto Mahoma como Aisha bebieron de él. El matrimonio apenas cambió la vida de Aisha. Tabari afirma que, dada su extrema juventud, Aisha permaneció en casa de sus padres y el matrimonio se consumó allí más tarde, cuando hubo alcanzado la pubertad. Aisha continuó jugando con sus amigas y sus muñecas. A veces Mahoma iba a verla y, dice Aisha, las pequeñas «salían a hurtadillas de la casa y él salía tras ellas y las volvía a traer, porque le complacía que me hicieran compañía». Mahoma había disfrutado jugando con sus propias hijas cuando eran pequeñas y a veces participaba en los juegos de Aisha. Cierto día, recordaba Aisha, «el Profeta llegó mientras yo jugaba con mis muñecas y dijo: "Oh, Aisha, ¿qué juego es éste?". Yo respondí: "Se llama los caballos de Salomón", y él se rió».[45]

Pero Aisha era consciente de la tristeza que se respiraba en la *umma*. Un día encontró a su padre y a sus dos libertos, Amir y Bilal, tumbados en el suelo enfermos con la fiebre que afligió a muchos de los Emigrantes cuando llegaron por primera vez a Yatrib. Los tres deliraban, y Bilal estaba tumbado solo en un rincón, cantando con voz estentórea una canción llena de nostalgia por estar ausente de La Meca:

¿Volveré a pasar la noche en Fajj
rodeado de hierbas aromáticas y de tomillo?
¿Llegará el día en que baje hasta las aguas de Majanna,
y vea de nuevo Shama y Tafil?[46]

Aisha corrió hasta Mahoma, quien era consciente del dolor y el desarraigo que afligía a los Emigrantes. Tranquilizó a Aisha pero añadió esta plegaria: «Oh, Dios, haz que Medina nos sea tan querida como La Meca, o incluso más».[47] Empezaba a ser consciente de la existencia de un problema más grave entre los Ayudantes: no todos los conversos de Medina eran musulmanes comprometidos; habían abrazado el islam por interés personal, no por convicción. Para ellos, la conversión parecía haberse convertido en una tendencia irreversible y no querían que les dejaran atrás, pero de momento seguían sin definirse, esperando a ver qué sucedería con esta nueva religión. Todos estos insatisfechos se reunieron alrededor de Abdallah ibn Ubbay, quien probablemente se hubiera convertido en rey de Medina de no haber llegado Mahoma. Ibn Ubbay se había hecho musulmán, pero obviamente era muy poco entusiasta, y esperaba ponerse al frente del movimiento si surgía algún problema. La segunda sura, la más larga del Corán, fue revelada durante los primeros meses de estancia en Medina e indica que Mahoma era consciente de las dificultades.[48] De momento Mahoma fue paciente con Ibn Ubbay; le asignó un lugar de honor en la mezquita y cada viernes le permitían dirigirse a la gente durante el oficio semanal. A cambio, Ibn Ubbay solía ser cortés con Mahoma, pero en algunas ocasiones no podía ocultar su hostilidad. Después de que se produjera un incidente desagradable, uno de los Ayudantes llevó a Mahoma a un lado y le imploró: «No seas duro con él, porque antes de que Dios te enviara hasta nosotros estábamos haciendo una diadema para coronarle, y, por Dios, él piensa que le has robado un reino».[49]

Al principio los judíos, al igual que los árabes descontentos, habían estado dispuestos a conceder a Mahoma el beneficio de la duda, especialmente porque parecía tan inclinado hacia el judaísmo. Pero con el tiempo acabaron uniéndose a Ibn Ubbay y se volvieron contra el islam. Empezaron a reunirse en la mezquita durante los oficios religiosos para «escuchar los relatos de los musulmanes y reírse y burlarse de su religión».[50] Les era muy fácil, con su conocimiento superior de las Escrituras, ridiculizar algunas de las historias del Corán sobre los distintos profetas, las cuales diferían mucho de la versión bíblica. Se negaron rotundamente a aceptar a Mahoma como a un auténtico profeta y exclamaron en tono burlón cuán extraño resultaba que un hombre que supuestamente recibía revelaciones de Dios ni siquiera pudiera encontrar su camello cuando éste desaparecía.[51] Estas críticas maliciosas disgustaban tanto a los musulmanes que a menudo se producían peleas, y tuvieron lugar escenas vergonzosas en las que los judíos fueron expulsados por la fuerza de la mezquita después de alguna pulla particularmente malévola. Su rechazo se basaba en sólidas razones religiosas. Habían estado esperando a un mesías, pero creían que la era de la profecía ya había finalizado. En esta época ningún judío o cristiano hubiera afirmado ser un profeta, como tampoco hubiera afirmado ser un ángel o un patriarca. Pero también existía un precedente para que los judíos de Medina aceptaran a Mahoma, porque el judaísmo llevaba muchos años acogiendo a «los temerosos de Dios» en la sinagoga. Éstos no observaban todas las leyes de Moisés, pero se les consideraba amigos y asociados, y los musulmanes habrían parecido candidatos obvios para tal alianza. Pero cuando los judíos se dieron cuenta de cómo se había deteriorado su posición en Medina desde la llegada de Mahoma, le rechazaron con vehemencia.

El rechazo de Mahoma por parte de los judíos fue probablemente la principal decepción de su vida, además de suponer un desafío a su propuesta religiosa. Pero en Medina había judíos amistosos que le enseñaron cómo responder a sus compañeros en igualdad de condiciones proporcionándole abundante información sobre las Escrituras. La polémica coránica contra los judíos está bien desarrollada y demuestra cuán perturbadoras debieron de ser las críticas que dirigieron, pero gracias a sus nuevos conocimientos Mahoma fue capaz de rebatir sus comentarios injuriosos. En sus propias Escrituras, a los judíos se les denomina gentes sin fe, que rompieron su alianza con Dios cuando volvieron a la idolatría y adoraron al Becerro de Oro;[52] introdujeron una «innovación» injustificada cuando aprobaron la Ley Oral[53] y se negaron una y otra vez a escuchar las advertencias de sus profetas.[54] Mahoma también aprendió acerca de la cronología de la historia judía y descubrió que judíos y cristianos, a los que antes creía pertenecientes a una misma religión, tenían de hecho importantes desavenencias. Para los árabes, que permanecían ajenos al conflicto, parecía haber poco donde escoger entre las dos posturas y cabía imaginar que ambos Pueblos del Libro habrían añadido algunos elementos nuevos y no auténticos a la revelación pura original. Su disputa con los judíos no afectó las relaciones de Mahoma con el cristianismo. De hecho, en ocasiones el Corán se pone de parte de los cristianos frente a los judíos, como cuando responde a la afirmación de los judíos de que ellos crucificaron a Jesús con la respuesta docética de que Jesús realmente no había muerto en la cruz: lo que pareciera una muerte era tan sólo un simulacro.[55] Pero el Corán encuentra escandaloso que los cristianos afirmaran que Dios había procreado un hijo: no era probable que Mahoma, quien tanto sufriera por negarse a aceptar que Dios hubiera tenido hijas, se mostrara partidario de esta doctrina. El Corán afirma una y otra vez que esta creencia es un ejemplo de *zanna*, una especulación ociosa y disgregadora sobre asuntos que nadie podía saber, pero que habían dividido al Pueblo del Libro en dos facciones enfrentadas.[56]

Sin embargo, Mahoma continuaba sosteniendo que su revelación no difería de las revelaciones anteriores recibidas por los antiguos profetas. No todos los judíos eran hostiles, e insistió en que, pese a sus problemas actuales, los musulmanes debían recalcar sus similitudes con el Pueblo del Libro. También es probable que Mahoma creyera que no todos los cristianos suscribían la idea escandalosa de que Dios había tenido un hijo. Los musulmanes sólo discutían con aquellos judíos y cristianos que estaban poco dispuestos a aceptar el Corán o que habían introducido innovaciones inaceptables en la religión pura:

> No discutáis con las Gentes del Libro si no es *de manera* amable (con excepción de aquellos que, entre ellos, son injustos). Decid: «Creemos en lo que se nos ha hecho descender y en lo que se os ha hecho descender. Nuestro Dios y vuestro Dios son uno y nosotros Le estamos sometidos».[57]

Pese a que la disputa con las tres principales tribus judías de Yatrib aún se agudizaría mucho más, ésta siguió siendo la política oficial musulmana.

En Medina Mahoma aprendió más acerca de Abraham. Gracias a sus nuevos conocimientos cronológicos sobre la historia de la salvación, el Profeta podía apreciar la importancia de que Abraham hubiera vivido antes que Moisés o Jesús. Por consiguiente, resultaba lógico suponer que tanto los seguidores de Moisés como los de Jesús, que parecían estar enzarzados en un debate infructuoso, habían introducido innovaciones poco útiles en la fe pura de Abraham, quien era anterior a la Torah o al Evangelio:

Abraham no fue ni judío ni cristiano; fue hanif y muslime, pues no estuvo entre los asociadores.

Los hombres más cercanos, *más dignos* de Abraham, son quienes le siguen, este Profeta, *Mahoma*, y quienes creen. Dios es amigo de los creyentes.[58]

Moisés había sido el profeta preferido por los musulmanes en La Meca; en Medina ocupó su puesto Abraham, y Mahoma encontró una respuesta perfecta a las pullas de los judíos. Él y sus musulmanes estaban volviendo al espíritu de fe pura *(hanifiyyad)* del hombre que fuera el primer *muslim* que se entregó a Dios. No sabemos hasta qué punto Mahoma había accedido a los deseos de algunos árabes de los territorios colonizados que ansiaban volver a la religión de Abraham; en el Corán no se menciona la pequeña secta *hanifiyyah*, y había escaso interés por Abraham antes de las suras de Medina. En esta época, sin embargo, parece que los musulmanes llamaban a su fe la *hanifiyyah*, o religión pura seguida por Abraham.

Por consiguiente, Mahoma había encontrado una forma de rebatir las afirmaciones de los judíos sin abandonar su creencia principal de que la fe significaba entrega a Dios, y no a una determinada expresión banal de dicha fe. De hecho, su nueva apreciación de la importancia de Abraham le permitió profundizar en dicha idea. Los judíos y los cristianos que instaban a la gente a aceptar sus particulares revelaciones y excluían todas las demás se estaban apartando de la revelación primigenia a Abraham y del mensaje prístino de los primeros profetas, quienes habían confirmado las visiones mutuas:

Decid: «Creemos en Dios y en lo que se nos ha hecho descender y en lo que se hizo descender a Abraham, a Ismael, a

Isaac, a Jacob y a las *doce* tribus; en lo que fue dado a Moisés y a Jesús; en lo que fue dado a los Profetas por su Señor, no diferenciamos entre ellos y Le somos sumisos».[59]

Sin duda constituía «idolatría» preferir una expresión humana de la fe a Dios mismo. Las revelaciones no anulaban los mensajes de los profetas anteriores, sino que los confirmaban y continuaban.

La mención de Ismael, el hijo mayor de Abraham, es crucial en esta lista de grandes profetas. Los amistosos judíos de Arabia le relataron a Mahoma por primera vez la historia de Ismael, y añadieron algunas leyendas locales propias.[60] Mahoma había aprendido que en el libro del Génesis se decía que Abraham había tenido un hijo con su concubina Hagar llamado Ismael («Dios ha oído»). Pero cuando Sara dio a luz a Isaac, ésta sintió celos de Hagar e Ismael, e insistió en que Abraham se deshiciera de ellos. A Abraham le afligía perder a su hijo, pero Dios le prometió que Ismael también sería el padre de una gran nación. Así pues, Abraham envió con tristeza a Hagar y a su hijo al desierto e Ismael creció como un salvaje y se convirtió en un gran guerrero.[61] Los judíos de Arabia creían que Ismael se había convertido en el antepasado de los árabes, y se decía que cuando Abraham llevó a Hagar y a su hijo al valle de La Meca y los abandonó allí, Dios se había cuidado de ellos. Más tarde, Abraham visitó a Ismael en La Meca y juntos construyeron la Kaaba, el primer santuario de Dios en Arabia. Por tanto, los árabes eran hijos de Abraham, al igual que los judíos.

Esta historia debió de sonarle como música celestial a Mahoma. Daba un nuevo significado a la Kaaba y demostraba que Dios no había olvidado a los árabes, que habían formado parte de su plan desde el principio. El Corán nos muestra a Abraham y a Ismael rezando para que Dios enviara un profeta a los árabes después de que acabaran de construir su morada.[62] Mahoma estaba llevando el Libro a los árabes; ahora les llevaría también una fe claramente árabe, enraizada en las costumbres sagradas de sus antepasados.

Cuando resultó obvio que la enemistad de la mayoría de los judíos era permanente, la nueva religión de Alá declaró formalmente su independencia de la otra fe más antigua. A finales de enero del año 624, durante el mes de *shaabán,* unos dieciocho meses después de la hégira, Mahoma dirigía las plegarias en una mezquita construida en el territorio del clan del fallecido Bara ibn Marar, un detalle importante. De repente, inspirado por una revelación especial, Mahoma ordenó a toda la congregación que se diera la vuelta y rezara en dirección a La Meca, en lugar de hacerlo mirando a Jerusalén. Dios había dado a los musulmanes un nuevo centro espiritual y una nueva dirección *(qibla)* para sus rezos:

> Vemos tu rostro revolviéndose *al mirar* al cielo. Te volveremos hacia una alquibla *con* la *que* estarás satisfecho: vuelve tu rostro en dirección de la Mezquita Sagrada. Dondequiera que estéis, volved vuestros rostros en su dirección.[63]

El cambio de *qibla* está considerado el gesto religioso más creativo de Mahoma. Al dirigirse hacia La Meca, los musulmanes declaraban tácitamente que no pertenecían a ninguna de las comunidades establecidas, sino que sólo se dirigían hacia Dios. Al postrarse en la dirección de la Kaaba, que no guardaba relación con las dos revelaciones más antiguas responsables de dividir la única religión de Dios en sectas enfrentadas, los musulmanes estaban volviendo a la fe primigenia del hombre que la había construido:

> Con quienes han escindido su religión y han formado sectas, no tienes, *Mahoma,* nada *de común*; Su asunto *se remite* a Dios. A continuación les informará de lo que hayan hecho (...)
> [di: «Realmente, me ha conducido mi Señor a un camino recto, a una religión inconmovible, a la doctrina de Abraham, *que fue* un hanif y *que* no estuvo entre los asociadores».
> Di: «Ciertamente, mi plegaria, mis ritos, mi comportamiento y mi muerte pertenecen a Dios, Señor de los mundos que no tiene asociado: así me ha sido ordenado. Yo soy el primero de los sometidos».]
> Di: «¿Buscaré, prescindiendo de Dios, a un señor, si Él es el Señor de todas las cosas?».[64]

Preferir un sistema humano al propio Dios era idolatría *(shirk);* los musulmanes deben convertir a Dios en el centro de sus vidas, y no a una tradición o un sistema religioso.

Sin duda, el Corán no se equivocaba al establecer que los musulmanes preferirían esta *qibla* a la *qibla* de Jerusalén. Tanto los Emigrantes como los Ayudantes sentían veneración por la Kaaba, y no fue casual que Mahoma conociera a los Ayudantes durante el *hayy*. Ahora ya no tenían por qué creerse los parientes pobres de las dos religiones más antiguas, ni seguir sus pasos sin convicción. Poseían su propia orientación, independiente de las religiones que tenían desafortunadas asociaciones imperialistas para los árabes. Su fervor por La Meca era un factor más que atraería tanto a los Ayudantes como a los Emigrantes a una *umma* común, y los Emigrantes iban a descubrir que calmaba el doloroso desarraigo provocado por la hégira.

El cambio de *qibla* indicaba la existencia de una identidad musulmana nueva y orgullosa. Los musulmanes estaban asumiendo gradualmente una identidad común que comenzaba a unirles, pese a que procedían de tres tribus distintas. Todos se levantaban a la misma hora cuando Bilal los llamaba a rezar; todos interrumpían el trabajo al mediodía y por la tarde para hacer el *salat*. Las limosnas les recordaban su responsabilidad común para con los pobres. Ahora, donde fuera que estuviesen, todos se postraban tres veces al día en dirección a La Meca, una orientación a la que todos se sentían apasionadamente vinculados. Pero esta nueva independencia llegó en una época en que los musulmanes se encontraban asediados por sus enemigos. Los judíos de Medina no tardaron en interpretar el cambio de *qibla* como un desafío, y pusieron todo su empeño en deshacerse de Mahoma. Asimismo, en esta época la comunidad de Medina supo que iba a ser atacada por la poderosa ciudad de La Meca.

8

La guerra santa

Hasta aquel momento Mahoma había sido un personaje conocido que, tras haber soportado años de persecuciones y derrotas, no había obtenido reconocimiento como profeta en su propio país. Es una imagen que los que se hayan educado en la tradición cristiana podrán comprender y respetar. Pero después de la hégira Mahoma triunfó de forma espectacular, tanto en el ámbito espiritual como en el político, y el Occidente cristiano siempre ha desconfiado de este aspecto de su trayectoria. Dado que se convirtió en un líder político brillante y carismático que no sólo transformó Arabia, sino que cambió la historia del mundo, sus críticos en Europa lo han rechazado como a un impostor que se valió de la religión para alcanzar el poder. Puesto que el mundo cristiano está dominado por la imagen del Cristo crucificado, quien dijo que su reino no era de este mundo, solemos considerar el fracaso y la humillación como principales características de un líder religioso. No esperamos que nuestros héroes espirituales triunfen de forma espectacular en la vida cotidiana.[1]

En particular, solemos considerar escandaloso, infame incluso, que Mahoma tuviera que luchar para conseguir la paz, el poder y la victoria. El islam ha sido apodado la religión de la espada, una fe que ha abandonado la auténtica espiritualidad mediante la santificación de la violencia y la intolerancia. Es una imagen que ha perseguido al islam en el Occidente cristiano desde la Edad Media, pese a que en aquella época los cristianos libraron sus propias guerras santas en Oriente Próximo. Hoy los libros y los programas de televisión más populares suelen llevar títulos como «Cólera del islam», «Espada del islam», «Cólera sagrada» o «Terror santo», lo que constituye una distorsión de la verdad. Todas las religiones poseen un don propio, una percepción especial que caracteriza su búsqueda de significados y valores supremos. El cristianismo es, ante todo, la religión del sufrimiento y la adversidad y, al menos en Occidente, siempre ha contado con más adeptos durante épocas difíciles. Los siglos de persecución en los primeros tiempos de la Iglesia reafirmaron la imagen del Cristo crucificado y causaron una profunda impresión en el espíritu cristiano. Por consiguiente, los cristianos creyeron desde el principio que debían rechazar «el mundo»[2], por lo que el desafío al sistema político o la desvinculación de éste se convirtieron de manera natural en una virtud en tiempos de los mártires. Sufrir y morir por Cristo constituiría la experiencia religiosa suprema, así como una demostración muy gráfica del rechazo a los cristianos por parte de los poderes terrenales. La idea cristiana de que el hombre puede verse deificado y transformado por el sufrimiento resulta estimulante y ha proporcionado consuelo a miles de personas desesperadas, pero también se ha abusado de ella: se les ha dicho a los cristianos que tienen el deber de soportar la opresión y la injusticia; que Dios apoyaba un orden jerárquico en el que el hombre rico se sentaba en su palacio mientras que el pobre lo hacía junto a las puertas; que el sufrimiento y la persecución en este mundo tendrían su recompensa en el cielo. Incluso hoy, ciertos sectores del orden establecido estadounidense están alentando a los fundamentalistas cristianos para que prediquen este evangelio en América Central y del Sur. Pero también hay cristianos que creen que su deber consiste en vivir junto a los oprimidos y los indigentes, y por ello se entregan con gran dedicación a luchar por una sociedad justa y decente. Es desde esta perspectiva como deberíamos considerar la *yihad* islámica, que los occidentales suelen traducir por «guerra santa».

En la tradición cristiana, por consiguiente, existe una marcada tendencia a considerar que la actividad política no guarda relación con la vida religiosa: los cristianos no suelen ver el éxito terrenal como un triunfo espiritual.[3] En Europa hemos ido desarrollando gradualmente un ideal que separa Iglesia y Estado y solemos culpar al islam por «confundir» dos terrenos esencialmente distintos. Pero la experiencia cristiana no debería hacernos concebir prejuicios contra otras tradiciones culturales y religiosas que se han desarrollado bajo circunstancias diferentes. Cuando Mahoma llevó su revelación a su pueblo, Arabia se encontraba fuera del mundo civilizado y su orden político y social se estaba desintegrando. El cristianismo, sin embargo, nació en el seno del Imperio romano, el cual había impuesto, aunque con brutalidad, una paz y una seguridad social relativas. Jesús y san Pablo no tuvieron que preocuparse por el orden político y social, porque ya estaba establecido. De hecho, los largos viajes misioneros de Pablo habrían sido imposibles fuera de la *pax romana:* en Arabia un viajero desprotegido podía ser asesinado con impunidad. A principios del siglo IV el cristianismo acabaría convirtiéndose en la religión oficial del imperio, pero la nueva clase dirigente cristiana no creyó necesario crear un orden político enteramente nuevo: se limitó a bautizar las antiguas leyes e instituciones romanas. La política, por consiguiente, se mantuvo al margen de la religión.

No obstante, a diferencia de Jesús, Mahoma no tuvo la suerte de haber nacido «cuando todo el mundo estaba en paz».[4] Nació en la sangrienta Arabia de los siglos VI y VII, cuyos antiguos valores estaban siendo radicalmente socavados sin que aún hubieran aparecido otros que pudieran reemplazarlos. Al principio de su misión Mahoma insistió en que no tenía ninguna función política, pese a que, como hicieran los profetas hebreos, predicaba un mensaje de justicia social. Pero diversos acontecimientos imprevisibles le impulsaron a aceptar un nuevo desafío cuando se vio obligado a emigrar a Medina. Quizá ya había empezado a concebir un ideal de unidad árabe según el cual las tribus no volverían a luchar entre ellas, sino que se unirían en un nuevo tipo de comunidad. Existía la apremiante necesidad de encontrar una nueva solución política, y en el siglo VII dicha solución, inevitablemente, iba a ser religiosa. Pero en tiempos de la hégira Mahoma no tenía una visión definitiva ni había concertado una política con la que esperara obtener un objetivo bien articulado. Nunca concibió esta clase de planes grandilocuentes, sino que fue reaccionando ante cada nuevo acontecimiento a medida que éste se producía. Se estaba aproximando de forma gradual a un terreno desconocido que no tenía precedentes, y cualquier idea o política claramente definidas pertenecerían de forma inevitable al antiguo orden que estaba declinando. Por encima de todo, Dios continuó siendo su máxima prioridad.

Después de la hégira a Medina, el Corán fue cambiando a medida que Mahoma comenzaba a tomar más y más decisiones de carácter político o social. La poesía de la incoherencia –suras que balbucean verdades inefables– es sustituida por versículos de cariz más práctico, que establecen nuevas leyes o comentan la situación política del momento. Pero esto no significa, como algunos de sus críticos occidentales han sugerido, que las ansias de poder hubieran contaminado la visión pura de Mahoma. Con independencia de lo que se discute en el Corán, el referente trascendental siempre está presente. Se ha dicho que no existe ni un solo concepto coránico que no sea teocéntrico: el Corán continúa estando sorprendentemente centrado en Dios. En cada apartado, el Corán presenta a los musulmanes un gran desafío: ¿van a rendirse plenamente a la voluntad divina o volverán a adoptar su limitado punto de vista? Por prosaica que pueda parecer la traducción de algunas de estas afirmaciones, en el árabe original se mantiene un tono de solemnidad. Tanto la música como el orden de las palabras contribuyen a elevar algunas de las imágenes más triviales –como las del mercado, por ejemplo, cuando habla de llegar a un acuerdo con Dios– y las subsume en el orden divino. La integración continúa siendo la experiencia principal: cuando los musulmanes escuchan un breve pasaje, éste les recuerda la totalidad del texto. Las frases y alusiones constantemente repetidas, que pueden parecer tan tediosas al traducirlas, recuerdan otros pasajes y ayudan a la mente a concentrarse en lo esencial. Mahoma no perdió la inspiración, en el sentido más profundo, a medida que se iba convirtiendo en un hombre de Estado; con el tiempo fue desarrollando una solución que traería paz a los árabes.

Pero, pese a que más tarde adoptó un papel político, su mensaje social no podía desligarse de su visión religiosa: no era un mero añadido de última hora. Cuando el Corán les instaba a contemplar las señales de Dios en el mundo natural, los musulmanes adquirían una mejor comprensión del orden divino. Peces, aves, animales, flores, montañas y vientos no pueden elegir si quieren someterse o no al plan divino: expresan la voluntad de Dios para con ellos en cada instante de su existencia. Al no tener que tomar una decisión personal son *muslîms* naturales que se entregan a la voluntad de Dios, y así desarrollan plenamente su potencial. Sólo al hombre se le concedió el don y la terrible responsabilidad del libre albedrío. Un maravilloso pasaje del Corán nos muestra a Dios ofreciendo la libertad a todas sus criaturas, pero éstas la rechazan. Sólo el hombre tuvo la temeridad de aceptar:

Nos hemos ofrecido el depósito de la fe a los cielos, a la tierra y a las montañas, pero han rehusado hacerse cargo de él y le han temido mientras el hombre –el hombre es injusto e ignorante– se ha hecho cargo de él.[5]

Sin embargo, Dios no dejó a la humanidad sin orientación. Envió a innumerables profetas a todos los pueblos que habitaban la tierra, para que supieran lo que esperaba de ellos. Pero desde tiempos de Adán, el primer profeta, la gente se había negado a escuchar estas revelaciones de la voluntad divina. O bien no habían sido capaces de captar el mensaje o no podían ponerlo en práctica en sus vidas cotidianas. En consecuencia, sus sociedades se desmoronaban una y otra vez porque no estaban construidas sobre bases sólidas. El Corán nos muestra a un pueblo tras otro negándose a obedecer incluso las órdenes más sencillas de sus profetas.[6] En lugar de hacerlo, explotaron perversamente el mundo natural para sus propios propósitos egoístas e hicieron de sí mismos el centro del universo. Al negarse a aceptar el plan divino para regir la conducta humana los hombres destruyeron el orden «natural», al igual que los mares provocarían la destrucción y el caos si de pronto desbordaran sus límites. Pero los coraixíes se habían negado a escuchar a su profeta, por lo que su sociedad estaba condenada. Mahoma no predijo una catástrofe inminente porque imaginara que Dios iba a lanzar un rayo sobre La Meca por despecho divino, sino porque los coraixíes insistían en pervertir el orden auténtico.

Pero no todo estaba perdido. Dios había dado al pueblo de Medina la oportunidad de escuchar a su propio Corán árabe, y en el oasis Mahoma conseguiría construir una sociedad establecida de acuerdo con el plan divino. Algunos de los profetas tuvieron más éxito que otros: Abraham logró convencer a un número elevado de gente de que sólo había un Dios, y tanto Moisés como Jesús pudieron persuadir a las Gentes del Libro de que pusieran en práctica la Torah y el Evangelio. Mahoma no sólo persuadió al pueblo de Medina, sino a casi todos los habitantes de Arabia, a unirse a su nueva *umma* y los musulmanes acabarían

215

considerándole el mejor de los profetas. Los musulmanes no datan su era a partir del nacimiento de Mahoma ni del año de las primeras revelaciones (que, después de todo, no aportaban nada nuevo), sino del año de la hégira, porque en esta fecha los musulmanes comenzaron a encarnar el plan divino en la historia de la humanidad.

Esto iba a involucrarlos en una lucha sumamente peligrosa. Mahoma llegó a Medina en septiembre del año 622 como refugiado que había escapado por muy poco a la muerte. Continuaría estando en peligro mortal durante los cinco años siguientes, época en la que la *umma* se enfrentó a la posibilidad de ser exterminada. En Occidente solemos imaginar a Mahoma como un caudillo, que blande su espada para imponer el islam por la fuerza de las armas a un mundo reacio. La realidad era muy distinta. Mahoma y los primeros musulmanes luchaban por salvar la vida, y acometieron un proyecto en el que la violencia era inevitable. Todo cambio radical de carácter social y político ha conllevado un baño de sangre, y, dado que Mahoma vivió en una época de confusión y desintegración, la paz sólo se podía conseguir mediante la espada. Los musulmanes consideran los años que pasó el Profeta en Medina como una Edad de Oro, pero también fueron años de penalidades, terror y derramamiento de sangre. La *umma* sólo logró poner fin a la peligrosa violencia de Arabia mediante un esfuerzo continuado.

El Corán comenzó a exhortar a los musulmanes de Medina a que participaran en una *yihad*. Esta participación conllevaría luchas y derramamiento de sangre, pero la raíz «JHD» implica más que una «guerra santa»: significa un esfuerzo físico, moral, espiritual e intelectual. Existen muchas palabras árabes que denotan combate armado, como *harb* (guerra), *siraa* (combate), *maaraka* (batalla) o *qital* (matanza), que el Corán podía haber empleado fácilmente si la guerra hubiera sido el objetivo principal de los musulmanes al involucrarse en este cometido. En su lugar elige una palabra más vaga y rica en significado, con una amplia gama de connotaciones. La *yihad* no es uno de los cinco pilares del islam. No es el puntal de la religión, pese a la opinión generalizada en Occidente. Pero era y continúa siendo un deber para los musulmanes comprometerse en una lucha en todos los frentes –moral, espiritual y político– a fin de crear una sociedad justa y decente, donde los pobres y las personas vulnerables no sean explotados, tal y como Dios había querido que viviera el hombre. Los combates y las guerras podrían ser necesarios en determinadas ocasiones, pero sólo constituían una parte menor de toda la *yihad* o lucha. Según una tradición *(hadiz)* bien conocida, Mahoma afirmó lo siguiente al regresar de una batalla: «Volvemos de la pequeña *yihad* a la *yihad* más grande», la campaña más denodada para conquistar a las fuerzas del mal dentro de uno mismo y de la sociedad, en todos los detalles de la vida diaria.

Tan pronto como emprendieron la hégira, los musulmanes supieron que tendrían que estar preparados para luchar. Los Ayudantes habían ratificado el Juramento de la Guerra en el Segundo Aqaba y, poco después de su llegada a La Meca, Mahoma recibió una revelación que también concedía a los Emigrantes permiso para combatir:

> Se ha concedido permiso para hacer la guerra a quienes combaten, porque fueron vejados –ciertamente, Dios es todopoderoso para su auxilio–, a quienes fueron expulsados, sin derecho, de sus casas, porque decían: «Nuestro Señor es Dios». [Si Dios no hubiese rechazado a unos hombres con otros, se hubiesen destruido las ermitas, las sinagogas, los oratorios y las mezquitas en las que se menciona muchísimo el nombre de Dios.]

El Corán estaba empezando a desarrollar una teología de la guerra justa: a veces podría ser necesario combatir para preservar valores respetables. A menos que los pueblos religiosos hubieran estado dispuestos a rechazar el ataque en ciertas ocasiones, todos sus lugares de culto habrían sido destruidos. Dios sólo concederá la victoria a los musulmanes si «cumplen la plegaria y dan limosna», dictan leyes justas y honorables y crean una sociedad equitativa.[7]

Esta revelación sólo se refiere a los Emigrantes, con quienes habían sido muy injustos los coraixíes cuando les expulsaron de sus hogares en La Meca: los Ayudantes aún no tenían permiso para participar en las luchas, porque no se habían enfrentado abiertamente a los mequíes. Pero la revelación no implicaba que Mahoma estuviera considerando una guerra a gran escala con La Meca en esta fase inicial, pues esto habría sido del todo descabellado. Mahoma tenía en mente una ofensiva mucho más modesta: el *gazu* o ataque, que era desde tiempos inmemoriales una especie de deporte nacional en Arabia, así como una manera aceptada de sobrevivir en tiempos difíciles. Los Emigrantes tenían muy pocas oportunidades de ganarse la vida en Medina. Casi todos ellos eran banqueros, financieros y comerciantes, e incluso si hubieran podido disponer de tierras para iniciar sus propios negocios agrícolas, no sabían casi nada sobre el cultivo de dátiles. Dependían de los Ayudantes para su sustento, y se iban a convertir en una carga para la *umma* a menos que encontraran una fuente de ingresos independiente. No todo el mundo podía obrar como hiciera Abd al-Rahman, comerciante joven y brillante, a su llegada a Medina: se limitó a preguntar cómo llegar al mercado, y en muy poco tiempo ya se había procurado unos ingresos dedicándose con éxito a la compraventa. Había muy pocas oportunidades para comerciar en Medina, y La Meca poseía el monopolio de los negocios a gran escala.

El *gazu* había constituido una forma improvisada de asegurar una circulación justa de la riqueza disponible durante el periodo nómada. Los asaltantes solían invadir el territorio de una tribu enemiga y capturar sus camellos, ganado y otros bienes, preocupándose de evitar el derramamiento de sangre y la posterior venganza. Medina contaba con un emplazamiento ideal para atacar las caravanas procedentes de La Meca –a menudo sólo vigiladas por unos pocos comerciantes– en el camino de ida y vuelta a Siria. Así pues, en el año 623 Mahoma envió a dos grupos de Emigrantes para que atacaran las caravanas. Al principio no les acompañó, sino que confió las expediciones a hombres como Hamzah o al experimentado guerrero Ubaydah ibn al-Harith. Ningún árabe se habría escandalizado por estos ataques, aunque puede que le hubiera sorprendido que los musulmanes tuvieran la osadía de atacar a los poderosos miembros de su propia tribu. Los primeros ataques del año 620 no tuvieron demasiado éxito. Era difícil obtener información precisa sobre el movimiento de las caravanas; no se tomaron mercancías y no se produjeron combates, pero es más que probable que los habitantes de La Meca se indignaran y perdieran la calma. Tuvieron que tomar precauciones que nunca habrían sido necesarias antes, y el valor de los musulmanes sin duda impresionó a las tribus beduinas que habitaban junto a la costa del mar Rojo (la ruta comercial preferida). Pese a que no consiguieron atacar las caravanas, los primeros asaltantes suscribieron tratados con varias tribus en diversos puntos estratégicos situados a lo largo del camino. En septiembre del año 623 el propio Mahoma decidió dirigir un *gazu* contra una gran caravana conducida por Ummayah, del clan de Jumah (quien tanto atormentara a Abu Bakr en el pasado). La caravana llevaba dos mil quinientos camellos y, dado que el botín parecía tan prometedor, unos doscientos musulmanes se ofrecieron voluntarios para tomar parte en el ataque. Pero, una vez más, la caravana eludió a los musulmanes y no se produjo ningún combate.

En los meses invernales los coraixíes sólo enviaban sus caravanas hacia el sur, en dirección al Yemen, y ya no tenían que pasar por Medina. Pero para demostrarles que iba en serio, Mahoma envió a un pequeño grupo de nueve hombres liderados por su primo Abdallah ibn Jahsh para que asaltaran alguna de las caravanas que se dirigían hacia el sur. Era el final del mes sagrado de *rayab* (enero del año 624) y los combates estaban estrictamente prohibidos por toda Arabia. Mahoma le dio a Abdallah instrucciones selladas que no podían abrirse hasta que la expedición llevara dos días de camino, y le hizo prometer que no presionaría a sus compañeros: se estaban acercando más a La Meca que en cualquier incursión anterior y era muy probable que corrieran peligro.

Abdallah abrió la carta dos días después, tal y como Mahoma le había indicado. Las fuentes ofrecen diferentes versiones del texto. Ibn Ishaq afirma que Mahoma ordenó a los musulmanes que viajaran hasta Najla, entre La Meca y Taif, y se limitaran a esperar la caravana, pero el historiador del siglo IX Muhammad ibn Umar al-Waqidi aduce que la carta rezaba así: «Id al valle de Najla y preparad una emboscada a los coraixíes».[8] Si obedecían la carta, los atacantes musulmanes tendrían que violar el mes sagrado. Es probable que Mahoma albergara pocos escrúpulos al respecto: estos meses sagrados formaban parte del sistema pagano que estaba intentando reemplazar. Violarlos equivalía a denigrar a las diosas. Posiblemente dos de los asaltantes desearan apartarse de la expedición, porque perdieron a su camello en la siguiente parada y dijeron a los otros siete que siguieran adelante sin ellos. Cuando Abdallah y su grupo llegaron a Najla encontraron una pequeña caravana acampada en las inmediaciones. ¿Qué debían hacer? Era el último día de *rayab,* pero si esperaban al día siguiente, cuando estuviera permitido combatir, la caravana habría alcanzado la seguridad del santuario de La Meca. Así pues, decidieron atacar. Su primera flecha mató a uno de los tres comerciantes y los otros se rindieron al instante. Abdallah llevó a los dos hombres y sus mercancías con él de regreso a Medina.

Sin embargo, en lugar de recibirles como a héroes victoriosos, las gentes de Medina se horrorizaron al saber que el ataque había violado el mes sagrado. Tal y como hemos visto, a los árabes de Medina no les había molestado la abolición del culto a las diosas por parte de Mahoma. Los judíos les habían preparado para la visión monoteísta y estaban muy dispuestos a abandonar esta parte de su religión pagana. Pero concedían una enorme importancia a los meses sagrados, y no estaban dispuestos a prescindir de esta norma religiosa. Mahoma, por consiguiente, repudió el ataque y se negó a aceptar el botín. Si bien esto podría considerarse una reacción bastante cínica, parece que no fue fruto de un oportunismo desalmado e hipócrita. Era una decisión pragmática. Mahoma no iba a tolerar que se atentara contra los aspectos básicos: había puesto en peligro a todos los musulmanes en La Meca al rechazar una solución monólatra al conflicto con los coraixíes. Estaba creando la religión reformada de Alá lentamente, paso a paso, a medida que se desarrollaban los acontecimientos. Al principio carecía de una imagen clara y detallada de la religión y, dado que trabajaba solo, sin la ayuda de una tradición establecida, a menudo tuvo que seguir adelante aprendiendo de sus errores. Se había mostrado muy dispuesto a renunciar a los meses sagrados: no le parecía que constituyeran un valor religioso esencial, y cabe recordar que las prácticas y los intereses paganos diferían mucho en distintas partes de Arabia. Mahoma no parecía saber que los habitantes de Medina le concedían tanta importancia a esta práctica pagana y, cuando comprobó la desazón de los Ayudantes tras el regreso del grupo de asaltantes, se dio cuenta de que había ofendido su sensibilidad religiosa sin ser consciente de ello. No tenía sentido aferrarse obstinadamente a su plan. Si la gente quería mantener los meses sagrados tenía que permitírseles hacerlo, porque esta práctica no conllevaba una afrenta a su religión de un único Dios.

Abdallah y sus compañeros se acongojaron profundamente cuando Mahoma repudió su ataque: era como si hubieran tomado la decisión equivocada, y algunos creyeron que su salvación estaba en peligro. Mahoma tenía el deber de consolarles y, tanteando el terreno una vez más, se sirvió de este incidente para dar un paso adelante en su teología de la guerra justa. No había sido correcto luchar en los meses sagrados, pero existían crímenes peores. Oprimir a la gente como habían hecho los coraixíes con los musulmanes, violando un valor árabe muy sagrado al expulsarles de su tribu, constituía una falta mucho más grave. En ocasiones un hombre de Dios tenía el deber de luchar contra una injusticia tan manifiesta.

Te preguntan por el mes sagrado, por la guerra en él. Responde: «Un combate en él es *pecado* grave, pero apartarse de la senda de Dios, ser infiel con Él y la Mezquita Sagrada, expulsar a sus devotos de ella, es más grave para Dios». La impiedad es más grave que la lucha.[9]

Esta revelación palió la situación: los judíos continuaron despotricando, pero tanto los Ayudantes como el grupo de asaltantes se tranquilizaron. Mahoma pudo dividir el botín entre los Emigrantes e inició negociaciones con los coraixíes para efectuar un intercambio de prisioneros: liberaría a los dos comerciantes mequíes a cambio de dos musulmanes que querían hacer la hégira pero que aún se encontraban en La Meca. Sin embargo, a Hakam ibn Kaysar, uno de los coraixíes cautivos, le impresionó tanto lo que vio en Medina que decidió quedarse allí y hacerse musulmán.

Este incidente constituye un buen ejemplo de la forma de actuar de Mahoma. Estaba dispuesto a morir por su fe, pero también estaba dispuesto a ceder en cuestiones secundarias. Al no existir un sistema ético establecido, el Profeta solía observar atentamente los acontecimientos y considerarlos como una revelación de la voluntad de Dios, un principio importante del monoteísmo histórico. No había contado con que el ataque provocara tales protestas, pero cuando así sucedió, Mahoma creyó que Dios estaba mostrándole algo importante. El incidente le había llevado a formular un principio que ha tenido siempre una gran importancia en el islam. Los musulmanes respetan el mensaje pacifista de Jesús (pese a que el Corán señala que los cristianos pueden ser muy beligerantes),[10] pero aceptan que en algunas ocasiones es necesario emplear la fuerza. Si no existiera oposición militar contra los tiranos y los regímenes odiosos, el mal se habría extendido por todo el mundo. Incluso los profetas se habían visto obligados a luchar y a matar en algunas ocasiones, como David, con la ayuda de Dios, mató a Goliat:

[Si Dios no hubiese rechazado a unos hombres con otros, se hubiesen destruido las ermitas, las sinagogas, los oratorios y las mezquitas en las que se menciona muchísimo el nombre de Dios.] Dios auxiliará a quienes le auxilian. Dios es fuerte, poderoso.[11]

Casi todos los cristianos estarían de acuerdo con este concepto de guerra justa, y reconocerían que la lucha armada es el único método eficaz contra un Hitler o un Ceausescu. Por tanto, en lugar de ser una religión pacifista que pone la otra mejilla, el islam lucha contra la tiranía y la injusticia. Puede que un musulmán considere que tiene el deber sagrado de defender a los pobres y a los oprimidos. Hoy, cuando llaman a una *yihad* contra sus enemigos, los musulmanes suelen responder a este ideal coránico.[12]

Los Emigrantes podían esperar ahora una rencilla de sangre porque los coraixíes se verían obligados a vengar la matanza de Najla, pero los musulmanes tenían más confianza en sí mismos. Pocas semanas después, durante el mes de *ramadán* (marzo del año 624), Mahoma condujo a un gran ejército hacia la costa a fin de interceptar una caravana procedente de La Meca que Abu Sufyan traía de vuelta desde Siria. Ésta era una de las caravanas más importantes del año y se habían ofrecido voluntarios 350 musulmanes, de los cuales setenta eran Emigrantes y el resto Ayudantes. Los miembros de la expedición se dirigieron a lomos de sus camellos hasta el pozo de Badr, cerca del mar Rojo, donde se celebraba cada año una de las grandes ferias árabes. Allí esperaban atacar la caravana. La expedición de Badr iba a ser uno de los acontecimientos más cruciales y formativos en la historia temprana del islam, pero en aquel momento nadie le concedía excesiva importancia. No era más que otro *gazu*, por lo que varios musulmanes muy comprometidos con su religión se quedaron en casa, incluyendo al yerno de Mahoma, Uthman ibn Affan, cuya esposa Ruqaya estaba gravemente enferma.

De hecho, parecía que la caravana fuera a escaparse como sucediera en otras ocasiones. Abu Sufyan era un hombre muy inteligente y capaz que no tardó en enterarse del plan musulmán preguntando a aquellos con los que se encontraba por el camino. En lugar de tomar la ruta habitual hacia La Meca a través del Hijaz, Abu giró bruscamente hacia la derecha en dirección a la costa y ordenó a Damdam, miembro de la tribu local de Ghifar, que cabalgara hasta La Meca a toda velocidad en busca de ayuda. Damdam hizo una entrada dramática. Abbas, el tío de Mahoma, recordaba que todos los mequíes quedaron paralizados por el pánico cuando oyeron las siguientes palabras:

«los gritos de Damdam se oían desde el fondo del *wadi;* cuando se irguió sobre su camello, tras haberle rajado el hocico, dio la vuelta a su silla, se hizo jirones la camisa y dijo: "¡Oh, coraixíes, los camellos de carga, los camellos de carga! Mahoma y sus compañeros acechan vuestras mercancías, que trae Abu Sufyan. No creo que podáis alcanzarles. ¡Ayuda! ¡Ayuda!"».[13]

Los coraixíes se indignaron. ¿Acaso creía Mahoma que sería capaz de capturar la mayor caravana del año tan fácilmente como capturara la caravana pequeña en Najla, a la que había tendido una emboscada? Los hombres de mayor rango se prepararon para la batalla. Incluso Ummayah ibn Jalaf, un anciano corpulento, se embutió en su armadura. Abu Lahab recibió permiso para quedarse atrás, pero Abbas partió para luchar contra su sobrino, con Talib y Aqil (los dos hijos de Abu Talib que no habían abrazado el islam); Hakim ibn Hizam, el sobrino de Jadija, también se unió al ejército. Aquella noche alrededor de mil hombres salieron de La Meca y emprendieron el viaje hacia Badr.

Cuando se enteró de estas alarmantes noticias, Mahoma convocó un consejo de guerra. No era el dirigente militar de la *umma* y no podía decidir la mejor manera de enfrentarse a esta emergencia sin consultar a los otros jefes. Los voluntarios musulmanes habían salido para participar en un *gazu,* no en una batalla campal. ¿Debían retirarse mientras estuvieran a tiempo, o quedarse y luchar contra los coraixíes? ¿Existían esperanzas de capturar la caravana antes de que llegara el ejército? Abu Bakr y Umar pronunciaron discursos conmovedores y los setenta Emigrantes juraron que permanecerían en Badr pasara lo que pasara, pese a que todos ellos tendrían que luchar con parientes cercanos y antiguos amigos. Mahoma les expresó su agradecimiento y se dirigió a los Ayudantes. En el Segundo Aqaba sólo habían prometido defender a Mahoma si le atacaban en Medina, pero, hablando en su nombre, Sad ibn Muadh dijo:

«Creemos en ti, declaramos tu verdad y atestiguamos que lo que nos has traído es la verdad, te hemos dado nuestra palabra y aceptamos escuchar y obedecer; así que allí donde quieras ir nosotros te seguiremos; y, por Dios, si nos pidieras que cruzáramos este mar y te metieras en él, nos meteríamos en él contigo; ni un solo hombre quedaría atrás. No nos desagrada la idea de enfrentarnos mañana a tu enemigo. Somos guerreros experimentados, leales en el combate».[14]

Éstas eran palabras valientes, pero naturalmente los musulmanes todavía esperaban no tener que luchar y que Dios les entregara la caravana de Abu Sufyan antes de que llegara el ejército mequí, para poder retirarse con honor. En el pozo de Badr capturaron a dos aguadores de La Meca, quienes les dijeron que no acompañaban a la caravana sino al ejército. Estas noticias horrorizaron tanto a los musulmanes que los captores comenzaron a golpear a los prisioneros, convencidos de que mentían. Mahoma puso fin a este maltrato e interrogó personalmente a los dos hombres. Cuando le revelaron qué coraixíes habían partido contra él, dijo a sus hombres que La Meca había enviado a la flor y nata de la tribu.

Entretanto, Abu Sufyan había conseguido eludir al ejército musulmán. Nada más llevar la caravana fuera del alcance de Mahoma, Abu envió un mensaje al ejército: la caravana estaba a salvo y todos podían volver a casa. Es muy posible que temiera que Abu Jahl fuera a aprovecharse de esta expedición para tener un mayor ascendiente en La Meca. Era además un hombre astuto y calculador y, al igual que Mahoma, parece que esperaba que acabara produciéndose una reconciliación. Pero Abu Jahl no quiso oír hablar de una retirada. «Por Alá», dijo a sus hombres, «no regresaremos hasta haber llegado a Badr. Pasaremos tres días allí, sacrificaremos camellos, celebraremos banquetes y beberemos vino, y las muchachas tocarán para nosotros. Los árabes oirán que hemos llegado y nos respetarán en el futuro.»[15] Pero no todos ansiaban combatir, ahora que ya no temían por la suerte de la caravana. Los clanes de Zuhrah y Adi se retiraron inmediatamente, preocupados por el poder que una victoria militar y moral sobre Mahoma podría proporcionar a Abu Jahl. Talib ibn Abi Talib regresó a La Meca con un contingente de hachemíes, porque no se veían capaces de luchar contra miembros de su propio clan. Sin embargo, tanto Abbas como Hakim permanecieron con el ejército.

Tan pronto como llegaron a Badr y se asentaron en su campamento, los mequíes enviaron a Umayr ibn Wahb, del clan de Jumah, para que inspeccionara el ejército de Mahoma, que se ocultaba tras una duna de arena, y estimara el número de hombres que lo integraban. Le horrorizó comprobar la implacable determinación en los rostros de los musulmanes, y aconsejó a los coraixíes no combatir, pese a que su ejército era más de dos veces mayor que el de Mahoma. Había visto «camellos que transportaban la muerte, los camellos de Yatrib cargados con una muerte cierta». Los mequíes habían estado esperando la contienda como si de una gesta caballeresca se tratara, pero con sólo mirar a los musulmanes Umayr se convenció de que ni uno de ellos moriría sin antes haber matado al menos a uno de los coraixíes y preguntó con desesperación: «Si matan a un número de los vuestros igual al de los suyos, ¿qué sentido tiene vivir después de eso?».[16] Los árabes no corrían riesgos innecesarios en la guerra y siempre intentaban evitar que se produjera un gran número de víctimas: las incesantes guerras tribales y la precariedad de la vida en Arabia los llevaban a tratar de conservar el mayor número de hombres posible. Otros miembros de los Coraix estaban comprensiblemente preocupados por tener que luchar contra miembros de su propia tribu y de sus propias familias. A Hakim ibn Hizam, por citar un ejemplo, le impresionaron tanto las palabras de Umayr que se dirigió inmediatamente a Utba ibn Rabia y le imploró que tratara de impedir la batalla. Utba había sido el protector del hombre al que habían asesinado los musulmanes en Najla, y Hajim lo persuadió para que asumiera el deber de vengarle él mismo, de modo que el honor quedara satisfecho. Utba vio que estas palabras tenían sentido y se levantó para dirigirse al ejército: «¡Oh, gentes de los Coraix! Por Alá, no ganaréis nada combatiendo contra Mahoma y sus compañeros. Si caéis sobre él cada uno de vosotros mirará siempre con odio la cara de otro que ha matado al hijo de su tío paterno o materno, o a algún pariente de su tío paterno o materno».[17] Los coraixíes no eran un pueblo guerrero. No imponían respeto ni tenían experiencia en el campo de batalla, y siempre habían preferido las negociaciones astutas a una solución violenta, pero Abu Jahl no atendía a razones. Utba era un cobarde, replicó. Temía la posibilidad de matar a su propio hijo, quien se había pasado al bando de Mahoma. Ningún árabe podía soportar la acusación de cobardía y, según Ibn Ishaq, después de esto «se encendió el espíritu guerrero y todo se estropeó, y las tercas gentes no abandonaron su plan maligno».[18]

Los musulmanes tampoco habían querido combatir, pero ahora que la suerte estaba echada tenían la moral alta. Mahoma no podía ver el ejército de La Meca y desconocía su tamaño. De haberlo visto probablemente hubiera reconsiderado su decisión de quedarse para combatir. Había dispuesto a sus hombres junto a los pozos, lo cual privaría a los coraixíes de agua y los obligaría a orientarse hacia el este, en dirección al sol. Un aguacero endureció la tierra y facilitó los movimientos de los musulmanes, pero dificultó los de los mequíes, obligados a caminar penosamente cuesta arriba.

Como era habitual en Arabia, la batalla de Badr empezó con combates aislados, en los que los tres principales musulmanes, Hamzah, Ali y Ubaydah ibn al-Harith, lucharon contra tres miembros de los Coraix: Utba, Shayba y al-Walid ibn Utba debían vengar al hombre muerto. Los tres miembros de los Coraix murieron a manos de sus contrincantes, mientras que el musulmán Ubaydah ibn al-Harith recibió una herida mortal y se lo llevaron del campo de batalla. Entonces empezó verdaderamente el combate. Pese a contar con más hombres, los coraixíes no tardaron en descubrir, para su asombro, que llevaban la peor parte. Luchaban al antiguo estilo árabe, con bravuconería y despreocupación, y cada jefe conducía a sus propios hombres, de modo que el ejército carecía de un liderazgo unificado. Pero los musulmanes seguían una disciplina estricta, estaban desesperados y habían sido cuidadosamente entrenados por Mahoma, quien se reveló como un buen estratega militar. Los había alineado en formación cerrada, e iniciaron el ataque disparando una lluvia de flechas; esperaron hasta el último momento a sacar sus espadas para emprender el combate cuerpo a cuerpo. Al mediodía los coraixíes, que habían creído que bastaría con hacer una demostración de fuerza, se dejaron llevar por el pánico y huyeron en desbandada, dejando a unos cincuenta de sus mejores hombres, incluyendo al propio Abu Jahl, muertos en el campo de batalla.

Los musulmanes estaban exultantes. Comenzaron a reunir a los prisioneros y, siguiendo la costumbre árabe, a matarlos, pero Mahoma puso fin a esta matanza. Le llegó una revelación según la cual era preciso pagar un rescate por los prisioneros de guerra. También impidió que los musulmanes se pelearan por el botín, y los ciento cincuenta camellos, diez caballos y el montón de armaduras y pertrechos fueron divididos equitativamente. A continuación el ejército victorioso inició su regreso con setenta prisioneros de guerra, entre los que estaban Suhayl, jefe del clan de Amir, Abbas y los primos de Mahoma, Aqil y Nawfal. De camino a casa, Mahoma recibió una revelación destinada a los prisioneros:

> ¡Profeta! Di a los cautivos que están en vuestras manos: «Si Dios sabe que en vuestros corazones hay bien, os dará un bien *mejor* que el que se cogió de vosotros y os perdonará. Dios es indulgente, misericordioso».[19]

Incluso cuando le embargaba la euforia que siguió a esta victoria inesperada, Mahoma ansiaba una reconciliación definitiva.

El ejército fue recibido con alborozo cuando entró en Medina, ante el desconcierto de las tres principales tribus judías y del grupo de Ibn Ubbay. No podemos sobrestimar el efecto moral de la batalla de Badr. Durante muchos años Mahoma fue objeto de burlas e insultos, pero después de este éxito espectacular y no buscado todos los árabes tendrían que tomárselo en serio. En la historia de la guerra santa librada en las tres vertientes religiosas del monoteísmo histórico, una victoria inesperada o un súbito revés de fortuna se interpretaban como un acto divino que siempre llenaba a la gente de confianza y convicción.[20] Como les sucediera a los cruzados cristianos en una situación igualmente desesperada, los musulmanes sufrieron una especie de alucinación colectiva en la que vieron a legiones de ángeles que venían en su ayuda. En retrospectiva, todo parecía obedecer a designios divinos y habían sido conducidos a la victoria casi contra su voluntad. No pensaban librar ninguna batalla, se habían mostrado reacios a luchar e incluso su desconocimiento de la superioridad numérica del enemigo parecía formar parte del plan divino.[21] Dios parecía haber inspirado a los musulmanes durante la batalla. En un momento dado Mahoma arrojó un puñado de piedras al enemigo, probablemente como gesto ritual, pero después de la victoria el Corán describió al Profeta y a sus compañeros como agentes al servicio de Dios:

> *¡Creyentes!* No los habéis matado: Dios los ha matado. No tiras cuando tiras: Dios *es quien* tira, con el fin de probar a los creyentes, por su parte, con una hermosa prueba. Dios es oyente, omnisciente.[22]

Hasta la batalla de Badr eran muchos los que creían que la causa musulmana no podía prosperar, pero después de esta victoria un sentimiento de euforia se apoderó de los musulmanes. Parecía como si nada pudiera detenerles:

> Si entre vosotros hay veinte *hombres* constantes, venceréis a doscientos; si entre vosotros hay cien, venceréis a mil de quienes no creen, porque ésos son hombres que no comprenden.
>
> Ahora Dios os aligera *vuestro cometido*, pues sabe que entre vosotros hay *también* debilidad; si entre vosotros hay cien *hombres* constantes, vencerán a doscientos; si hay mil, vencerán a dos mil, con permiso de Dios. Dios está con los constantes.[23]

Pero era preciso hacer acopio de paciencia, y los primeros biógrafos se refieren constantemente a la sobriedad y la seriedad que caracterizaron a la *yihad*. No se trataba de fanatismo histérico, sino de una dura prueba de resistencia. Mahoma y sus compañeros más inteligentes eran plenamente conscientes de que la victoria les había colocado en un camino peligroso que podría incluso destruir la *umma*. Para recuperar su honor y su prestigio, pilares de su éxito, los coraixíes deberían contraatacar. Aunque los musulmanes no lo habían planificado así, Dios parecía haber empujado a la *umma* a una guerra declarada contra la tribu más poderosa de Arabia.

La idea de un Dios que interviene en la historia y toma parte en una batalla puede parecernos insólita y desagradable, pero esta intercesión divina constituye un elemento crucial en la tradición monoteísta. En el judaísmo y el cristianismo los acontecimientos del momento también se convirtieron en teofanías, y se creía que Dios se revelaba en batallas, reveses políticos y triunfos. Ciertos acontecimientos se convirtieron en momentos de verdad y fueron mitificados hasta adquirir una importancia simbólica que transformaba por completo el suceso original. Esta reflexión y este análisis del significado más profundo de la historia pueden interpretarse como un intento imaginativo de encontrar una pauta en el fluir de la existencia. De todos estos acontecimientos reconstruidos, uno de los más influyentes fue el ahogamiento del faraón y de su ejército en el mar Rojo: salmistas, profetas y sabios lo consideraron una irrupción de lo divino en la historia que se convirtió en una especie de salvación. Los cristianos también meditaron sobre este acontecimiento, viéndolo como un anuncio simbólico del paso de Cristo de la muerte a la vida; también se convirtió en una especie de bautismo, que marcó una migración cristiana desde la desesperación y la anomia hasta una vida y una esperanza nuevas. En el Corán la travesía del mar Rojo se denominó *furgan*, una palabra que denota salvación y separación de los justos y los injustos; el propio Corán también recibió el nombre de *furgan*, por haber transfigurado las vidas de los creyentes al separarlos drásticamente de los restantes miembros de su tribu:

> Realmente, dimos a Moisés y Aarón la distinción, guía y amonestación para los piadosos que temen a su Señor en lo oculto mientras ellos temen la Hora.
> [Esto es una amonestación bendita que hemos hecho descender. ¿Acaso vosotros la refutaréis?][24]

La evolución constante del Corán, que siempre estaba dirigiendo la *umma* e interpretando acontecimientos, constituía un recordatorio de la presencia misteriosa de Dios y de su participación en los asuntos cotidianos.

Ahora la batalla de Badr también se convirtió en un *furgan*, una señal de salvación. Dios separó a los justos de los injustos en la victoria musulmana, del mismo modo que distinguió entre los egipcios y los israelitas en el mar Rojo:

«Entonces los egipcios dijeron: "Huyamos de delante de Israel, porque Jehová pelea por ellos contra los egipcios". Y Jehová dijo a Moisés: "Extiende tu mano sobre el mar, para que las aguas vuelvan sobre los egipcios, sobre sus carros y sobre su caballería". Entonces Moisés extendió su mano sobre el mar, y cuando amanecía, el mar se volvió en toda su fuerza, y los egipcios al huir se encontraban con el mar; y Jehová derribó a los egipcios en medio del mar. Y volvieron las aguas, y cubrieron los carros y la caballería, y todo el ejército del faraón que había entrado tras ellos en el mar; no quedó de ellos ni uno. Y los hijos de Israel fueron por en medio del mar, en seco, teniendo las aguas por muro a su derecha y a su izquierda. Así salvó Jehová aquel día a Israel de mano de los egipcios; e Israel vio a los egipcios muertos a la orilla del mar. Y vio Israel aquel grande hecho que Jehová ejecutó contra los egipcios; y el pueblo temió a Jehová, y creyeron a Jehová y a Moisés su siervo».[25]

Mahoma no había leído el relato bíblico, pero comprendió bien su espíritu porque su propia visión religiosa tenía la misma dinámica interna. En el día en que se libró la batalla de Badr, Alá rescató a la *umma* de los Coraix y los musulmanes vieron que los dirigentes coraixíes yacían muertos en el campo de batalla; la *umma* presenció el gran acto que Alá había realizado contra los mequíes y el pueblo veneró a Alá y a su siervo Mahoma. La diferencia estribaba en que, como ocurrió tantas veces durante la vida de Mahoma, esto no era una reconstrucción mitológica de un acontecimiento histórico, sino algo que sucedió realmente ante la mirada atónita de los musulmanes. Cada año los judíos conmemoran este *furgan* en la Pascua judía; Mahoma, sin embargo, pensó que la victoria en el mar Rojo se conmemoraba con el ayuno de Yom Kippur. Tal y como dice Taberi:

230

«Cuando el Profeta (que Dios lo bendiga) llegó a Medina, observó que los judíos ayunaban durante el día de la Ashura y les preguntó por qué lo hacían; le respondieron que era el día en que Dios causó el ahogamiento de las huestes del faraón y salvó a Moisés y a los que estaban con él. Mahoma comentó: "Tenemos más derecho que ellos", y ayunó y pidió a la gente que ayunara en aquel día».[26]

En aquella época Mahoma había estado intentando inspirarse en el judaísmo para definir la vida religiosa de la *umma*, pero pocas semanas antes de la batalla de Badr emancipó al islam de las costumbres de la fe más antigua al cambiar la *qibla*. Pocos días después de la victoria, el día 9 del mes de *ramadán*, Mahoma declaró que el ayuno de Ashura ya no era obligatorio para los musulmanes; ahora ayunarían durante el mes de *ramadán* para conmemorar su propio *furqan* especial de Badr. El ayuno del Ramadán, que se observó por primera vez en marzo del año 625, se convertiría en una de las cinco prácticas esenciales del islam.

Pero Mahoma se dio cuenta de que la nueva situación tenía un lado negativo, porque la *umma* se había comprometido a librar una guerra absoluta contra los coraixíes. La Meca dependía de su prestigio, de modo que los coraixíes deberían vengar la humillación de Badr si querían seguir siendo una gran potencia árabe. Ahora tendrían que vengar a sus cincuenta muertos. La *umma* se había embarcado en una nueva fase de la lucha *(yihad)*, de nuevo casi en contra de su voluntad. Pero a diferencia de los israelitas, que se habían comprometido a librar una guerra santa de exterminio después de lo ocurrido en el mar Rojo, Mahoma no deseaba acabar con los coraixíes. De alguna manera tendría que ganárselos; con este fin, incluso en la euforia que siguió a la victoria, fue justo con los prisioneros coraixíes. Tan pronto como la batalla hubo terminado, ordenó matar a dos de los prisioneros porque habían iniciado un temible ataque intelectual en su contra antes de la hégira: hemos visto que Mahoma se sentía profundamente amenazado por esta clase de desafío crítico. Pero el resto de los cautivos fue conducido a salvo de regreso a Medina y se les dio alojamiento decente en las casas de quienes los ha-

231

bían hecho prisioneros. Inmediatamente después, el Corán empezó a desarrollar una política humanitaria para con los prisioneros de guerra. Decretó que no se les debía tratar mal bajo ningún concepto, y que era preciso liberarlos o devolverlos a cambio de un rescate. Si no era posible conseguir el rescate, debía permitirse que el prisionero ganara el dinero necesario para comprar su libertad: se instaba incluso a su captor a ayudarle con los pagos, y la liberación de cautivos se alababa como un acto virtuoso y caritativo.[27] Una tradición *(hadiz)* posterior insta a los musulmanes a tratar a los cautivos como miembros de sus propias familias. Según esta tradición, Mahoma dice: «Tenéis que alimentarlos como os alimentáis vosotros, y vestirlos como os vestís vosotros, y si les imponéis una dura tarea, tenéis que ayudarles con ella».[28] Esta legislación coránica y tradicional contrasta enormemente, por supuesto, con el trato que los musulmanes dan en la actualidad a los rehenes. En realidad, no hay nada verdaderamente islámico en estas tomas de rehenes en la lucha actual. Los musulmanes shiíes que encarcelan y maltratan a sus cautivos en Beirut y se niegan a devolverlos a sus hogares no actúan movidos por el islam; de hecho, su conducta atenta contra los preceptos sagrados y fundamentales de su religión.

Los prisioneros tomados en Badr no eran enemigos desconocidos, sino parientes cercanos y amigos de los Emigrantes. Cuando vio a su primo y cuñado Suhayl sentado de forma ignominiosa en un rincón de la habitación con las manos atadas a la espalda, Sawdah, la esposa de Mahoma, no pudo reprimirse. Los antiguos instintos tribales afloraron de inmediato y eclipsaron la nueva ideología musulmana. «Oh, Abu Yazid», le gritó con desdén, «te rendiste enseguida. Deberías haber tenido una muerte noble.» Sin embargo, Sawdah no tardó en volver al presente al escuchar los severos reproches de su marido, que había entrado en la habitación tras ella: «¡Sawdah! ¿Causarías problemas contra Dios y su apóstol?».[29] Pero Mahoma también albergaba fuertes sentimientos hacia sus parientes. No pudo dormir aquella noche pensando en que su tío y sus sobrinos yacían abatidos e incómodos en cautiverio y dio la orden de que los liberaran. El trato justo y humanitario traería sus frutos: a algunos de los prisioneros les impresionó tanto la vida en la *umma* que se convirtieron al islam. Quizá la más drástica de estas conversiones fue la de

Umayr ibn Wahb (quien había intentado convencer a los coraixíes de que no combatieran en Badr). Cuando Umayr fue devuelto a La Meca, Safwan ibn Ummayah, miembro de su misma tribu, lo persuadió de que regresara a Medina y asesinara a Mahoma. Umayr regresó, pero Mahoma le descubrió y Umayr acabó haciéndose musulmán.

Uno de los cautivos era el yerno de Mahoma Abu al-As, que había permanecido fiel a la antigua religión pagana. Su esposa Zaynab, la hija del Profeta, que todavía vivía en La Meca, envió a su cuñado Amr a Medina con el dinero para el rescate que había reunido ella misma y con una pulsera que había pertenecido a Jadija. Mahoma reconoció de inmediato la pulsera y palideció de la emoción. Imploró a los musulmanes que retenían a Abu al-As que le liberaran sin tomar el dinero del rescate y éstos accedieron sin vacilar. Aunque esperaba que Abu al-As se convirtiera al islam esto no sucedió, por lo que le pidió que enviara a Zaynab y a su hijita Umamah a Medina. En esta etapa de la lucha resultaba cada vez más evidente que los matrimonios entre paganos y musulmanes ya no eran viables. Abu al-As aceptó con tristeza, sabedor de que, pese a que Zaynab no quería abandonarlo, su situación en La Meca sería ahora imposible.

La posibilidad de reunirse con Zaynab era reconfortante para Mahoma, porque a su regreso de Badr se enteró de que su bella hija Ruqaya había muerto durante su ausencia. Uthman estaba desconsolado, pero se animó cuando Mahoma le ofreció la mano de Umm Kultum, su otra hija. Mahoma visitó la tumba de Ruqaya con su hija menor Fátima, cuyas lágrimas secaba con la punta de su manto. Fátima contaba ahora veinte años y ya iba siendo hora de que se casara. Tanto Abu Bakr como Umar pidieron su mano, pero Mahoma había decidido entregársela a su joven pupilo Ali, quien se había criado junto a Fátima como un hermano. Ali dudaba al principio debido a su extrema pobreza: no había heredado nada de su padre Abu Talib. Pero Mahoma le instó a seguir adelante y la pareja se casó algunas semanas después de la batalla de Badr.

Hacia la misma época, Mahoma decidió tomar otra esposa. Hafsah, la hija de Umar, había enviudado recientemente. Su esposo, Kuhnays ibn Hudhafah, se había casado con ella tras regresar a La Meca desde Abisinia, pero murió poco después de la batalla de Badr. Hafsah tenía ahora dieciocho años. Era hermosa y poseía una formación muy completa: al igual que su padre, sabía leer y escribir, pero, también como su padre, tenía el genio vivo, lo cual desmerecía bastante su encanto. Cuando el periodo de luto de Hafsah hubo transcurrido, Umar la ofreció en matrimonio a Uthman, sin saber que Mahoma había decidido que éste debería casarse con Umm Kultum. A continuación se la ofreció a Abu Bakr, quien permaneció en silencio al escuchar esta oferta tan embarazosa. Umar acudió a Mahoma para quejarse de la aparente descortesía de sus dos compañeros más allegados, pero se calmó de inmediato cuando el Profeta se le ofreció como yerno. Abu Bakr se apresuró a reparar la ruptura temporal con Umar afirmando que conocía la intención de Mahoma de tomar a Hafsah como esposa. La boda se celebró a principios del año 625 y selló la alianza política del Profeta con sus dos compañeros más allegados. Ahora era yerno de ambos.

Aisha se mostró feliz de recibir a Hafsah. Si bien tendría celos de las esposas posteriores del Profeta, el vínculo cada vez mayor entre sus padres respectivos convertiría en amigas a las dos muchachas. Dado que Aisha era todavía una niña, es probable que Hafsah se convirtiera en su modelo en estos primeros años. Las dos acabarían haciendo causa común con Sawdah, pero al principio disfrutaban provocando a la mujer de mayor edad. Un día decidieron gastarle una broma. Le dijeron que había llegado el *dajjal*, el falso profeta tan temido por muchos musulmanes. Sawdah estaba tan asustada que corrió hasta la tienda que hacía las veces de la cocina para esconderse de este terrible personaje. Las dos niñas, sin dejar de reír, salieron a toda prisa para contarle la broma a Mahoma y éste llegó corriendo para rescatar a la pobre Sawdah, quien salió de su refugio cubierta de polvo pero tan aliviada de que el *dajjal* no hubiera llegado que no se molestó en reprender a sus dos «hermanas» pequeñas, como se llamaban entre ellas las esposas del Profeta.

Pero la vida no era siempre placentera para las jóvenes esposas. Cierto día, cuando Aisha tenía unos doce o trece años, Mahoma le pidió que vigilara a un prisionero de guerra. Aisha se distrajo y el hombre huyó. Cuando volvió y descubrió lo sucedido, Mahoma entró en cólera: «¡Ojalá Alá te corte la mano!», le gritó enfurecido a Aisha, mientras salía apresuradamente de la vivienda para perseguir al cautivo. Más tarde, tras haber capturado de nuevo al prisionero, Mahoma regresó a casa y encontró a Aisha sentada con expresión triste, mirándose las manos. ¿Qué diantres le sucedía?, preguntó. ¿La había poseído un *jinni?* Aisha respondió que se estaba preguntando qué mano le iba a cortar Alá. Sintiéndose reprendido y avergonzado, Mahoma se disculpó de inmediato ante la pequeña y le dijo que rezaría para que Alá bendijera a todos aquellos a los que él hubiera maldecido alguna vez.

La posición de Mahoma había mejorado después de la batalla de Badr, pero no todos los Ayudantes se alegraron por este aumento de prestigio. Pese a la euforia y al orgullo por la victoria, los musulmanes más reflexivos sabían muy bien que no sería tan fácil derrotar a los coraixíes una vez más. Por consiguiente, el año que siguió a la batalla de Badr fue una época de gran preocupación, que aumentaba cuando la gente oía que La Meca estaba llamando a las tribus beduinas para que les apoyaran en su lucha contra Mahoma. Ibn Ubbay y el grupo de la oposición instigaron estos temores, argumentando que por culpa del islam Medina corría ahora un grave peligro. No cabía duda de que el oasis había estado al borde de la destrucción antes de la llegada de Mahoma, pero ahora toda Arabia estaba comenzando a volverse contra ellos. Estos temores eran del todo comprensibles. Ibn Ubbay declaró que estaba dispuesto a obedecer las revelaciones, pero se negó a obedecer personalmente a Mahoma porque éste parecía empeñado en arrastrar a Medina a una guerra peligrosa. No obstante, tal y como señaló el Corán, cuando por fin llegaron las revelaciones que refrendaban las decisiones de Mahoma y confirmaban que la *yihad* era necesaria, los miembros de la oposición continuaron sublevándose, y a veces parecían estar aterrorizados.[30]

Ibn Ubbay contaba con el apoyo de las tribus judías, las cuales estaban horrorizadas por la nueva posición de Mahoma en Medina y consideraban a los mequíes como aliados naturales. Inmediatamente después de la victoria, Kab ibn al-Ashraf, un poeta judío de los Bani Nadir, se dirigió sin dilación a La Meca y empezó a componer versos incendiarios que instaban a los coraixíes a marchar contra Mahoma y vengar a sus muertos:

iOjalá la tierra, cuando fueron asesinados,
Se hubiera abierto de par en par y engullido sus gentes,

Que el que extendió el rumor de la derrota hubiera sido
alanceado
O que viviera acobardado, ciego y sordo![31]

Los versos de Kab dejaron muy claro a los coraixíes que no
todo el pueblo de Medina respaldaba con firmeza a Mahoma. Las
tribus judías eran temibles. Contaban con ejércitos de proporcio-
nes considerables y con una impresionante capacidad ofensiva y,
en el supuesto de un ataque de La Meca, no sería difícil persua-
dirlas para que se unieran a los coraixíes a fin de deshacerse de
los advenedizos. La poesía tenía una enorme importancia en la
vida política de Arabia, por lo que las canciones de Kab contri-
buían a sacar a los coraixíes de la depresión y la pena profundas
que les había provocado la derrota.

Abu Sufyan se convirtió en uno de los hombres más importantes de La Meca después de la catástrofe. Casi todos los otros
líderes habían muerto en el combate y Abu Lahab, el tío hostil
de Mahoma, murió poco después de la batalla de Badr. A partir de entonces Abu Sufyan comenzó a dirigir la lucha contra
Mahoma. En una reunión especial del Senado se decidió que las
ganancias procedentes de la caravana que Abu Sufyan había conseguido traer a salvo desde Siria se dedicarían a la guerra contra
Medina y, unas diez semanas después de la batalla de Badr, el
mismo Abu Sufyan dirigió un *gazu* como demostración y advertencia de lo que estaba por venir. Condujo a doscientos hombres
hasta las afueras de Medina, donde acamparon en los campos, y
por la noche se introdujo a hurtadillas en el territorio de los judíos Bani Nadir, la tribu de Kab, y fue agasajado por su jefe Sa-
llam ibn Mishkan, quien discutió con él la situación y, según Ibn
Ishaq, «le proporcionó información secreta acerca de los musulmanes». Al día siguiente Abu Sufyan y sus hombres destruyeron
algunos campos, quemaron algunas palmeras (un acto que iba
contra todos los principios árabes y que siempre se interpreta-
ba como un preludio de guerra) y mataron a dos de los Ayudantes que estaban cultivando la tierra. Nada más enterarse de
las noticias, Mahoma se puso al mando de una tropa de musulmanes para perseguir a los atacantes y los coraixíes huyeron rápidamente, no sin antes deshacerse de sus provisiones para aligerar
su huida.

Estaba claro que las tribus judías se habían convertido en un peligro para la seguridad de los musulmanes. Si un ejército de La Meca acampaba al sur de Medina, donde tenían su territorio las dos tribus más poderosas, los ejércitos judíos podrían unirse con facilidad a los coraixíes, a quienes consideraban sus aliados. Si los coraixíes atacaban la ciudad desde el norte, lo cual sería su mejor opción, las tribus judías podían atacar a los musulmanes por la retaguardia para rodearlos por todos lados. Mahoma se dio cuenta de que era preciso poner fin a esta disensión. Sus conversos judíos le informaron de que Bani Qaynuqa, la menor de las tres tribus, era especialmente hostil a la *umma*. Antes de la hégira sus miembros habían sido aliados de Ibn Ubbay, y después de la batalla de Badr decidieron romper su pacto con Mahoma y restablecer la antigua alianza a fin de movilizar al grupo opositor y expulsar al Profeta. Su territorio estaba más cerca del centro de la «ciudad» de Medina: a diferencia de los miembros de las otras dos tribus, no eran agricultores sino herreros y artesanos. Poco después de la batalla de Badr y de la deserción de Kab a La Meca, Mahoma les visitó en sus viviendas y les instó a aceptarle como profeta en nombre de su común tradición religiosa. Los judíos de Qaynuqa escucharon en un tenso silencio y respondieron que no pensaban permanecer en la *umma*: «¡Oh, Mahoma, pareces creer que somos tu pueblo! ¡No te engañes por haber encontrado un pueblo [en Badr] que no sabía combatir y al que has vencido; porque, por Dios, si combatimos contigo, descubrirás que somos hombres de verdad!».[32] Después de esta amenaza, Mahoma se retiró y aguardó nuevos acontecimientos.

Al cabo de unos cuantos días se produjo un incidente en el zoco de los Qaynuqa. Uno de los orfebres judíos le gastó una broma a una mujer musulmana que comerciaba allí: le sujetó la falda por detrás a la prenda que le cubría el torso, de modo que cuando la mujer se puso en pie parte de su cuerpo quedó al descubierto. La hostilidad era tal entre los musulmanes y los judíos de Qaynuqa que, cuando uno de los Ayudantes se abalanzó sobre el orfebre gritando enfurecido, la refriega se intensificó de tal forma que en ella murieron un judío y un musulmán. Por consiguiente, se produjo idéntico número de víctimas, y llamaron a Mahoma, en calidad de juez de disputas, para que restableciera la paz. Pero los judíos se negaron a aceptar su arbitrio, se atrincheraron en su fortaleza y llamaron a sus aliados árabes para que acudieran en su ayuda. Los Qaynuqa disponían de unos setecientos hombres dispuestos a combatir, y si sus antiguos aliados árabes hubieran respondido a su llamada y hubieran traído a sus propias fuerzas para encontrarse con Mahoma, el Profeta no habría podido derrotarles. Ibn Ubbay ansiaba ayudar a la tribu de Qaynuqa y consultó a su otro aliado, Ubadah ibn Samit. Pero Ubadah era un musulmán comprometido y señaló que la antigua alianza con los judíos se había cancelado cuando todos firmaron el tratado con Mahoma. Ibn Ubbay se dio cuenta de que le era imposible ayudar porque el resto de los árabes respaldaba con firmeza al Profeta. Los miembros de Qaynuqa esperaban dirigir una rebelión contra Mahoma y los Emigrantes, pero descubrieron horrorizados que los sitiaban todos los árabes de Medina. Aguardaron durante dos semanas a que Ibn Ubbay cumpliera su promesa, pero al final se vieron forzados a rendirse sin condiciones.

Ibn Ubbay se dirigió de inmediato a Mahoma para pedirle que les tratara con clemencia y, como el Profeta no respondió, lo agarró del cuello. Mahoma palideció de furia, pero Ibn Ubbay persistió: ¿cómo podía esperarse que él abandonara a sus antiguos confederados, quienes le habían ayudado tan a menudo en el pasado? Sabía que Mahoma estaba en su derecho, de acuerdo con las convenciones de Arabia, de masacrar a toda la tribu, pero el Profeta perdonaría la vida a los Qaynuqa si se apresuraban a abandonar el oasis. Ibn Ubbay recibió órdenes de acompañarles fuera de Medina. En cuanto hubieron comprendido que Ibn Ubbay ya no tenía ningún poder para ayudarles, los Qaynuqa parecieron estar dispuestos a marcharse. Se habían arriesgado y habían perdido, porque habían subestimado totalmente el poder que había adquirido Mahoma; no se habían dado cuenta de que el antiguo sistema había desaparecido para siempre, y todavía creían que sus antiguos confederados árabes estaban esperando la oportunidad de restaurarlo. Abandonaron el oasis en aparente conformidad, sabedores de que eran afortunados de haber escapado con vida. Diversas tribus habían sido expulsadas del oasis durante las guerras del periodo preislámico: todos los habitantes de Medina conocían este castigo, por lo que los Qaynuqa habrían comprendido que debían irse. Se refugiaron con otro grupo judío en el Wadi al-Qura y se asentaron finalmente en la frontera siria.

A los occidentales nos cuesta mucho comprender las relaciones de Mahoma con los judíos de Medina porque se nos aparecen demasiados espectros vergonzosos de nuestro propio pasado. Pero la lucha de Mahoma con las tres tribus principales del oasis fue muy distinta del odio racial y religioso que inflamó los pogromos de la Europa cristiana durante casi mil años. Los miedos irracionales de los cristianos encontraron su expresión definitiva en la cruzada secular de Hitler contra los judíos. Mahoma no tenía tales temores o fantasías ni pretendía eliminar a los judíos de Medina. Su enfrentamiento con los Qaynuqa era tan sólo político, y nunca se extendió a aquellos pequeños clanes judíos de Medina que permanecieron leales a la Alianza y vivieron en paz junto a los musulmanes.

Ésta fue una época muy peligrosa para la *umma*, cuyos miembros sabían que cabía esperar un ataque masivo desde La Meca y no podían permitirse albergar a un enemigo. La expulsión de los Qaynuqa fue una advertencia para otros disidentes potenciales como Ibn Ubbay y los Bani Nadir. Demostró que Mahoma era un hombre a quien debían tomarse muy en serio. Unos cuantos meses después, cuando el poeta Kab volvió a Medina y comenzó a escribir más versos difamatorios para incitar a la sedición, Mahoma ordenó que lo asesinaran. A Mahoma siempre lo alarmaron los poetas hostiles: la gente creía que sus pronunciamientos tenían un poder casi mágico, tal y como hemos visto. En Arabia un poeta podía convertirse en un arma letal, y Mahoma no estaba dispuesto a permitirle que enardeciera a los grupos de desafectos de Medina, o que exhortara a las tribus beduinas que escuchaban sus versos a unirse a la coalición de Abu Sufyan contra Medina. La derrota de la tribu de Qaynuqa había escarmentado a los Bani Nadir, y cuando Kab fue asesinado acudieron a Mahoma para quejarse de que había matado a uno de sus hombres más importantes. Mahoma sabía que eran tan hostiles hacia él como Kab, pero que, de momento, se mantenían en silencio. Les dijo que podía tolerar pensamientos e ideas disidentes, pero no acciones sediciosas. A continuación se ofreció a suscribir un tratado especial con los Nadir, además de la Alianza, para garantizar su seguridad y su silencio. Los Bani Nadir accedieron gustosos. Mientras esperaba el ataque de los habitantes de La Meca, Mahoma había silenciado con éxito a la oposición en casa.

La habilidad con que Mahoma encaró la crisis aumentó todavía más su prestigio en Medina, pero aún no se le consideraba el jefe de la *umma*. No podría haber contenido la amenaza conjunta de los Qaynuqa y de Ibn Ubbay sin el apoyo de Ubadah ibn Samit. Mahoma recibió un quinto *(jums)* de las posesiones que dejaron atrás los Qaynuqa. Era habitual que un jefe recibiera un cuarto de todo el botín para destinarlo a su pueblo: se esperaba que distribuyera regalos, se ocupara de los pobres y agasajara a los suyos. El *jums* distanciaba a Mahoma ligeramente de los otros jefes, pero demostraba que ahora ocupaba una posición comparable. Mientras esperaba con inquietud la ofensiva de La Meca, Mahoma consolidó el prestigio que había obtenido en Badr. Siempre que le informaban de que una de las tribus nómadas, azuzada por los mequíes, se preparaba para invadir el territorio de Medina, Mahoma marchaba en son de guerra para repeler el ataque y la oposición solía desintegrarse tan pronto como llegaban las tropas musulmanas. A finales de verano consiguió infligir una nueva humillación a los coraixíes. Desde la batalla de Badr, las caravanas no habían podido recorrer la ruta del mar Rojo hasta Siria, pero Safwan ibn Ummayah decidió tomar el camino de Najd hasta Iraq, viajando hacia el este de Medina. Se trataba de una ruta muy incómoda, porque los abrevaderos estaban a mucha distancia unos de otros, pero Safwan envió un número adicional de camellos cargados de agua, además de los que transportaban un rico cargamento de plata por valor de unos cien mil dirhams. Mahoma consiguió recibir noticias de esta caravana y envió a Zayd para que la interceptara. Zayd y sus hombres lograron coger desprevenidos a los integrantes de la caravana mientras reposaban en el pozo de Qarada: los soldados musulmanes se habían ganado una temible reputación desde la batalla de Badr, y tan pronto como los mequíes les vieron acercarse huyeron despavoridos, dejando atrás toda la caravana.

Los Coraix intensificaron los preparativos para atacar Medina, pero esperaron a que transcurriera el invierno. Finalmente, el 11 de marzo del año 625, tres mil hombres con tres mil camellos y unos doscientos caballos abandonaron La Meca e iniciaron un lento viaje hacia Medina. A los coraixíes se les unieron sus aliados beduinos del grupo de tribus conocidas como los Ahabish, los Thaqif de Taif y la tribu de Abd Mana. El 21 de marzo el ejército llegó a las afueras de Medina y acampó en la planicie situada frente al monte Uhud, hacia el noroeste del oasis. Mahoma y los habitantes de Medina se enteraron de que el ejército estaba de camino tan sólo una semana antes de su partida. No había tiempo para recoger las cosechas de los campos, pero consiguieron traer a todos los habitantes de las zonas más alejadas del asentamiento y atrincherarlos en la «ciudad» con sus camellos, vacas, ovejas y cabras. Tan pronto como llegó el ejército, los jefes de Medina celebraron un consejo de guerra. Los más experimentados recalcaron la necesidad de actuar con extrema cautela: todo el mundo debía permanecer en el interior de la «ciudad» y negarse a salir para enfrentarse al enemigo. Era muy difícil mantener un asedio en Arabia, y cuando este plan se había adoptado en ocasiones anteriores el enemigo siempre se había visto forzado a marcharse sin combatir. Sin embargo, algunos de los miembros de la generación más joven querían pasar a la acción. Argumentaron que en Badr Mahoma había derrotado a un ejército enorme con sólo trescientos cincuenta hombres: sin duda Dios volvería a ayudarles. Les apoyaban algunos de los agricultores, quienes no soportaban que los coraixíes se comieran las cosechas que habían quedado abandonadas fuera de la «ciudad». Tal era la beligerancia de estos exaltados que terminaron por imponer sus ideas y comenzaron los preparativos para la batalla.

Pero más tarde a los halcones les entró miedo y se echaron atrás, sobre todo después de que hombres como Sad ibn Muadh les hubieran advertido de que se exponían a un desastre. Le dijeron a Mahoma que ahora estaban dispuestos a permanecer dentro de la «ciudad», pero el Profeta, obrando debidamente, defendió la decisión de combatir. «Cuando un profeta se ha puesto la armadura», explicó, «no es conveniente que se la quite hasta después de la batalla.»[33] En aquellos momentos cualquier vacilación habría desembocado en una catástrofe. Por consiguiente, en la tarde del 22 de marzo, el 6 de *shawal*, Mahoma montó su caballo favorito y condujo a unos mil hombres hacia Uhud, a unos treinta kilómetros de distancia, para enfrentarse a un ejército tres veces mayor. Los judíos se negaron a combatir porque era su Sabbat, pero los musulmanes sabían muy bien que los judíos estaban rezando por el éxito de La Meca. El ejército acampó aquella noche a medio camino entre Medina y Uhud, y por la mañana Ibn Ubbay desertó, llevándose a trescientos hombres de regreso a la ciudad. Ni siquiera se molestó en informar a Mahoma acerca de su decisión, pero explicó a algunos de los Ayudantes que quería desvincularse de esta campaña absurda y suicida. «Me ha desobedecido, y ha obedecido a mozalbetes y a hombres carentes de juicio», dijo. «No sé por qué tenemos que perder la vida en este lugar mal elegido.»[34] La decisión, pese a ser deshonrosa, era comprensible, pero puede que Ibn Ubbay albergara otras intenciones. En el año 617 se retiró de la batalla de Buath tras haberse dado cuenta de que era imposible obtener una victoria completa, decisión que le había resultado muy provechosa y casi lo había convertido en rey de Medina. Si Mahoma era derrotado, lo cual parecía muy probable, Ibn Ubbay se habría distanciado del desastre y podría aprovecharse de la situación.

Así pues, los musulmanes se enfrentaron a los coraixíes a la mañana siguiente, con un ejército peligrosamente diezmado. Abu Sufyan permaneció en el centro de la fila delantera, flanqueado a la derecha por Jalid, el hijo del fallecido Walid de los Majzum, y a la izquierda por Ikrimah, el hijo de Abu Jahl. Antes de que comenzara la batalla, Abu Sufyan dio un paso al frente y ordenó a los Aws y a los Jasraj que abandonaran a Mahoma y se fueran a sus casas; La Meca no tenía nada en contra de ellos. Pero los Ayudantes gritaron con actitud desafiante que nunca abandonarían a su profeta. A continuación Abu Amir, el monoteísta mediní que había desertado y se había ido a La Meca después de la llegada de Mahoma al oasis, dio un paso al frente para dirigirse a sus hombres. «Oh, hombres de Aws», habló a su tribu, «soy Abu Amir.» «¡Entonces que Dios te ciegue, sinvergüenza impío!», le contestaron. Abu Amir se horrorizo al oír esto: había presumido en La Meca de que con sólo pronunciar una palabra conseguiría que los Aws se pasaran al bando de los coraixíes. Ahora regresó musitando: «El mal se ha apoderado de mis gentes desde que las dejé».[35]

Los ejércitos comenzaron a avanzar. Detrás de las tropas de La Meca, la esposa de Abu Sufyan, Hind, caminaba con algunas de las mujeres de noble cuna, batiendo sus panderos y cantando:

Si avanzáis os abrazaremos
Y extenderemos suaves alfombras bajo vuestros pies
Pero si os retiráis os abandonaremos
Os abandonaremos y ya no os amaremos.[36]

Hind siempre había odiado a Mahoma, pero tras perder a su padre Utba ibn Rabia y a dos de sus hijos en la batalla de Badr juró comerse el hígado de Hamzah, quien había matado a Utba en combate singular. La lucha dio comienzo. Es difícil relatar detalladamente lo que sucedió, porque las fuentes son confusas. Al principio los musulmanes fueron capaces de defenderse. Mahoma había dispuesto a sus tropas en la misma formación cerrada que tanto éxito tuviera en Badr, y en un momento dado pareció que hubieran ahuyentado al enemigo. Pero entonces los arqueros musulmanes desobedecieron las órdenes, rompieron filas y Jalid los atacó por la retaguardia, tras irrumpir hacia delante en una espectacular carga de caballería. Los musulmanes huyeron cubiertos de ignominia. Mahoma intentó detenerlos, pero recibió un golpe en la cabeza que lo dejó sin sentido y corrió la voz de que había muerto.

En realidad, Mahoma sólo estaba aturdido. Lo llevaron hasta una arboleda y no tardó en recuperarse. Pero los coraixíes no se molestaron en comprobar la información; al escuchar que el Profeta había muerto dejaron de combatir y no apuntalaron su victoria, de modo que los musulmanes pudieron retirarse sin sufrir demasiadas pérdidas. Murieron veintidós mequíes y sesenta y cinco musulmanes, pero no fue una gran victoria para los coraixíes. No habían conseguido matar a Mahoma ni destruir la *umma*. Sólo tres de los musulmanes muertos –Hamzah, Abdallah ibn Jahsh y Musab– eran Emigrantes, mientras que el resto eran Ayudantes con los que los mequíes no estaban muy dispuestos a combatir. Después de la batalla ofendieron a algunos de los aliados beduinos mutilando los cadáveres. Uno de los coraixíes abrió el vientre de Hamzah, le arrancó el hígado y se lo llevó a Hind, quien masticó un pedacito para cumplir su promesa. A continuación empezó a cortar la nariz, las orejas y los genitales de Hamzah, instando a las demás mujeres a hacer lo mismo con otros cuerpos. Abandonaron el campo de batalla engalanadas con espeluznantes pulseras, colgantes y collares, ante la repugnancia de los beduinos y de algunos de sus propios hombres, los cuales creyeron que estas acciones habían enturbiado su causa.

Antes de que su ejército se retirara, Abu Sufyan se enteró de la decepcionante noticia de que, después de todo, Mahoma no había muerto. El enfrentamiento con Medina no había acabado. «¡El año próximo en Badr!», gritó, como desafío final, y en nombre de Mahoma uno de los Compañeros gritó a su vez: «¡Sí, tenemos una cita allí!».[37] Los musulmanes aún tuvieron ánimos, pese a las numerosas bajas, para realizar una persecución simbólica. Durante tres días, siguieron al ejército mequí y por la noche Mahoma ordenó que todos los hombres se separaran tanto como fuera posible, y cada uno encendió un fuego, para hacerles creer que allí acampaba un gran ejército. La estratagema disuadió a aquellos coraixíes que querían volver a Medina para intentar de nuevo destruir la *umma*.

Pero se trataba de un pobre consuelo. Después de la batalla de Uhud la mayoría de los musulmanes se sentían profundamente apesadumbrados: si Badr había sido una señal de salvación, ¿era la derrota de Uhud una señal de que Dios había abandonado a Mahoma? El Corán respondió a estas preocupaciones en la tercera sura, señalando que estaba mal considerar el desastre un acto divino. Los musulmanes sólo podían culparse a sí mismos. Habían sido pendencieros, rebeldes e indisciplinados durante toda la campaña. Sin embargo, la batalla de Uhud fue en cierto modo una señal: sirvió para diferenciar entre los auténticos musulmanes y los cobardes que desertaron junto a Ibn Ubbay.

Como cabía esperar, tanto Ibn Ubbay como los judíos estaban exultantes. Ibn Ubbay y sus partidarios aseguraron a voz en grito que, de haber seguido los musulmanes la política de Ubbay, se podrían haber evitado todas las bajas. Los judíos argumentaron que Mahoma no era más que un hombre ambicioso, sin credenciales proféticas: ¿quién había oído hablar de un auténtico profeta que hubiera sufrido tal revés? Umar quería matar a estos detractores, pero Mahoma lo apaciguó. Los coraixíes no volverían a infligir tal humillación a la *umma*, prometió, y algún día los musulmanes rezarían de nuevo en la Kaaba. Pero, pese a la serena confianza de Mahoma, la derrota de Uhud había dañado su prestigio y provocado la ruptura con Ibn Ubbay. Hasta entonces la oposición musulmana no se había pronunciado, pero después de Uhud, Ibn Ubbay trataría de encontrar cualquier oportunidad para destruir a Mahoma. El viernes siguiente a la batalla Ibn Ubbay fue avergonzado públicamente en la mezquita. Cuando se levantó para hablar, dos de los Ayudantes lo zarandearon y le dijeron que después de su traición debería callarse. Salió indignado de la mezquita y se negó a pedirle a Mahoma que rezara por él y lo perdonara. Después de la batalla de Uhud, su grupo recibió un nuevo nombre en el Corán: a Ibn Ubbay y a sus seguidores se les conocería a partir de entonces como los *munafiqin*, que suele traducirse por los «hipócritas». Pero W. Montgomery Watt sugiere que las «sabandijas» o los «ratones» podría ser una traducción más exacta: en Uhud se habían escabullido sigilosamente hasta sus agujeros como animalillos asustados.[38]

Por otra parte, se les presentaron acuciantes problemas prácticos que precisaban solución. Cada uno de los sesenta y cinco musulmanes que murieron en Uhud había dejado esposa y familia a las que mantener, y parece que después de la derrota Mahoma recibió la revelación que permitía a los musulmanes tomar cuatro esposas:

Dad a los huérfanos sus riquezas. No cambiéis mal por bien. No comáis sus riquezas *junto* a vuestras riquezas: eso es un gran pecado.

Si teméis no ser justos con los huérfanos (...) [*casaos* con las mujeres que os gusten, dos, tres o cuatro. Si teméis no ser equitativos, casaos con una o con lo que poseen vuestras diestras, *las esclavas*. Eso es lo más indicado para que no os apartéis *de la justicia*.[39]

Los críticos occidentales de Mahoma suelen ver en esta justificación de la poligamia un ejemplo del peor machismo. Películas populares, como *Harén*, ofrecen una imagen absurda y exagerada de la vida sexual del jeque musulmán, que revela más acerca de la fantasía occidental que de la realidad misma. Pero, vista en su contexto, la poligamia no fue concebida para mejorar la vida sexual de los hombres: era una ley de cariz social. El problema de los huérfanos, que preocupó a Mahoma desde el principio de su misión, se había exacerbado debido a las muertes acaecidas en la batalla de Uhud. Los hombres que murieron no sólo dejaron viudas, sino también hijas, hermanas y otros familiares que necesitaban un nuevo protector. Puede que los nuevos tutores no fueran escrupulosos al administrar las propiedades de estos huérfanos: algunos podían incluso impedir que estas mujeres se volvieran a casar a fin de quedarse con sus propiedades. No era infrecuente que un hombre se casara con sus pupilas para poder añadir las propiedades de éstas a su propio patrimonio.

Es probable que en Arabia escasearan los hombres, por lo que existía un excedente de mujeres no casadas a las que a menudo se explotaba sin piedad. A Mahoma le preocupaba enormemente este problema, por lo que recurrió a la poligamia como un modo de resolverlo. Esto permitiría casarse a todas las muchachas huérfanas, pero el Corán hacía hincapié en que un hombre podía tomar a más de una esposa sólo si prometía administrar las propiedades de sus mujeres de forma equitativa. El Corán también estipula que ninguna muchacha huérfana debería casarse con su protector contra su voluntad, ni ser tratada como un bien mueble.[40] El Corán también prevé los casos de divorcio. En el periodo preislámico, cuando las esposas todavía vivían en la casa paterna, tanto una mujer como sus parientes varones podían poner fin a una relación. Según el Corán, un hombre está autorizado a rechazar la petición de divorcio de su esposa, pero existe una cláusula a favor de la mujer. En Arabia el hombre acostumbraba entregar un *mahl*, o dote, a su novia. Los parientes varones de la mujer solían quedarse esta dote, pero en el islam era preciso entregársela directamente a la propia mujer. Hasta el día de hoy, las mujeres tienen permitido hacer lo que deseen con este dinero: donarlo para fines benéficos, construir una piscina o emprender un negocio. Pero en caso de divorcio, al hombre no se le permite reclamar el *mahl*, por lo que se garantiza la seguridad de la mujer.[41]

Los críticos occidentales suelen culpar al Corán por el trato dado a las mujeres, que consideran injusto, pero de hecho la emancipación de las mujeres era una causa muy querida por el Profeta. Muchos se han quejado de que el Corán predica con un doble rasero moral: las leyes de la herencia, por ejemplo, dictan que una mujer puede heredar sólo la mitad de lo que recibirán sus hermanos (quienes tienen que entregar el *mahl* para empezar una familia). Por otra parte, a las mujeres se les permite ser testigos en un juicio, pero su testimonio es la mitad de válido que el de un hombre. En el contexto del siglo xx –cuando, cabe recordar, todavía estamos haciendo campaña en pro de la igualdad de derechos de la mujer– esta legislación coránica parece muy prohibitiva, pero en la Arabia del siglo VII fue sin duda revolucionaria. Conviene recordar cómo había sido la vida de las mujeres en el periodo preislámico, una época en la que el infanticidio femenino era la norma y en la que las mujeres no tenían derecho alguno. Al igual que los esclavos, las mujeres eran tratadas como una especie inferior, sin existencia legal. En un mundo tan primitivo, Mahoma obtuvo logros extraordinarios para las mujeres. El mero hecho de que una mujer pudiera actuar como testigo o pudiera heredar por derecho propio resultaba sorprendente. También debemos recordar que en la Europa cristiana las mujeres tuvieron que esperar hasta el siglo XIX antes de conseguir algo parecido: incluso entonces, la ley siguió estando claramente del lado de los hombres.

Una vez más, es preciso considerar las normas sobre la poligamia en su contexto. En la Arabia del siglo VII un hombre podía tener tantas esposas como quisiera, y prescribir sólo cuatro fue un límite, no una licencia para permitir más represión. Además, el Corán añade a los versículos que conceden a los musulmanes el derecho a tomar cuatro esposas una especificación importante: a menos que esté seguro de poder ser escrupulosamente justo con todas sus esposas, un hombre deberá permanecer monógamo.[42] La ley musulmana va más allá: un hombre debe pasar exactamente los mismos días con cada una de sus esposas; además de tratar igual a todas en cuestiones económicas y legales, un hombre no debe mostrar la más mínima preferencia por una de ellas, sino que tiene que apreciarlas y quererlas a todas por igual. En casi todo el mundo islámico se ha aceptado que los seres humanos no pueden cumplir este requisito coránico: es imposible mostrar tal imparcialidad, y por ello la puntualización de Mahoma, que no necesitaba haber hecho, implica que, en realidad, ningún musulmán debería tener más de una esposa. En países en los que se ha prohibido la poligamia las autoridades han justificado esta innovación tanto por razones seculares como religiosas.

Por consiguiente, en Medina, después de la derrota de Uhud, el Corán no animaba a los hombres a construir harenes exóticos. No sólo limitaba el número de esposas que deberían tener los musulmanes, sino que también les pedía que realizaran un acto de fe en el futuro. El Corán prohíbe repetidamente la práctica del infanticidio femenino: éste se convirtió en uno de los mandamientos básicos que debía cumplir todo converso. En lugar de emplear este método brutal para controlar la natalidad, el Corán insta a los musulmanes a confiar en Dios y a crear una sociedad donde a los más vulnerables –los ancianos, los huérfanos y los bebés– se les concedan todos los derechos humanos y reciban un trato igualitario.[43] En uno de los pasajes más bellos de los Evangelios, Jesús exhorta a sus discípulos a observar las aves del cielo y las azucenas del campo y a no preocuparse por el futuro: Dios proveerá todas sus necesidades.[44] De forma bastante similar, el Corán instaba a los musulmanes a tener confianza en la benevolencia divina que se revela en las señales de la naturaleza. Asimismo, es preciso confiar en Dios sin recurrir a las medidas crueles y explotadoras de la *Yahiliyyah*, y mostrarse esperanzados porque Él proveerá. Deben casarse con mujeres necesitadas, tener familias numerosas y esperar que Dios les permita sobrevivir:

> Casad, de entre vosotros, a los solteros, a vuestros servidores y a vuestras criadas si son justos. Si son pobres, Dios les ayudará mediante su favor. Dios es inmenso, omnisciente.[45]

Se trataba de un acto de fe que exigía un valor considerable. Mahoma había dado ejemplo personalmente al preocuparse por las mujeres vulnerables de la *umma*. Después de la batalla de Uhud el Profeta tomó una cuarta esposa y proporcionó un hogar a Zaynab bint Kuzaymah, viuda de Ubaydah ibn al-Harith, el mártir de Badr. Zaynab era además hija del jefe de la tribu beduina de Amir, por lo que el matrimonio sirvió para forjar una alianza política. Le construyeron un habitáculo junto a la mezquita y se unió a sus «hermanas» Sawdah, Aisha y Hafsah.

Mahoma exhortaba a los musulmanes a tener confianza en el futuro y, si creían que podían comportarse de forma equitativa, los instaba a aceptar nuevas responsabilidades en una época en la que Abu Sufyan construía una enorme confederación para destruir la *umma*. Pero, como era habitual, Mahoma también estaba tomando otro tipo de precauciones. Había comprendido que debía obtener el apoyo de las tribus beduinas del este y nordeste de Medina para impedir que se unieran a la alianza mequí. Mahoma envió a partidas de asaltantes para impresionar a los beduinos, pero en el verano del año 625 dos incidentes pusieron de manifiesto la vulnerabilidad de Medina. Dos tribus beduinas del Najd solicitaron a Mahoma que las instruyera sobre el islam: algunos de sus miembros se habían hecho musulmanes y querían aprender a recitar el Corán, por lo que el Profeta envió en esta misión a seis de sus hombres más capaces. Durante el viaje descansaron en el pozo de Raji, cerca de La Meca, y fueron atacados por uno de los jefes de Hudhayl. Tres de los musulmanes murieron, y los tres restantes fueron hechos prisioneros. Uno de ellos fue lapidado hasta la muerte cuando intentó escapar, y los otros fueron conducidos a La Meca y vendidos a sus enemigos coraixíes. Safwan ibn Ummayah compró a uno de los prisioneros para vengar la muerte de su padre, el antiguo jefe de Jumah que había muerto en Badr: llevaron a los dos musulmanes frente al santuario y los crucificaron.

Hacia la misma época, Abu Bara, jefe de la tribu beduina de Amir y nuevo suegro de Mahoma, también pidió que le enviaran misioneros para instruir a su pueblo sobre el islam. Pero ésta era además una petición de ayuda contra facciones enfrentadas en su propia tribu. Mahoma envió a cuarenta musulmanes, y casi todos ellos fueron masacrados en el pozo de Maunah, justo a las afueras del territorio de los Amir. Uno de los rivales de Abu Bara en su tribu había convencido a algunos miembros de la tribu vecina de Sulaym de que llevaran a cabo esta acción. Sin embargo, dos de los musulmanes apacentaban a los camellos cerca de allí y no se enteraron de la catástrofe hasta que vieron a los buitres que se cernían sobre el campamento. Regresaron a toda prisa y hallaron muertos a sus compañeros; uno de los supervivientes fue hecho prisionero, mientras que el otro consiguió regresar a Medina. Por el camino, sin embargo, encontró a dos miembros de los Bani Amir durmiendo plácidamente bajo un árbol. Dando por sentado que los Amir habían sido responsables de la masacre, sacó su espada y los mató, y después volvió rápidamente a Medina para relatarle a Mahoma lo sucedido. No obstante, para su sorpresa, Mahoma le dijo que había obrado mal y que la *umma* tendría que pagar el precio de la sangre derramada injustamente, una cantidad que algunas de las tribus empezaban a aceptar en lugar de una vida. Mahoma creía que los Amir no deberían haber sido asesinados. Si bien era cierto que algunos miembros de la tribu de Amir estuvieron detrás de la masacre, estrictamente hablando el culpable había sido Sulaym. Al pagar el precio de la sangre a Abu Bara, quien estaba horrorizado por lo sucedido, Mahoma esperaba que toda su tribu se convirtiera al islam. Sus poetas empezaron a hacer proselitismo, lamentando la muerte de los mártires de Raji y Maunah; la noble conducta de Mahoma para con Abu Bara también llevó a algunos de los antiguos enemigos de la *umma* a verla ahora con buenos ojos. De hecho, se dice que algunos de los sulamitas que habían cometido la masacre se sintieron tan impresionados por la fe y el valor de los musulmanes en el momento de su muerte que ellos también se convirtieron al islam.

Mahoma empezó a recaudar el precio de la sangre en Medina. Uno de los grupos a los que acudió era la tribu judía de Nadir, que también estaba aliada con Abu Bara. Mahoma presentó su petición en una reunión del consejo de Nadir, acompañado por Abu Bakr y Usayd ibn Hudayr, uno de los Ayudantes. Los judíos, quienes parecían muy dispuestos a cooperar, pidieron a los musulmanes que esperaran fuera mientras consideraban la petición. Pero, mientras esperaban, Mahoma se escabulló repentinamente y volvió a su casa. Más tarde diría a sus amigos que Gabriel le había advertido de que los judíos estaban tramando matarle. De hecho, esta revelación divina no habría sido necesaria: algunos miembros de Nadir seguían queriendo vengar la muerte del poeta Kab ibn al-Ashraf, y las fuentes musulmanas afirman saber con exactitud quién estaba a punto de dejar caer una roca sobre Mahoma desde un tejado cercano.

A continuación Mahoma envió a uno de los Ayudantes en su nombre para que presentara un ultimátum a los judíos. Muhammad ibn Maslama, un miembro de la tribu de Aws, que habían sido aliados de Nadir antes de la hégira, les dijo lo siguiente: «El Mensajero de Dios me ha enviado hasta vosotros y os dice "Al planear asesinarme habéis roto el tratado que firmé con vosotros"». Ya no podían vivir en la ciudad después de esta traición. A los judíos les sorprendió enormemente que un miembro de los Aws pudiera transmitirles semejante mensaje: como les sucediera a los Qaynuqa el año anterior, todavía parecían incapaces de aceptar que el antiguo orden había sido abolido de forma permanente. Ibn Maslama tuvo que decirles sin rodeos: «Las cosas han cambiado y el islam ha acabado con las antiguas alianzas».[46]

Los judíos intentaron negociar con Mahoma, para ver si podían llegar a un acuerdo, pero Ibn Ubbay vio en este intento otra oportunidad excelente de deshacerse del Profeta. Les dijo que se uniría a ellos si estaban dispuestos a apartarse de la *umma*. Así pues, tal y como hicieran antes los Bani Qaynuqa, los judíos de Nadir se retiraron a su fortaleza, observaron a los musulmanes que los rodeaban y esperaron a que Ibn Ubbay y sus hombres vinieran a liberarles. Pero no sucedió nada de esto. Una vez más, Ibn Ubbay había juzgado mal el poderío de Mahoma, al que creía más debilitado de lo que estaba en realidad tras la derrota de Uhud. Al cabo de dos semanas, cuando los Nadir eran conscientes de que no podían resistir mucho más, Mahoma dio la orden de talar sus palmeras. Este inequívoco signo de guerra aterrorizó a los judíos, quienes se rindieron implorando únicamente que Mahoma les perdonara la vida. Mahoma accedió bajo la condición de que abandonaran el oasis de inmediato, y que se llevaran sólo aquellas pertenencias que pudieran transportar sobre sus camellos. Los Nadir cargaron todas sus posesiones, tras romper incluso los dinteles de sus puertas para no dejárselos a Mahoma, y abandonaron el oasis en una procesión triunfal. Las mujeres, engalanadas con todas sus joyas y vistiendo sus mejores galas, tocaban el pandero y cantaban acompañadas de gaitas y tambores. Tras abrirse paso a través de las calles de Medina, finalmente tomaron la ruta del norte hacia Siria. Algunos se quedaron en el asentamiento judío cercano a Jaybar y desde allí ayudaron a Abu Sufyan a construir su confederación, recabando apoyo entre las tribus septentrionales.

Un año después de la batalla de Uhud, Mahoma consiguió recuperar parte del prestigio que había perdido, y la marcha de los Bani Nadir supuso una nueva derrota para Ibn Ubbay. El Profeta continuó aplacando cualquier ataque incipiente, y en abril del año 626 obtuvo una victoria moral decisiva. Al abandonar el campo de batalla de Uhud, Abu Sufyan había retado a los musulmanes a enfrentarse a él una vez más en Badr, durante el mercado anual, de modo que en abril del año 626 Mahoma partió con mil quinientos hombres y acampó en Badr durante una semana. Pero Abu Sufyan no apareció. No creyó que Mahoma acudiera a la cita y había partido con su ejército únicamente para exhibirse, planeando regresar tan pronto como se enterara de que los musulmanes no habían abandonado Medina. Fue un año de sequía pertinaz y no quedaba ni una brizna de hierba para alimentar a los camellos durante el viaje, de modo que al cabo de un par de días Abu Sufyan condujo a su ejército de regreso a La Meca. Sus conciudadanos le reprocharon con acritud el no haberse presentado a la cita, en particular porque los beduinos sentían una profunda admiración por el valor de los musulmanes y por su disposición a enfrentarse a un ejército mucho más numeroso de mequíes en Badr por segunda vez. No sólo mejoraba la posición de Mahoma en Medina, sino que la balanza estaba inclinándose a su favor en el resto de Arabia.

Pese a que los musulmanes sabían que tras la humillación del segundo Badr los mequíes habían intensificado los preparativos para una nueva ofensiva contra la *umma*, Mahoma todavía esperaba llegar a un acuerdo pacífico. En enero del año 626 murió su nueva esposa Zaynab, tan sólo ocho meses después de la boda. Al cabo de unos meses Mahoma se dirigió a Hind bint al-Mughira, la viuda de su primo Abu Salamah, y pidió su mano. Umm Salamah, como se la suele conocer, era además hermana de uno de los principales miembros del poderoso clan mequí de Majzum, un vínculo que podría serle útil a Mahoma. Contaba veintinueve años y todavía era bellísima; al parecer, fue también una mujer inteligente y una buena compañera para Mahoma, quien solía disfrutar llevándola a campañas importantes. Al menos en una ocasión, Umm Salamah llegó a ofrecerle valiosos consejos. Al principio, sin embargo, se mostró reacia a casarse con Mahoma. Ya no era joven, adujo, y era muy celosa: no estaba segura de poder soportar la vida en el harén. Mahoma le aseguró sonriendo que él era incluso más viejo que ella, y que Dios se ocuparía de sus celos.

Umm Salamah no se equivocaba al temer rivalidades en el harén: su matrimonio con Mahoma causó un distanciamiento entre sus esposas y puso de manifiesto la existencia de distintos grupos dentro de la *umma*, los cuales competían por el poder político. Umm Salamah, una majzumita, representaba a los aristocráticos Emigrantes, mientras que Aisha y Hafsah, hijas de los dos compañeros más próximos a Mahoma, representaban al partido más plebeyo, en el poder. A medida que ingresaban en el harén, las nuevas esposas solían unirse a uno de estos dos grupos rivales.

Umm Salamah solía recabar el apoyo de un tercer grupo menos importante, los *ahl al-bait*, o parientes cercanos de Mahoma, quienes tenían puestas sus esperanzas en Fátima, una mujer bastante tímida y apocada. Estas facciones entre las esposas de Mahoma reflejan a su vez facciones cruciales en la *umma* que se agravarían tras la muerte del Profeta y que, hasta cierto punto, todavía dividen a los musulmanes en la actualidad. Los *ahl al-bait*, quienes querían que Fátima, Ali y sus descendientes lideraran el mundo islámico, se convertirían en shiíes. Poco después de la boda con Umm Salamah llegó al harén una nueva esposa que ampliaría este grupo y se aliaría frecuentemente con el grupo aristocrático. Zayb se había divorciado de Zaynab bint Jahsh, prima del Profeta, quien se casó después con el propio Mahoma. Las circunstancias que rodeaban esta relación causaron asombro a más de uno, y los críticos del islam las han utilizado para denigrar al Profeta.

Autores como Voltaire y Prideaux consideraron el incidente una demostración del insaciable apetito sexual de Mahoma y de su artera manipulación de las revelaciones en beneficio propio. Ambos ofrecen una versión bastante más escabrosa de los acontecimientos que la de los propios musulmanes. Una tarde Mahoma fue a visitar a Zayd, quien no estaba en su casa. Su esposa Zaynab le abrió la puerta vestida con muy poca ropa, puesto que no esperaba visitas. Zaynab tenía ya casi cuarenta años, pero se decía que seguía siendo extremadamente bella, y en esta ocasión Mahoma sucumbió a sus encantos. El Profeta se alejó deprisa, musitando «¡Oh, Dios omnipotente! ¡Oh, Dios que trastornas los corazones!»,[47] o una frase de este tenor. Zaynab, quien nunca había querido casarse con Zayd, vio una salida en la admiración que le profesaba Mahoma. Zaynab describió a Zayd tantas veces y con tanta vehemencia la impresión electrizante que le había causado al Profeta que la vida conyugal se hizo imposible. Zayd acudió a Mahoma y se ofreció a divorciarse de su esposa si el Profeta la quería para sí, pero éste le ordenó marcharse, diciéndole que temiera a Dios y permaneciera junto a su esposa. Sin embargo, su matrimonio ya había fracasado: las quejas constantes de Zaynab amargaron tanto a Zayd que se divorció de ella de todos modos, y con el tiempo el Profeta decidió casarse con ella.

La futura boda levantó algunas críticas: hubo quien dijo que era ilegal porque Zaynab había estado casada con el hijo adoptivo de Mahoma, pero éste recibió una revelación que le decía que el matrimonio no era en absoluto incestuoso.[48] Zayd había sido hijo adoptivo de Mahoma y la relación entre ambos era artificial: al casarse con Zaynab, el Profeta no violaba la ley del parentesco. Casualmente, Mahoma estaba con Aisha cuando le llegó esta revelación y ella comentó, con cierta aspereza: «Verdaderamente, tu Señor se apresura en concederte lo que se te antoja». Los occidentales suelen compartir esta opinión, pero el hecho de que esta tradición aparentemente crítica se haya conservado muestra que, en general, los contemporáneos de Mahoma adoptaron una postura bastante más pragmática. Veían en Mahoma a un hombre apasionado, y si Alá había decidido conceder a su Mensajero algunos privilegios, ¿quiénes eran ellos para criticarlo? En la actualidad los musulmanes niegan que la lujuria moviera a Mahoma a casarse con Zaynab y, de hecho, parece muy poco probable que una mujer de treinta y nueve años, que en algún momento de su vida habría sufrido desnutrición y siempre había estado expuesta al inclemente sol de Arabia, inspirara sentimientos tan vehementes en alguien, por no decir en un primo que la había conocido desde niña. Pero Mahoma siempre había estado muy unido a la familia Jahsh, a la que pertenecía Zaynab. Los musulmanes argumentan que Mahoma debió de sentirse responsable de ella después de su divorcio pues, como sabemos, estaba preocupado por las mujeres desprotegidas en la *umma*. Si hubiera querido a Zaynab por sus encantos sexuales, podría haberse casado con ella años antes. El incidente también demostró que una relación de adopción o protección no constituía un vínculo de sangre, y no tenía por qué impedir un matrimonio.

Poco después de las celebraciones nupciales de Zaynab, y posiblemente en relación con ellas, llegó la revelación conocida como los Versos de la Cortina, los cuales decretaban que las esposas de Mahoma debían aislarse del resto de la *umma*. Las tradiciones musulmanas explican de diversas maneras la introducción del *hijab*, que suele traducirse por «el velo». Algunos dicen que fue Umar, hombre de opiniones agresivamente machistas, quien instó a Mahoma a aislar a sus esposas mediante una cortina. En los últimos tiempos se habían producido algunos incidentes desagradables protagonizados por los Hipócritas, quienes habían insultado a las esposas de Mahoma mientras éstas salían una noche para hacer sus necesidades. Otros dicen que a medida que se iba haciendo más importante y era más consciente del modo de vida en los países civilizados, Mahoma quiso adoptar la costumbre persa y bizantina de aislar a las mujeres de las clases altas como señal de la nueva categoría de sus esposas. Todos, sin embargo, señalan que durante el periodo preislámico la moral sexual en Arabia era muy laxa. La gente solía hacer muchos comentarios e insinuaciones indecentes y eran frecuentes los flirteos y las proposiciones deshonestas. En una sociedad tradicional, un escándalo sexual puede ser sumamente grave y provocar emociones fuertes en la comunidad. Probablemente, Mahoma era muy consciente de que un escándalo en su familia permitiría a Ibn Ubbay y a sus partidarios perjudicar la causa musulmana.

Se dice que en el banquete de bodas de Zaynab algunos de los invitados se quedaron demasiado tiempo y se comportaron mal. Esta conducta dio lugar a una revelación que distanció a la familia de Mahoma del resto de la *umma*:

¡Oh, los que creéis! ¡No entréis en las casas del Profeta si no se os da permiso para comer! *¡No entréis* sin antes esperar la hora! Pero, cuando se os ha invitado, entrad. Cuando hayáis comido, retiraos sin entregaros familiarmente a la conversación. Esto ofende al Profeta; se avergüenza de *decíroslo* a vosotros, pero Dios no se avergüenza de la Verdad. Cuando pidáis un objeto a sus *mujeres*, pedídselo desde detrás de una cortina. Esto es más puro para vuestros corazones y para sus corazones.[49]

Mahoma, cabe recordar, no disponía de una habitación propia en la mezquita, sino que dormía en los aposentos de sus esposas. Pero a medida que fue haciéndose más importante, en Medina su hogar se convirtió de forma inevitable en un lugar público, dado que cada vez eran más los que acudían a consultarle acerca de sus problemas personales o religiosos, o a pedirle que arbitrara en una disputa. Algunos musulmanes preferían acercarse a él a través de sus esposas, con la esperanza de captar su atención. Era bien sabido que Aisha, por ejemplo, había entablado varias conversaciones amistosas con determinado muchacho, algo que la gente recordaría cuando surgió un escándalo que amenazó con dividir a la *umma* por la mitad. El *hijab* o cortina no estaba pensado como medida represiva. Se concibió para impedir que se produjera una situación escandalosa que pudiera ser utilizada por los enemigos de Mahoma a fin de desacreditarle.

Deberíamos hacer una pausa para considerar la cuestión del *hijab*, así como la institución musulmana del velo. A menudo se ve en Occidente como un símbolo de opresión masculina, pero en el Corán era simplemente una norma protocolaria que sólo debían seguir las esposas del Profeta. A las mujeres musulmanas se les exige, al igual que a los hombres, vestir con discreción, pero no se les dice que se cubran con un velo, ni que se aíslen de los hombres en una parte separada de la casa. Éstas fueron normas posteriores y no se extendieron en el imperio islámico hasta tres o cuatro generaciones después de la muerte de Mahoma. Parece que la costumbre de cubrir con un velo a las mujeres y aislarlas llegó al mundo musulmán desde Persia y Bizancio, donde hacía mucho tiempo que las mujeres eran tratadas de esta forma.

En realidad, el velo o cortina no estaba pensado para degradar a las esposas de Mahoma, sino que era un símbolo de su categoría superior. Después de la muerte de Mahoma, sus esposas se volvieron muy poderosas: eran autoridades respetadas en materia religiosa y frecuentemente se les consultaba acerca de las prácticas *(sunnah)* de Mahoma o de sus opiniones. Aisha, quien obtendría una enorme importancia política, dirigió en el año 656 una revolución contra Ali, el cuarto califa. Parece que más tarde otras mujeres sintieron celos de la posición social de las esposas de Mahoma y exigieron que también se les permitiera llevar velo. La cultura islámica era enormemente igualitaria, por lo que parecía incongruente que las esposas del Profeta fueran distinguidas y honradas de esta forma. Así, muchas de las mujeres musulmanas que se pusieron el velo por primera vez lo consideraron un símbolo de poder e influencia, no una señal de opresión masculina. Cuando vieron el respeto con que eran tratadas las mujeres musulmanas, las esposas de los cruzados comenzaron a llevar velo con la esperanza de que sus maridos aprendieran a tratarlas mejor. Siempre cuesta comprender los símbolos y las prácticas de otra cultura. En Europa estamos empezando a darnos cuenta de que a menudo hemos interpretado mal y desautorizado a otras culturas tradicionales en nuestras antiguas colonias y protectorados, y hoy muchas mujeres musulmanas, incluso aquellas que han crecido en Occidente, consideran enormemente ofensivo que las feministas occidentales condenen su cultura como misógina. Casi todas las religiones han sido iniciadas por hombres y tienen un sesgo patriarcal, pero es un error considerar al islam peor en este aspecto que cualquier otra tradición. En la Edad Media la situación era la inversa: entonces los musulmanes se horrorizaban al ver la forma en que los cristianos occidentales trataban a sus mujeres en los estados cruzados, y los sabios cristianos denunciaron al islam porque concedía demasiado poder a seres inferiores como los esclavos y las mujeres. Hoy, cuando algunas mujeres musulmanas vuelven a vestirse a la manera tradicional, no siempre se debe a que una religión machista les haya lavado el cerebro, sino que consideran profundamente satisfactorio retornar a sus raíces culturales. A menudo constituye un rechazo a la actitud imperialista occidental que afirma comprender sus tradiciones mejor de lo que las entienden ellas mismas.

En enero del año 627, poco después de la introducción del *hijab* para las esposas del Profeta, un doloroso incidente puso de manifiesto la rapidez con que cualquier difamación contra su familia podía derrumbar la posición de Mahoma. El Profeta había liderado una expedición contra los Bani al-Mustaliq, una rama de los Juzaah que estaba preparándose para atacar Medina. Les sorprendió en el pozo de Muraysi en la costa del mar Rojo, al noroeste de Medina, los obligó a huir y se apropió de dos mil camellos, cinco mil ovejas y cabras y doscientos mujeres, incluyendo a Juwayriyah bint al-Harith, la hija del jefe. Aisha, quien había recibido permiso para acompañar a la expedición, quedó apesadumbrada nada más ver a Juwayriyah –la cual había venido a regatear con Mahoma el precio de su rescate– debido a la gran hermosura de ésta. «Por Alá, nada más verla en la entrada de mi habitación ya la detestaba», recordaría más tarde con una franqueza indiscutible. «Sabía que él la vería como la veía yo.»[50] Así fue: Mahoma le ofreció casarse con ella cuando se hizo musulmana, y de esta forma convirtió en aliada a una tribu enemiga.

Los musulmanes acamparon en el pozo de Muraysi durante un par de días más. Un número mayor que el habitual de Hipócritas se habían ofrecido voluntarios para unirse a este ataque porque prometía un buen botín; de improviso, un incidente trivial expuso las tensiones latentes de la *umma*. Estalló una pelea entre dos de los miembros de la tribu local, quienes habían sido contratados para abrevar a los caballos de los musulmanes, y ambos llamaron a los aliados tradicionales de su tribu: uno a los Coraix y el otro a los Jasraj. Los Emigrantes y los Ayudantes respondieron de inmediato a este reto tribal e incluso llegaron a pelearse durante algunos minutos: fue una indicación más de la fuerza de las antiguas lealtades, que podían acabar con la nueva ideología islámica muy fácilmente si los musulmanes se mostraban desprevenidos. Umar y alguno de los compañeros más próximos a Mahoma se apresuraron a intervenir e interrumpieron la pelea, pero Ibn Ubbay estaba furioso. ¿Cómo podían haber permitido los habitantes de Medina que unos extranjeros les dieran órdenes? «Cuestionan nuestra prioridad, nos superan en número en nuestro propio país y nada describe mejor nuestra relación con los vagabundos de Coraix que el antiguo refrán que dice "Alimenta a un perro y te devorará a ti". Por Alá, cuando volvamos a Medina, los más fuertes expulsarán a los más débiles.»[51] Uno de los Ayudantes comunicó esta amenaza a Mahoma y Umar sacó la espada inmediatamente. «¿Qué? ¿Y decir que Mahoma mata a sus Compañeros?», preguntó Mahoma sin ofuscarse. Pero dio órdenes de partir de inmediato, pese a que ello significaba viajar durante las peores horas de calor del día, algo que nunca antes había hecho. En el viaje de regreso le fue revelada la sura 13 –los Hipócritas– pero Mahoma la mantuvo en secreto hasta que volvió a Medina.

Durante una de las paradas, Aisha se alejó para hacer sus necesidades y, cuando regresó al campamento, que estaban a punto de levantar, descubrió que había perdido su collar. Volvió para buscarlo y, mientras lo hacía, los hombres que ensillaban su camello izaron su palanquín sobre el lomo del animal, creyendo que Aisha ya estaba en su interior. La expedición partió, y cuando Aisha volvió al campamento lo encontró desierto. Sabía que pronto descubrirían su ausencia, por lo que no se preocupó demasiado y se tendió en el suelo dispuesta a esperar. Entonces llegó Safwan ibn al-Muattal, que había quedado rezagado, y la reconoció. Safwan era el muchacho que había intimado con Aisha antes de la introducción del *hijab*. Aisha se cubrió con el velo rápidamente y él la subió a lomos de su camello. Todavía no habían descubierto su ausencia, y cuando Aisha llegó de improviso con

Safwan comenzaron las habladurías. Los Hipócritas no tardaron en propagar el escándalo a fin de provocar la hostilidad de la tribu contra los Emigrantes, quienes les habían involucrado en todas estas guerras. El poeta Hassan ibn Thabit, que había celebrado lealmente los triunfos de Mahoma desde la hégira, comenzó a lamentar el abandono de las antiguas diosas y se describió a sí mismo como un hombre rodeado por un mar de refugiados en Medina. Incluso algunos de los Emigrantes comenzaron a dudar de la inocencia de Aisha, como su propia prima Mistah y Hamnah bint Jahsh, la hermana de Zaynab, celosa porque Aisha era la favorita del Profeta. Zaynab, sin embargo, defendió a la muchacha de forma incondicional.

Aisha cayó enferma cuando la expedición regresó a La Meca, y aún tardó algún tiempo en enterarse de las habladurías. Se dio cuenta de que Mahoma estaba bastante frío y distante con ella y pidió que la trasladaran a la casa de sus padres para que pudieran cuidarla. Mahoma no sabía cómo reaccionar. Le pareció sobre todo alarmante que las revelaciones se hubieran interrumpido de improviso, señal de su malestar y confusión evidentes. Esta vez no podía acudir a sus compañeros habituales en busca de ayuda. Por descontado, no podía consultar a Abu Bakr acerca de su propia hija y tampoco preguntó la opinión de Umar, probablemente debido a la conocida severidad de Umar para con las mujeres. Esta vez acudió a la generación más joven. Cuando preguntó al hijo de Zayd, Usamah, lo que pensaba de Aisha, el muchacho la defendió calurosamente, al igual que la criada Buraya, quien respondió a Mahoma: «Sólo puedo decir cosas buenas de ella. El único defecto que le encuentro a Aisha es que cuando estoy trabajando la masa y le pido que la vigile, viene su corderito y se la come». Pero Ali se mostró cínico y hostil: «Las mujeres abundan», dijo con desdén, «y siempre se puede cambiar una por otra».[52] Aisha nunca se lo perdonó.

Ibn Ubbay, feliz con esta oportunidad de desacreditar al Profeta, continuó causando problemas. Mahoma tuvo que convocar una reunión de jefes de Medina para pedir su apoyo, por si creía necesario actuar contra alguno de los hombres que estaban intentando hacer daño a su familia. Sabía que algunos musulmanes de Jasraj se afligirían si se enfrentaba a Ibn Ubbay sin su permiso. Esta reunión puso de manifiesto la fragilidad de la nueva unidad musulmana. La cuestión reveló la profunda fisura que todavía existía entre los Jasraj y los Aws. Algunos de los jefes de los Aws, conocedores de que la mayoría de enemigos de Aisha eran miembros de los Jasraj, pidieron la decapitación de todos aquellos que provocaran escándalos. Un miembro de los Jasraj no tardó en llamarles hipócritas, y las dos tribus estuvieron a punto de llegar a las manos. Era preciso encontrar una solución a esta crisis para que la *umma* pudiera permanecer unida.

Al final, Mahoma se encaró con la propia Aisha, quien aún no se había recuperado y parecía inconsolable. Llevaba dos días llorando y sus padres no habían podido hacer nada para calmarla. Umm Ruman, su madre, se limitó a decirle que todas las mujeres bellas podían esperar problemas de este tipo, mientras que Abu Bakr no sabía qué pensar: le aconsejó que volviera a su celda en la mezquita. Cuando llegó Mahoma, los padres de Aisha estaban con ella y los tres lloraban con amargura, pero las lágrimas de Aisha se secaron como por arte de magia cuando apareció el Profeta. Mahoma la instó a confesar su pecado con honestidad: si era culpable, Dios la perdonaría. Con gran dignidad, aquella muchacha de catorce años miró fijamente a su esposo y a sus padres mientras respondía. Hablar no tenía sentido, dijo. Nunca admitiría algo que no había hecho y, si protestaba su inocencia, nadie la creería. Sólo le quedaba emular a aquel patriarca del Corán –cuyo nombre se afanó por recordar sin conseguirlo– que era el padre de José y que había dicho: «Mi deber es dar muestras de digna paciencia, y debo implorar la ayuda de Dios contra lo que vosotros contáis». Tras acabar de hablar, se fue en silencio y se tendió en su lecho.

Estas palabras debieron de convencer a Mahoma, porque cuando Aisha acabó de hablar cayó en el trance que solía acompañar a las revelaciones: se desvaneció y, pese a que era un día frío, comenzó a sudar copiosamente. Abu Bakr le puso un almohadón de cuero bajo la cabeza y lo cubrió con un manto, mientras él y Umm Ruman esperaban aterrorizados las palabras de Dios. Sin embargo Aisha, quien corría un grave peligro, mantuvo la calma con gran frialdad: estaba segura de que Dios no la trataría injustamente. Por último, Mahoma volvió en sí: «¡Buenas noticias, Aisha!», gritó. «Dios ha hablado sobre tu inocencia.» Con gran alivio, sus padres la instaron a levantarse y dirigirse hasta Mahoma. Pero

Aisha respondió: «Ni me dirigiré a él ni le daré las gracias. Ni os las daré a vosotros dos, porque escuchasteis la difamación y no la negasteis. Me levantaré para dar gracias tan sólo a Alá».[53] Aceptando esta reprensión, Mahoma salió para enfrentarse a la multitud que se había congregado, recitó los nuevos versículos que absolvían a Aisha y condenó la difamación como «una calumnia manifiesta».[54]

Este incidente demostró que Aisha se había convertido en una mujer orgullosa e indómita, a la que Mahoma volvió a tratar con enorme afecto. Su forma tan digna de comportarse pone de manifiesto la confianza que el islam podía proporcionar a una mujer. Ninguna de las esposas del Profeta parece haberse sentido en absoluto intimidada por su marido. Estaban más que dispuestas a enfrentarse a Mahoma, quien siempre escuchaba con toda atención lo que tenían que decirle. Sin embargo, en muchas ocasiones las otras esposas se quejaron de que el Profeta prefería a Aisha. Mahoma intentaba mantener un régimen imparcial: pasaba la noche con cada una de sus esposas por turno y, cuando partía en expedición, echaba a suertes el nombre de la que iba a acompañarlo. Pero el Profeta era humano, y toda la *umma* conocía bien sus preferencias. Los musulmanes que gustaban de enviarle regalos solían mandarlos a la mezquita en el día en que estaba con Aisha, porque creían que así lo complacerían. Esta situación resultaba humillante para las otras esposas, por lo que Umm Salamah acudió a Mahoma para que éste pidiera a los musulmanes que enviaran regalos a todas las viviendas. Pero Mahoma le imploró que dejara de molestarle con quejas sobre Aisha, señalando que era la única de sus esposas actuales en cuya compañía recibía las revelaciones. Entonces Umm Salamah envió a Fátima, con la esperanza de que tuviera más éxito con su padre. «Querida hijita», le dijo Mahoma con ternura, «¿acaso no amas a quien yo amo?» Estas palabras dejaron a Fátima muy confundida. Por fin, Zayban comenzó a protestar y, presa de la excitación, insultó a Aisha sin recato. Mahoma se dirigió a Aisha y le dijo que se defendiera, lo que ésta hizo con tal pasión y elocuencia que Zaynab se vio obligada a callarse. A Mahoma le divirtió escuchar a Aisha: para él era muy evidente, afirmó, que era digna hija de su padre, Abu Bakr. Pero Aisha no podía salirse siempre con la suya. Cierto día, celosa del lugar que Jadija seguía ocupando en el corazón de Mahoma, la llamó «vieja desdentada». Este insulto contrarió enormemente a Mahoma: nadie le era más querido que Jadija, quien lo había apoyado cuando el resto del mundo lo rechazaba.

En marzo del año 627, pocas semanas después de que se hubiera apagado el escándalo de Aisha, los mequíes y sus confederados partieron con un ejército de diez mil hombres. Mahoma sólo pudo reunir a unos tres mil hombres procedentes de Medina y de sus aliados beduinos, por lo que no era aconsejable salir a enfrentarse con el enemigo como se viera forzado a hacer en Uhud; por tanto, todos los musulmanes se atrincheraron en su ciudad. No resultaba difícil defender Medina: estaba rodeada de precipicios y planicies de roca volcánica por tres lados, y era relativamente sencillo guarnecer los caminos que conducían hasta el oasis atravesando este abrupto territorio. Medina era más vulnerable desde el norte, por lo que Mahoma tuvo una idea que sus coetáneos probablemente encontraron extraordinaria. Los coraixíes y sus aliados, quienes parecían no tener prisa, se dirigían hacia el norte con gran pompa en etapas fáciles, por lo que los musulmanes dispusieron de mucho tiempo para prepararse. Pudieron recoger las cosechas de las zonas más alejadas para que el ejército de asediadores no encontrara forraje como la última vez, y a continuación toda la *umma* se puso a trabajar para construir una enorme trinchera o foso alrededor de la parte septentrional del oasis. De acuerdo con la tradición, este plan fue concebido por Salman, el converso persa, quien había obtenido la libertad recientemente. No era preciso que el foso fuera continuo, porque algunos lugares contaban con fortalezas que proporcionaban una adecuada protección, pero para poder acabarlo a tiempo los musulmanes tuvieron que coordinar sus esfuerzos. Cada grupo familiar era responsable de una sección del foso, y el propio Mahoma trabajó junto a los demás, cantando los mismos versos que habían cantado mientras construían la mezquita después de la hégira. La moral parecía estar alta: algunos de sus compañeros recordaron que Mahoma tenía un aspecto muy atractivo y vigoroso mientras trabajaba, bromeando y riendo con los otros hombres. Les dirigió en una nueva canción:

Señor, de no ser por Ti, nunca habríamos sido guiados, nunca habríamos dado limosna, ni Tu plegaria habríamos rezado.

Envíanos pues serenidad,
Afirma nuestros pies para el encuentro.
Estos enemigos nos oprimieron, intentaron vencernos
pero les rechazamos.[55]

El 31 de marzo del año 627 los coraixíes llegaron con su ejército y observaron desconcertados el profundo foso. La tierra de la zanja se había empleado para construir una enorme escarpa, que protegía a los musulmanes en su campamento situado al pie del monte Sal y les proporcionaba una inmejorable posición estratégica desde la que lanzar armas arrojadizas. De hecho, mientras el ejército mequí contemplaba con perplejidad el foso, una lluvia de flechas les advirtió que eran blancos fáciles y se retiraron apresuradamente para no estar a tiro. De un modo que podría resultar incluso cómico, el foso de Salman frustró de forma eficaz la enorme ofensiva y los dirigentes coraixíes no supieron cómo reaccionar. Una vez más, al frente de su ejército estaban Abu Sufyan e Ikrimah (hijo de Abu Jahl), y Jalid ibn al Walid dirigía la caballería junto a Amr ibn al-As, el miembro de los coraixíes que llevaba largo tiempo enfrentado a Mahoma. Pero la caballería, en la que tenían puestas tantas esperanzas, resultaba ahora totalmente inútil, porque los caballos no podían saltar el foso. En las pocas ocasiones en que uno o dos consiguieron hacerlo, sus jinetes fueron acribillados de inmediato. Enviar a la infantería probablemente conllevaría sufrir un elevado número de bajas, y no disponían de máquinas de guerra o de escaleras. En cualquier caso, los coraixíes despreciaban el trabajo manual y consideraron el foso una estratagema de pésimo gusto: no resultaba digno ni era propio de los árabes, y contradecía todas las convenciones caballerescas. De vez en cuando algunos hombres, como Ikrimah, intentaban dirigir una carga briosa, pero sus caballos se plantaban y ellos se veían obligados a detenerse:

«Algunos jinetes de los Coraix (...) se pusieron la armadura y partieron a caballo hasta los puestos de combate de los Bani Kinana, diciendo: "Preparaos para combatir y entonces sabréis quiénes son hoy los auténticos caballeros". Siguieron galopando hasta llegar al foso y se detuvieron allí. Al verlo exclamaron: "¡Ésta es una estratagema que los árabes nunca han empleado!"».[56]

Los mequíes decidieron emplear un método más artero para conseguir que la tribu judía de Qurayzah, asentada al sur del oasis, les permitiera entrar en la ciudad. A principios de año, Huyay ibn Ajtab, el jefe de la tribu judía exiliada de Nadir que ahora vivía en Jaybar, visitó a Abu Sufyan en La Meca y prometió apoyarle en su lucha contra Mahoma. Había ido con Safwan y algunos de los coraixíes a la Kaaba para hacer un juramento ante Dios, según el cual se apoyarían mutuamente hasta que hubieran destruido la *umma*. Abu Sufyan pensó que debería aprovechar la oportunidad para preguntarles su opinión sobre las afirmaciones religiosas de Mahoma: «Vosotros, oh, judíos, sois el pueblo de la primera escritura y conocéis la naturaleza de nuestra disputa con Mahoma. ¿Es mejor nuestra religión o la suya?». Huyay respondió que la religión de los coraixíes era sin duda la mejor. Los musulmanes se escandalizaron cuando oyeron que Huyay había defendido así la idolatría.[57] Los judíos de Jaybar habían enviado a un gran ejército a Medina y habían conseguido enardecer a las tribus árabes del norte contra ella, sobornándolas si era necesario con la promesa de entregarles la mitad de su cosecha de dátiles. Así pues, las tribus de Asad, Ghatafan y Sulaym enviaron contingentes a Medina para que se unieran a la confederación de Abu Sufyan. Ahora Huyay intentaba persuadir a los Bani Qurayzah para que o bien atacaran a los musulmanes ellos mismos desde la retaguardia, o permitieran entrar a unos dos mil hombres de Nadir y Ghatafan en el asentamiento, donde podrían iniciar el ataque asesinando a las mujeres y los niños que se habían atrincherado en las fortalezas esparcidas por todo el asentamiento. Los judíos vacilaron: sabían lo que les había sucedido a pueblos como Qaynuqah y Nadir al enfrentarse a Mahoma, y algunos estaban empezando a preguntarse si, después de todo, éste no sería el profeta tan esperado. Pero, cuando vieron que el enorme ejército que los coraixíes habían traído a Medina llenaba la planicie situada frente a la ciudad hasta el horizonte, Kab ibn Asad, jefe de los Qurayzah, accedió a ayudar a la confederación.

Umar fue el primero en conocer la traición de los Qurayzah y enseguida se lo comunicó a Mahoma, quien se afligió visiblemente. Siempre había temido esta posibilidad, y sabía que el ejército musulmán no podría sostener un ataque por todos los flancos. Envió a

Sad ibn Muadh, principal aliado árabe de Qurayzah antes de la hégira, para que investigara lo que sucedía en su territorio, y éste le comunicó que los judíos parecían tener una actitud desafiante: «¿Quién es el Mensajero de Dios?», habían preguntado. «No existe ningún pacto entre nosotros y Mahoma, ni ningún acuerdo.»[58] En determinado momento parece que unos cuantos judíos iniciaron el ataque desde el sudeste del oasis y rodearon una de las fortalezas en las que se encontraban las mujeres y los niños musulmanes, pero este intento no tuvo continuidad. Mahoma comenzó su propia ofensiva diplomática entre los Qurayzah para intentar conseguir que los judíos se desanimaran y desconfiaran de los coraixíes, pero durante unas tres semanas nadie supo a ciencia cierta qué harían los judíos. El ejército musulmán estaba casi exhausto; parece que los Hipócritas también estaban haciendo cundir la alarma y la consternación, instando a los Ayudantes a abandonar a Mahoma a su tribu. Parece que algunos incluso intentaron escapar de Medina para unirse a Abu Sufyan. El Corán pone de manifiesto que los musulmanes se hallaban sumidos en la desesperación, y algunos estuvieron a punto de perder la fe:

cuando las miradas desvariaban y vuestros corazones alcanzaban las gargantas, empezasteis a mal pensar en Dios.
Aquí fueron probados los creyentes, pues temblaban con fuerte temblor.[59]

Sin embargo, consiguieron sobrevivir a esta noche temible. No está claro lo que sucedió con exactitud, pero parece que los judíos de Qurayzah comenzaron a desconfiar de los mequíes e insistieron en tomar rehenes coraixíes para asegurarse su fidelidad: ¿qué sucedería si los mequíes huían y abandonaban a los judíos a merced de Mahoma? Los coraixíes también estaban cada vez más exhaustos. Siempre fue extremadamente difícil mantener un asedio en Arabia; no tenían provisiones, y tanto los hombres como los caballos estaban hambrientos. Los Coraix no eran soldados hábiles ni experimentados, y los reveses repentinos los conmocionaban con facilidad. Parece que su resolución se quebró cuando el tiempo cambió de improviso. El Corán menciona el descenso de la temperatura, el viento y la lluvia como actos divinos. Abu Sufyan tomó su decisión:

«Oh, Coraix, no estamos en un campamento permanente; los caballos y los camellos están muriendo; los Bani Qurayzah han roto la promesa que nos hicieron y hemos recibido noticias inquietantes sobre ellos. Podéis ver la violencia del viento que no nos deja vasijas para guisar, ni fuego, ni tiendas. Marchaos, porque yo me voy».[60]

Tras estas palabras, subió a su camello de un salto y lo fustigó, sin darse cuenta con las prisas de que el animal todavía estaba maniatado. Le siguieron los miembros de su propia tribu y los beduinos, quienes llevaban algún tiempo quejumbrosos e inquietos, y se dispersaron con rapidez. Mientras la Confederación se batía en retirada de forma ignominiosa, Jalid le dijo a Abu Sufyan: «Todos los hombres sensatos saben ahora que Mahoma no ha mentido».[61] Cuando los musulmanes atisbaron por encima de la escarpa a la mañana siguiente, la vasta planicie estaba totalmente vacía.

Pero ¿qué iba a hacer Mahoma con los judíos de Qurayzah, quienes habían llevado a la *umma* al borde de la extinción? El Profeta no permitió descansar a sus hombres, pero a la mañana siguiente, inspirado según se dijo por el arcángel Gabriel, envió al ejército musulmán hasta la aldea de los Qurayzah. Ésta es una historia sombría y terrible y tiene unas connotaciones espantosas para la mayoría de nosotros en la actualidad. Huyay se reunió con los Qurayzah en sus viviendas después de que los coraixíes y los confederados hubieran abandonado Medina, tal y como había prometido. Cuando supieron que Mahoma estaba adentrándose en su territorio, los Qurayzah se atrincheraron en sus fortalezas y consiguieron resistir a los musulmanes durante veinticinco días. Sabían que como aliados desleales que eran no podían esperar clemencia, y parece que tanto Huyay como Kab les instaron a aceptar lo inevitable. Ofrecieron tres posibilidades a su pueblo: podían someterse a Mahoma sin condiciones (su éxito extraordinario indicaba que quizá fuera un profeta auténtico); podían matar a sus mujeres y a sus hijos y atacar al ejército musulmán: si morían no tendrían que preocuparse de sus cargas familiares, y si ganaban no les costaría encontrar nuevas esposas; o podían coger desprevenido a Mahoma atacándole durante el Sabbat, cuando él no esperara que lo hicieran.

Los judíos rechazaron todas estas opciones y le pidieron a Mahoma que les permitiera abandonar el oasis bajo las mismas condiciones que los Bani Nadir. Mahoma se negó: los Nadir habían demostrado ser incluso más peligrosos para la *umma* después de abandonar Medina, por lo que esta vez estaba empeñado en obtener una rendición absoluta. Permitió que los Qurayzah consultaran a uno de sus antiguos aliados, Abu Lubabah ibn Abd al-Mundhir, el jefe de los Auf. Esta parte de la historia no está clara: al parecer, los judíos preguntaron a Abu Lubabah acerca de lo que pensaba hacer Mahoma y Abu se tocó el cuello, indicándoles tácitamente que los habían sentenciado a muerte. A continuación se sintió tan embargado por el arrepentimiento que se ató a un pilar de la mezquita durante quince días hasta que Mahoma lo liberó. Si en verdad les comunicó su suerte de esta forma ello no parece haber afectado la decisión de los judíos, por lo que se ha sugerido que quizás indicó que honraría su antigua alianza con los Qurayzah. Al día siguiente, los Qurayzah accedieron a aceptar la decisión de Mahoma y abrieron sus puertas al ejército musulmán, presumiblemente confiando en el apoyo de sus antiguos confederados en la tribu de Aws.

Los awsíes le imploraron a Mahoma que fuera clemente; ¿acaso no había perdonado la vida de los Bani Qaynuqa a petición de Ibn Ubbay, un miembro de los Jasraj? Mahoma les preguntó si aceptarían la decisión de uno de sus propios dirigentes y los Aws dieron su conformidad. Durante el sitio Sad ibn Muadh recibió una herida mortal, por lo que fue transportado hasta el territorio de los Quayzah sobre un asno. Los otros jefes lo instaron a perdonar a sus antiguos aliados, pero Sad se dio cuenta de que perdonarles podría provocar de nuevo el caos en Medina. ¿Era lícito que una antigua lealtad tuviera precedencia sobre el compromiso con la *umma*? Sad decidió que los setecientos hombres tenían que morir, sus esposas e hijos ser vendidos como esclavos y sus propiedades ser divididas entre los musulmanes. Mahoma dijo en voz alta: «¡Has juzgado de acuerdo con la misma sentencia de Alá encima de los siete cielos!».[62]

Al día siguiente Mahoma ordenó que excavaran otro foso, esta vez en el zoco de Medina. Algunos judíos fueron perdonados a petición de los musulmanes, pero al resto los ataron en grupos y los decapitaron; sus cuerpos fueron arrojados al foso. Sólo una mujer fue ejecutada, por haber echado una rueda de molino sobre uno de los musulmanes durante el asedio a la tribu. Aisha la recordaba vívidamente:

«De hecho, estaba conmigo y me hablaba y se reía de forma exagerada mientras el apóstol mataba a sus hombres en el mercado, cuando de repente una voz sin rostro pronunció su nombre. "¡Cielo santo!", grité, "¿qué sucede?" "Me van a matar", respondió. "¿Por qué?", le pregunté. "Por algo que hice", respondió. Se la llevaron y la decapitaron. Aisha solía decir: "Nunca olvidaré cuánto me asombraron su buen humor y su risa pese a saber todo aquel tiempo que la iban a matar"».[63]

Probablemente nos sea imposible disociar esta historia de las atrocidades nazis, y sin duda alejará de Mahoma a mucha gente de forma irrevocable. Pero estudiosos occidentales como Maxime Rodinson y W. Montgomery Watt argumentan que no es correcto juzgar este incidente según los principios de nuestro siglo. Aquélla era una sociedad muy primitiva, mucho más primitiva que la sociedad judía en la que Jesús vivió y promulgó su Evangelio de misericordia y amor unos seiscientos años antes. En esta época los árabes desconocían el concepto de ley natural universal, algo difícil, quizás imposible, de implantar a menos que exista un mínimo orden público, como el impuesto por un gran imperio en la antigüedad. En tiempos de Mahoma, Medina se parecía más a la Jerusalén del rey David, poderoso asesino de los enemigos de Dios que en cierta ocasión masacró a doscientos filisteos, los castró y envió el espeluznante montón de prepucios a su rey. De hecho, muchos de los salmos atribuidos a David fueron compuestos siglos más tarde, algunos incluso en el año 550 a.C., pero todavía describen con detalles truculentos las horribles torturas que los israelitas esperaban infligir a sus enemigos. A principios del siglo VII no se esperaba que un jefe árabe mostrara clemencia alguna a traidores como los Qurayzah.

La *umma* musulmana había escapado por muy poco al exterminio en el asedio y, como cabía esperar, los ánimos estaban muy exaltados. Los Qurayzah casi habían destruido Medina. Si Mahoma les hubiera permitido marchar, no habrían tardado en engrosar la oposición judía en Jaybar y habrían organizado otra ofensiva contra Medina: quizá la próxima vez los musulmanes no fueran tan afortunados y la sangrienta lucha por la supervivencia continuaría de forma indefinida provocando más sufrimiento y más muertes. Las ejecuciones sumarias sin duda impresionaron a los enemigos de Mahoma. A nadie pareció horrorizarle la masacre, y los propios Qurayzah parecieron aceptar su inevitabilidad. Las ejecuciones constituyeron un sombrío mensaje para los judíos de Jaybar, y las tribus árabes comprendieron que Mahoma no temía que ningún amigo o aliado de los Qurayzah vengara sus muertes en una rencilla de sangre. Era un símbolo del extraordinario poder que Mahoma había alcanzado después del asedio, cuando se convirtió en dirigente del grupo más poderoso de Arabia.

La masacre de los Qurayzah nos recuerda las extremas condiciones de vida en Arabia durante la vida de Mahoma. Sin duda, tenemos razón en condenarla sin reservas, pero no fue un crimen tan terrible como lo sería hoy. Mahoma no formaba parte de un imperio mundial que hubiera impuesto el orden de forma generalizada, ni de una de las tradiciones religiosas establecidas. No disponía de normas semejantes a los Diez Mandamientos (aunque se dice que incluso Moisés ordenó a los israelitas que masacraran a toda la población de Caná poco después de haberles dicho «No matarás»). Mahoma sólo contaba con la antigua moralidad tribal, que había permitido conservar la unidad del grupo. El problema se agudizó porque la victoria había convertido a Mahoma en el jefe más poderoso de Arabia, y le había situado a la cabeza de un grupo que no constituía una tribu convencional. El Profeta acababa de empezar a trascender el tribalismo y se encontraba en tierra de nadie, entre dos etapas de desarrollo social.

Pero cabe recalcar que este inicio trágico no influyó de manera permanente en la actitud musulmana hacia los judíos. Una vez hubieron instaurado su propio imperio mundial y hubieron desarrollado una ética más compleja y humanitaria en su propia Ley Sagrada, los musulmanes establecieron un sistema de tolerancia como el que prevaleció durante mucho tiempo en las zonas civilizadas de Oriente Próximo. En aquella parte de la Ecumene diversos grupos religiosos habían vivido juntos durante años. El antisemitismo es un vicio del cristianismo occidental, no del islam, y deberíamos tenerlo en cuenta si nos sentimos tentados a hacer generalizaciones sobre el terrible incidente acaecido en Medina. Incluso en tiempos de Mahoma, algunos pequeños grupos judíos permanecieron en Medina después del año 627 y se les permitió vivir en paz sin temor a nuevas represalias. Parece que la segunda parte de la Alianza de Medina, que trata sobre la población judía del asentamiento, se redactó después de esta fecha. En el imperio islámico tanto judíos como cristianos disfrutaban de una total libertad religiosa; los judíos vivieron allí en paz hasta la creación del Estado de Israel en el siglo XX. Los judíos del islam nunca sufrieron como los judíos de la cristiandad. Los mitos antisemitas europeos fueron introducidos en Oriente Próximo a finales del siglo XIX por misioneros cristianos, y el pueblo solía burlarse de ellos. Pero recientemente algunos musulmanes han centrado su atención en pasajes del Corán que se refieren a las tribus judías rebeldes de Medina, y suelen pasar por alto los versículos mucho más numerosos que describen de forma positiva a los judíos y a sus grandes profetas. Se trata de una situación totalmente nueva en una historia de mil doscientos años de buenas relaciones entre judíos y musulmanes.[64]

El Corán predica que la guerra siempre resulta abominable. Los musulmanes nunca deben iniciar las hostilidades, porque la única guerra justa es una guerra de autodefensa, pero, una vez han entrado en guerra, deben combatir con verdadera entrega para poner fin a la lucha lo antes posible.[65] Si el enemigo propone una tregua o da muestras de querer la paz, el Corán ordena a los musulmanes que interrumpan las hostilidades de inmediato, siempre que las condiciones de paz no sean inmorales o deshonrosas.[66] Pero el Corán también recalca que constituye un deber sagrado poner fin rápidamente a un conflicto armado y enfrentarse al enemigo con firmeza. Es preciso evitar cualquier vacilación o indecisión que pudiera prolongar indefinidamente el conflicto.[67]

El objetivo de cualquier guerra tiene que ser restaurar la paz y la armonía lo antes posible. Por mucho que nos horrorice el terrible espectáculo acaecido en el zoco de Medina en mayo del año 627, se ha argumentado que, en términos puramente políticos, se tomó la decisión correcta. Fue la última de tales atrocidades, porque marcó el principio del fin de la peor etapa de la *yihad*. En la campaña del foso, Mahoma derrotó a uno de los ejércitos árabes más numerosos que jamás se hubieran unido contra un único enemigo; aplastó la oposición de tres poderosas tribus judías y dejó claro que no toleraría nuevas traiciones o tramas contra la *umma*. Demostró que ahora era el hombre más poderoso de Arabia, tras haber puesto fin con prontitud a un conflicto sangriento que podría haberse prolongado durante años.

La palabra «islam» proviene de una raíz que significa paz y reconciliación. Después de la masacre de los Qurayzah apreciamos un cambio sustancial en la política de la *yihad*. Ahora que ya no luchaba por su vida, Mahoma podía empezar a imponer la *pax islamica* en Arabia. Al año siguiente proclamaría una política de paz y reconciliación que casi provocó el alejamiento de sus compañeros más próximos y leales.

9

Paz sagrada

La victoria de Mahoma sobre los coraixíes en el asedio a Medina fue un triunfo grandioso. Cinco años antes, Mahoma había llegado al oasis como un refugiado extenuado por el viaje, a quien los habitantes de La Meca habían perseguido casi hasta la muerte. Ahora había logrado que la situación se invirtiera, al demostrar ante toda Arabia que La Meca tenía los días contados. Los mequíes habían fracasado rotundamente en su intento por deshacerse de Mahoma y de la *umma*, y nunca volverían a recuperar el prestigio que sustentaba su poder y todo su modo de vida. La Meca se había convertido en una ciudad maldita y Mahoma, como reconociera incluso Jalid ibn al-Walid cuando los coraixíes levantaron el asedio, era el hombre más celebrado. El antiguo sistema tribal, la ideología del *hilm* y el capitalismo descarnado de los coraixíes habían demostrado no ser efectivos ante el poder moral y político del islam. La fase sangrienta de la *yihad* había llegado a su fin. Mahoma nunca pretendió destruir por completo a los coraixíes, a los que siempre se había querido ganar. Por consiguiente, después del asedio tuvo que iniciar el proceso de reconciliación sin mostrar en ningún momento señales de flaqueza o indecisión.

En esta época parece que cambió una vez más el concepto que Mahoma tenía de su misión. Desde su victoria en Badr, el Profeta había empezado a comprender que la unidad árabe ya no era imposible. La derrota que había infligido a los coraixíes y su trato sumario a los Bani Qurayzah impresionaron a las tribus beduinas, muchas de las cuales estaban ya dispuestas a abandonar a los coraixíes y forjar una alianza con la *umma* en Medina. Ahora Mahoma quería propagar sus ideas más allá de La Meca. Necesitaba ganarse a los mequíes porque su ciudad era primordial para su visión religiosa, pero estaba empezando a considerar la oportunidad que ofrecía para la expansión del islam la zona situada al norte de Medina. Esto no significa que Mahoma soñara con conquistar el mundo: sólo pretendía llevar su Corán árabe a las tribus septentrionales, y quizá también a los árabes de Siria e Iraq, quienes habían sido absorbidos por el sistema político y religioso bizantino. Existe una tradición –que no mencionan las fuentes más antiguas– según la cual hacia esta época Mahoma envió cartas y valiosos regalos a los emperadores de Bizanzio y Persia, al Negus de Abisinia y al Muqawqis de Egipto [patriarca de los coptos], invitándolos a unirse al islam. Esta afirmación es casi con toda certeza apócrifa, porque no existen pruebas de que Mahoma viera el islam como una religión universal que fuera a reemplazar las revelaciones de las Gentes del Libro. Seguía siendo una religión destinada a los hijos de Ismael, al igual que el judaísmo era una religión destinada a los hijos de Jacob. Durante unos cien años después de la muerte de su profeta, los musulmanes continuaron considerando que el islam era simplemente una religión para los árabes, pero puede haber algo de cierto en la leyenda de estas embajadas a dirigentes vecinos. Refleja la nueva confianza en sí mismo de Mahoma, así como la mayor amplitud de su visión. Ya no era sólo el líder de una secta perseguida, ni uno más entre varios jefes de Medina, sino uno de los más importantes *sayyids* de Arabia. También es posible que hubiera querido anticiparse a cualquier petición de ayuda extranjera por parte de La Meca en esta última fase de la lucha. En las cartas que se han conservado hasta nuestros días, Mahoma se limitaba a pedir a estos dirigentes que le aceptaran como profeta. Creía ahora que Alá le había enviado como profeta para todos los árabes. Además de escribir a los emperadores, al Negus y al Muqawqis, se dice que también escribió a Ghassan y Hanifah, dos tribus árabes de la zona septentrional que eran mayoritariamente cristianas. El Profeta no habría esperado que abandonaran el cristianismo, sino que deseaba que se unieran a la *umma* con unas condiciones similares a las de los restantes clanes judíos en Medina.

En los años 627 y 628 Mahoma comenzó a formar su propia confederación e invitó a las tribus a convertirse en sus aliadas, del mismo modo que los Ahabish se habían confederado con los coraixíes. Algunos beduinos se habían convertido al islam, mientras

274

que otros realizaron incluso la hégira hasta Medina; pese a que las alianzas que forjó durante aquellos meses solían ser estrictamente políticas, Mahoma esperaba que a la larga condujeran a un compromiso religioso. Resultaba esencial continuar presentando una imagen de fuerza y de firmeza. Durante estos años Mahoma también envió a diversas expediciones contra tribus que pertenecían a la confederación de La Meca, como Asad y Thalabah, quienes puede que se acercaran más de lo habitual a Medina durante este año de sequía anormalmente severa. El *gazu* habría hecho las veces de mensaje intimidatorio. El Profeta también envió a un grupo de asalto contra la tribu de Sad, que contemplaba una alianza con los judíos de Jaybar. Los beduinos eran cada vez más conscientes del peligro que entrañaba confraternizar con los enemigos de la *umma*, cuyo poder sin duda contribuyó a aumentar el respeto que sentían hacia Mahoma y su religión.

Mahoma no había planeado atacar La Meca aquel año, pero estaba intentando debilitar el monopolio comercial mequí. A medida que más conversos hacían la hégira y la población de Medina aumentaba, la *umma* se vio obligada a establecer su propio comercio con Siria y a importar productos al oasis. Mahoma envió expediciones al norte, posiblemente tanto para atraer a parte del comercio sirio hasta Medina como para propagar su mensaje religioso. Abd al-Rahman, por citar un ejemplo, llevó una caravana a Dumat al-Jandal, en el camino a Siria, donde se celebraba cada año una gran feria. Medina había estado imponiendo a La Meca un bloqueo económico desde que la batalla de Badr impidiera a los coraixíes seguir la ruta del mar Rojo. Durante el año que siguió al asedio de Medina, Mahoma intentó incrementar el bloqueo y, al mismo tiempo, garantizar las oportunidades comerciales para los musulmanes. El Profeta envió a Zayd para que comerciara en Siria, pero atacaron su caravana y él fue dado por muerto, aunque consiguió regresar con grandes dificultades a Medina. Poco después, Zayd corrió mejor suerte cuando encabezó un *gazu* que atacó a una caravana de La Meca que volvía de Siria. Uno de los comerciantes coraixíes que viajaban en esta caravana no era otro que Abu al-As, el yerno pagano de Mahoma. Abu consiguió escapar y se introdujo en Medina por la noche para visitar a su antigua esposa, Zaynab. A la mañana siguiente, durante el rezo de las plegarias matutinas en la mezquita, ésta anunció que había ofrecido su protección a Abu al-As ibn al-Rabi. Mahoma, que desconocía este incidente, apoyó el derecho de su hija a conceder protección a Abu, aunque le advirtió en privado que no se acostara con él.

Zaynab le dijo a Mahoma que Abu al-As estaba sumamente afligido por haber perdido la mercancía, puesto que la había comprado en nombre de varios mequíes que le confiaron sus productos. Mahoma pidió de inmediato a los asaltantes que habían capturado la caravana que devolvieran las mercancías a Abu al-As y éstos le obedecieron escrupulosamente, llegando incluso al extremo de devolverle algunos viejos odres para agua, botellas y trozos de madera inservibles. Esta acción tendría su recompensa. Abu al-As volvió a La Meca, distribuyó la mercancía entre sus propietarios y a continuación hizo la hégira, se sometió al islam y se reunió con Zaynab. Había estado dispuesto a abandonar a su esposa y a su hija, a las que tanto quería, debido a su fervor por la religión pagana, pero ahora su pueblo estaba sentenciado y tuvo que aceptar lo inevitable. Algunos mequíes estaban empezando a pensar lo mismo, y Mahoma debió de ser consciente de ello. Los habitantes de La Meca habían marchado contra Medina en honor de las antiguos dioses; en Uhud su grito de guerra había sido «¡Oh, Uzza!», «¡Oh, Hubal!», pero estas deidades no habían podido hacer nada contra la religión de Alá que predicaba Mahoma. Sin embargo otros, como Safwan, Ikrimah y Suhayl, jefe de la tribu de Amir, seguían estando comprometidos con la lucha contra Mahoma.

Mahoma debió de conocer estos cambios de opinión a través de conversos como Abu al-As y de sus propios espías (ahora disponía de un sistema de espionaje muy desarrollado). Pero era difícil saber con exactitud cómo acercarse a La Meca puesto que, como veremos, Mahoma no pretendía dirigir una ofensiva militar contra la ciudad santa. Como era habitual, no tenía ningún plan claramente definido, pero debió de reflexionar sobre el problema de forma inconsciente, porque en marzo del año 628, durante el mes en que se realizaba la tradicional peregrinación *hayy*, le llegó en un sueño una solución, o más bien una visión de reconciliación y victoria. Se vio a sí mismo con la cabeza afeitada del peregrino y vistiendo las ropas tradicionales de los peregrinos, de pie en la Kaaba, asiendo la llave del santuario. Su visión le hizo confiar en la victoria, como más tarde reflejarían estas palabras de Dios en el Corán:

Realmente entraréis en la Mezquita Sagrada, si Dios quiere, en seguridad, con vuestras cabezas rasuradas, cortadas *las uñas y la barba*, no tendréis temor.[1]

A la mañana siguiente Mahoma anunció que iba a hacer la peregrinación hasta la Kaaba e invitó a sus compañeros a ir con él. No es difícil imaginar el miedo, el asombro y la alegría vacilante que se apoderaron de los musulmanes cuando escucharon esta invitación extraordinaria. Mahoma dejó claro que ésta no sería una expedición militar. Los musulmanes vestirían el tradicional manto blanco de los peregrinos y no llevarían armas. Se trataba sin duda de una expedición sumamente peligrosa y los confederados beduinos de la *umma* rechazaron la invitación, pero alrededor de mil Emigrantes y Ayudantes aceptaron acompañar a Mahoma. Incluso se unieron al grupo Ibn Ubbay y algunos de sus partidarios, lo cual demuestra que estaban muy escarmentados por la victoria musulmana, contra todo pronóstico, del año anterior, y por la suerte de los Bani Qurayzah. Mahoma decidió llevar con él a su esposa Umm Salamah, y a las dos mujeres que estuvieron presentes en el Segundo Aqaba también se les permitió tomar parte en la peregrinación.

Los peregrinos iniciaron los preparativos a toda prisa y reunieron setenta camellos, que, según el antiguo ritual, tenían que ser sacrificados en el recinto sagrado. Mahoma se vistió con el atuendo tradicional de los peregrinos, que consistía en dos piezas de tela sin costuras, una enrollada alrededor de la cintura y la otra alrededor de los hombros: todavía llevan este atuendo los peregrinos que hacen el *hayy* hasta La Meca en la actualidad. Umar argumentó que los coraixíes sin duda atacarían a los peregrinos musulmanes y los instó a cabalgar armados por si eran asaltados. Pero Mahoma se mantuvo inflexible: «No llevaré armas», afirmó con resolución. «He venido con el único objetivo de hacer la peregrinación.»[2] Su sueño todavía le hacía confiar en que podría regresar a la Kaaba «sin temor», pese a que, como veremos, no tenía una idea demasiado clara de cómo conseguirlo. Mahoma insistió con firmeza en que no iba a combatir en esta ocasión, por lo que cada peregrino llevó únicamente una espada corta adecuada para cazar, que tenía que guardarse en su vaina.

En la primera parada Mahoma consagró uno de los camellos a la manera tradicional, haciéndole marcas especiales, colgando guirnaldas ceremoniales de su cuello y orientándolo hacia La Meca. Entonces pronunció el antiguo grito de los peregrinos cuando se aproximaban a la Kaaba, «*Laggayk al-Llahuma Labbayk!*», que significa «¡Aquí estoy, oh, Dios, a tu servicio!». Algunos de los peregrinos hicieron lo mismo, pero otros decidieron posponer la consagración formal hasta más tarde, porque ciertas restricciones rituales prohibían la caza durante la peregrinación.

Mahoma sabía muy bien que había puesto a los coraixíes en una situación extremadamente difícil. Como guardianes de La Meca, causarían un escándalo si prohibían a mil peregrinos árabes, que observaban con escrupulosidad los antiguos rituales, entrar en el santuario, pero Mahoma obtendría un enorme triunfo moral si conseguía entrar en la ciudad sagrada de esta forma, lo cual confirmaría que les había humillado. Suhayl, Ikrimah, Safwan y sus partidarios estaban empeñados en impedirle que entrara en la ciudad, incluso si ello implicaba escandalizar a las tribus beduinas. Pero, curiosamente, parece que Abu Sufyan permaneció en silencio. Era un hombre de inteligencia excepcional y debió de comprender que la situación había cambiado y que ya no podían enfrentarse a Mahoma con métodos convencionales.

Sin embargo, parece que fue el único miembro del Senado que mantuvo esta opinión. Los mequíes enviaron a Jalid ibn al-Walid con una tropa de doscientos soldados de caballería para impedir que los musulmanes entraran en la ciudad, y cuando los peregrinos hubieron alcanzado el pozo de Usfan, situado a unos cuarenta kilómetros al nordeste de La Meca, su explorador les llevó la noticia de que Jalid se hallaba a tan sólo cinco kilómetros. Mahoma respondió con seguridad: «¡Ay, coraixíes, la guerra les ha devorado! ¿Qué daño hubieran sufrido si me hubieran permitido a mí y al resto de los árabes seguir nuestro camino? (...) Por Alá, no cesaré de combatir por la misión que Dios me ha encomendado hasta que Él la haga victoriosa o yo perezca».[3] El Profeta pidió a los peregrinos que encontraran a un guía local que pudiera conducirlos al santuario, el territorio sagrado alrededor de La Meca donde estaban prohibidos todo tipo de combates y de violencia. Un miembro del clan de Aslam se ofreció voluntario y les llevó por un camino muy abrupto que estaba fuera del alcance de Jalid. Cuando alcanzaron el terreno fácil y llegaron al punto más exterior del santuario, Mahoma recordó a los peregrinos la naturaleza religiosa de la expedición. Estaban a punto de entrar en un lugar sagrado, por lo que los instó a hacer una transición espiritual y dejar atrás sus pecados, diciendo: «Pedimos el perdón de Dios y nos arrepentimos ante Él».[4] A continuación les ordenó que tomaran el camino en dirección a Hudaybiyah, en el límite del santuario, diciéndoles que obligaran a sus camellos a levantar arena para que Jalid y sus hombres creyeran que ahora estaban fuera de peligro.

Debido a su sueño, era probable que Mahoma esperara que los coraixíes cedieran a la presión y permitieran a los peregrinos musulmanes entrar en la ciudad, pero la tropa armada de Jalid puso de manifiesto que estaban dispuestos a matar a los hombres desarmados de Mahoma antes que admitirlos en la Kaaba. Como era habitual en él, Mahoma encaró la situación con indudable inventiva mientras se desarrollaban los acontecimientos, pese a que no podía saber lo que iba a suceder. Cuando llegaron a Hudaybiyah, *Qaswa,* la camella de Mahoma, que ya se había comportado así en otras ocasiones, cayó de rodillas de improviso y se negó a levantarse. Los peregrinos se arremolinaron a su alrededor gritando: «*Hal!, hal!*» a la manera usual, pero *Qaswa* no se movía y los hombres se quejaron de su testarudez. Mahoma dijo que ésta no era su naturaleza y les recordó la derrota de los abisinios en el Año del Elefante, cuando el magnífico animal se arrodilló frente a la Kaaba: «El que retuvo al elefante de La Meca está frenando a *Qaswa.* Hoy aceptaré cualquier condición de los coraixíes en la que me pidan que muestre generosidad hacia mis familiares».[5] Mahoma quería que esta expedición tuviera como objetivo la reconciliación y no la guerra, por lo que ordenó a los peregrinos que desmontaran. Cuando objetaron que no había agua, se dice que Mahoma entregó una flecha a uno de los Compañeros, y cuando éste la clavó en uno de los abrevaderos secos, el agua brotó enseguida.

Los camellos bebieron hasta saciarse y se tumbaron, y los peregrinos, quizá decepcionados porque Mahoma no les pidiera hacer algo más heroico, se sentaron junto a los animales. Puede decirse que en realidad organizaron una especie de «sentada», una manifestación elocuente que sin duda habría causado una profunda impresión a los beduinos. Todas las miradas estaban puestas en Mahoma en aquel momento; las noticias viajaron rápidamente de tribu en tribu, y a los nómadas los habría horrorizado saber que los coraixíes estuvieron dispuestos a atacar a una tropa de pacíficos peregrinos árabes y les prohibieron el acceso a la Kaaba, lo cual constituía un derecho sagrado para todos los árabes. Sentado pacientemente al borde del santuario, vestido con sus ropas de peregrino, Mahoma estaba demostrando que en esta cuestión los musulmanes eran más fieles a la tradición árabe que los guardianes de la Kaaba. Poco después de la llegada de los musulmanes se presentó una delegación procedente de la tribu de Juzaah conducida por Budayl ibn Warqa, uno de sus jefes, quien había estado visitando La Meca y se había enterado de la noticia. Cuando Budayl le preguntó por el motivo de su llegada, Mahoma respondió que los musulmanes no habían venido para combatir, sino para visitar los lugares santos: si era necesario, combatirían, pese a ir mal pertrechados, por su derecho a visitar la Kaaba, pero querían dar tiempo a los coraixíes para que tomaran una decisión. Budayl se horrorizó al saber que se había negado la entrada de esta forma a unos pacíficos peregrinos, y prometió que los Juzaah proporcionarían a los musulmanes comida e información durante todo el tiempo que estuvieran en Hudaybiyah.

Budayl regresó de inmediato a La Meca y se opuso con indignación a la política de los coraixíes, la cual violaba todas las tradiciones que los árabes consideraban más sagradas. Ikrimah se negó incluso a saber qué había dicho Mahoma, pero Safwan quiso escuchar el mensaje. Cuando Budayl hubo recalcado las intenciones pacíficas de Mahoma, algunos de los coraixíes mostraron su incredulidad: «Puede que no haya venido en son de guerra», dijeron, «pero, por Alá, nunca vendrá aquí contra nuestra voluntad, ni jamás dirán los árabes que lo hemos permitido».[6] En lugar de permitirle entrar, prometieron que se interpondrían entre Mahoma y la Kaaba y combatirían hasta que hubiera muerto el último de sus hombres. Pero, a fin de causar divisiones en las filas musulmanas, enviaron un mensaje a Ibn Ubbay y le invitaron para que llevara a cabo el ritual en la Kaaba, porque sabían que era un amigo de La Meca. Sin embargo, para su sorpresa, Ibn Ubbay respondió que jamás haría las circunvalaciones antes que Mahoma. Pese a su opinión anterior, y a que volvería a oponerse al Profeta en el futuro, Ibn Ubbay demostró en Hudaybiya ser un buen musulmán.

Otros coraixíes, incluyendo a Safwan y Suhayl, pensaban que debían intentar negociar con Mahoma. Urwah ibn Masud de Taif, un confederado que estaba visitando La Meca, se ofreció a hacer de intermediario, argumentando que sería contraproducente rechazar la razonable petición de Mahoma, en especial porque éste había declarado públicamente que estaba dispuesto a hacer concesiones. Los coraixíes aceptaron la oferta de Urwah, pero enviaron primero a uno de sus aliados beduinos, al-Hulays ibn Alqama, jefe de la tribu de Al-Harith y líder de todos los Ahabish. Al-Hulays era un pagano devoto, y tan pronto como le vio acercarse Mahoma aseguró a los otros peregrinos: «Aquí viene uno de los píos, enviad los camellos del sacrificio para recibirle». Cuando Hulays vio los setenta camellos que trotaban en su dirección, engalanados con guirnaldas y distinguidos con las marcas de la consagración, decidió que ya había visto suficiente. Ni siquiera se molestó en interrogar a Mahoma, sino que volvió directamente hasta los coraixíes para decirles que éstos eran en verdad peregrinos auténticos y debían ser admitidos en la Kaaba por derecho propio. Pero Safwan y sus colegas se enfurecieron al escuchar esta información no deseada. Dijeron a Hulays que tomara asiento y que se callara: no era más que un ignorante beduino. Éste fue un grave error, como Hulays les hizo saber de inmediato cuando se levantó con dignidad y proclamó:

«Hombres de Coraix, no fue para esto para lo que firmamos una alianza y un acuerdo con vosotros. ¿Se tiene que excluir de la casa de Alá a un hombre que viene a honrarla? Por Él que toma mi vida en su mano, o permitís a Mahoma hacer lo que ha venido a hacer o me llevaré hasta el último hombre de mis tropas».[7]

Los coraixíes se disculparon apresuradamente y le pidieron a Hulays que tuviera paciencia hasta que pudieran llegar a un acuerdo que satisficiera a todo el mundo.

A continuación enviaron a Urwah ibn Masud hasta Hudaybiyah. Urwah se sentó con Mahoma y le advirtió de que los coraixíes se estaban armando hasta los dientes: ¿cómo podía esperar emprender un ataque con el respaldo de un grupo variopinto de hombres pertenecientes a distintas tribus, algunos de los cuales habían combatido ferozmente entre ellos en el pasado? Abu Bakr estaba tan furioso que gritó: «¡Chupa los pezones de Lat!» y Urwah le respondió que tenía suerte de que le debiera un favor, porque de otro modo se habría visto obligado a vengar ese insulto. Para llamar la atención de Mahoma Urwah le mesó la barba, un gesto tradicional de familiaridad entre los árabes, pero otro musulmán le pegó en la mano para que la soltara. Urwah dejó el campamento muy impresionado por la profunda devoción que los musulmanes le profesaban a Mahoma. Como dice Ibn Ishaq, había visto que «Siempre que hacía sus abluciones, se levantaban para coger el agua que había usado; si escupía corrían hasta el salivazo; si se le caía un pelo corrían para recogerlo del suelo». Urwah, un comerciante que había viajado mucho, informó a los coraixíes de que ni siquiera los emperadores de Bizancio y Persia eran tratados con tanta reverencia. «He visto a un pueblo que nunca abandonará a Mahoma por ninguna razón, por lo que juzgad vosotros mismos», les dijo.[8]

Mahoma decidió mandar a su propio intermediario a La Meca. Primero envió a uno de los Ayudantes, creyendo que esto inflamaría menos los ánimos. Pero los coraixíes desjarretaron a su camello, y habrían matado al enviado de no haber acudido en su defensa las tropas de Hulay. A continuación Mahoma se lo pidió a Umar, pero incluso él se mostró receloso y dubitativo: ninguno de los miembros de su clan era lo suficientemente fuerte para protegerle, y sugirió que Uthman ibn Affan fuera en su lugar. Dado que Uthman tenía muchos contactos aristocráticos en la ciudad los coraixíes accedieron a escuchar su mensaje, pero les resultó poco convincente. Le dijeron que ya que estaba allí podía hacer el *tawwaf* alrededor de la Kaaba si quería, pero, al igual que Ibn Ubbay, Uthman se negó a realizar el ritual antes que Mahoma. Entonces los coraixíes lo retuvieron como rehén y mandaron al campamento musulmán el mensaje de que lo habían matado.

Cuando Mahoma escuchó estas noticias prometió que no abandonaría Hudaybiyah hasta haberse enfrentado al enemigo. Fue un momento de crisis: era como si toda la expedición, que había parecido una idea inspirada, hubiera fracasado por completo. En esta situación extrema, se dice que Mahoma cayó en un estado de trance muy similar al desvanecimiento que sufría cuando recibía una revelación, aunque esta vez no perdió la conciencia. Sin duda reflexionó desesperadamente en busca de una solución, y a continuación convocó a los musulmanes y les pidió que le juraran fidelidad. Uno tras otro, los mil peregrinos vinieron para tomar su mano y hacer el juramento que acabaría conociéndose como el *bay'at al-ridwan*, o Juramento de Ridwan. Distintas fuentes ofrecen versiones contradictorias acerca del contenido de este juramento. Algunos dicen que los musulmanes prometieron combatir a los coraixíes hasta la muerte, pero ésta es una opinión minoritaria. Otras tradiciones afirman que los musulmanes simplemente juraron que no huirían, pero Waqidi dice que cada musulmán tomó la mano de Mahoma y juró seguir «los dictados de su alma», para obedecer a Mahoma incondicionalmente durante esta crisis.[9] Todos hicieron el juramento, incluso Ubbay y los Hipócritas que se habían unido a la peregrinación.

Resulta tentador aceptar la versión de Waqidi. Cuando entró en aquel estado de intensa concentración, Mahoma debió de decidir, a un nivel profundo y posiblemente instintivo, actuar de un modo que no sólo parecería intolerable, sino que podía incluso provocar una sublevación entre sus partidarios. Todos lo verían como un cambio radical con respecto a su política anterior para con los coraixíes. De momento era sólo un presentimiento, más que una política claramente articulada y racional. Mahoma estaba interpretando la lógica profunda de los acontecimientos que se desarrollaban en Hudaybiyah de una forma que no había previsto cuando condujo a los peregrinos desde Medina. Poco después de que todos hubieran prestado juramento llegaron noticias de que, finalmente, Uthman no había muerto. Entonces Mahoma vio que Suhayl se aproximaba al campamento con dos acompañantes y supo que la llegada de este enviado significaba que los coraixíes habían decidido negociar. Se sentó durante mucho rato con Suhayl y, tras una intensa discusión, acordaron condiciones que llenarían de consternación a sus compañeros.

Mahoma prometió que regresaría a Medina sin visitar la Kaaba en esta ocasión, de modo que ninguna de las tribus árabes pudiera decir que había presionado a los coraixíes. Pero al año siguiente, por la misma época, los musulmanes volverían a La Meca como peregrinos y esta vez los coraixíes desalojarían la ciudad durante tres días para que pudieran realizar en paz los ritos de la *umra* o peregrinación menor alrededor de la Kaaba. Declararían una tregua durante diez años entre La Meca y Medina, con la condición de que Mahoma prometiera devolver a La Meca a cualquier miembro de los coraixíes que se hiciera musulmán y realizara la hégira sin el consentimiento de sus tutores. Pero los coraixíes no tendrían que devolver a ningún musulmán que abandonara la *umma* para unirse a ellos. Finalmente, las tribus beduinas serían liberadas de antiguas obligaciones y podrían elegir formar una alianza tanto con La Meca como con Medina. El Corán había estipulado que los musulmanes tenían que aceptar cualquier condición que propusiera el enemigo si existía la posibilidad de una tregua, pero estas condiciones les parecieron deshonrosas. Mahoma parecía estar desperdiciando la ventaja que había obtenido durante esta expedición al aceptar dócilmente la retirada sin haber llegado a un acuerdo acerca de la peregrinación. La tregua con La Meca significaba que los musulmanes ya no podrían atacar las caravanas de los coraixíes: ¿cómo iban a ganarse la vida los Emigrantes? ¿Por qué abandonaba Mahoma el bloqueo económico que había comenzado a estrangular con tanto éxito el monopolio comercial de La Meca? Y, por encima de todo, ¿por qué había aceptado Mahoma devolver a La Meca a los nuevos conversos, cuando los coraixíes no estaban obligados a devolver a los apóstatas y desertores musulmanes que se fueran a Medina? Parecía que Mahoma hubiera abandonado la *yihad*, en la que tantos musulmanes habían muerto y otros muchos lo habían arriesgado todo, y hubiera dado tranquilamente la ventaja a La Meca. Tal y como afirma Ibn Ishaq, «los compañeros del apóstol habían partido con el convencimiento de que iban a ocupar La Meca debido a la visión del apóstol, y cuando vieron que se estaba negociando la paz y la retirada y supieron cómo había transigido el apóstol, se afligieron tanto que la vida les pareció insoportable».[10]

Peor aún, se respiraba un ambiente de insurrección entre los musulmanes. El tratado era más de lo que podía soportar Umar, quien se levantó de un salto y se dirigió a Abu Bakr. «¿Acaso no somos nosotros musulmanes y ellos idólatras?», preguntó. «¿Por qué tendríamos que aceptar lo que es degradante para nuestra religión?»[11] Abu Bakr también estaba muy afectado, pero le respondió que todavía tenía fe en Mahoma. Más tarde Umar afirmó que habría desertado de la *umma* si hubiera podido encontrar a cien acompañantes dispuestos a seguirle. Pero Mahoma podía ver más allá que cualquiera de los que estaban en Hudaybiyah; pese a que la peregrinación no había salido como esperaba, su inspiración le había puesto en el camino hacia la paz. Estaba a punto de intentar algo completamente nuevo que ni siquiera podían comprender sus Compañeros más leales, por no mencionar al resto de los musulmanes, quienes permanecieron sentados en silencio, estupefactos, intentando comprender este cambio repentino. Sin embargo, a un nivel más profundo, Mahoma sabía con exactitud lo que estaba haciendo, pese a andar a tientas en la oscuridad. Si los coraixíes continuaban prohibiéndole la entrada en la Kaaba las tribus beduinas vacilarían antes de unirse a él. Tenía que demostrar que sus musulmanes eran tan devotos del lugar más sagrado de Arabia como ellos. Al firmar la paz con La Meca Mahoma había ganado acceso al santuario, el cual constituía un arma vital para la guerra propagandística, y había conseguido que los coraixíes reconocieran la igualdad entre La Meca y Medina. Esto resultaba evidente en la cláusula que permitía a las tribus nómadas abandonar su antigua alianza con los coraixíes y convertirse en confederados de la *umma:* la tribu de Juzaah, con la que Mahoma había emparentado por matrimonio,[12] se aprovechó enseguida de la nueva situación y se unió a él. Tras derrotar a los coraixíes en Medina, lo más obvio hubiera sido continuar presionando hasta destruirles militarmente, pero Mahoma nunca quiso hacerlo. Por el hecho de abandonar el bloqueo económico esperaba atraer a los coraixíes y ganárselos de forma pacífica. Mahoma estaba intentando encontrar una solución política y religiosa sin precedentes para los árabes, y ello significaba que nunca podría hacer lo que se esperaba de él o lo más obvio, porque esto le ligaría al desafortunado statu quo.

Cuando se sentó con Suhayl para firmar el tratado, Mahoma sabía que había puesto a prueba la lealtad de los musulmanes hasta extremos insoportables. ¿Continuarían siendo fieles al Juramento de Ridwan o iba a producirse un motín? La situación se volvió aún más tensa cuando los musulmanes se enteraron de todas las cláusulas del tratado. Mahoma convocó a Ali para que escribiera a su dictado, y cuando empezó con el *bismallah*, el típico encabezado musulmán –«En el nombre de Alá, el Clemente *[al-Rahman]*, el Misericordioso *[al-Rahim]*»–, Suhayl protestó inmediatamente. Los coraixíes siempre había detestado estos títulos divinos y él no iba a confirmarlos con su nombre ahora que Mahoma parecía dispuesto a transigir: «No reconozco esto, pero escribe: "En tu nombre, oh, Alá!"». Para consternación de los musulmanes, Mahoma aceptó sin vacilar y le dijo a Ali que cambiara el texto. Pero lo peor estaba por venir. Mahoma continuó: «Esto es lo que Mahoma, el apóstol de Dios, ha acordado con Suhayl ibn Amr». Suhayl puso otra objeción: «Si yo hubiera sido testigo de que eres el apóstol de Dios, no habría combatido contigo», dijo, lo cual era bastante razonable. «Escribe tu nombre y el nombre de tu padre.» Ali ya había escrito las palabras «el apóstol de Dios» y dijo que no se veía capaz de tacharlas, por lo que Mahoma le pidió que le señalara las palabras en el pergamino y las borró él mismo. Continuó dictando: «Esto es lo que Mahoma ibn Abdallah ha acordado con Suhayl ibn Amr».[13]

Por si la situación no fuera ya lo suficientemente difícil, el hijo de Suhayl, Abu Jandal, irrumpió de repente en el lugar cuando estaban firmando el tratado. Se había convertido al islam y Suhayl le había encerrado en su propia casa para impedir que se uniera a Mahoma, pero Abu Jandal logró escapar y ahora hizo una entrada triunfal, arrastrando los grilletes al caminar. Suhayl se puso de pie de un salto, dio un puñetazo a su hijo en la cara y cogió sus cadenas. «¡Mahoma!», exigió, «el acuerdo entre nosotros había concluido antes de que este hombre acudiera a ti.» Los musulmanes miraban incrédulos: sin duda Mahoma no iba a traicionar a Abu Jandal entregándolo dócilmente a su padre para que tuviera que enfrentarse a una vida de degradación y humillaciones. Pero Mahoma permaneció fiel al tratado y se negó a permitir que Abu Jandal hiciera la hégira sin el permiso paterno. Mientras Suhayl se lo llevaba a rastras sin miramientos de vuelta a La Meca, Abu Jandal dijo a gritos: «¿Tengo que ser devuelto a los idólatras que pueden apartarme de mi religión, oh, musulmanes?». Como afirma Ibn Ishaq con su comedimiento habitual: «Esto aumentó el desánimo de la gente». Poco les consoló escuchar a Mahoma gritarle cuando se iba: «¡Oh, Abu Jandal, sé paciente y contrólate, porque Dios os proporcionará alivio y una salida a ti y a aquellos de vosotros que estéis indefensos! ¡Hemos hecho las paces con esta gente y juntos hemos invocado a Alá en nuestro acuerdo, y no podemos romper nuestro trato con ellos!».[14]

Estas palabras acabaron con la paciencia de Umar, quien se puso de pie de inmediato y se atrevió a desafiar al hombre al que había obedecido incondicionalmente durante doce años: ¿acaso no era el Mensajero de Dios? ¿No tenían razón los musulmanes, mientras que sus enemigos estaban equivocados? ¿Por qué había firmado una paz tan deshonrosa? ¿Acaso no les había prometido Mahoma cuando abandonaron Medina unos cuantos días antes que podrían rezar de nuevo en la Kaaba? Mahoma admitió haber hecho esta promesa, y luego añadió: «¿Pero acaso os dije que lo haríamos este año?». Umar se vio obligado a aceptar que no lo había dicho, por lo que Mahoma respondió: «Soy el Mensajero de Dios. No obraré en contra de sus mandamientos y Él me concederá la victoria».[15] Pese a que seguía estando afligido y perplejo, Umar se calmó y accedió a firmar el tratado, junto a Ali, Abu Bakr, Abd al-Rahman, Abdallah ibn Suhayl (el hermano de Abu Jandal) y Muhammad ibn Maslama.

Pero entre los peregrinos todavía se respiraba el descontento y se produjo un momento de tensión en el que estuvieron al borde de la rebelión. Después de que los testigos hubieran firmado el tratado, Mahoma gritó que ahora observarían los ritos de peregrinación en la misma Hudaybiyah, pese a que no habían llegado a la Kaaba. Cada hombre se afeitaría la cabeza y todos sacrificarían a los setenta camellos consagrados. Se hizo un silencio total. Sin moverse, los peregrinos miraron con resentimiento a Mahoma. Éste, desesperado, se retiró a su tienda, sabedor de que si no le obedecían ni le apoyaban en este momento crucial podía darlo todo por perdido. ¿Qué debía hacer? Se lo consultó a Umm Salamah, quien había estado observando la escena desde su tienda de cuero rojo. Umm juzgó a la perfección la situación: Mahoma debería acercarse a su gente una vez más, dijo la mujer, y negarse a hablar con nadie hasta que cada hombre hubiera sacrificado su camello delante de todos los peregrinos. Fue la decisión correcta. El derramamiento de sangre, dramático y espectacular, rompió la tensión de inmediato. Mahoma abandonó su tienda, sin mirar a derecha ni a izquierda, se acercó con paso firme hasta el camello que había consagrado y realizó el sacrificio ritual. Era una acción sagrada, conocida por todos los peregrinos árabes, pero también constituía un acto de desafío e independencia porque Mahoma estaba rompiendo la tradición al sacrificar al camello fuera de la propia Meca. El sacrificio provocó el reconocimiento en la multitud silenciosa, alejó el sentimiento de aflicción e incomprensión que les embargaba e hizo las veces de catarsis. Los hombres se pusieron en pie de un salto y corrieron hacia los otros camellos, sin duda profundamente aliviados al poder hacer algo por fin. Sacrificaron a los animales, gritando el antiguo lema árabe, «¡En tu nombre, oh, Alá!», y añadieron la consigna musulmana *«al-Llahu Akbar!»*. Cuando Mahoma llamó a uno de sus Compañeros y le pidió que se afeitara la cabeza, los musulmanes casi tropezaron unos con otros ansiosos por imitarle, y comenzaron a hacerlo con tal entusiasmo que Umm Salamah diría más tarde que, dado su celo, temió que se infligieran heridas mortales. Según la tradición, tan pronto como comenzaron a salir de Hudaybiyah, un viento repentino levantó el montón de cabellos negros y los llevó hasta La Meca como señal de que Dios había aceptado su sacrificio.

Los peregrinos iniciaron el viaje de regreso de mejor humor, pero aún no se había apagado del todo el resentimiento y Mahoma sabía que tendría que compensarles planeando una nueva expedición que no pusiera en peligro el tratado. Puede que él mismo también siguiera albergando dudas, porque posiblemente habría esperado que le permitieran entrar triunfante en La Meca sin tener que firmar tan difícil pacto. Durante el viaje parecía distante y preocupado, y Umar temió que su rebeldía y su actitud desafiante hubieran dañado su amistad de forma permanente. Le horrorizaba que el Profeta recibiera una revelación en la que se condenara su temeridad, y cuando Mahoma apenas respondió a uno de sus comentarios, se temió lo peor. Entonces llegó un mensajero y le indicó que se adelantara cabalgando para unirse a Mahoma, y el corazón le dio un vuelco. Pero, para su gran alivio, encontró al Profeta con un aspecto radiante, como si le hubieran quitado de encima una pesada carga. «Me ha llegado una sura», anunció el Profeta, «que me es más querida que cualquier otra cosa bajo el sol».[16] La sura 48 –la sura de la Victoria *(al-fat'h)*– que reveló el significado de los acontecimientos de Hudaybiyah, es un complemento necesario a la teología de la guerra justa. Cuando los críticos occidentales acusan al islam de ser una religión intrínsecamente agresiva a causa de la *yihad*, deberían tener en cuenta la teología de la paz de Mahoma, que le fue revelada tras haber abierto el camino para poder comenzar a imponer la *pax islamica* en una Arabia destruida por la guerra.

En capítulos anteriores hemos visto que Mahoma no siempre se expresaba con imágenes tan claras como las de Jesús, pero sus mensajes no era tan distintos como suelen imaginar los cristianos. La diferencia estriba en que Mahoma trataba de llevar a la práctica sus enseñanzas de una forma más práctica, que guardara relación directa con una situación política o social determinada. De hecho, sabemos muy poco acerca de la postura política de Jesús. En años recientes se ha sugerido que los romanos le crucificaron por un intento de rebelión: algunos estudiosos de la Biblia han visto en el relato de cómo volcó las mesas de los prestamistas en el Templo una versión truncada de un golpe de Estado, mediante el cual Jesús y sus seguidores tomaron el Templo durante tres días. Fuera o no esto cierto, no cabe duda de que Jesús predicó un mensaje pacifista poniendo la otra mejilla, negándose a defenderse incluso de palabra y condenando a los que vivían de acuerdo con la espada. Su aparente derrota y su humillación dejaron perplejos a sus discípulos, y la mayoría le abandonaron cuando más les necesitaba. En Hudaybiyah Mahoma respondió de forma imaginativa a una situación inesperada y también puso la otra mejilla a los coraixíes, aceptando una humillación aparente que casi provocó el abandono de sus acompañantes más cercanos. En la sura de la Victoria, sin embargo, el significado más profundo de este supuesto cambio les fue explicado a los musulmanes, al igual que después de la muerte de Cristo escritores como san Pablo explicarían la importancia subyacente del escándalo de la Cruz.

La sura empieza con la radiante convicción de que, pese a las apariencias, Mahoma no había sido derrotado en Hudaybiyah:

Nos te hemos dado una victoria manifiesta
para que Dios te perdone tus pecados, los anteriores y los posteriores; para que complete su beneficio contigo y te dirija al camino recto.
Dios te da un auxilio poderoso.[17]

En Badr Dios reveló su presencia en plena batalla, una señal que trajo la salvación, pero Dios también estuvo presente en la aparente humillación de Hudaybiyah, cuando envió su *sakina*, el espíritu de la paz y la tranquilidad:

Él es Quien hace descender la tranquilidad en el corazón de los creyentes para que añadan fe a su fe.[18]

Dios había enviado su *sakina* en una ocasión anterior, cuando Abu Bakr y Mahoma se ocultaron durante tres días en la cueva situada a las afueras de La Meca, despreciados y rechazados por los miembros de su clan y enfrentados a la posibilidad de una muerte inminente y absurda. El *sakina*, cabe recordar, parece guardar relación con la palabra hebrea «Shekinah», el término que designa la presencia de Dios en el mundo. Badr y Hudaybiyah, por consiguiente, eran ambas señales de salvación que revelaban que Dios estaba presente de forma misteriosa en acontecimientos históricos de la época. Era tan activo en la paz como en la guerra, y podía convertir lo que parecía una derrota en una victoria manifiesta.

La sura continúa diciendo que al emprender la peligrosa peregrinación sin armas a La Meca, los peregrinos hicieron un acto de fe para el cual no estaban preparados los beduinos que se habían negado a acompañar a Mahoma.[19] Asimismo, realizaron otro acto de fe y confianza cuando juraron fidelidad a Mahoma bajo la acacia. Los coraixíes podían haberles exterminado, pero los peregrinos prometieron obedecer a Mahoma pese a que les había conducido hasta una terrible humillación; el tratado consiguiente era también una señal que los musulmanes tenían que interpretar, adentrándose en su significado más profundo.[20] En Badr la victoria fue un *furgan* que separó a los justos de los injustos en el combate; el espíritu de la paz había distinguido entre creyentes y no creyentes en la victoria *(fat'h)* de Hudaybiyah:

Recuerda cuando, quienes no creen, colocaron en sus corazones el furor, el furor de los gentiles. Pero Dios hizo descender su Alianza sobre el Enviado y sobre los creyentes, y les adjudicó la palabra de la piedad: eran los más dignos de ella, sus detentadores.[21]

La decisión de Mahoma obedeció a un imperativo que constituía un acto de política creativa. De forma intuitiva había logrado comprender en profundidad la dinámica del cambio en Arabia, y los acontecimientos acabarían confirmando su intuición. A partir de aquel momento, tras haber salvado a la *umma* de la amenaza de la extinción, la *yihad* se convertiría en un esfuerzo de paz que exigiría toda su paciencia y su ingenio. Badr y Hudaybiyah son, por consiguiente, dos lados de una misma moneda y ambas campañas fueron esenciales para la visión coránica. En algunas ocasiones sería necesario combatir a fin de preservar ciertos valores, y mientras durara la guerra los musulmanes debían combatir con una dedicación absoluta y no dar muestras de debilidad, para que las hostilidades no se prolongaran de forma indefinida causando más derramamiento de sangre y más combates sin sentido. Pero también había tiempo para la paz, incluso si esto significaba el desprestigio a corto plazo, porque podría traer beneficios a la larga. No es cierto que el islam predique una total intransigencia e inspire un fanatismo salvaje; el Corán desarrolla una teología complementaria de guerra y paz, que a la mayoría de los cristianos no les costaría aceptar.

Pero Hudaybiyah exigía fe, como el Corán había explicado. Si su visión religiosa no hubiese tenido tanta importancia, Mahoma no habría podido contar con el apoyo de sus seguidores. De haber querido un triunfo político rápido, la mayoría de los musulmanes no habrían estado preparados para hacer este acto de fe. La sura de la Victoria acaba con una visión serena de una comunidad caracterizada principalmente por un espíritu religioso que aparece de forma manifiesta en la tradición de las dos anteriores revelaciones, el judaísmo y el cristianismo:

Mahoma es el Enviado de Dios. Quienes están con él son duros con los infieles, compasivos entre sí. Los ves inclinados, postrados, buscando el favor y la satisfacción de Dios. Su distintivo está en sus rostros como huella de prosternación.
Ésta es la descripción *de los creyentes dada* en el Pentateuco, su descripción en el Evangelio: «Son como semilla que, habiendo dado su brote, le da fuerza, engorda y se afirma sobre tu tallo: admira al agricultor». *Así ocurre*, para indignar, con los *cre-*

yentes a los infieles. Dios ha prometido a quienes, de entre ellos, creen y hacen obras pías, perdón y gran recompensa.[22]

Podría objetarse que esta devoción tiene un cariz agresivo y parece concebida para «enfurecer» a los no creyentes. Pero las tres tradiciones de monoteísmo histórico comparten esta intransigencia, así como una negativa a transigir en cuestiones religiosas básicas. Incluso el pacífico Jesús dijo que no había venido para traer la paz sino la espada,[23] y los Evangelios nos presentan un retrato mucho más temible que el que encontramos a veces en la piedad popular.

Con todo, para que la *umma* continuara floreciendo y pudiera ocupar un lugar junto a anteriores revelaciones era preciso que creciera y atrajera a un mayor número de conversos. La nueva política de conciliación de Mahoma demostró de inmediato que era productiva, porque la tregua propició una atmósfera más relajada que alentaba el debate entre musulmanes y paganos, así como un libre intercambio de opiniones. Al comentar la «victoria manifiesta» de Hudaybiyah, Ibn Ishaq dice:

«Ninguna de las victorias anteriores del islam fue mayor que ésta. Cuando los hombres se enfrentaron no hicieron sino combatir; pero cuando se firmó un armisticio y se prohibió la guerra, y los hombres se reunieron sin correr peligro y se consultaron entre sí, todos los que hablaron del islam con inteligencia se convirtieron. En aquellos dos años [628-630] se convirtieron al islam el doble de hombres que antes, o más del doble».[24]

En Hudaybiyah Mahoma demostró que el islam tenía sus raíces en las tradiciones más sagradas de los árabes, y su ascenso meteórico a una situación preeminente en Arabia puso de manifiesto que su religión tenía sentido. Los árabes no eran fanáticos, pero sus años difíciles en el desierto les habían hecho profundamente pragmáticos. Tras considerar el éxito práctico de la *umma* empezaron a pensar que éste podría ser el cambio que la gente había estado buscando durante tanto tiempo.

Pero el tratado de Hudaybiyah obligaba a Mahoma a devolver a todos los conversos que hicieran la hégira hasta La Meca, por lo que ahora intentaba buscar una solución. En el tratado, por ejemplo, no se hacía mención a la devolución de las mujeres conversas, de modo que cuando la hermanastra de Uthman emigró a Medina poco después de Hudaybiyah, Mahoma se negó a enviarla de regreso a La Meca. Después de esto, a las mujeres se les permitió hacer la hégira, pero si venían sin el consentimiento de sus tutores Mahoma devolvería sus dotes a los coraixíes. Hacia la misma época apareció en Medina un converso sumamente decidido. Abu Basir ibn Asid, confederado del clan de Zuhrah, consiguió zafarse de sus tutores y de sus protectores y realizó la hégira. Los coraixíes mandaron a un enviado, que llevó con él a un liberto como acompañante, para que trajera de vuelta a Abu Basir; Mahoma le explicó que, lamentablemente, no le quedaba otra opción que devolverle a La Meca. Pero Abu Basir no iba a abandonar tan fácilmente. Cuando los tres viajeros descansaban en Dhu al-Hulayf, a unos ocho kilómetros al sur de Medina, Abu se hizo con la espada del enviado y lo mató. El liberto corrió horrorizado hasta Medina y se echó a los pies de Mahoma, balbuceando la terrible noticia mientras el propio Abu Basir llegaba a la mezquita. Abu Basir le dijo a Mahoma que ya no tenía ninguna obligación, porque habían cumplido con lo pactado cuando el Profeta lo envió de vuelta a los coraixíes; al no haber podido hacer la hégira Abu Basir no era un musulmán estrictamente hablando, por lo que Mahoma no era culpable de la sangre del enviado. Pero Mahoma siguió negándose a aceptarlo en la *umma* e intentó entregárselo al pobre liberto, quien, horrorizado ante la idea de viajar ciento veinticinco kilómetros solo con Abu Basir, se excusó apresuradamente y huyó como alma que lleva el diablo. Mahoma le dijo entonces a Abu Basir que, si bien no podía quedarse en Medina, ahora era libre para ir adonde quisiera. Cuando se marchó, Mahoma dijo con ambigüedad: «¡Menudo agitador! Habría encendido un fuego de haber tenido a otros hombres con él».[25]

Abu Basir entendió la indirecta implícita en estas palabras y se fue a acampar a al-Isa, en la costa del mar Rojo, cerca de la ruta comercial que los coraixíes podían usar de nuevo desde el armisticio. La noticia del incidente viajó hasta La Meca, incluyendo el comentario gnómico de Mahoma, y fue recibido con entusiasmo por Abu Jandal ibn Suhayl, quien ansiaba realizar la hégira. Desde que se firmara el Tratado de Hudaybiyah unos setenta hombres jóvenes estaban menos vigilados por sus tutores, por lo que pudieron escapar de La Meca sin dificultad; no se dirigieron hasta Mahoma en Medina, sino hasta Abu Basir, en al-Isa. El Tratado de Hudaybiyah no incluía ninguna cláusula que lo prohibiera, y ninguno de los jóvenes era miembro de la *umma*. Se convirtieron en salteadores de caminos y atacaron todas las caravanas procedentes de La Meca que pasaban por la ruta comercial a Siria. Mahoma no era responsable de ellos y no podía achacársele que hubiera roto el tratado, pero los coraixíes descubrieron que, de hecho, el antiguo boicot económico se había restablecido en parte. Desde su derrota, el prestigio de los coraixíes había disminuido tanto que ya no podían contar con el apoyo de los beduinos de la zona si enviaban a un ejército para acabar con los jóvenes bandoleros. Finalmente se vieron obligados a pedirle a Mahoma que eliminara esta amenaza recibiendo a los jóvenes en la *umma*. Mahoma se mostró muy complacido de mandarlos llamar, pero la llamada le llegó demasiado tarde a Abu Basir, quien acababa de morir.

Mahoma había podido saltarse las condiciones del tratado debido a un detalle técnico, lo cual constituía una estratagema habitual en Arabia. Los coraixíes intentaron emplear un ardid semejante en su lucha con Mahoma sólo un año después. Como político hábil que era, éste sabía cómo aprovecharse de las normas del sistema tribal, algo que puede molestar a un occidental moderno que, de forma muy comprensible, considere la ética tribal cruel y arbitraria y le parezca censurable que Mahoma hubiera estado dispuesto a acatarla. Hemos dejado muy atrás la ética tribal o comunitaria, pese a que fue la única manera de asegurar un mínimo de paz y orden público en épocas más primitivas. Había funcionado bien en Arabia durante siglos, pero tenía los días contados. Sin embargo, Mahoma, como todos sus contemporáneos, estaba muy enraizado en el sistema tribal y aceptaba sus principios básicos. Era el único tipo de gobierno que podía imaginar y, durante este periodo de transición, habría sido imposible llevar a cabo un cambio radical. En el caso de Abu Basir, Mahoma se valió de un detalle de la ley tribal para fortalecer la *umma*, mediante la cual intentaba reformar un sistema decadente y corregir algunos de sus peores abusos.

En la legislación social del Corán, por consiguiente, Mahoma no rompe completamente con el tribalismo. El Corán considera la venganza como señal de virtud y como deber social y religioso. Los musulmanes deben tomar represalias con exactitud, ojo por ojo, diente por diente.[26] A los que han crecido teniendo como referente el Sermón de la Montaña sin duda les costará aceptar este enfoque. Nos parece abominable que un libro sagrado recomiende que se le tenga que cortar la mano a un ladrón, y no podemos comprender por qué Mahoma no prohíbe la venganza y predica un mensaje de perdón. Pero cabe recordar que Jesús no fue jefe de Estado, como Mahoma después de Hudaybiyah. No tuvo que preocuparse de mantener el orden público, un trabajo desempeñado por la clase dirigente religiosa a la que según se dice denigraba, así como por los funcionarios romanos. Si hubiera sido responsable de la legislación social, con toda probabilidad se habría visto obligado a recurrir a métodos igualmente draconianos, porque en la mayoría de sociedades premodernas el cumplimiento de la ley se llevaba a cabo con una severidad y una brutalidad que hoy nos parecen terribles. Incluso en Gran Bretaña, hasta épocas relativamente recientes, no sólo se mutilaba a los ladrones: también se les mataba por delitos menores, o eran enviados a las colonias como esclavos. Es sin duda lamentable que algunos países islámicos, aunque de ningún modo todos ellos, hayan conservado estos antiguos castigos, pero parece injusto estigmatizar al Corán y a la tradición islámica tachándolos de brutales. Se ha señalado que los futuros dirigentes islámicos no pudieron permitirse poner en práctica la legislación coránica porque era demasiado permisiva para resultar eficaz en una comunidad más numerosa; tuvieron que respaldarla con nuevas leyes para asegurar una mínima seguridad social.[27]

Mahoma había concebido la *umma* como una especie de gran tribu, y continuó empleando los antiguos métodos para preservar el orden. En Medina o en Arabia no había cuerpo de policía; desde tiempos inmemoriales los parientes habían sido responsables de castigar a los infractores y de crear un elemento de disuasión que inhibiera la violencia dentro de lo posible. El Corán conserva este sistema y les dice a los parientes de la víctima que tienen el deber de vengar su asesinato.[28]

Esta venganza se limitó de manera estricta: sólo podía exigirse un ojo por otro, un diente por otro; de no hacerse así, la nueva víctima, que habría sido castigada en exceso, «recibiría ayuda»;

es decir, sus propios familiares le proporcionarían *nasr* e iniciarían una nueva ronda de hostilidades y un círculo vicioso de violencia incontenible. De hecho, el Corán nos enseña que contentarse con menos de lo debido constituye una virtud. Recuerda las normas que Dios había enviado a los profetas hebreos en la Torah, que fueron refrendadas más tarde por los sabios y los rabinos, y va un paso más allá:

> Os hemos prescrito en el *Libro*: «Persona por persona, ojo por ojo, nariz por nariz, oreja por oreja, diente por diente; las heridas se incluyen en el talión». Quien dé como limosna *el precio de la sangre*, eso le servirá de penitencia.[29]

Cuando Jesús se refirió a estas palabras de la Torah, les dijo a sus seguidores que amaran a sus enemigos: era un hombre ingenioso y esta paradoja contiene una visión religiosa profunda pero compleja, que no siempre es fácil de interpretar. Mahoma no fue tan lejos como Jesús. Cuando instó a los musulmanes a perdonarse los unos a los otros y renunciar a las represalias, probablemente les estaba instando a contentarse con el precio de la sangre en lugar de tomar otra vida. Pero este ideal de perdón, por limitado que fuera, constituía una innovación en Arabia y un avance moral con respecto al antiguo sistema.

Suele afirmarse que, mientras el cristianismo es una religión basada en el amor, el islam es una religión basada en la justicia social. Los cristianos consideran que amar al prójimo constituye la prueba de una religión auténtica; la definición coránica del espíritu religioso es menos ambigua, pero posiblemente más viable:

> Piadoso *es* quien cree en Dios, en el Último Día, en los Ángeles, el Libro y los Profetas; *quien* da dinero por su amor a los allegados, huérfanos, pobres, al viajero, a los mendigos y para *el rescate* de esclavos; *quien* hace la oración y da limosna.[30]

En la *umma* la sociedad iba a organizarse según los principios igualitarios: a todos se les exigían los mismos deberes y no habría elite o jerarquía de sacerdotes y monjes. La donación de limosnas trataría de cerrar la brecha entre ricos y pobres, y liberar a un esclavo constituía una buena obra.[31] En principio todos los miembros de la *umma* recibirían el mismo trato: el amor no podía prevalecer ni imponerse por la fuerza, pero la justicia y la igualdad sí podían legislarse. Al parecer, el Corán y, más tarde, la Ley Sagrada islámica (Sharia), realmente ayudaron a los musulmanes a cultivar un espíritu profundamente igualitario.[32] Poco después de la muerte de Mahoma, un importante jefe beduino llamado Jabalah ibn al-Ayham se hizo musulmán. En cierta ocasión un miembro humilde de la *umma* lo abofeteó. Los principios islámicos no exigían que Jabalah pusiera la otra mejilla, por lo que el beduino estaba seguro de que su alto rango garantizaría la imposición de un castigo severísimo al infractor. Pero simplemente le dijeron que tenía permiso para abofetear a su atacante una sola vez, a fin de vengar el insulto de forma exacta y justa. Jabalah se indignó tanto que abandonó el islam y regresó al cristianismo.

Es posible ver el ideal igualitario del islam como una manera práctica de alentar el amor fraterno, que sitúa a todos los hombres al mismo nivel social y político. Al finalizar la hégira, se dice que Mahoma introdujo la práctica de «hermanarse», según la cual cada Emigrante estaba vinculado a uno de los Ayudantes, al que debía considerar su hermano. Fue un intento de unir a los tres grupos tribales que integraban la comunidad, una ilustración práctica del nuevo parentesco religioso que iba a trascender los lazos de sangre. En las tres religiones de tradición monoteísta el ideal comunitario constituye un valor supremo y sagrado. Tanto el judaísmo como el cristianismo afirman que, cuando dos o tres personas se reúnen, Dios está entre ellas. San Pablo escribió que la comunidad cristiana constituía el Cuerpo de Cristo, y veremos que la *umma* ha adquirido una importancia casi sacramental en la devoción musulmana. Mahoma estaba propiciando el individualismo que comenzaba a aparecer en Arabia: así, el Corán decreta que los parientes de un muerto puedan castigar sólo a su asesino y no a cualquier miembro de la tribu del infractor, como en el antiguo sistema.[33] Pero el ideal comunitario ha continuado prevaleciendo y el concepto de hermandad de todos los musulmanes ha calado hondo en el islam.

Mahoma había basado su sistema moral en la *muruwah*, el antiguo humanismo tribal de los árabes, que trataba sobre el bien comunitario, la cooperación y el cuidado de los pobres y los vulnerables. La principal innovación de Mahoma consistió en ampliar estos principios para incluir a todos los musulmanes, a toda la *umma* y no sólo a los miembros de una única tribu. Al ayudar a sus compañeros a cultivar la idea de que todos los musulmanes –pertenecieran a los Aws, a los Jasraj o a los Coraix– eran ahora hermanos, Mahoma sentó las bases futuras de un sistema de gobierno claramente islámico. Ésta es una de las razones por la que a los musulmanes les ha costado adaptarse al ideal occidental de estado-nación, que divide la *umma* de nuevo en «tribus» o grupos separados potencialmente hostiles.[34]

De hecho, el propio Mahoma dio un gran ejemplo de hermandad con su comportamiento. El hombre a quien sus enemigos temían cada vez más era profundamente querido en el seno de la *umma*, la cual, pese al peligro constante a que se enfrentaba, parece haber sido una comunidad muy feliz. Mahoma se negó a distanciarse formalmente de los otros musulmanes. Detestaba que se dirigieran a él con pomposos títulos honoríficos, y a menudo se le podía ver sentado sin remilgos en el suelo de la mezquita, frecuentemente con los miembros más pobres de la comunidad. Los niños se sentían muy atraídos hacia él. Siempre los cogía en brazos y los abrazaba y besaba. Cuando salía al frente de una expedición, era habitual que los niños de la *umma* fueran a recibirlo al regresar el grupo de asaltantes y lo condujeran hasta el oasis en procesión triunfal. Si oía llorar a un niño en la mezquita durante las plegarias del viernes, casi siempre ponía fin a los rezos antes de lo previsto: no podía soportar pensar en la angustia de la madre.

Las leyes formuladas en el Corán nos parecen despiadadas en la época actual, pero el Profeta era conocido por su indulgencia. Una tradición recuerda cierta ocasión en la que Mahoma dictó sentencia contra un pobre hombre que había cometido un delito menor: como penitencia, le ordenó donar limosnas. El hombre respondió que no tenía alimentos ni pertenencias para dar. En aquel momento llevaron un gran cesto de dátiles hasta la mezquita como regalo para el Profeta. «Aquí tienes», dijo Mahoma, y pidió al hombre que distribuyera los dátiles entre los pobres. El criminal respondió que, con toda honestidad, no conocía a nadie en el asentamiento que fuera más pobre que él. Mahoma se rió y le dijo que comer los dátiles sería su penitencia.

El cultivo de la bondad y la compasión fueron básicos en el mensaje islámico desde el principio. La ley puede haber parecido un instrumento tosco en este periodo, pero el proceso de refinamiento *(tazaqqa)* de la visión musulmana había comenzado. De nuevo Mahoma predicó con el ejemplo. De acuerdo con otra tradición, cierto día vio a un liberto realizando un trabajo particularmente agotador. Se dirigió a él furtivamente por detrás y le tapó los ojos con las manos, como suelen hacer los niños. El liberto respondió que sólo podía ser el Profeta quien aligerara su día de trabajo con un gesto tan afectuoso.

A lo largo de los siglos en Occidente hemos tendido a pensar en Mahoma como un personaje funesto, un guerrero cruel y un político desalmado, cuando en realidad era un hombre muy bondadoso y sensible. Amaba a los animales, y si encontraba a un gato dormido sobre su manto, no se le ocurría molestarlo. Se ha dicho que una sociedad puede juzgarse por su actitud hacia los animales. Todas las religiones fomentan una actitud de amor y respeto hacia el mundo natural, que Mahoma intentaba enseñar a los musulmanes. Durante la *Yahiliyyah* los árabes trataban a los animales de forma muy cruel: solían cortar trozos de carne para comer mientras los animales estaban aún vivos y ponían dolorosos anillos alrededor del cuello de los camellos. Mahoma prohibió que se marcara a los animales de forma dolorosa o que se organizaran peleas entre ellos. Según una tradición, Mahoma relató la historia de un hombre que dio agua a un perro sediento y fue enviado al Paraíso, mientras que una mujer que dejó morir de hambre a su gato fue enviada al infierno. La conservación de estas tradiciones demuestra la importancia que habían adquirido ciertos valores en el mundo musulmán, y la rapidez con que había avanzado la comunidad hacia una visión más humanitaria y compasiva.

Ahora los judíos iban a integrarse en esta Arabia más humanitaria. Poco después de firmar el Tratado de Hudaybiyah, Mahoma envió un mensaje a Abisinia en el que invitaba a los musulmanes que vivían allí a unirse a él en Medina para colaborar en su lucha, y a continuación volvió su atención de nuevo al norte. El asentamiento judío de Jaybar, que tan peligroso papel desempeñara durante el asedio a Medina, había sido aleccionado por la suerte de los Bani Qurayzah, pero todavía provocaba hostilidad entre las tribus septentrionales. Mahoma quería asegurarse de que Jaybar nunca volvería a amenazar la seguridad de la *umma*, por lo que poco después de su retorno de Hudaybiyah partió hacia Jaybar con una tropa de unos seiscientos hombres. Esta vez, dado que el botín parecía prometedor, sus aliados beduinos también se mostraron deseosos de ir, pero Mahoma no se lo permitió: quería recompensar a los musulmanes que se habían sentido frustrados por lo sucedido en Hudaybiyah permitiéndoles desfogarse. Pero Jaybar era un asentamiento extremadamente fuerte y parecía inexpugnable. Al igual que Medina, estaba rodeado por planicies de roca volcánica, y siete grandes fortalezas defendían sus granjas de dátiles y sus huertos de árboles frutales. Los coraixíes apenas se atrevían a creer la noticia de que Mahoma había partido en esta insensata expedición: con un ejército tan pequeño, parecía abocado al desastre.

Aunque, una vez más, la desunión crónica que siempre parecía acompañar al declive del sistema tribal en Arabia se convirtió en el principal aliado de Mahoma. A diferencia de la *umma*, Jaybar estaba profundamente dividida. Todas las tribus del asentamiento eran autónomas y no creían que fuera posible unirse contra el enemigo común. Enviaron un mensaje a sus confederados, los Ghatafan, pero éstos no respondieron a su llamada. Algunos aseguraron haber oído una voz misteriosa que les pedía que regresaran a su territorio, pero puede que Mahoma los sobornara para que se mantuvieran alejados con la promesa de entregarles una parte considerable de la cosecha de dátiles de Medina. Los musulmanes llegaron a Jaybar por la noche, y por la mañana los trabajadores que salían con palas y cestos se encontraron cara a cara con un ejército que avanzaba en un silencio amenazador. «¡Mahoma y su tropa!», gritaron, y regresaron corriendo al asentamiento. «*A-Llahu Akbar!*», gritó a su vez Mahoma. «Jaybar está destruida.»

Pero, de hecho, el asedio de Jaybar duró todo un mes. Los musulmanes fueron rodeando sistemáticamente cada fortaleza, las acribillaron con flechas hasta que se rindieron y después tomaron el botín y los rehenes. Al final, los judíos se dirigieron a Mahoma con una oferta de paz, cuando resultaba evidente que no podían ganar. De acuerdo con el precepto coránico, Mahoma aceptó las condiciones, que no eran particularmente humillantes para Jaybar. Era ni más ni menos el tipo de trato que los árabes de los asentamientos solían hacer con los beduinos, quienes solían ser mejores soldados. A cambio de la mitad de su cosecha de dátiles, el Profeta daría protección militar a los judíos de Jaybar y ellos se convertirían en vasallos de Medina, tras sustituir a sus antiguos protectores beduinos por Mahoma. Cuando los judíos de Fadak –un oasis pequeño pero muy fértil situado al noroeste de Jaybar– se enteraron de este tratado, decidieron prevenir un posible ataque musulmán y se entregaron a Mahoma bajo las mismas condiciones. Para sellar el acuerdo Mahoma se casó con la bella Safiyah, de diecisiete años (hija de su antiguo enemigo Huyay), quien había enviudado durante la campaña. Se dice que Safiyah había previsto la derrota judía infligida por Medina en un sueño y estaba muy dispuesta a convertirse al islam. El matrimonio se celebró durante la primera mitad del viaje de regreso.

A su regreso a Medina encontraron a los musulmanes de Abisinia, quienes ya habían llegado, y Mahoma tuvo ocasión de abrazar a su primo Jafar, al que había visto por última vez cuando era un joven de veintisiete años, trece años antes. Mahoma le besó en la frente, diciendo que no sabía qué le alegraba más, si la victoria de Jaybar o este reencuentro. También tuvo que acoger a una nueva esposa. Unos meses antes, en aquel mismo año, había recibido la noticia de que su primo y cuñado Ubaydallah ibn Jahsh había muerto en Abisinia. Ubaydallah, cabe recordar, había sido monoteísta antes de la llegada de Mahoma, y en Abisinia, para disgusto de la comunidad musulmana que allí habitaba, apostató del islam y se convirtió al cristianismo. Mahoma decidió casarse con su esposa Ramlah, a la que suele conocerse por su *kunya* Umm Habibah, y cuando el periodo de luto hubo finalizado, el matrimonio se celebró por poderes ante el Negus. Resultaba obvio que éste no era un matrimonio por amor sino una astuta jugada política, porque Umm Habibah era la hija de Abu Sufyan. Le prepararon una vivienda junto a la mezquita y cuando llegó a Medina se fue a vivir allí directamente, mientras que Safiyah se alojó en una casa cercana hasta que estuviera lista su cabaña.

Aisha se ofendió profundamente al enterarse de la existencia de esta nueva esposa. Umm Habibah no constituía una amenaza para ella, pero la muchacha judía era extremadamente bella. Cuando Mahoma le preguntó qué pensaba de Safiyah, Aisha respondió con descaro y brusquedad. No podía comprender a qué venía tanto alboroto, respondió; una judía era muy parecida a cualquier otra. «No digas eso», respondió Mahoma, «porque se ha convertido al islam y se ha entregado a Dios.» Al principio Safiyah lo pasó mal en el harén, porque las otras esposas la provocaban sin recato burlándose de su padre Huyay. Un día se dirigió llorando a Mahoma, quien la consoló aconsejándole decirles esto a las otras: «Mi padre es Arón y mi tío es Moisés».[35] Pero terminó por hacerse buena amiga de Aisha y las tres esposas jóvenes –Aisha, Hafsah y Safiyah– formaron un trío separado de las demás mujeres del Profeta.

El resto del año los musulmanes se dedicaron a realizar ataques rutinarios, algunos emprendidos a petición de sus nuevos aliados judíos en el norte. Por fin, en el mes sagrado de *dulhiyya,* en marzo del año 629, llegó el momento de que Mahoma condujera la Peregrinación Menor hasta la Kaaba, de acuerdo con el tratado de Hudaybiyah. Esta vez dos mil seiscientos peregrinos lo acompañaron y, cuando se aproximaban al santuario de La Meca, los coraixíes desalojaron la ciudad tal y como habían prometido, para que los peregrinos musulmanes pudieran visitar los lugares santos sin ser molestados. Los jefes permanecieron juntos de pie en la cumbre de la montaña Abu Qubays y contemplaron la extraordinaria escena horrorizados, como en un trance. La enorme multitud de peregrinos vestidos de blanco fue entrando lentamente en la ciudad santa, conducida por Mahoma a lomos de *Qaswa,* y en todo el valle resonaba su grito: «¡Aquí estoy a tu servicio, oh, Dios!». Cuando llegó a la Kaaba, Mahoma desmontó y besó la Piedra Negra, mientras la abrazaba y la acariciaba, y entonces empezó a hacer las circunvalaciones seguido por todos los peregrinos. Para completar el antiguo ritual de esta Peregrinación Menor, que, a diferencia del *hayy,* no incluía una visita al monte Arafat ni al valle de Mina, los peregrinos corrieron siete veces entre las colinas de Safa y Marwah.

Volver a esta ciudad desierta debió de ser una experiencia muy extraña para Mahoma y los Emigrantes, y también debió de ser terrible para los coraixíes contemplar cómo Bilal, el abisinio negro que había sido un mero esclavo en su ciudad, trepaba a lo más alto de la Kaaba y llamaba a la oración tres veces al día. Abbas, el tío de Mahoma, acudió a la ciudad para visitar a su sobrino y le ofreció en matrimonio a su hermana Maymunah, quien hacía poco que había enviudado. Mahoma aceptó, posiblemente para

302

lograr que Abbas se uniera por fin a su religión, e invitó a los coraixíes a su banquete de boda. Pero todo tenía un límite, y Suhayl bajó desde Abu Qubays para decirle a Mahoma que habían pasado los tres días y tenía que abandonar la ciudad de inmediato. Sad ibn Ubadah, uno de los Ayudantes, que estaba con Mahoma en aquel momento, se enfureció ante esta aparente descortesía pero Mahoma lo silenció : «¡Oh, Sad, no respondamos mal a aquellos que han venido a visitarnos en nuestro campamento!».[36] Para asombro de los coraixíes, todos los peregrinos abandonaron la ciudad al anochecer, comportándose con una disciplina que dejó atónitos a los mequíes, cuya desunión e indisciplina habían contribuido a su declive.

Algunos de los miembros más jóvenes de los Coraix previeron las consecuencias de esta peregrinación, que había constituido un inmenso triunfo moral para Mahoma, del que se hablaba con entusiasmo por toda Arabia. A partir de este momento la ciudad estuvo condenada al fracaso. Un número cada vez mayor de beduinos se convirtieron en confederados de Mahoma, y muchos de los ciudadanos más jóvenes de La Meca hicieron la hégira. Dos de estas conversiones iban a ser fundamentales para la causa musulmana. Amr ibn al-As y Jalid ibn al-Walid se habían convertido en los guerreros más importantes de la ciudad después de la batalla de Badr, pero ahora podían ver que ya no tenían ningún futuro en La Meca. Tal y como dijo Jalid, «El camino se ha despejado. Este hombre es sin duda un profeta y, por Alá, voy a ser musulmán».[37] La ayuda divina parecía la única explicación posible del extraordinario triunfo de Mahoma. Se dice que Jalid y Amr hicieron la hégira juntos y fueron recibidos con alborozo en Medina. A Jalid le preocupaba que le tuvieran en cuenta su trayectoria anterior. Líder militar tanto en Uhud como en la campaña del foso, Jalid había sido responsable de la muerte de muchos musulmanes y temía una venganza. Pero Mahoma le aseguró que el acto de *islâm* saldaba viejas deudas y representaba un nuevo comienzo. Éste era un principio esencial de la *umma:* no sólo significaba un nuevo nacimiento espiritual, sino que era la única manera en que el islam podía imponer la paz en Arabia.

Fue un año triunfal para Mahoma, pero también un año lleno de pesar. Poco después de la Peregrinación Menor murió su hija Zaynab y, más tarde, perdió a dos miembros de su familia en una expedición a la frontera siria. Durante los últimos años de su vida, el Profeta centró cada vez más su atención en los territorios septentrionales. No sabemos a ciencia cierta sus razones, pero la situación política fuera de Arabia cambió de forma radical. Persia y Bizancio habían estado enzarzadas durante décadas en una guerra extenuante. Durante los primeros años de la misión de Mahoma, Persia, que había prosperado, invadió Siria y asedió Constantinopla, lo cual sin duda preocupó a los coraixíes y les llevó a cuestionar su postura neutral. Pero, recientemente, se habían vuelto las tornas a favor de Bizancio y en el 625, año de la batalla de Uhud, Heraclio rechazó a los persas y comenzó a invadir su territorio. Si Mahoma hubiera podido reemplazar el imperio cristiano con árabes en el norte, habría sido capaz de desafiar tanto a los bizantinos como a los sasánidas. Por consiguiente, parece que en estos últimos años Mahoma se esforzó en dejar constancia de su presencia en la frontera y en atraer a las tribus cristianas del norte hasta la *umma*, con unas condiciones similares a las de los asentamientos judíos.

De cualquier modo, envió a Zayd y a Jafar a la frontera siria al mando de un enorme ejército de tres mil hombres. La expedición continúa siendo un misterio y falta mucha información esencial. Al parecer, mientras marchaban, los musulmanes se enteraron de que Heraclio se encontraba cerca al mando de unos cien mil hombres. Pese a ello, decidieron seguir adelante. En el pueblo de Muta, situado cerca del mar Muerto en lo que es hoy Jordania, fueron atacados por un destacamento de bizantinos. Zayd, Jafar y otros diez musulmanes murieron en el ataque, mientras que Jalid, quien también había acompañado a la expedición, decidió volver con el ejército a Medina.

Tras enterarse de la noticia, Mahoma fue directamente a visitar a las familias de Zayd y Jafar, cuya esposa Asma recordaría después que estaba cociendo pan cuando llegó Mahoma y supo por la expresión de su rostro que algo terrible había sucedido. Mahoma pidió ver a los dos hijos de Jafar, se arrodilló junto a ellos, los abrazó con fuerza y lloró. Asma comenzó a gritar y a lamentarse a la manera árabe, y las mujeres corrieron hacia ella. Al salir, Mahoma les pidió que se aseguraran de cuidar de la familia y de llevarles comida durante los días siguientes. Mientras caminaba por las calles de regreso a la mezquita, la hijita de Zayd salió corriendo de su casa y se echó en sus brazos. Mahoma la cogió y permaneció allí un rato, sollozando de forma convulsiva con la niña en brazos.

No sabemos con exactitud por qué Jalid decidió regresar con el ejército, ya que había sufrido relativamente pocas bajas, pero cuando llegaron a Medina fueron abucheados y Mahoma tuvo que acogerlos bajo su poderosa protección. Alrededor de un mes más tarde, Amr ibn al-As se puso al frente de otra expedición para atacar a las tribus del norte que parecían estar concentrándose en las fronteras y las puso en fuga sin problemas, restableciendo así el honor musulmán.

Pero aquel año sería muy dichoso para Mahoma por otra razón. Se dice que el Muqawqis de Egipto envió a Mahoma una bella esclava de pelo rizado, una cristiana copta llamada Maryam, y el Profeta la tomó como concubina. Solía visitarla a diario y cada vez pasaba más tiempo con ella, pues probablemente se sintiera aliviado de poder escapar del ambiente cargado de celos que se respiraba en el harén. Nadie se habría extrañado de esta relación. La Torah había previsto el concubinato cuando los israelitas se encontraban en una etapa similar de transición entre la vida nómada y la sedentaria. El mismo Abraham, por supuesto, había tomado a Habar como concubina, e Ismael, el padre de los árabes, fue el fruto de aquella unión. Por ello, el embarazo de Maryam debió de parecerles propicio a los musulmanes, y cuando su hijo nació al año siguiente, Mahoma le puso por nombre Ibrahim.

Pero, como cabía esperar, sus esposas estaban muy celosas de la pequeña infeliz que llevaba en su seno al hijo del Profeta. Aisha y Hafsah organizaron una protesta y una rebelión en el harén. Cuesta entender este extraño incidente, que provocó una crisis importante y pudo tener connotaciones ocultas. El relato que conocemos es atribuible a Umar, quien tenía opiniones dogmáticas acerca de las mujeres, creía que debían ser vistas pero no oídas y pensaba que las esposas de los Emigrantes estaban copiando los malos hábitos de las mujeres de Medina. Mahoma, sin embargo, era mucho más blando e indulgente con sus mujeres, y en cierta ocasión Umar se horrorizó al oír una terrible barahúnda procedente de la vivienda del Profeta. Las esposas se estaban peleando por un botín reciente e insistían en que Mahoma entregara una parte mayor a su propia familia que al resto de la *umma*.

Umar llamó a Mahoma y le pidió permiso para entrar, e inmediatamente se hizo el silencio. Cuando entró encontró al Profeta muerto de risa: nada más oír la voz de Umar, sus esposas se habían escabullido aterrorizadas detrás del *hijab*. Umar comentó con acritud que sería preferible que mostraran un respeto similar por el Profeta y gritó a las mujeres que se ocultaban detrás de la cortina: «¡Oh, enemigas de vosotras mismas!, ¿me tenéis miedo a mí y no se lo tenéis al Mensajero de Dios?». «¡Por supuesto!», respondió una de las esposas, «porque tú eres más duro y severo que el Mensajero de Dios.»[38]

Hacía tiempo que a Umar le preocupaba el comportamiento de su hija Hafsah, y le había dicho que tenía que controlar sus celos y aceptar el hecho de no ser tan atractiva como Aisha. Pero Hafsah se quejó tanto de Maryam que Mahoma, cansado de oírla, prometió que no volvería a ver a su concubina, aunque luego descubrió que su renuncia de nada había servido. Azuzadas por Aisha y Jafsah, las esposas se burlaron ufanas de Maryam y continuaron riñendo y peleándose entre ellas. El ambiente se volvió al final tan insoportable que Mahoma decidió alejarse de sus esposas durante un mes.

Pero, como sucede con la mayoría de historias sobre el harén, esta pelea parece reflejar un problema en el resto de la *umma*. Después de la victoria de Jaybar, los musulmanes disfrutaron de una nueva prosperidad: Aisha dijo que antes de Jaybar nunca supo lo que era comer dátiles hasta saciarse. No obstante, la nueva riqueza había provocado problemas. Algunos de los agricultores ansiaban descansar y disfrutar de ella, otros comenzaron a tramar intrigas para obtener una mayor porción del botín procedente de las expediciones, y parece que la propia familia de Mahoma había empezado a reclamar obsequios especiales que deberían haberse destinado a los pobres. A Mahoma le preocupaban sobremanera los efectos moralmente debilitantes de la riqueza, particularmente en el harén. Este tema se menciona en la versión que ofrece Umar sobre el alejamiento de Mahoma de sus esposas. Todos los musulmanes quedaron consternados al saber que Mahoma se había apartado de su harén y no se hablaba de otra cosa. Un grupo se reunió en el exterior de la mezquita para observar con nerviosismo la pequeña habitación sobre el tejado en la que Mahoma estaba sentado sin ninguna compañía. Umar recordaría que alguien fue corriendo hasta su casa con la noticia y golpeó la puerta con tal urgencia que él creyó que, como mínimo, las tribus del norte habían asediado la ciudad. «Es mucho peor», gritó el visitante: «¡Mahoma ha encerrado a todas sus esposas!»

No se trataba de una simple crisis doméstica. Los matrimonios de Mahoma eran alianzas políticas planificadas con todo cuidado. Su relación con Abu Bakr y Umar podía resultar dañada si se divorciaba de sus hijas: ahora todo peligraba a causa de las peleas de unas cuantas mujeres. Puede que la agitación también se debiera a conflictos internos en Medina que habían afectado a las esposas de Mahoma, pero de los que no tenemos conocimiento. Umar corrió de inmediato hasta la mezquita por si podía hacer algo, pero al principio Mahoma se negó a recibirle. Cuando finalmente le permitió entrar, Umar recordó la impresión que le produjo aquel cuartucho, vacío a excepción de tres pieles sin curtir. Mahoma yacía con expresión triste sobre una estera en la que no había si siquiera una manta, y la trama de los juncos se le había marcado en la mejilla. Para su gran alivio, Umar se enteró de que Mahoma no iba a divorciarse de sus esposas y consiguió arrancarle una sonrisa al Profeta contándole algunas historias de sus propias dificultades con las mujeres desde que todos emigraran a Medina, donde los hombres no parecían capaces de mantener a raya a sus esposas. Cuando el Profeta se hubo relajado por fin, Umar se sentó junto a él en el suelo y le preguntó por qué Alá no podría proporcionarle a su Mensajero algunas comodidades; después de todo, los emperadores de Bizancio y Persia vivían con extrema opulencia. Pero Mahoma le reprendió: ellos habían obtenido su felicidad en este mundo.

Hoy esta historia nos parece difícil de comprender. Puede que guardara más relación con el creciente materialismo en la *umma* que con celos de índole sexual. Mahoma se apartó de sus esposas durante un mes y les dejó elegir: o bien podían aceptar sus condiciones y llevar una vida islámica decente, o les concedería un divorcio amistoso. Cabe recalcar que en los Versos de la Elección, como se les conoce, no se menciona a Maryam o a los celos de las mujeres; el énfasis está en la actitud hacia el lujo y los bienes materiales:

¡Profeta! Di a tus esposas: «Si deseáis la vida mundanal y sus falsas apariencias, ¡venid! Os haré gozar y os dejaré en hermosa libertad.

»Si deseáis a Dios, a su Enviado y a la última vida, sed piadosas, pues Dios ha preparado una enorme recompensa para aquellas de vosotras que son benefactoras».[39]

Las mujeres aceptaron estas condiciones y desde aquel momento las esposas de Mahoma adquirieron aún más importancia en la *umma*. El Corán les concedió el título de «Madres de los Fieles» y decretó que no podían volver a casarse tras la muerte de Mahoma, no porque éste sintiera celos de futuros maridos, sino porque tales matrimonios podrían engendrar dinastías y conspiraciones que dividirían a la *umma*.

De hecho, justo después de los Versos de la Elección el Corán ofrece una visión mucho más positiva de la relación entre los sexos en la *umma*, que nos muestra a hombres y mujeres compartiendo los deberes y privilegios del islam en una sociedad igualitaria:

Los musulmanes, las musulmanas, los creyentes, las creyentes, los que oran, las que oran, los verídicos, las verídicas, los constantes, las constantes, los humildes, las humildes, los limosneros, las limosneras, los que ayunan, las que ayunan, los recatados, las recatadas, los que recuerdan y las que recuerdan constantemente a Dios, a todos éstos Dios les ha preparado un perdón y una enorme recompensa.[40]

Puede que más tarde los musulmanes se alejaran de esta visión coránica de la igualdad, pero las feministas occidentales que denuncian al islam por su misoginia quizá deberían reflexionar sobre la actitud extremadamente negativa de la tradición cristiana para con las mujeres. En general, el Nuevo Testamento les ofrece un mensaje positivo, pero de hecho, a lo largo de los siglos, el Evangelio no ha traído más que problemas al «segundo sexo».[41] La misoginia cristiana era singularmente neurótica porque se basaba en un rechazo de la sexualidad que no se daba entre otras religiones del mundo, y que sin duda no se encontraba en el judaísmo o el islam. No es justo culpar a Mahoma y al islam por su misoginia. Si las mujeres musulmanas rechazan hoy algunas de las libertades que creemos haberles ofrecido ello no se debe a su obstinación, sino al hecho de que la imagen occidental de las mujeres y las relaciones entre los sexos es confusa. Predicamos igualdad y liberación, pero al mismo tiempo explotamos y degradamos a las mujeres en los anuncios publicitarios, la pornografía y la mayoría de espectáculos populares de una forma que los musulmanes encuentran extraña y ofensiva.

Inevitablemente, se habla más acerca de las tensiones y las facciones entre las esposas de Mahoma que sobre la vida diaria en el harén, pero sería un error imaginar que allí no había amor o felicidad. Cuando hubo recitado los Versos de la Elección a Aisha, Mahoma le pidió que pensara bien antes de tomar una decisión; le aconsejó que preguntara su opinión a sus padres, pero Aisha desestimó esta sugerencia. Ni siquiera tuvo que pensárselo: eligió a Alá y a su Mensajero. Aisha era extremadamente celosa y a veces espiaba a Mahoma para asegurarse de que éste no veía a otras mujeres. El embarazo de Maryam debió de ser especialmente doloroso: las otras esposas tuvieron hijos con sus anteriores maridos, pero Aisha no pudo tenerlos. Según una historia conmovedora, Aisha le pidió a Mahoma que le concediera un *kunya* como a las demás, y el Profeta le otorgó el *kunya* Umm Abdallah porque Aisha tenía una relación muy especial con su sobrinito de este nombre. Pero constituiría un grave error imaginar que su vida estuvo caracterizada por la infelicidad. Mahoma era un marido indulgente, y fue mucho más bondadoso con Aisha de lo que había sido su padre: sabemos que Abu Bakr pegaba a sus hijas. Puede que Mahoma insistiera en que sus esposas vivieran con frugalidad, pero Aisha nos dice que Mahoma siempre las ayudó con las tareas domésticas, y que se ocupaba de todo lo suyo: zurcía y remendaba su ropa, se arreglaba los zapatos y cuidaba las cabras. Estaba intentando educar a sus musulmanes para que adoptaran una actitud más respetuosa hacia las mujeres, y el hecho de que estas tradiciones se conservaran en una época en que a casi todos los adeptos de la mayoría de religiones les hubiera escandalizado que un gran profeta se ocupara de las tareas domésticas, demuestra que su mensaje tuvo eco, pese a que a algunos musulmanes como Abu Bakr y Umar les fue imposible cambiar su manera de pensar.

Nadie pudo sustituir jamás a Jadija, pero parece que Mahoma era capaz de relajarse junto a Aisha. Cierto día la retó a una carrera. Tras ganarla, Mahoma gritó muy ufano que ahora estaban empatados: cuando era una niñita en La Meca, Aisha huyó de Mahoma en cierta ocasión y éste no pudo atraparla. Pero también compartían momentos más íntimos. A Aisha le gustaba ungir el pelo de Mahoma con su perfume favorito, lavarse en la misma jofaina que utilizaba él y beber de su mismo vaso. También le complacía cuidarlo cuando estaba enfermo, aunque no se privaba de burlarse de él si pensaba que se daba demasiados gustos. Cierto día, cuando los dos estaban sentados juntos, mientras Mahoma reparaba laboriosamente un par de sandalias, Aisha vio cómo su rostro se iluminaba al ocurrírsele algo. Lo contempló durante un instante y lo felicitó por su expresión alegre y feliz. Mahoma se levantó y la besó en la frente, diciendo: «¡Oh, Aisha, ojalá Alá te recompense debidamente. No soy la fuente de alegría para ti que tú eres para mí».[42]

Pero Aisha también tenía un lado serio y era extremadamente inteligente. Según otra tradición, cuando tenía que ausentarse de Medina, Mahoma solía decir a los musulmanes que consultaran a Aisha sus problemas religiosos. Tras la muerte de Mahoma Aisha se convirtió en una autoridad sobre la vida del Profeta y la práctica religiosa, lo que no deja de sorprender, particularmente si recordamos que califas como Abu Bakr, Umar y Ali no compartían el respeto del Profeta por las mujeres. 2210 de dichas tradiciones *(ahadiz)* se atribuyen a Aisha, aunque al-Bujari y Muslim, quienes recopilaron las grandes colecciones de *Hadiz* durante el siglo IX, eliminaron la mayoría de ellas. Aceptaron sólo ciento setenta de las tradiciones que, según se dijo, el propio Profeta le había transmitido directamente a Aisha. Ésta también desempeñó un papel muy importante en la política turbulenta del primer imperio islámico, y lideró una revuelta contra Ali durante su califato. Las mujeres no fueron aplastadas por el islam, como los occidentales suelen creer: algunas descubrieron que les permitía desarrollar un potencial que habría sido inconcebible en tiempos de la *Yahiliyyah*.

A finales de año, los mequíes rompieron el Tratado de Hudaybiyah y volvieron a encontrarse en una situación de vulnerabilidad. Los miembros de la tribu de Bakr habían continuado siendo confederados de los coraixíes, pero durante décadas fueron enemigos declarados de los Juzaah, que se habían unido a la confederación de Mahoma. En noviembre del año 629 uno de los clanes de Bakr atacó por sorpresa a los Juzaah durante la noche en su propio territorio, y parece que algunos miembros de los Coraix fueron los instigadores de este ataque: habían proporcionado armas a los Bakr y se dice que Safwan llegó a participar en el combate. Los Juzaah no tardaron en tomar represalias, e incluso se produjeron luchas entre las dos tribus en el santuario de La Meca. Los Juzaah se dirigieron entonces a Mahoma, quien accedió a venir en su ayuda.

Algunos de los coraixíes comenzaron a preocuparse de lo sucedido al darse cuenta de que habían proporcionado a Mahoma una excusa perfecta para atacar La Meca. Safwan e Ikrimah continuaron mostrándose belicosos y desafiantes, pero incluso Suhayl, cuya madre fuera miembro de los Juzaah, era partidario de renegar de los Bakr. Mahoma, quien contaba con sus propios informadores, comentó a sus compañeros que pronto podían esperar ver a Abu Sufyan en Medina. Desde su derrota en la campaña del foso, parece probable que Abu Sufyan comenzara a comprender que no tenía sentido continuar esta disputa con Mahoma, quien se había convertido en su yerno tras su boda con Umm Habibah. Y, en efecto, poco después de romper el armisticio Abu Sufyan llegó a Medina para pedir la paz, un acontecimiento impensable dos años atrás.

Existen diversas versiones acerca de la iniciativa de paz de Abu Sufyan en Medina. Se dice que visitó a su hija para pedirle que se valiera de su influencia con Mahoma, pero Umm Habibah ni siquiera le permitió sentarse en la alfombra del Profeta. Es poco probable que esto sea cierto, porque a Mahoma no le gustaba esta clase de veneración y reverencia. A continuación, se supone que Abu Sufyan pidió consejo a Abu Bakr, Umar, Uthman y Ali, lo cual resulta poco creíble porque el relato le hace dirigirse a los primeros cuatro califas del islam en el orden correcto. Pero no cabe duda de que Abu Sufyan desempeñó un papel muy importante en esta época. No se veía capaz de someterse al islam, pero comprendió que la victoria final de Mahoma era inevitable y que los coraixíes deberían intentar conseguir las mejores condiciones posibles. Abu Sufyan y Suhayl intentaban desvincular a los mequíes de la disputa negando toda responsabilidad por el ataque al clan de Bakr, aduciendo el mismo tipo de detalle técnico del que Mahoma se había valido un año antes para solucionar el problema de Abu Basir. Pero los coraixíes eran ahora demasiado débiles como para lograr sus objetivos, por lo que Ali sugirió a Abu Sufyan que le preguntara al Profeta si accedería a honrarle como protector de cualquier mequí que quisiera entregarse a Mahoma. Esto les permitiría proteger su reputación y salvar la vida en el supuesto de una conquista musulmana de la ciudad, porque no tendrían que someterse a Mahoma directamente, sino a uno de sus propios hombres.

Abu Sufyan accedió a considerar esta propuesta y partió hacia La Meca, donde probablemente se esforzó en convencer a los miembros de su tribu para que admitieran lo que ya era inevitable. Después de su partida, Mahoma empezó a prepararse para una nueva expedición, y convocó a la *umma* y a sus aliados para que se unieran al ejército musulmán. El destino de la expedición se mantuvo en estricto secreto por razones de seguridad, pero, como cabía esperar, hubo muchas especulaciones y la gente estaba muy animada. El día 10 de *ramadán*, enero del año 630, Mahoma partió al mando del ejército más grande que jamás hubiera salido de Medina. Casi todos los hombres de la *umma* se habían ofrecido como voluntarios y por el camino sus aliados beduinos se unieron a la expedición, de modo que el número de soldados ascendió a diez mil. Pero nadie sabía aún con certeza hacia dónde se dirigían. Puede que estuvieran viajando hacia La Meca, pero también era posible que se dirigieran a atacar a alguna de las tribus meridionales o la ciudad de Taif, que había permanecido hostil al islam. Los miembros de la tribu meridional de Hawazin pensaron en esta posibilidad cuando se enteraron de que el ejército de Mahoma avanzaba en su dirección, por lo que empezaron a reunir su propio ejército, enorme también, en Taif, ciudad de Lat y centro del paganismo. Como cabía esperar, en La Meca los coraixíes se temían lo peor. Abbas les imploró que intentaran impedir la catástrofe: «¡Ay, Coraix, si el apóstol entra en La Meca por la fuerza antes de que lleguen y pidan protección, éste será el fin de los coraixíes para siempre!».[43] Abbas partió durante la noche para unirse a Mahoma, y por el camino alcanzó a Abu Sufyan y a Budayl, jefe de los Juzaah, quienes también se dirigían al campamento musulmán. Los tres hombres pasaron la noche allí, y por la mañana Mahoma le preguntó a Abu Sufyan si estaba preparado para someterse al islam. Abu Sufyan respondió que podía aceptar la primera parte de la proclamación de fe musulmana: «No hay otro Dios sino Alá» –estaba demostrado que las deidades paganas carecían de poder–, pero todavía albergaba dudas acerca de las capacidades proféticas de Mahoma. Sin embargo, a Abu le impresionó sobremanera ver a todos los miembros del enorme ejército postrándose en dirección a La Meca durante las plegarias matutinas, y al contemplar a las diversas tribus que marchaban de camino a su ciudad supo que los coraixíes tendrían que rendirse.

Abu Sufyan regresó a toda prisa a La Meca y convocó al pueblo gritando a pleno pulmón: «¡Oh, coraixíes, éste es Mahoma, quien ha venido a vosotros con una tropa a la que no podéis resistiros». A continuación, les ofreció la opción sugerida por Ali. Todos los que quisieran rendirse tendrían que ponerse bajo su protección, y Mahoma honraría esta decisión: deberían ir a su casa o permanecer en sus propios hogares cuando llegara el ejército musulmán. Su esposa Hind estaba fuera de sí. Asiendo a Abu Sufyan por los bigotes, exhortó a los mequíes: «¡Matad a esta vejiga gorda y grasienta! ¡Qué pésimo protector de su pueblo!».[44] Pero Abu Sufyan les imploró que no la escucharan: ya no quedaba tiempo para actitudes desafiantes. Había visto a un ejército del que La Meca no podría defenderse. Los Coraix, siempre tan pragmáticos, no iban a protagonizar una Massada árabe, por lo que se fueron a sus casas y se atrincheraron en su interior como señal de sumisión.

Con todo, unos cuantos estaban dispuestos a combatir. Ikrimah, Safwah y Suhayl se reunieron en Abu Qays con una pequeña tropa y atacaron la sección de Jalid cuando el ejército entraba en la ciudad. Sufrieron una derrota inmediata y tanto Ikrimah como Safwan huyeron de La Meca, pero Suhayl decidió entregarse y se dirigió a su casa. El resto del ejército musulmán entró en la ciudad sin dar ni un solo golpe. Habían montado la tienda roja de Mahoma cerca de la Kaaba y el Profeta se unió allí a Umm Salamah y a Maymunah, las dos esposas que le habían acompañado, junto a Ali y Fátima. Poco después de haberse aposentado, la hermana de Ali, Umm Hani, quien estuvo casada con un pagano y nunca había hecho la hégira, llegó para suplicar por las vidas de dos de sus parientes que habían participado en el combate contra Jalid. Pese a que Ali y Fátima querían que los ejecutaran, Mahoma prometió enseguida que estarían a salvo bajo su protección. No tenía ningún deseo de llevar a cabo represalias sangrientas. Nadie fue obligado a aceptar el islam, ni parece que se les hubiera presionado para que lo hicieran. Mahoma no quería coaccionar a la gente, sino llevar a cabo una reconciliación.

El Profeta no había viajado hasta La Meca para perseguir a los coraixíes, sino para abolir la religión que les había fallado. Después de dormir un rato, Mahoma se levantó, hizo sus abluciones rituales y ofreció la plegaria. A continuación, montado sobre *Qaswa*, cabalgó alrededor de la Kaaba siete veces, tocando la Piedra Negra en cada ocasión y gritando «*ial-Llahu Akbar!*». El grito fue repetido por sus diez mil soldados, y pronto toda la ciudad resonaba con las palabras que habían simbolizado la victoria definitiva del islam. Después Mahoma concentró su atención en los 360 ídolos colocados alrededor del santuario: apelotonados sobre sus tejados y balcones, los coraixíes contemplaron cómo destrozaba todos y cada uno de los ídolos mientras recitaba el verso siguiente:

Di: «Ha llegado la verdad y se ha disipado el error».
Cierto, el error es disipable.[45]

Las paredes interiores de la Kaaba estaban decoradas con imágenes de las deidades paganas, que Mahoma ordenó borrar, aunque se dice que permitió conservar frescos de Jesús y María. Con el tiempo el islam acabaría prohibiendo todo tipo de imágenes en su religión, porque alejan la mente de Dios al detenerse en símbolos puramente humanos de lo divino.

Algunos de los mequíes se atrevieron a salir de sus casas y se acercaron a la Kaaba, donde esperaron a que Mahoma abandonara el santuario. El Profeta se detuvo frente a la casa de Alá y les suplicó que aceptaran el nuevo orden, la unidad de la *umma*, y que dejaran a un lado el orgullo y la autosuficiencia arrogantes del paganismo que sólo podían causar divisiones e injusticias. Acabó con un verso del Corán, que los musulmanes interpretaron más tarde como una condena al racismo, un vicio del que el islam se ha librado hasta cierto punto:

«Oh, coraixíes, Dios os ha librado de la arrogancia del paganismo y su veneración de los antepasados. El hombre desciende de Adán, y Adán surgió del polvo: ¡Oh, gentes! Nos os hemos creado a partir de un varón y de una hembra: os hemos constituido *formando* pueblos y tribus para que os conozcáis. El más noble de vosotros, ante Dios, es el más piadoso. Dios es omnisciente, está bien informado».[46]

Al final, Mahoma decretó una amnistía general. Sólo pusieron a unas diez personas en la lista negra. Entre ellas se encontraban Ikrimah (pero no Safwan, por alguna razón), gente que había difundido propaganda antimusulmana y otros que habían herido a la familia del Profeta. Pero, al parecer, todos los que imploraron perdón salvaron la vida.

Resultó ser una política acertada. Mahoma sabía que Suhayl estaba ahora libre y dijo a sus seguidores que le trataran con cortesía. «No dirijáis miradas aviesas a Suhayl si os encontráis con él», ordenó. «Permitidle salir libremente, porque, por mi vida, es un hombre inteligente y honorable, y no uno que permanezca ciego a la verdad del islam.»[47] Después de pronunciar su discurso en la Kaaba, Mahoma se retiró al monte Safa e invitó a los mequíes a jurarle lealtad y a aceptar su soberanía política. Uno tras otro los coraixíes desfilaron ante Mahoma, flanqueado por Umar y Abu Bakr. Una de las mujeres que se detuvo ante él iba cubierta por un velo, pero cuando habló, Mahoma la reconoció: era Hind, la esposa de Abu Sufyan, quien estaba en la lista de condenados por mutilar el cuerpo de Hamzah. «¿Eres Hind bint Utba?», preguntó. «Lo soy», respondió desafiante la mujer. «Perdóname lo que ya forma parte del pasado y Dios te perdonará.» Mahoma continuó con su catequesis. ¿Se comprometía a no cometer adulterio ni a robar? ¿Prometía no cometer infanticidio matando a sus hijos? A esto Hind respondió: «Yo los crié de pequeños, pero tú los mataste en la batalla de Badr cuando eran adultos, por lo que tú eres quien sabe de ellos».[48] Hind decidió someterse al islam y le dijo a Mahoma: «Mensajero de Alá, ahora no puedes actuar contra mí porque soy una musulmana profesa». El Profeta sonrió y respondió: «Por supuesto, eres libre».[49] Hind no tardó en ver cómo a su marido y a sus hijos les daban importantes cargos en la *umma* en recompensa por la cooperación de Abu Sufyan. Con el tiempo sus descendientes se convertirían en fundadores de la dinastía Ummayad.

Algunos familiares de Safwan e Ikrimah suplicaron a Mahoma que les perdonara la vida, y el Profeta prometió que podían entrar en la ciudad libremente, siempre que aceptaran su liderazgo. Ambos decidieron regresar e Ikrimah fue el primero en aceptar el islam. A cambio, Mahoma lo saludó con afecto y prohibió que nadie vilipendiara a su padre, Abu Jahl. Tanto Safwan como Suhayl juraron fidelidad a Mahoma, pero todavía no pudieron hacer la profesión de fe musulmana. Uno de los hombres condenados en la lista negra ha sido inmortalizado por Salman Rushdie en *Los versos satánicos*, aunque esta versión ficticia, que presenta a Mahoma como a un hombre frío, cruel y vengativo, es muy distinta de la historia real. Abdallah ibn Said, el hermano adoptivo de Uthman ibn Affan, había hecho la hégira en el año 622, pero al parecer perdió la fe en la inspiración de Mahoma. Se había convertido en su amanuense y, ya fuera como broma o como prueba, introdujo ligeros cambios en el texto del Corán. Cuando Mahoma recitó «*alimun sami'un*» (Alá todo lo sabe y todo lo oye), Abdallah escribió «*alimun hakinum*» (Alá todo lo sabe y está bien informado). Mahoma no llegó a percatarse de estos detalles, por lo que Abdallah apostató y desertó a La Meca, donde los coraixíes sacaron partido de su historia. El Corán le había dicho al propio Mahoma que si intentaba cambiar el texto sagrado en provecho propio las consecuencias serían terribles, y su insistencia en este detalle probablemente refleja lo consciente que era el Profeta de la dificultad de conservar la integridad de su mensaje: era muy fácil cometer errores naturales. Cuando supo que lo habían condenado a muerte, Abdallah se dirigió a Uthman, quien le protegió hasta que la agitación de la conquista hubo disminuido. Entonces lo llevó ante Mahoma y pidió clemencia. Se dice que éste permaneció en silencio durante mucho tiempo antes de levantar la sentencia de muerte, y que más tarde reprendió a sus Compañeros por no aprovechar este silencio para matar a Abdallah. Pero después de ser eliminado de la lista negra, Abdallah se hizo de nuevo musulmán y ocupó un cargo importante en el imperio islámico tras la muerte de Mahoma.

Las victorias de Badr y Hudaybiyah habían sido un preparativo para la victoria definitiva (*fat'h*), la conquista de La Meca. La palabra *fat'h* significa literalmente «abertura», y se convirtió en el término oficial para definir la conquista de una ciudad que abrió una nueva puerta al islam. Al conquistar La Meca Mahoma reivindicó su capacidad profética, pero esta conquista se había obtenido sin derramamiento de sangre y la política pacífica de Mahoma resultó ser muy provechosa. En pocos años el paganismo casi había desaparecido en La Meca y algunos de los enemigos más acérrimos de Mahoma, como Ikrimah y Suhayl, se convirtieron en musulmanes devotos y fervientes.

Sin embargo, a Mahoma no le quedó mucho tiempo para disfrutar de su victoria, porque se enteró de que el ejército de Hawazin se había congregado en Taif. Poco después de la conquista, Mahoma envió a Jalid hasta Najla para que destruyera la efigie de Uzza; más tarde enviaría a Ali para que destrozara el santuario de Mana en Hudhayl. Los Thaqif y sus aliados se empeñaron en que Lat no corriera la misma suerte, por lo que acudieron veinte mil hombres para combatir en su defensa. Fue un momento peligroso en el que todo pudo haberse perdido, pero los recién conquistados Coraix estaban preparados para luchar junto a Mahoma y los musulmanes: Taif y Hawazin eran sus antiguos enemigos. De la noche a la mañana Mahoma, el conquistador de La Meca, se había convertido en defensor de la ciudad. Los ejércitos se enfrentaron en el valle de Hunayn a finales de enero del año 630, unos quince días después de la conquista. Los musulmanes estuvieron a punto de sufrir una derrota, pero en el último momento iniciaron un nuevo asalto y pusieron en fuga al enemigo. Algunos soldados se ocultaron en las colinas y otros se refugiaron en la ciudad amurallada de Taif. Mahoma intentó asediar la ciudad, pero no tardó en darse cuenta de que no la conquistaría en esta ocasión y se retiró.

El reparto del botín después de la batalla de Hunayn fue un asunto terrible en el que algunas de las tensiones existentes en el seno de la *umma* salieron a la superficie. A fin de ganarse a antiguos adversarios como Abu Sufyan, Safwan y Suhayl, Mahoma les dio la mejor parte. Safwan se emocionó tanto que en aquel mismo momento se entregó al islam. «Soy testigo de que ningún alma podría albergar tanta bondad como el alma del Profeta», gritó. «Soy testigo de que no hay otro Dios sino Alá, y de que tú eres su Mensajero.»[50] Suhayl también se hizo musulmán. Siempre había sido un hombre religioso, y se convirtió en el más ferviente de los nuevos conversos. Sin embargo, como cabía esperar, los fieles seguidores de Mahoma se sintieron ofendidos por este aparente favoritismo. Los Ayudantes, en particular, lo vieron como una señal de que, al haberse reconciliado con los coraixíes, Mahoma les iba a abandonar y olvidaría que los Aws y los Jasraj le habían acogido cuando no era más que un refugiado caído en descrédito. Mahoma superó este obstáculo pronunciando un discurso conmovedor en el que reconocía todo lo que había hecho por él el pueblo de Medina. Prometió que Medina sería su hogar hasta el fin de sus días e hizo brotar las lágrimas de los Ayudantes mientras rezaba su plegaria final:

«¿Es que os entristecéis por cosas de este bajo mundo, por cosas que yo he dado a algunos para inducirles a abrazar el islam, mientras que yo sólo confío en vuestra fidelidad? ¿No estáis contentos si aquéllos se marchan con ovejas y camellos y vosotros os lleváis al Profeta de Dios? ¡Por Aquél en cuyas manos se encuentra el alma de Muhammad juro que si no hubiera existido la hégira, yo hubiera querido ser uno de los defensores! ¡Oh, Dios! Si todo el mundo fuese en una dirección y los defensores en otra, yo seguiría a éstos. ¡Que tu gracia descienda sobre los defensores, sobre sus hijos y sobre sus descendientes!».[51]

Los Ayudantes quedaron satisfechos por el momento, pero después de repartir el botín, recibir la sumisión y lealtad de Hawazin y reunir a su ejército, Mahoma realizó la Peregrinación Menor y regresó a Medina.

El antiguo sistema tribal dependía de que cada grupo conservara el equilibrio de poder: mediante la ética de la venganza se intentaba asegurar que, si asesinaban a un miembro de una tribu, la tribu culpable recibiera exactamente la misma ofensa. Pero ahora Mahoma se había hecho demasiado poderoso como para ser frenado por el sistema, y esto trajo algo de paz a Arabia. Las tribus nómadas tenían la opción de aliarse con Mahoma o de convertirse en un blanco legítimo de la *umma*, cada vez más numerosa, y de sus aliados. Durante los dos años siguientes llegaron a Medina las delegaciones de una tribu tras otra. Tenían que prometer que destruirían sus ídolos, proporcionarían provisiones a las tropas si así se lo exigían, no atacarían a la *umma* ni a sus confederados y pagarían el *zakat*. Algunos de los nómadas se convirtieron en creyentes sinceros, pero otros permanecieron fieles a la antigua religión en sus corazones, y Mahoma era plenamente consciente de ello. Una vez más, no trató de imponer una ortodoxia teológica estricta, con la esperanza de que la sumisión política conduciría con el tiempo al sometimiento religioso al islam. Mahoma había conseguido imponer la *pax islamica* casi por sí solo.

Pero las luchas y las expediciones bélicas formaban parte del modo de vida árabe, y la agresión era un hábito muy arraigado. Mahoma comprendió que, para no afectar al nuevo tratado de paz, debería intentar expandir el islam hacia el exterior. A medida que nuevas tribus se convertían en miembros o confederados de la *umma*, lo que las ponía a salvo de los atacantes musulmanes, Mahoma intentó canalizar su energía para atacar a las tribus septentrionales, que habían permanecido hostiles. Algo similar sucedió en la Europa cristiana durante el siglo XI, cuando la Iglesia trataba de impedir que los caballeros y los barones se atacaran mutuamente e intentó, por diversos métodos, promover lo que hoy denominamos la Paz de Dios. Por último, en el Concilio de Clermont, celebrado en el año 1095, el papa Urbano II exhortó a todos los cristianos a unirse contra su enemigo común en Tierra Santa y convocó la Primera Cruzada contra el infiel musulmán: impondrían la Paz de Dios en Occidente y librarían la Guerra de Dios en Oriente Próximo.

En octubre del año 630, Mahoma anunció una nueva expedición, y esta vez, en contra de su costumbre habitual, reveló que se dirigirían a la frontera bizantina, a fin de que los hombres pudieran prepararse de forma adecuada para el largo viaje. No sabemos con exactitud por qué Mahoma insistió en realizar esta expedición, que era sumamente impopular. Hacía mucho calor, los dátiles estaban listos para su cosecha y los musulmanes sentían un comprensible temor hacia el ejército bizantino. No parece probable que Mahoma ya estuviera empezando a planear la conquista de Siria y Palestina. Puede que tan sólo hubiera querido vengar la derrota de Muta, o establecerse con mayor seguridad en la parte septentrional de Arabia. Casi todos los musulmanes empezaron a prepararse para la expedición, pero un grupo importante de hombres se quejaron, dieron largas y algunos incluso se negaron a ir. Los Hipócritas se mostraron reacios, como cabía esperar; algunos de los nuevos aliados beduinos pidieron ser excusados; otros musulmanes querían quedarse en casa, cultivar sus dátiles y hacer dinero; pero algunos de los que objetaban eran musulmanes de impecable reputación. Incluso Ali permaneció en Medina, pese a que las fuentes afirman en su descargo que Mahoma le había pedido que cuidara de la familia durante su ausencia. Finalmente, unos treinta mil hombres partieron en una extenuante marcha hacia el norte. Sin embargo, alrededor de noventa personas quedaron atrás; puede que hubieran estado tramando un complot contra el Profeta: muchos se sentían ofendidos al ver a hombres como Abu Sufyan recibiendo honores y caros regalos, mientras que los primeros Ayudantes y Emigrantes parecían haber sido olvidados. Es habitual en todos los partidos que los miembros originales acaben convirtiéndose en un problema por adherirse demasiado al idealismo temprano del movimiento y por contemplar con recelo a aquellos que se ven obligados, quizá por motivos oportunistas e indignos, a convertirse en discípulos modernos. Con gran sensatez, Mahoma había creado una atmósfera que ayudaba a sus antiguos enemigos a mostrarse más predispuestos hacia el islam, pero esto le provocó problemas entre los suyos. La desafección era evidente incluso entre los que se habían unido a la expedición. En el campamento de Ibn Ubbay se producían quejas constantes; algunos se quedaron atrás deliberadamente, mientras que otros musitaron con acritud contra la insensatez de exponerse al poderoso ejército bizantino. Cuando Mahoma preguntó a los que refunfuñaban de qué hablaban, éstos respondieron sin darle importancia: «Sólo estábamos charlando y bromeando, oh, apóstol». Tal y como revela el Corán, no lograron engañar a Mahoma.[52]

Pero al final el ejército llegó a Tabuk, a unos ciento cincuenta kilómetros al noroeste de Medina, y Mahoma consiguió quedarse allí durante unos diez días. Permanecer con un ejército tan numeroso a las puertas de Bizancio era toda una hazaña, que debió de impresionar a los beduinos de la región. Mientras estuvo allí, Mahoma firmó pactos con los dirigentes locales. El rey cristiano Yuhunna de Eilat, en el Israel actual, le rindió tributo, como hicieran también tres asentamientos judíos de Jarba y Adhruh en lo que es hoy Jordania y Maqna en la costa del mar Rojo. Jalid fue enviado con una pequeña tropa para someter al dirigente de Dumat al-Jandal, quien también llegó para firmar la paz con Mahoma. Fue un éxito modesto pero significativo, y Mahoma se sentía optimista y seguro de sí mismo en el viaje de vuelta. Estaba empeñado en acabar con la oposición en su propio campamento, después de haber logrado un comienzo tan prometedor para el estado de Medina en el mundo exterior. Pero las quejas y la disensión continuaron en la marcha de regreso; en un momento dado parece que se tramó un complot para empujar a Mahoma por un precipicio. Sin embargo, el Profeta llegó sano y salvo a un punto situado a poca distancia de Medina. Antes de abandonar el oasis le habían pedido que consagrara una nueva mezquita, que fue construida en Quba, y prometió hacerlo a su regreso. Parece que ahora tenía razones para creer que la mezquita constituía un centro de desafección: el Corán incluso insinúa que los que la construyeron habían vuelto a establecer vínculos con algunos de los antiguos enemigos de Mahoma que todavía no habían aceptado su triunfo.[53] Así pues, antes de entrar en Medina, Mahoma envió a dos hombres a Quba para que incendiaran la mezquita. A la mañana siguiente hizo averiguaciones sobre la conducta de los que se habían quedado en Medina. La mayoría se disculpó apresuradamente y ofreció excusas plausibles, pero a tres de ellos no les dirigió la palabra durante casi dos meses.

Esto parece haber acabado con la oposición musulmana. Poco después de su regreso de Tabuk, Mahoma se detuvo junto a la tumba de su antiguo adversario Ibn Ubbay como señal de respeto y reconciliación. También significó el fin de la oposición pagana. En enero del año 631 la ciudad de Taif, último bastión pagano, fue obligada a rendirse sólo un año después de que Mahoma hubiera abandonado su asedio. Desde que se convirtieran en aliados de Mahoma después de Hunayn, los Hawazin estaban cada vez más aislados y se sentían acosados, hasta que su situación se hizo imposible. Los delegados de Taif imploraron a Mahoma que les concediera condiciones especiales. Eran comerciantes que viajaban muy a menudo y querían tener permiso para dormir con mujeres que no fueran sus esposas en los viajes de negocios; también querían beber el vino de sus viñedos y, por encima de todo, imploraron que se les permitiera conservar el santuario de Lat durante unos cuantos años más. O, finalmente, sólo durante un año más. Mahoma rehusó aceptar estas peticiones. Sólo les hizo una concesión: no tendrían que destruir a Lat ellos mismos y así incurrir en la ira de su pueblo, de modo que Mahoma envió a Abu Sufyan a Taif para que destruyera a la diosa en su nombre.

Fue un momento simbólico. Abu Sufyan se había enfrentado a Mahoma durante cinco años y había marchado a combatir con el nombre de Lat en los labios. Era una señal cierta de que el paganismo estaba sentenciado. Pese a haberles sido útil en el pasado, no había conseguido ayudar a los árabes a adaptarse a la vida sedentaria y a las nuevas exigencias del siglo VII. La dinámica interna del cambio social estaba ahora del lado de Mahoma, cuyos logros fueron extraordinarios. El Profeta no se había basado tan sólo en la inspiración divina, sino que, de acuerdo con el principio coránico, había empleado todos sus recursos naturales y su considerable talento personal para salir victorioso. Pero en el año 631 era ya un anciano y su salud estaba empezando a flaquear: ¿podría la *umma* sobrevivir a su muerte?

10
¿Muerte del Profeta?

Cuando Mahoma hizo la hégira en el año 622, la pequeña comunidad islámica dio el primer paso para obtener el poder político: diez años después dominaba casi toda Arabia y había sentado las bases para un nuevo sistema de gobierno árabe que permitiría a los musulmanes gobernar un inmenso imperio durante más de mil años. Este triunfo político había supuesto tensiones y esfuerzos continuos. Los años tumultuosos de Medina habían demostrado la dificultad y el peligro que conllevaba emprender la reconstrucción de la sociedad humana de acuerdo con el plan divino. Mahoma realizó el esfuerzo de traducir la inefable Palabra de Dios al lenguaje humano, que en ocasiones parecía resquebrajarse y astillarse bajo el impacto divino. La lucha por encarnar la Palabra de Dios en la sociedad humana también había llevado a los musulmanes a los límites de su resistencia y su percepción, de modo que unas veces estuvieron al borde de la desesperación y otras a punto de abandonar a Mahoma. Pero el éxito del Profeta demostró ser el mejor argumento para su extraordinaria y controvertida política. Cuando Mahoma tomó la decisión de combatir en Badr, de expulsar o masacrar a las tribus judías o de firmar el Tratado de Hudaybiyah, no recibió la inspiración directamente de Dios, sino que debió pedir ayuda y consejo y recurrir a su inteligencia natural. El Corán no esperaba que los musulmanes abandonaran su sentido común o que se sentaran a aguardar que Dios les salvara con un milagro. El islam era una religión práctica y realista, en la que la inteligencia humana y la inspiración divina trabajaban armoniosamente codo con codo. En el año 632 parecía que la voluntad de Dios estuviera a punto de hacerse en Arabia. A diferencia de tantos otros profetas anteriores, Mahoma no sólo trajo a cada hombre y a cada mujer una nueva visión personal llena de esperanza, sino que emprendió la tarea de redimir la historia humana y crear una sociedad justa que permitiera a hombres y mujeres desarrollar su auténtico potencial. El éxito político de la *umma* se había convertido casi en un sacramento para los musulmanes: constituía un signo externo de la presencia invisible de Dios entre ellos. La actividad política continuaría siendo una responsabilidad sagrada, y el éxito posterior del imperio musulmán sería una señal de que toda la humanidad podía redimirse.

En lugar de deambular por las colinas de Galilea alejado de las cuestiones mundanas, predicando y curando a la gente como el Jesús de los Evangelios, Mahoma tuvo que involucrarse en un denodado esfuerzo político para reformar su sociedad, y sus seguidores prometieron continuar con su lucha. En lugar de dedicar todos sus esfuerzos a reestructurar sus vidas personales dentro del contexto de la *pax romana*, como los primeros cristianos, Mahoma y sus compañeros emprendieron la redención de su sociedad, sin la cual no podía producirse un avance moral o espiritual. El Corán deja claro que el destino eterno del individuo es sumamente importante, y tiene preferencia con respecto a los deberes sociales de los musulmanes. La actividad política y la historia no son nunca un fin en sí mismas, sino que están influidas y matizadas por un orden divino trascendente: el destino eterno del individuo es más importante que la reforma social, como pone de manifiesto el constante simbolismo coránico del Juicio, el infierno y el cielo. De esta forma el Corán responde al nuevo espíritu de individualismo que estaba empezando a hacerse sentir en Arabia, y su legislación social refleja esta preocupación. Pese al declive del sistema tribal, los antiguos ideales comunitarios continuaban siendo normativos; Mahoma no podía pasar por alto este hecho y defender un individualismo sin restricciones para satisfacer los ideales liberales del Occidente actual, pero había dado un primer paso. Con todo, la salvación del individuo no podía conseguirse si el ciclo de derramamiento de sangre y explotación continuaba en Arabia: una sociedad corrupta o en fase de desintegración inevitablemente genera inmoralidad, descontento y desesperación en todos sus miembros, a excepción de los auténticos héroes. Por consiguiente, las condiciones de vida en la Arabia del siglo VII exigían un plan de salvación tanto social como individual.

Mahoma había logrado crear en Medina una comunidad fuerte e independiente del caos que la rodeaba. Otros grupos tribales comenzaban a unirse a ella, pese a que no todos estaban comprometidos todavía con su visión religiosa. Para poder sobrevivir, la *umma* tenía que ser fuerte y poderosa, pero el objetivo principal de Mahoma nunca fue obtener la fuerza política, sino crear una sociedad justa e igualitaria.

El éxito de Mahoma parecía reivindicar la afirmación coránica según la cual las sociedades que rechazaban este orden estaban condenadas al fracaso. Con todo, la lucha no había llegado a su fin. A su regreso de Tabuk, algunos musulmanes guardaron sus espadas, pero al parecer Mahoma les dijo que la lucha no había acabado y era preciso prepararse para una nueva campaña. El desafío que suponía poner en práctica la voluntad de Dios en la historia humana nunca iba a acabar: siempre surgirían nuevos peligros y problemas que vencer. En algunas ocasiones los musulmanes tendrían que combatir; otras veces podrían vivir en paz. Pero se habían embarcado en el proyecto de redimir a la historia además de al individuo, de convertir una utopía en una realidad viva. Hasta el día de hoy, los musulmanes se han tomado muy en serio esta vocación.

La sumisión reticente de Taif puso de manifiesto la renuencia de muchos árabes a abrazar el nuevo orden. La lealtad que los aliados beduinos profesaban a Mahoma era superficial, pero el Profeta contaba con un núcleo de musulmanes devotos que quizá no siempre comprendieron del todo lo que intentaba hacer, pero que más tarde demostrarían haber captado el mensaje esencial. Abu Bakr, Umar y Uthman ibn Affan se habían convertido en familia política de su Profeta, lo que reafirmó su parentesco espiritual con él. Comprendieron que la religión era prioritaria: ante todo, los árabes debían reformarse practicando los pilares del islam, que les enseñaban a poner a Dios en el centro de sus vidas y a cuidar a los miembros más vulnerables de la sociedad.

Ali, el pupilo de Mahoma, era el cuarto discípulo más próximo al Profeta. Era más joven que los otros y a veces se impacientaba con los hombres de más edad. Pero en el año 632 era uno de los únicos familiares cercanos de Mahoma que aún vivían. Umm Kultum murió durante la expedición a Tabuk, de modo que Fátima (la esposa de Ali) era la única hija superviviente de Jadija. Mahoma sentía devoción por los dos hijos de Ali, Hasan y Husain. Solía permitirles que treparan a su espalda y cabalgaran sobre él. Pero Mahoma también tuvo un nuevo hijo con su concubina Maryam, la egipcia. Al Profeta le encantaba llevar al pequeño Ibrahim en brazos por Medina, pero Aisha no se dejaba impresionar. «¿No te parece que es como yo?», preguntó. «No veo ningún parecido», respondió Aisha. «Mira qué regordete es y qué tez tan bonita tiene», decía entusiasmado el Profeta. «Cualquiera que se alimente de leche de oveja será regordete y tendrá la piel clara», respondió Aisha con aspereza,[1] probablemente molesta de que a la madre adoptiva de Ibrahim le llevaran leche cada día. Pese a todos estos cuidados, el niño enfermó a principios del año 632 y parecía evidente que no se iba a recuperar. Mahoma estaba con su hijo cuando éste murió y, llorando con amargura, lo tomó en sus brazos en el último momento. Le reconfortaba saber que no pasaría mucho tiempo hasta que volvieran a estar juntos.

Durante el décimo año después de la hégira Mahoma fue cobrando conciencia de que su muerte se aproximaba. Siempre le había complacido hacer un retiro durante el *ramadán* si podía pasarlo en Medina; aquel año pidió a sus Compañeros hacer un retiro más largo de lo habitual, y le confió a Fátima que creía que había llegado su hora. Así pues, en el *dulhiyya*, el mes tradicional para hacer el *hayy*, Mahoma anunció que aquel año conduciría él mismo la peregrinación. Por primera vez estos ritos antiquísimos alrededor de la Kaaba y los santuarios que rodeaban al monte Arafat serían realizados sólo por los adoradores del Único Dios, y Mahoma estaba empeñado en enraizar su nueva religión en las tradiciones sagradas de los árabes. Partió a finales de febrero del año 632 con todas sus esposas y una enorme multitud de peregrinos, y llegó a la entrada de La Meca el 5 de *dulhiyya*, o 3 de marzo. Comenzó a proferir el antiguo grito de los peregrinos: «Heme aquí a tu servicio, oh, Señor». A continuación empezó a dirigirles en los antiguos rituales paganos, tan queridos por los árabes, a los que dio un nuevo significado a la vez que aseguraba una continuidad creativa y esencial con respecto al pasado.

Todos los musulmanes debían intentar hacer el *hayy* al menos una vez en la vida, siempre que sus circunstancias se lo permitieran. Para alguien ajeno al islam estos ritos pueden parecer extraños –como lo parece cualquier ritual ajeno religioso o social–, pero todavía pueden inspirar una intensa experiencia religiosa, y los musulmanes suelen creer que el *hayy* constituye el punto culminante de su vida espiritual, como individuos y como miembros de la *umma*. Los aspectos comunitarios y personales de la espiritualidad islámica están perfectamente integrados en los ritos y prácticas del *hayy*. Hoy muchos de los miles de peregrinos que se congregan cada año en La Meca para realizar juntos la peregrinación no son árabes, pero han sido capaces de hacer suyos estos antiquísimos rituales árabes. Cuando se congregan en la Kaaba, vestidos con las ropas tradicionales de los peregrinos que eliminan todas las distinciones de raza o clase, sienten que se han liberado de las limitaciones egoístas de sus vidas cotidianas y se han integrado en una comunidad que tiene un objetivo y una orientación. Las circunvalaciones alrededor de la Kaaba inspiraron al filósofo iraní Ali Shariati:

«Mientras haces las circunvalaciones y te acercas a la Kaaba, tienes la sensación de ser un pequeño arroyo que desemboca en un gran río. Te arrastra una ola y pierdes el contacto con el suelo. De repente, flotas, arrastrado por la marea. Al acercarte al centro, la presión de la multitud te oprime con tal fuerza que recibes una nueva vida. Ahora formas parte del pueblo; ahora eres un hombre, vivo y eterno (...). La Kaaba es el sol del mundo, cuyo rostro te atrae a su órbita. Te has convertido en parte de este sistema universal. Al dar vueltas en torno a Alá, pronto te olvidarás de ti mismo (...) Te has transformado en una partícula que se desintegra gradualmente hasta desaparecer. Éste es el apogeo del amor absoluto».[2]

Los judíos y los cristianos también han hecho hincapié en la espiritualidad de la comunidad: la imagen tan extendida del Cuerpo de Cristo que nos presenta san Pablo expresa asimismo que la unidad de la Iglesia y la comunión de sus miembros constituyen una revelación del amor supremo. El *hayy* ofrece a cada musulmán la experiencia de la integración personal en el contexto de la *umma*, con Dios en su centro.

En cierto sentido, el *hayy* proporciona a los musulmanes una imagen de la comunidad ideal, tanto en actitud como en orientación. En la mayoría de religiones la paz y la armonía constituyen temas importantes para la peregrinación, y una vez los peregrinos han entrado en el santuario se prohíbe todo tipo de violencia: los peregrinos ni siquiera pueden matar a un insecto o hablar con tono impaciente. De ahí la indignación que se extendió por todo el mundo musulmán cuando el *hayy* de 1987 fue violado por peregrinos iraníes que instigaron un disturbio en el que murieron 402 personas y 649 resultaron heridas.

El Corán menciona constantemente el Retorno a Dios que todas las criaturas deben hacer por fuerza. El *hayy* es una poderosa expresión del viaje voluntario que realizan los musulmanes para volver a Dios, del que proceden. El grito de los peregrinos, que todos emiten al unísono, les recuerda que, como individuos y como *umma*, se han dedicado completamente al servicio de Dios, y durante los días del *hayy* tienen la posibilidad de vivir este compromiso más intensamente de lo que es habitual, olvidándose de cualquier otra cuestión. Cuando Mahoma condujo a su grupo de peregrinos compuesto por Emigrantes, Ayudantes y beduinos a la Kaaba en el año 632, todos debieron de creer que éste era un viaje de regreso en un sentido profundo. La mayoría de peregrinaciones a lugares santos se consideran una especie de acercamiento a las raíces del propio ser o al principio del mundo, y sin duda los Emigrantes experimentaron una sensación de regreso al hogar. Pero Mahoma recordaba a todos los árabes que volvían a sus raíces porque, según se creía, Abraham e Ismael, los padres de los árabes, eran quienes habían construido el santuario. Hoy los musulmanes también experimentan una sensación de retorno a las raíces de su identidad musulmana. Evidentemente, recuerdan a Mahoma, pero los ritos de la peregrinación están concebidos ante todo para recordar a Abraham e Ismael, los padres de todos los auténticos creyentes. Así pues, cuando corren siete veces entre *Safa* y *Marwah*, recuerdan cómo Hagar corría frenéticamente de un lado a otro en busca de agua para el pequeño Ismael, después de que Abraham les hubiera dejado en el desierto. Después se remontan aún más atrás en sus orígenes comunes cuando acuden a las laderas del monte Arafat, a veinticinco kilómetros de La Meca, y recuerdan la alianza original que Dios hizo con Adán, el primer profeta y fundador de la raza humana. En Mina lanzan piedras a los tres pilares como recordatorio de la lucha constante con la tentación que exige la *yihad* al servicio de Dios. A continuación sacrifican una oveja o una cabra en memoria del sacrificio animal de Abraham después de que éste ofreciera a su propio hijo a Dios. En todo el mundo, los musulmanes que no han hecho el *hayy* ese año realizan este rito en el día señalado, de modo que toda la *umma* demuestra su disposición a sacrificarlo todo, incluso lo que les es más querido, al servicio de Dios.

Hoy la mezquita de Namira se alza cerca del monte Arafat, en el lugar en que se cree que Mahoma predicó su Sermón del Adiós a los peregrinos en el año 632. El Profeta les recordó que fueran justos los unos con los otros, que trataran a las mujeres lo mejor posible y que abandonaran todas las rencillas de sangre por ofensas cometidas en el periodo pagano. La *umma* era una: «¡Gentes! En verdad, los creyentes son como hermanos. Los bienes de un hermano son inviolables, salvo que sea con su consentimiento. ¿Os he transmitido el mensaje? ¡Oh, Dios, atestígualo!».[3] Este precepto parece muy breve en comparación con el Sermón de la Montaña o el himno a la caridad de san Pablo, pero Mahoma era realista y sabía que su petición era revolucionaria. En lugar de ser miembros de tribus diferentes, los musulmanes árabes formaban ahora una comunidad, del mismo modo que el Dios de la Kaaba era Uno.

Cuando regresó a Medina después de la Peregrinación del Adiós, Mahoma comenzó a sufrir terribles dolores de cabeza. Aisha recordaba que cierto día se encontraba en su vivienda, también postrada con dolor de cabeza. «¡Oh, mi cabeza!», gemía cuando entró Mahoma. «No, Aisha», interrumpió el Profeta, «es oh, *mi* cabeza.» Pero entonces todavía podía burlarse de ella de forma afectuosa. ¿Le gustaría a Aisha morir antes que él? Le daría la oportunidad de tomarla en sus brazos junto a la tumba y organizarle un magnífico funeral. Aisha respondió con su aspereza habitual: después del funeral se iría directamente a dormir con una de sus otras esposas. «No, Aisha», dijo Mahoma cuando se iba de la vivienda, «es oh, *mi* cabeza.»[4]

El dolor empeoró, y parece que Mahoma también sufría desvanecimientos, pero nunca se retiró permanentemente a su lecho. Solía envolver con un vendaje sus sienes doloridas e ir a la mezquita a conducir las plegarias o a dirigirse a los fieles. Pero una mañana pareció rezar durante más tiempo del habitual en honor de los musulmanes que habían muerto en Uhud, y después añadió: «Había un servidor de Dios; Dios le dio a escoger entre lo que había aquí abajo y lo que se encontraba junto a Él y ese servidor prefirió lo que estaba junto a Dios». Pero el único que pareció haber comprendido esta referencia a la muerte de Mahoma fue Abu Bakr, quien rompió a llorar amargamente. «Cálmate, cálmate, Abu Bakr», le dijo con ternura Mahoma.[5] Finalmente, el Profeta se desmoronó en la tienda de Maymunah. Sus esposas estaban muy pendientes de él y se dieron cuenta de que preguntaba continuamente: «¿Dónde me corresponde mañana? ¿Dónde me corresponde mañana?». Al comprender que quería saber cuándo podría estar con Aisha, acordaron de forma unánime que debían trasladarle a la vivienda de ésta para poder cuidarle allí.

Mahoma yacía en silencio con la cabeza en el regazo de Aisha, pero, al parecer, muchos creyeron que se trataba de una mera indisposición temporal, porque siguió participando en las plegarias públicas en la mezquita. Los miembros de la *umma* parecían encontrar tan insoportable y temible la idea de su muerte que no supieron interpretar correctamente lo que sucedía, aunque Abu Bakr advirtió a Aisha que a Mahoma no le quedaba mucho tiempo de vida. Lo que había logrado en Arabia no tenía precedentes, por lo que la vida sin él en el nuevo orden parecía inconcebible. La gente se aferraba a cualquier brizna de esperanza, como la ocasión en que Mahoma acudió tambaleante a la mezquita para asegurarles que Usamah, el joven hijo de Zayd, era lo suficientemente capaz y experimentado como para dirigir una expedición al norte. Cuando su enfermedad se agravó, Mahoma le pidió a Abu Bakr que dirigiera las plegarias en su nombre, y parece que incluso Aisha se resistió a esta decisión. Finalmente Mahoma tuvo que hablarles con dureza para conseguir que lo obedecieran. Aisha diría más tarde que no había puesto objeciones porque creyera que su padre no era digno de este honor, sino porque temía que la gente lo odiara por suplantar a Mahoma. Pero el Profeta les siguió dando motivos para albergar esperanzas, porque a veces asistía a las plegarias pese a estar demasiado enfermo para recitarlas, y permanecía sentado en silencio junto a Abu Bakr.

El 12 de *rabi* (8 de junio del año 632), Abu Bakr notó durante los rezos que la atención de la gente flaqueaba y que todos miraban hacia la entrada de la mezquita. Supo inmediatamente que Mahoma debía de haber entrado, porque ninguna otra cosa habría distraído así a la congregación. Mahoma tenía mucho mejor aspecto; de hecho, alguien comentó que nunca le habían visto con un aspecto tan radiante, y una profunda sensación de alegría y alivio inundó la mezquita. Abu Bakr se dispuso a cederle el puesto de inmediato, pero Mahoma le puso las manos sobre los hombros, le empujó suavemente hasta el frente de la congregación y se sentó junto a él hasta que hubo finalizado el servicio religioso. Después volvió a la vivienda de Aisha y se tendió en silencio con la cabeza en su regazo. Parecía haber mejorado tanto que Abu Bakr pidió permiso para visitar a una esposa con la que se había casado recientemente, la cual todavía vivía en el otro extremo de Medina. Durante la tarde, tanto Ali como Abbas vinieron a visitarle y difundieron la buena noticia de que el Profeta parecía estar mejorando; cuando acudió a visitarle Abd al-Rahman, Mahoma se dio cuenta de que llevaba un mondadientes e indicó claramente que quería usarlo. Aisha se lo ablandó y se fijó en que lo usaba con inusual energía, pero poco después la mujer notó que yacía más pesadamente en su regazo y que parecía estar perdiendo la conciencia. Sin embargo, Aisha todavía no se dio cuenta de lo que estaba sucediendo. Tal y como diría más tarde, «debido a mi ignorancia y a mi extrema juventud el apóstol murió en mis brazos». Le oyó murmurar las palabras «No, el Compañero más elevado en el paraíso»,[6] y entonces descubrió que había muerto. Acomodó su cabeza con cuidado sobre la almohada y comenzó a golpearse el pecho, a abofetearse y a gritar a la manera consagrada por la tradición árabe.

Al oír a las mujeres lamentar la muerte, todos corrieron con los rostros desencajados hasta la mezquita. La noticia se extendió con rapidez por el oasis y Abu Bakr regresó a toda prisa a la «ciudad». Contempló a Mahoma, le besó el rostro y se despidió de él. A continuación entró en la mezquita, donde encontró a Umar dirigiéndose a la multitud. Umar se negó con rotundidad a creer que Mahoma estaba muerto: su alma había abandonado su cuerpo de forma temporal, argumentó, y sin duda Mahoma volvería con su pueblo. El Profeta sería el último en morir. El tono histérico en la arenga compulsiva de Umar llevó a Abu Bakr a murmurar «Cálmate, Umar», pero éste no podía dejar de hablar. A Abu Bakr no le quedó otra opción que dar un paso al frente en silencio; la expresión de su rostro y su compostura debieron de impresionar a la gente, porque poco a poco dejaron de escuchar la diatriba de Umar y se arremolinaron a su alrededor.

Abu Bakr les recordó que Mahoma había dedicado toda su vida a predicar la unidad de Dios. El Corán les había advertido una y otra vez que no debían conceder a ninguna criatura el honor que sólo Dios merecía. Mahoma no había dejado de advertirles que no debían honrarle de la misma forma que los cristianos honraban a Jesús; sólo era un simple mortal, como ellos. Negarse a admitir que Mahoma había muerto, por consiguiente, era negar la verdad básica acerca del Profeta. Pero mientras los musulmanes siguieran creyendo que sólo Dios merecía ser adorado, Mahoma continuaría vivo. «Oh, hombres, si alguien adora a Mahoma, Mahoma estará muerto», acabó diciendo con elocuencia. «Si alguien adora a Dios, Dios está vivo, es inmortal.»[7] Para terminar, citó el versículo que le había sido revelado a Mahoma después de la batalla de Uhud, cuando tantos musulmanes se sintieron abrumados por el rumor sobre la muerte del Profeta:

Mahoma no es más que un Enviado. Antes de él han pasado *otros enviados*. ¡Y qué! Si muriese o fuese matado, ¿os volveríais sobre vuestros talones? Quien vuelva sobre sus talones no perjudicará a Dios en nada, pero Dios recompensará a los agradecidos.[8]

Estos versos impresionaron tanto a los allí presentes que fue como si nunca los hubieran oído antes. Umar estaba terriblemente afligido: «Por Dios, cuando oí a Abu Bakr recitar aquellas palabras me quedé atónito, de modo que las piernas no me aguantaban y me caí al suelo sabiendo que en verdad el apóstol había muerto».[9]

La conmoción que produjo la muerte de Mahoma constituyó una de las crisis más graves a que tuvo que enfrentarse la comunidad musulmana. Hasta aquel momento, Mahoma había guiado todos sus pasos, de modo que, ¿cómo iban a continuar sin él? ¿Debían continuar? Algunas de las tribus beduinas, cuyo compromiso había sido únicamente político, se separaron de la *umma* al considerar que la muerte de Mahoma abrogaba su pacto. Existía el peligro real de que Arabia volviera a caer en sus antiguas divisiones tribales. Puede que algunos de los musulmanes más comprometidos también se preguntaran si la muerte de Mahoma significaba el fin del proyecto mahometano,[10] y aquellos que querían nombrar a un sucesor pronto se dividieron en bandos rivales; éstos reflejaban probablemente las divisiones en la comunidad que habían preocupado a Mahoma durante sus últimos años.

Casi todos los Emigrantes respaldaban a Abu Bakr, quien había sido amigo íntimo de Mahoma desde el principio de su misión. Umar también apoyaba su derecho sucesorio. Pero, como cabía esperar, los Ayudantes querían que Sad ibn Ubadah, uno de los suyos, fuera el primer califa o representante de Mahoma; y la familia más próxima del Profeta creía que él habría querido que Ali le sucediera. Al fin Abu Bakr fue el elegido, sobre todo porque su comprensión serena de la crisis impresionó a toda la *umma*. Después de su elección, Abu Bakr se dirigió a la comunidad y estableció los principios que a partir de entonces deberían seguir todos los dirigentes musulmanes:

«Se me ha concedido autoridad sobre vosotros, pero yo no soy el mejor. Si obro bien, ayudadme, y si lo hago mal, corregidme. La verdad es lealtad y la falsedad, traición. El débil de entre vosotros será fuerte a mis ojos hasta que haya asegurado sus derechos, si Dios quiere, y el fuerte de entre vosotros será débil a mis ojos hasta que le haya arrancado sus derechos. Si un pueblo se niega a combatir según el precepto divino, Dios lo avergonzará. La maldad nunca se extiende entre un pueblo, pero Dios le traerá calamidades. Obedecedme mientras obedezca a Dios y a Su Enviado, pero si los desobedezco, no me debéis obediencia alguna. Levantaos para rezar. ¡Que Dios se apiade de vosotros!».[11]

Al principio Ali se distanció de Abu Bakr, pero más tarde se sometió a él. Sólo transcurrieron dos años hasta la muerte de Abu Bakr, al que sucedió Umar, y luego Uthman; finalmente, en el año 656 Ali se convirtió en el cuarto califa. Se les conocía como los *rashidun*, los califas legítimamente guiados, porque gobernaron de acuerdo con los principios de Mahoma. Ali en particular hizo hincapié en que un dirigente musulmán no debía ser tiránico. Estaba, bajo el mandato de Dios, al mismo nivel que sus súbditos y tenía que ocuparse de aligerar los problemas de los pobres y los desposeídos. Ésta era la única manera en que podía sobre-vivir un sistema político:

«Así pues, si tus súbditos se quejan de sus cargas, de las pla-gas, de la interrupción del agua de riego, de la falta de lluvia o de la transformación de la tierra por las inundaciones o por la sequía, aligera su carga hasta donde te sea posible. Y nada de lo que hayas hecho para aligerar su carga irá en tu contra, porque es una inversión que te devolverán trayendo prospe-ridad a tu tierra y estableciendo tu mandato (...) En verdad la destrucción de la tierra sólo se debe a la indigencia de sus ha-bitantes, y sus habitantes caen en la indigencia sólo cuando los gobernantes se dedican a amasar riquezas, cuando tienen recelos sobre la resistencia de su propio mandado y cuando no se aprovechan de las advertencias».[12]

Un dirigente no podía aislarse de su pueblo y rodearse de lu-jos. El hecho de que los musulmanes consideren el periodo de los *rashidun* como una Edad de Oro demuestra que los posterio-res califas y sultanes no defendieron con el mismo entusiasmo los principios de igualitarismo y justicia. Pero, en algunas ocasiones, un musulmán fue capaz de edificar un imperio demostrando que vivía y gobernaba de acuerdo con estos principios. Como hemos visto, durante la época de las cruzadas tanto Nur ad-Din como Saladino se esforzaron por dar limosna a los pobres, reformar el sistema tributario según los principios islámicos y ser accesibles al pueblo. En nuestra época hemos visto cómo algunos pueblos musulmanes derrocaban a gobernantes como el Sha del Irán y el presidente Sadat en Egipto porque sus gobiernos no eran islá-micos.[13] Los ideales que inspiraron a Mahoma y a los *rashidun* han continuado siendo una fuerza poderosa en la sociedad musul-mana, y los dirigentes que los pasen por alto deberán atenerse a las consecuencias.

A los cristianos les apasiona el debate teológico, y las princi-pales divisiones en la cristiandad se han derivado de disputas doc-trinales. Como el judaísmo, el islam no posee un concepto similar de «herejía» teológica. Sus debates más intensos y sus principales divisiones se han debido a diferencias políticas. La unidad de la *umma*, que fuera tan importante para Mahoma, se rompió cuando surgió una división entre el grupo principal de musulmanes, conocidos como los sunníes, y la Shiah-i Ali, o partido de Ali, quienes creían que sólo uno de los descendientes de Ali debería gobernar la *umma*. Como partido minoritario, el shiísmo desarrolló una religiosidad caracterizada por la protesta representada por el nieto de Mahoma, Husain, quien se había negado a aceptar el califato Omeya y fue cruelmente asesinado junto a su pequeño grupo de compañeros por el califa Yazid en la batalla de Kerbala. Las intensas disputas entre los diversos grupos shiíes y sunníes acerca de quién debería gobernar la comunidad musulmana y qué tipo de sociedad debería constituir han sido tan decisivas e importantes como los grandes debates cristológicos en el cristianismo. Esto demuestra que la realidad política de la *umma* posee un valor sagrado en el islam. No hay diferencias doctrinales entre los shiíes y los sunníes, pese a que cada grupo ha desarrollado un tipo de práctica religiosa característica. Hemos visto que el Corán considera estas divisiones teológicas poco edificantes y fútiles. Pero la política ha sido importante en el islam no sólo porque los dirigentes musulmanes la hayan empleado para extender su propio poder, sino porque la empresa islámica ha constituido un intento dinámico de redimir a la historia de la desintegración y el caos que se producen cuando la sociedad no se gobierna de acuerdo con leyes justas y equitativas. El esfuerzo político no es ajeno a la vida espiritual personal de un musulmán, sino que la *umma* tiene una importancia sacramental. Podría considerarse que ocupa un lugar muy similar al que tiene una opción teológica determinada (católica, protestante, metodista, bautista) en la vida espiritual de cada cristiano.

Tras la muerte de Mahoma el éxito continuado de la empresa musulmana validó el esfuerzo político, y pareció demostrar que una sociedad prevalecería siempre que se reorganizara a partir de la voluntad divina. Los ejércitos árabes no tardaron en establecer un imperio que se extendió desde el Himalaya hasta los Pirineos. En un principio esta expansión no se debió tanto al Corán como al imperialismo árabe. Los musulmanes no intentaron imponer su religión a los nuevos súbditos. El islam continuó siendo la religión de los árabes, al igual que el judaísmo era la religión de los hijos de Israel; hubo incluso un breve periodo hacia el año 700 en el que las conversiones estuvieron prohibidas por la ley. Pero unos cien años después de la muerte de Mahoma los califas comenzaron a alentar las conversiones y la gente se convirtió masivamente al islam, lo cual demostró que el Corán respondía a una necesidad religiosa del pueblo de Oriente Próximo y del norte de África. El islam supo cómo asimilar la sabiduría de otras culturas antiguas y rápidamente estableció su propia tradición cultural. La religión de los musulmanes no era una fuerza disgregadora y amenazante, sino que demostró ser capaz de unificar la sociedad.

Los juristas musulmanes desarrollaron una teología de la *yihad* que se adaptara a las nuevas circunstancias. Predicaron que, como sólo había un Dios, todo el mundo debía unirse en un mismo sistema de gobierno, y todos los musulmanes tenían el deber de involucrarse en una lucha continuada para obligar al mundo a aceptar los principios divinos y crear una sociedad justa. La *umma*, la Casa del Islam, era el lugar sagrado en el que se había impuesto la voluntad de Dios; el resto del mundo, la Casa de la Guerra, constituía la zona profana que era preciso obligar a rendirse al dominio divino. Para poder lograrlo, el islam tendría que entablar un esfuerzo bélico perpetuo. Pero esta teología marcial se dejó de lado en la práctica y se convirtió en letra muerta cuando resultó evidente que el imperio islámico había alcanzado los límites de su expansión unos cien años después de la muerte de Mahoma, y los musulmanes desarrollaron vínculos diplomáticos y económicos normales con sus vecinos de la Casa de la Guerra. No se presionó a judíos, cristianos o zoroastros para que se convirtieran al islam; los musulmanes continuaron manteniendo el antiguo pluralismo religioso de Oriente Próximo y aprendieron a coexistir con miembros de otras religiones, que, según el Corán, eran revelaciones anteriores perfectamente válidas.

El auge y caída de los distintos imperios y dinastías, la posterior expansión del islam a India e Indonesia y el desarrollo de nuevos modos de interpretar el Corán pueden considerarse una continuación del diálogo islámico con la historia. Los musulmanes siguieron respondiendo de forma creativa al desafío de la modernidad hasta épocas relativamente recientes. Fueron capaces de responder a catástrofes como las devastaciones mongolas en el siglo XIII, volvieron a alzarse con el poder y obtuvieron nuevos logros. El Corán continuó proporcionando a gente de muchas razas y épocas distintas la manera de sobreponerse a los desastres y de encontrar el valor para seguir adelante. En algunas ocasiones el nuevo empeño constituía una respuesta específicamente espiritual. Así, el gran místico Jalal ad-Din Rumi escribió el *Mathnawi* –que quizá sea el clásico más importante de la tradición sufí– unos cuantos años después de que las hordas mongolas destruyeran Bagdad, la capital del imperio islámico. Los sufíes demuestran cuán profundamente los elementos políticos y sociales del islam afectan a la espiritualidad musulmana. La devoción a la *umma* ha sido siempre un componente importante de la vocación mística. Tal y como ha explicado Louis Massignon, el gran experto en misticismo sufí: «La llamada mística es por lo general el resultado de una rebelión interior de la conciencia contra las injusticias sociales, no sólo las de los demás, sino principalmente y particularmente contra los defectos propios: con el deseo, intensificado por la purificación interior, de encontrar a Dios a cualquier precio».[14] La vocación sufí es ante todo ascética: los sufíes se involucran en una campaña de esfuerzo espiritual a la que llaman «la *yihad* mayor» (en contraposición a la «*yihad* menor», de combate físico). Hoy, sin embargo, una intensa espiritualidad se transforma fácilmente en activismo político en el mundo musulmán. Los sufíes han estado a la vanguardia de muchos movimientos reformistas o de oposición a todo lo que amenace a la *umma*, ya sea un enemigo externo como el ejército mongol o un dirigente que no gobierne de acuerdo con los principios islámicos. Los sufíes no se retiran del mundo como los monjes cristianos: el mundo es el escenario de su campaña para encontrar a Dios.

Esta espiritualidad se basa en el ejemplo del propio Profeta, quien no se retiró del mundo, sino que trabajó sin cesar para reorganizar su sociedad. En lugar de esperar la utopía o la llegada del Mesías, Mahoma intentó crear su propia sociedad ideal en Medina. Desde el principio, los musulmanes tomaron la vida del Profeta como paradigma: su hégira fue el preludio a una campaña política, y desde la secta Jaraji, que se separó de la *umma* principal durante el siglo VII, hasta el grupo conocido como *takfir wa'l hijra* en el Egipto de Sadat, los musulmanes que quieren reformar la *umma* se han retirado de lo que consideran una sociedad corrupta y han entablado una batalla contra el orden establecido. Abu Bakr dijo a los musulmanes que tenían el deber de deponerle si no gobernaba correctamente, una afirmación que éstos se han tomado siempre muy en serio. El bienestar de la *umma* está tan arraigado en sus vidas espirituales que no consideran que un retiro del mundo constituya el deber espiritual supremo. No tienen que involucrarse en la *yihad* dominados por una furia atávica o fanática, sino con espíritu de sacrificio de sí, valor y resistencia. Tal y como explicó el ya fallecido Ali Shariate al pueblo de Irán durante el gobierno del Sha, la muerte del yo no se hallaba en la disciplina solitaria del monacato, sino en la lucha denodada para defender al pueblo de Dios, incluso si ello conllevaba sufrimiento y muerte:

> «Vuestro monacato no se da en un monasterio, sino en la sociedad; es mediante el autosacrificio, la sinceridad, la negación de sí mismo, el hecho de soportar esclavitudes, privaciones, torturas y preocupaciones, y de aceptar peligros en los conflictos y en nombre de la gente como se llega a Dios. El Profeta ha dicho: "Todas las religiones tienen un tipo de monasticismo, y el monasticismo de mi religión es la *yihad*"».[15]

Cada religión da énfasis a un valor determinado, pero esta inquietud social es importante para la espiritualidad de las tres tradiciones monoteístas. Si a los cristianos les extraña la vocación esencialmente política de los musulmanes, deberían tener en cuenta que su inquietud doctrinal y su pasión por las abstrusas formulaciones teológicas de verdades inefables les parecen igualmente extrañas a los musulmanes y a los judíos.

La devoción al profeta Mahoma ha sido una de las formas principales en que los musulmanes han forjado este profundo sentido de hermandad y solidaridad. Los musulmanes siempre han recalcado que Mahoma no es más que un hombre corriente como ellos, pero a lo largo de los siglos han añadido una salvedad. Ciertamente, Mahoma es un hombre como los demás, pero es «como una gema entre piedras».[16] Mientras que las piedras normales son opacas y pesadas, una gema es translúcida, pues la inunda el elemento transfigurador de la luz. La vida de Mahoma se ha convertido en una señal similar a las otras señales que el Corán exhorta a los musulmanes a encontrar en el mundo natural. Su misión profética fue un símbolo, una teofanía, que no sólo nos muestra la actividad de Dios en el mundo, sino que ilustra la perfecta entrega del hombre a Dios. El desarrollo del ideal de santidad mahometana constituye un intento imaginativo de comprender el significado de la vida de Mahoma y aplicarlo a las circunstancias de la vida cotidiana. Los cristianos también desarrollaron una imagen del Jesús hombre, que es también el Logos, el proyecto del plan divino de la Creación. A diferencia de la devoción a Jesús, sin embargo, la devoción musulmana a Mahoma no se dirige a la persona o al personaje histórico, sino a un símbolo o sacramento que, como el simbolismo del mejor arte, ilumina la vida y le aporta un nuevo significado, añadiendo una nueva dimensión a la realidad.

Por consiguiente, Mahoma es considerado simbólicamente como el Hombre Perfecto, el arquetipo humano y la imagen de una perfecta receptividad de Dios. De ahí la importancia imaginativa de la creencia en el analfabetismo de Mahoma, porque demuestra su total receptividad a la Palabra Divina: tanto su analfabetismo como su Viaje Nocturno son vistos como un ejemplo perfecto de la *fana* o aniquilación en Dios de la cual hablan los sufíes. Del mismo modo que los cristianos han desarrollado la práctica de la imitación de Cristo, los musulmanes intentan imitar a Mahoma en sus vidas diarias a fin de aproximarse al máximo a esta perfección, y así acercarse también al máximo al mismo Dios. Como cabría esperar, este proceso de imitación ha sido más práctico y concreto que la imitación de Cristo. Durante los siglos VIII y IX, los eruditos musulmanes iniciaron un proceso de investigación para compilar las grandes colecciones de dichos de Mahoma *(hadiz)* y de prácticas habituales *(sunna)*. Viajaron por todo el imperio islámico para descubrir los relatos auténticos de lo que Mahoma hubiera dicho o hecho en determinadas ocasiones, y éstos, con el Corán, formaron la base de la Ley Sagrada islámica. También se convirtieron en la base de la vida diaria y la espiritualidad de todos los musulmanes. La *sunna* enseñó a los musulmanes a imitar la forma en que Mahoma hablaba, comía, amaba, se lavaba y rezaba; por tanto, en los detalles más insignificantes de sus vidas, los musulmanes reproducen la existencia de Mahoma en la tierra y, en un sentido real pero simbólico, le devuelven la vida una vez más.

Los cristianos no tienen nada equivalente a la Torah o a la

Sharia, y acostumbran pensar que esta observancia minuciosa debe de ser pesada y restrictiva. Es un tipo de espiritualidad que ha tenido muy mala prensa en el Nuevo Testamento, donde Pablo arremete contra la Torah como parte de su polémica contra los cristianos judíos que querían conservar la religión de Jesús como una secta estricta del judaísmo. Pero ni los musulmanes ni los judíos consideran la Ley una carga. Los musulmanes ven la *sunna* como una especie de sacramento: les ayuda a desarrollar la conciencia divina prescrita por el Corán en los intersticios de su vida diaria. Al tomar como ejemplo al Profeta con la máxima fidelidad posible, no sólo lo interiorizan a un nivel muy profundo, sino que también intentan cultivar la actitud interior de Mahoma y acercarse al Dios que encuentran en lo más profundo de su ser. Algunas de las *hadiz* son en realidad dichos del propio Dios puestos en boca del Profeta. Estas *hadiz qudsi*, tradiciones sagradas, recalcan que Dios no es un ser metafísico que está «ahí fuera», sino que, en cierto sentido, se identifica misteriosamente con el yo de sus devotos. Esta famosa tradición enumera las fases por las que el creyente aprehende esta presencia interior: es preciso comenzar observando los mandamientos para luego pasar a realizar devociones voluntarias:

«Mi sirviente se me acerca de la forma que me es más querida y que he establecido como deber para él. Y mi siervo continúa acercándose a mí mediante actos supererogatorios hasta que yo le ame: y cuando le amo, me convierto en la oreja a través de la que oye, el ojo con el que ve, la mano con la que coge, y el pie con el que camina».[17]

Las acciones externas, como los elementos físicos de los sacramentos cristianos, son los signos exteriores de esta gracia interior y deben observarse y guardarse con reverencia. Esto significa que los musulmanes de todo el mundo comparten un modo de vida determinado, y que, sean cuales fueren sus otras diferencias, han adquirido una identidad musulmana muy clara que los une en el acto. La forma en que rezan, se lavan, sus modales en la mesa o su higiene personal siguen un modelo común característico. Los musulmanes de China, Indonesia y las distintas partes de Oriente Próximo, por ejemplo, realizan las prostraciones del *sa-*

lat exactamente de la misma manera, y les lleva la misma cantidad de tiempo.

Los musulmanes que veneran a Mahoma de esta manera simbólica no estarán particularmente interesados en la búsqueda del Mahoma histórico, del mismo modo que a los cristianos que se han comprometido de forma similar con Cristo les molestará la investigación actual acerca de la vida cotidiana de Jesús. Pero el caso Rushdie ha demostrado que lo que se percibe como un ataque al Profeta ha violado una parte sagrada de la psique musulmana en todo el mundo. En el imperio islámico siempre fue una ofensa capital denigrar a Mahoma o a su religión, pero herir a los musulmanes en la actualidad tiene importantes consecuencias a causa de la humillación que ha sufrido la *umma* a manos del mundo occidental. Durante el siglo XVIII el imperio islámico comenzó a declinar, y esta vez le resultó particularmente difícil levantarse de nuevo. Su declive y caída coincidieron con el auge de un tipo de sociedad occidental que nunca antes había existido y que era, por consiguiente, difícil de combatir. Ésta no ha sido tan sólo una humillación política, sino que ha afectado directamente a la identidad musulmana. Si, por primera vez en su historia, el islam ya no tiene éxito, ¿cómo pueden ser ciertas sus afirmaciones? Las prescripciones sociales coránicas habían demostrado ser infalibles hasta entonces, pero si la sociedad musulmana se desintegraba pese a que la *umma* hacía todo lo posible por llevar a la práctica el plan divino, algo había fallado de forma estrepitosa en la historia islámica.

Por otra parte, cabe recalcar que el éxito de la *umma* posee una importancia fundamental y casi sacramental en la vida religiosa personal de todos los musulmanes. Su declive provocó una crisis religiosa en el mundo islámico similar en gravedad a la experimentada en Europa cuando los descubrimientos científicos de Lyell y Darwin parecieron socavar las bases de la fe cristiana. La desesperación de un poema como «Dover Beach», de Matthew Arnold, y la desolación de *In Memoriam*, de Alfred Tennyson, nos permiten intuir el terror y la consternación que algunos musulmanes experimentan hoy. ¿Cómo explicar la aparente impotencia del islam ante Occidente y su secularismo triunfal? Las enseñanzas sociales del Corán se basaban en que una sociedad fundada según los principios correctos no podía fracasar, porque estaba en armonía con la forma en que deberían ser las cosas. El éxito de la *umma* durante el mandato de Mahoma y sus sucesores había demostrado que tal sociedad funcionaba; este éxito tenía un valor sacramental. Por lo general, el cristianismo ha contado con un mayor número de adeptos durante tiempos de adversidad; el islam tiene el problema contrario.

Al principio de este libro, cuando considerábamos la visión occidental sobre Mahoma, mencionamos brevemente la ira y la desesperación que embargaron a los mártires de Córdoba en el siglo IX. En el mundo islámico actual, mucha gente está adoptando una nueva forma radical del islam que en ocasiones está inspirada por un terror similar. Como hicieran los mártires cordobeses, muchos musulmanes están intentando descubrir una nueva identidad y volver a sus raíces. Éste ha sido un tema recurrente de los llamados movimientos fundamentalistas en años recientes. Los musulmanes no sólo se han sentido humillados y degradados ante el poder externo de Occidente, sino que también se han sentido desorientados y perdidos porque la cultura occidental dominante parece haber desterrado sus propias tradiciones. El secularismo que hemos cultivado con tanto esmero en Occidente ha surgido de nuestras propias tradiciones, pero en los países islámicos parece ajeno y foráneo, y tiene una importancia más negativa que positiva. Toda una generación ha crecido en el mundo islámico sin sentirse a gusto en Oriente ni en Occidente, y muchos han optado por volver a sus raíces islámicas. Al igual que Mahoma trataba de incluir su religión en las tradiciones sagradas de Arabia cuando redefinió el significado del *hayy*, los musulmanes radicales han tratado de enraizarse con más firmeza en su pasado islámico.

Otro tema recurrente del nuevo fundamentalismo ha sido el intento de volver a situar la historia islámica en el camino correcto, y conseguir así que la *umma* sea de nuevo fuerte y eficaz. La revolución iraní no fue tan sólo un retorno atávico al pasado, sino un intento de imponer otra vez valores dignos en Irán. El ideal del Estado islámico en Pakistán e Irán despertó profundas esperanzas que extrañaron a los occidentales, que han desarrollado un ideal secular de gobierno, pero que representaron un profundo imperativo religioso y cultural y una oportunidad de conseguir que el islam volviera a ser eficaz. La historia de estos esfuerzos pone en evidencia los problemas y las dificultades insuperables que han plagado el intento de encarnar el mundo de Dios en el siglo XX. Mientras que en el pasado los musulmanes pudieron alzarse de nuevo tras sufrir varios desastres y pasar por algunas crisis –la muerte del Profeta, las devastaciones mongolas, etcétera–, esta vez la recuperación está demostrando ser mucho más difícil, y la religión se ha visto invadida por cierta desesperación frenética.

El fenómeno del fundamentalismo islámico es complejo; ha surgido de un gran dolor y alberga una necesidad desesperada por parte de muchos musulmanes de hacerse otra vez con las riendas de su destino, de acuerdo con la manera consagrada por la tradición. Algunas de estas nuevas versiones radicales del islam no parecen saludables, sino que están llenas de la inseguridad y la consternación que avivaron el culto suicida de los mártires de Córdoba, quienes actuaron movidos por temores y necesidades similares. Hemos visto que durante la época de la crisis de Suez el sabio islámico Wilfred Cantwell Smith subrayó la importancia de mantener un islam saludable y activo, porque había ayudado a los musulmanes a cultivar valores dignos e ideales que en Occidente también compartimos ya que provienen de una tradición común. Desde la crisis de Suez, Occidente ha alienado aún más a las gentes de Oriente Próximo y ha desacreditado el secularismo liberal que tanto ansía extender. Los occidentales nunca hemos sido capaces de comprender el islam: nuestras ideas acerca de esta religión han sido siempre burdas y desdeñosas, y hoy parecemos renegar de nuestro propio compromiso con la tolerancia y la compasión despreciando el dolor y la angustia incipientes en el mundo musulmán. El islam no va a disiparse o a desaparecer, y todos nos habríamos beneficiado si hubiera permanecido saludable y fuerte. Solamente nos queda esperar que todavía no sea demasiado tarde.

Los habitantes del mundo islámico han tenido que enfrentarse a muchos problemas a finales del siglo XX, pero, tal y como señaló Wilfred Cantwell Smith en 1956, Occidente también tiene un problema. La «debilidad fundamental» de la civilización occidental y del cristianismo en el mundo moderno

«radica en su incapacidad de reconocer que no comparten el planeta con sus inferiores, sino con sus iguales. A menos que la civilización occidental pueda aprender a tratar a otros hombres con un respeto fundamental desde una perspectiva intelectual, social, política y económica, y, en lo que respecta a la Iglesia cristiana, teológica, tanto la Iglesia como la civilización occidental habrán sido incapaces de aceptar las realidades del siglo XX. Estos problemas son, sin duda, tan profundos como cualquier otro que hayamos mencionado con respecto al islam».[18]

En realidad, el islam y Occidente comparten una tradición común. Los musulmanes lo han reconocido desde tiempos del profeta Mahoma, pero Occidente no puede aceptarlo. Hoy algunos musulmanes están comenzando a volverse en contra de las culturas de las Gentes del Libro, que los han humillado y despreciado. Incluso han comenzado a islamizar su nuevo odio. La venerada figura del profeta Mahoma provocó uno de los últimos enfrentamientos entre el islam y Occidente durante el caso Rushdie. Si hoy los musulmanes necesitan entender nuestras tradiciones e instituciones occidentales más a fondo, los occidentales necesitamos deshacernos de algunos de nuestros antiguos prejuicios. Quizá podamos dar un primer paso acercándonos a la figura de Mahoma: un hombre complejo y apasionado que en ocasiones actuó de forma que nos cuesta aceptar, pero cuyo singular talento le permitió fundar una religión y una tradición cultural que no se basaban en la espada –pese al mito occidental– y cuyo nombre, «islam», significa paz y reconciliación.

Apéndices

Notas

1. Mahoma, el enemigo

1. Joinville, J., *The life of St Louis*, ed. de Wailly, N., Londres, 1955, pág. 36.
2. Álvaro de Córdoba, *Indiculus Luminosus*, citado en Southern, R.W., *Western Views of Islam in the Middle Ages*, Londres, 1962, pág. 36.
3. Perfecto era probablemente una versión latina del nombre árabe al-Kamil (el Completo); otros mártires eran llamados Servus Dei, que debe de ser una traducción de Abdallah (el Esclavo de Dios).
4. Álvaro de Córdoba, *Vita Eulogii*, citado en Daniel, N., *The Arabs and Medieval Europe*, Londres y Beirut, 1975, pág. 29.
5. II Tesalonicenses 1:4-8. San Pablo no fue su autor; la carta fue escrita años después de su muerte.
6. Apocalipsis 19:19
7. *Gesta Francorum or The Deeds of the Franks and Other Pilgrims to Jerusalem*, Londres, 1962, pág. 22.
8. Southern, *Western Views of Islam*, pág. 29.
9. Citado en Daniel N., *The Arabs and Medieval Europe*, pág. 156.
10. *The Comedy of Dante Alighieri*, Cantica I: Hell, Londres, 1949, Canto XXVIII: 22-27, pág. 246. [Trad. esp.: *Divina comedia*, Ediciones Altaya, Barcelona, 1999.]
11. *Gesta Regum*, citado en Southern, *Western Views of Islam*, pág. 35.
12. *Chronicon*, en ibíd., pág. 36.
13. Citado en Kedar, B., *Crusade and Mission: European Approaches to the Muslims*, Princeton, 1984, pág. 99.
14. Ibíd., pág. 101.
15. Citado en Pernoud, R., *The Crusaders*, Edimburgo y Londres, 1963, pág. 221. [Trad. esp.: *Los hombres de las cruzadas*, Swan, colección Torre de la Botica, Móstoles, 1999.]
16. Ibíd.
17. Kedar, *Crusade and Mission*, págs. 125-126.
18. Citado en Pernoud, *The Crusaders*, págs. 222-223.
19. Eco, U., «Dreaming of the Middle Ages», en *Travels in Hyper-Reality*, Londres, 1987, pág. 64. [Trad. esp.: *De los espejos y otros ensayos*, Lumen, Barcelona, 1998.]

20. Citado en Southern, *Western Views of Islam*, págs. 79-80.
21. Daniel, N., *The Arabs and Medieval Europe*, pág. 302.
22. Daniel, N., *Islam and the West: The Makings of an Image*, Edimburgo, 1960, págs. 284-285.
23. Citado en Said, E.W., *Orientalism: Western Conception of Orient*, Nueva York y Londres, 1985, pág. 66. [Trad. esp.: *Orientalismo*, Ediciones Libertarias-Prodhufi, Madrid, 1990.]
24. Prideaux, H., *The True Nature of Imposture, Fully Displayed in the Life of Mahomet*, 7ª edición, Londres, 1708, pág. 80.
25. Daniel, N., *Islam and the West*, pág. 297.
26. Ibíd., pág. 300.
27. Ibíd., pág. 290.
28. *The Decline and Fall of the Roman Empire*, ed. Saunders, D., Londres, 1980, págs. 657-658. [Trad. esp.: *Historia y decadencia del Imperio romano*, Alba Editorial, Barcelona, 2003.]
29. *On Heroes and Hero-Worship*, Londres, 1841, pág. 23.
30. Citado en Said, E.W., *Orientalism*, pág. 172.
31. Ibíd.
32. Ibíd., pág. 171.
33. *Histoire générale*, citado en ibíd., pág. 149.
34. Baudricourt, M., *La Guerre et le gouvernement de l'Algérie*, París, 1853, pág. 160.
35. Citado en Said, E.W., *Orientalism*, pág. 38.
36. *Holy War: The Crusades and Their Impact on Today's World*, Londres, 1988.
37. Kabbani, R., *Letter to Christendom*, Londres, 1989, pág. 54.
38. Weldon, F., *Sacred Cows*, Londres, 1989, págs. 6, 12.
39. O'Brien, C.C., *The Times*, 11 de mayo de 1989.
40. *Islam in Modern History*, Princeton y Londres, 1957, págs. 304-305.

3. Yahiliyyah

1. El zoroastrismo fue predicado por el profeta Zoroastro en Irán en los siglos VII y VI a.C., hacia la misma época en que Jeremías e Isaías predicaban en Jerusalén. Es una fe dualista que ve una lucha eterna entre dos poderes supremos, un principio del Bien y otro del Mal.
2. Toynbee, A.J., *A Study of History*, Londres, 1951, vol. III, págs. 7-22. [Trad. esp.: *Estudio de la historia*, Alianza Editorial, Barcelona, 1992.]
3. Montgomery Watt, W., *Muhammad's Mecca: History in the Qu'ran*, Edimburgo, 1988.
4. Parece, sin embargo, que algunos de los paganos de Yatrib tenían efigies de Manat en sus hogares.
5. *Véase* el cuadro genealógico de los Coraix en la pág. 14.
6. Tradicionalmente, se cree que Mahoma nació en el Año del Elefante, pero algunos estudiosos occidentales opinan que la invasión abisinia tuvo lugar unos diez años antes, en el 560.

7. Citado por ibn Ishaq, M., *Sirat Rasul Allah* 38, en Guillaume, A., *The Life of Muhammad*, Londres, 1955, pág. 21.

8. Sura 29:61-63.

9. Sura 10:22-224; *véase también* 29:65, 31:31, 17:69.

10. *Sira* 143, en Guillaume, A., *The Life of Muhammad*, pág. 99.

11. Ibíd., 145, pág. 100.

4. Revelación

1. Sura 93:1-8.

2. Hoy muchos musulmanes creen que Mahoma fue el hombre arquetípico perfecto, y que por consiguiente era incapaz de «errar». Examino esta afirmación con más detalle en el capítulo 9.

3. Ibn Ishaq, M., *Sirat Rasul Allah* 150, en Guillaume, A., *The Life of Muhammad*, Londres, 1955, pág. 104.

4. Sura 61:6. *Véase también* Andrae, T., *Muhammad: The Man and His Faith*, Londres, 1936, págs. 44-45.

5. Ibn Ishaq, *Sira* 136, en Guillaume, A., *The Life of Muhammad*, pág. 94.

6. Ibíd., 134, pág. 93. Ad e Iram eran antiguos pueblos árabes, cuya destrucción se menciona en el Corán.

7. *Kitab al-Tabaqat al-Kabir*, citado en Andrae, T., *Mohammad*, págs. 43-44.

8. La traducción de Hilf al-Fudul como Liga de los Virtuosos o Corteses ha sido cuestionada.

9. Ibn Ishaq, *Sira* 104-105, en Guillaume, A., *The Life of Muhammad*, pág. 71.

10. Abu Bakr Ahmad at-Baihaqi (muerto en 1066), *Dala'il an nubuwwa*, 1.12, citado en Schimmel, A., *And Muhammad Is His Messenger: The Veneration of the Prophet in Islamic Piety*, Chapel Hill y Londres, 1985, pág. 68.

11. Ibn Ishaq, *Sira* 116-117, en Guillaume, A., *The Life of Muhammad*, pág. 81.

12. Andrae, T., *Mohammed*, págs. 50-51.

13. Ibn Ishaq, *Sira* 121, en Guillaume, A., *The Life of Muhammad*, pág. 83.

14. Ibíd., 120, pág. 82.

15. Ibíd., 155, pág. 111.

16. Las fuentes casi siempre se refieren a algunos de los árabes de esta historia por sus *kunyas*, por ejemplo Abu Talib, Abu Sufyan y Umm Salamah.

17. Ibn Ishaq, *Sira* 124-125, en Guillaume, A., *The Life of Muhammad*, págs. 85-86.

18. Sura 28:86.

19. Ibn Ismail al-Bujari, M., citado en Lings, M., *Muhammad: His Life Based on the Earliest Sources*, Londres, 1983, págs. 43-44. [Trad. esp.: *Muhammad: su vida, basada en las fuentes más antiguas*, Ediciones Hiperión, Madrid, 1989.]

20. Sura 96:1.

21. Ibn Ishaq, *Sira* 153, en Guillaume, A., *The Life of Muhammad*, pág. 106.

22. Isaías 6:1-9.

23. Jeremías 20:7-9

24. Andrae, T., *Mohammad*, pág. 59.

25. Ibn Ishaq, *Sira* 153, en Guillaume, A., *The Life of Muhammad*, pág. 106.

26. Ibíd., 154, pág. 107. *Namus* era la palabra griega para *nomos*, Ley, es decir, la Ley de Moisés o la Torah, revelada al pueblo de Israel. Los árabes desconocían esta palabra, empleada por Waraqa. Los musulmanes la identificaron con Gabriel. Waraqa quiso decir que ésta era una de las grandes revelaciones que Dios hacía periódicamente a los hombres.

27. Sura 35:22.
28. *Véase*, por ejemplo, Sura 6: 160 y sig.
29. Sura 3:76.
30. Sura 61:6.
31. Sura 81:19-24.
32. Ibn Ishaq, *Sira* 151, en Guillaume, A., *The Life of Muhammad*, pág. 105.
33. Al-Din Suyuti, J., *al-itqan fi'ulum al-aq'ran*, citado en Rodinson, M., *Mohammed*, Londres, 1971, pág. 74. [Trad. esp.: *Mahoma*, Ediciones Península, Barcelona, 2002.]
34. Bujari, Hadiz 1.3, citado en Lings, *Muhammad*, págs. 44-45.
35. Sura 75:17-19.

5. El amonestador

1. Sura 42:7.
2. Sura 88:21-22.
3. Sura 74:1-5, 8-10. Algunos expertos creen que ésta, y no la Sura 96, fue la primera parte del Corán en ser revelada.
4. Sura 80:24-32.
5. Sura 51:19, 70:24. En los primeros tiempos el *zakat* estaba establecido como una norma, pero no se convirtió en un impuesto habitual hasta después de la muerte de Mahoma.
6. Montgomery Watt, W., *Muhammad at Mecca*, Oxford, 1953, Excursus D «Tazakka», págs. 155-159. [Trad. esp.: *Mahoma, profeta y hombre de Estado*, Labor, Cerdanyola, 1968.]
7. Sura 92:18, 9:103, 63:9, 102:1.
8. Sura 4:2, 5, 10, 6:152, 17:34, 51:19, 70:24.
9. Sura 96:6-8.
10. Sura 104:1-3.
11. Sura 70:11-14.
12. Sura 105.
13. Sura 80:11.
14. Sura 106.
15. Sura 55:1-12.
16. Sura 36:33-40.
17. Sura 36:41-44.
18. Isaías 55:8-9.
19. Sura 2:158-159.
20. Sura 6:96-99.
21. Sura 10:69, 21:26-30.

22. Sura 8:2-4.

23. Sura 2:89, 27:14.

24. Ibn Sad, M., *Kitab at-Tabaqat al-Kabir*, 8:102, citado en Lings, M., *Muhammad: His Life Based on the Earliest Sources*, Londres, 1983, pág. 51. [Trad. esp.: *Muhammad: su vida, basada en las fuentes más antiguas*, Ediciones Hiperión, Madrid, 1989.]

25. Ibn Ishaq, M., *Sirat Rasul Allah* 162, en Guillaume, A., *The Life of Muhammad*, Londres, 1955, pág. 116.

26. Ibíd., 161, pág. 115.

27. Ibn Sad, *Tabaqat*, 3:1,37, citado en Lings, M., *Muhammad*, pág. 47. [Trad. esp.: *Muhammad: su vida, basada en las fuentes más antiguas*, Ediciones Hiperión, Madrid, 1989.]

28. Citado en Montgomery Watt, W., *Muhammad at Mecca*, pág. 87. [Trad. esp.: *Mahoma, profeta y hombre de Estado*, Labor, Cerdanyola, 1968.]

29. Ibn Ishaq, *Sira* 166, en Guillaume, A., *The Life of Muhammad*, pág. 117.

30. Sura 26:214.

31. Sura 17:28-31.

32. Jafah at-Tabari, A., *Tariq ar-Rasul wa'l-Muluk* 1171, en Guillaume, A., *The Life of Muhammad*, págs. 117-118.

33. Sura 83:13.

34. Sura 37:15.

35. Sura 37:12-19.

36. Sura 45:23.

37. Sura 83:9-14.

38. Sura 36:77-83.

6. *Los Versos Satánicos*

1. Ibn Ishaq, M., *Sirat Rasul Allah* 166-167, en Guillaume, A., *The Life of Muhammad*, Londres, 1955, pág. 118.

2. *Véase* Sura 38:4-8.

3. *Véase*, por ejemplo, Sura 46:8.

4. Sura 17:75-77.

5. Citado en Montgomery Watt, W., *Muhammad at Mecca*, Oxford, 1953, pág. 100. [Trad. esp.: *Mahoma, profeta y hombre de Estado*, Labor, Cerdanyola, 1968.]

6. *Tafsir*, xvii, 119-121, citado en Montgomery Watt, W., *Muhammad at Mecca*, pág. 102. [Trad. esp.: *Mahoma, profeta y hombre de Estado*, Labor, Cerdanyola, 1968.]

7. *Tariq ar-Rasul wa'al Muluk* 1192, citado en Guillaume, A., *The Life of Muhammad*, pág. 165.

8. Sura 53:19-20.

9. Sura 53:26, aunque incluso aquí se minimiza la intercesión de los ángeles.

10. Tabari, *Tariq* 1192, citado en Guillaume, A., *The Life of Muhammad*, pág. 166.

11. *Véase* Sura 7:9-15.

12. Beeman, W.O., «Images of the Great Satan: Representations of the United States in the Iranian Revolution», en Keddie N.R. (ed.), *Religion and Politics in Iran: Shi'ism from quietism to Revolution*, New Haven, 1983, págs. 191-217.
13. *Tariq* 1192, citado en Guillaume, A., *The Life of Muhammad*, pág. 166.
14. Sura 53:19-26.
15. Sura 22:51.
16. Sura 2:100; cf. 13:37, 16:101, 17:41, 17:86.
17. *Véase* Sura 69:44-47.
18. Sura 29:17, 10:18, 39:43.
19. Sura 25:17 y sig., 16:86, 10:28.
20. Sura 36:74.
21. Ibn Ishaq, *Sira* 167-168, en Guillaume, A., *The Life of Muhammad*, pág. 119.
22. Ibíd.
23. Ibíd., 206-207, pág. 145.
24. Sura 19:16-22.
25. Citado en Ibn Ishaq, *Sira* 183-184, en Guillaume, A., *The Life of Muhammad*, pág.130-131.
26. Ibíd., 185, pág. 131.
27. Ibíd., pág. 132.
28. Sura 41:1-6.
29. Ibn Ishaq, *Sira* 186-187, en Guillaume, A., *The Life of Muhammad*, pág.132-133.
30. Sura 52:34, 2:23, 10:38.
31. Steiner, G., *Real Presences: Is There Anything in What We Say?*, Londres, 1989, págs. 142-143. [Trad. esp.: *Presencias reales*, Destino, Barcelona, 1998.]
32. Hossein Nasr, S., *Ideals and Realities of Islam*, Londres, 1966, págs. 47-48.
33. Ibn Ishaq, *Sira* 227, en Guillaume, A., *The Life of Muhammad*, pág.157.
34. Ibíd., 228, pág. 158.
35. Ibíd., 230, pág. 159.
36. Sura 23:22-24.
37. Sura 11:105.
38. Sura 11:102-103.

7. La hégira. Una nueva dirección

1. Citado en Ibn Ishaq, M., *Sirat Rasul Allah* 278, en Guillaume, A., *The Life of Muhammad*, Londres, 1955, pág. 191.
2. Ibíd., 244, págs. 169-170.
3. Ibn Ismail al-Bujari, M., *Ahadiz*, 63:26, citado en Lings, M., *Muhammad: His Life Based on the Earliest Sources*, Londres, 1983, pág. 94. [Trad. esp.: *Muhammad: su vida, basada en las fuentes más antiguas*, Ediciones Hiperión, Madrid, 1989.]
4. Ibn Ishaq, *Sira* 280, en Guillaume, A., *The Life of Muhammad*, pág.193.
5. Sura 46:28-32.
6. Sura 13:12.

7. Ninguno de ellos se negó a concederle protección a Mahoma específicamente a causa de su religión. Ajnas rehusó porque, pese a que se le consideraba jefe del clan, en realidad era uno de sus confederados y por tanto no estaba autorizado a conceder protección a extraños. Suhayl respondió que no podía darle proteción a Mahoma porque procedía de otra rama de los Coraix.

8. Sura 17:11.

9. Ibn Ishaq, *Sira* 271, en Guillaume, A., *The Life of Muhammad*, pág.186.

10. Sura 53:13-18.

11. *Véase* Schimmel, A., *And Muhammad Is His Messenger: The Veneration of the Prophet in Islamic Piety*, Chapel Hill y Londres, 1985, págs. 161-175.

12. *Ilahinama*, citado en ibíd., págs. 167-168.

13. En *The Making of Late Antiquity*, Cambridge, Mass., y Londres, 1979 [trad. esp.: *El primer milenio de la cristiandad*, Crítica, Barcelona, 1997], Peter Brown explica que el trance y el éxtasis eran normativos a principios del cristianismo. Los sueños tenían una especial importancia en la vida religiosa de la época, tanto pagana como cristiana. «Era un paradigma de la frontera abierta entre lo humano y lo divino: cuando un hombre dormía y sus sentidos corporales estaban apaciguados, se abría completamente la frontera entre su ser y los dioses» (pág. 65).

14. *Acts of Perpetua and Felicitas*, IV, citado en Dronke, P., *Women Writers of the Middle Ages: A Critical Study of Texts from Perpetua (d. 203) to Marguerite Porete (d. 1310)*, Cambridge, 1984, pág. 2. [Trad. esp.: *Las escritoras de la Edad Media*, Crítica, Barcelona, 1995.]

15. *The Power of Myth*, con Moyers, B., Nueva York, 1988, pág. 85. [Trad. esp.: *El poder del mito*, Salamandra, Barcelona, 1991.]

16. Ibíd., pág. 87.

17. Ibn Ishaq, *Sira* 134, en Guillaume, A., *The Life of Muhammad*, pág. 93.

18. Ibíd., 287, pág. 198.

19. Ibíd., 246, pág. 171.

20. Ibíd.

21. Citado en Ibn Ishaq, *Sira* 289, en Guillaume, A., *The Life of Muhammad*, pág. 199. La orden que prohibía a los musulmanes «matar a sus hijos» prohibía también la costumbre del infanticidio femenino, que había sido habitual en la Arabia preislámica.

22. Ibíd., 291-292, págs. 200-201.

23. Citado en ibíd., 293, pág. 201.

24. Sura 5:5-7. Los musulmanes tienen prohibido comer carne de cerdo, carroña, carne de animales estrangulados y de los que han muerto por causas naturales y la sangre y carne de un animal que haya sido sacrificado a ídolos. Cf. Hechos de los Apóstoles 15:19-21, 29.

25. Ibn Ishaq, *Sira* 295, en Guillaume, A., *The Life of Muhammad*, pág. 202.

26. Ibíd., 304-305, pág. 208.

27. Algunos de los musulmanes tenían parientes en Medina: el mismo Mahoma tenía allí parientes de su madre, Amina. Pero la hégira exigía que los musulmanes abandonaran a toda la tribu y a sus parientes consanguíneos por otro grupo con el que no guardaban parentesco.

28. Montgomery Watt, W., *Muhammad's Mecca: History in the Qu'ran*, Edimburgo, 1988, pág. 25.

29. Sura 60:1, 9, 47-113.

30. Sura 8:30, 28:19, 27:48-51.

31. Los estudiosos occidentales cuestionan el papel histórico de Abbas en el Segundo Aqaba. Señalan que Abbas fue el fundador de la dinastía abbasí y que esto, así como otras referencias halagadoras, eran un intento de limpiar su reputación. Como veremos, parece que Abbas combatió contra Mahoma y no se convirtió al islam casi hasta el último momento.

32. Ibn Ishaq, *Sira* 296, en Guillaume, A., *The Life of Muhammad*, pág. 203.

33. Ibíd., 297, pág. 204.

34. Ibíd., 316, pág. 215.

35. Sura 9:40.

36. Ibn Ishaq, *Sira* 334, en Guillaume, A., *The Life of Muhammad*, pág. 227.

37. Ibíd., 337, pág. 229.

38. Ibíd., 342, pág. 232.

39. Ibíd.

40. Ibíd., 341, págs. 231-232.

41. Sura: 8:72.

42. Ibn Ishaq, *Sira* 341, en Guillaume, A., *The Life of Muhammad*, pág. 232.

43. Sura 3:109.

44. Ibn Ishaq, *Sira* 247, en Guillaume, A., *The Life of Muhammad*, pág. 236.

45. Ibn Sad, M., *Kitab at-Tabaqat al-Kabir*, VIII, 42, citado en Lings, M., *Muhammad*, págs. 133-134. [Trad. esp.: *Muhammad: su vida, basada en las fuentes más antiguas*, Ediciones Hiperión, Madrid, 1989.]

46. Ibn Ishaq, *Sira* 414, en Guillaume, A., *The Life of Muhammad*, pág. 280. Fajj es una población situada fuera de La Meca; Majanna era el mercado en la parte más baja de la ciudad; Shama y Tafil son dos montañas de La Meca.

47. Ibíd.

48. Sura 2:6-14.

49. Ibn Ishaq, *Sira* 413, en Guillaume, A., *The Life of Muhammad*, pág. 279.

50. Ibíd., 362, pág. 246.

51. Ibíd., 361, pág. 246.

52. Sura 2:25, 4:153, 5:15.

53. Sura 3:72, 3:87. También se acusa a los judíos de distorsionar el significado de algunos textos en provecho propio (4:48, 5:16). Más tarde los musulmanes se han valido de estos versículos para argumentar que las Escrituras judías están viciadas. El texto, sin embargo, dice que los judíos han «alterado el significado correcto de las palabras».

54. Sura 2:79, 5:28.

55. *Véase*, por ejemplo, 4:156-157. Éste no es un ataque contra Jesús o el cristianismo, sino parte de la polémica contra los judíos. La idea de que Jesús no había sufrido y muerto realmente en la cruz fue propagada por diversas sectas docetistas del cristianismo oriental y por el maniqueísmo, que parece haber penetrado en Arabia.

56. *Véase* Sura 2:110.

57. Sura 29:46.
58. Sura 3:58-62.
59. Sura 2:129-132.
60. Véase Sidersky, D., *Les Origines des légendes musulmans dans le Coran et dans les vies des prophètes*, París, 1933, págs. 51-53.
61. Génesis 21:8-21.
62. Sura 2:122-124.
63. Sura 2:39. *Véase también* 2:140-146.
64. Sura 6:160, 162-163.

8. *La guerra santa*

1. Estos comentarios sólo se refieren al cristianismo occidental. La Iglesia ortodoxa oriental no cultivó la imagen del Cristo vulnerable, sino la del Cristo pantocrátor, emperador del universo. El emperador de Bizancio era su representante en la tierra y su espléndida corte imitaba la corte de Cristo en el cielo.
2. Esta actitud ya se podía encontrar en el Nuevo Testamento: I Juan 2:12-17.
3. Incluso los puritanos consideraban la prosperidad como una recompensa más que como un logro espiritual en sí.
4. *Martirologio romano*: entrada sobre el día de Navidad.
5. Sura 33:72.
6. *Véase*, por ejemplo, Sura 11:28-125.
7. Sura 22:40-3.
8. Andrae, T., *Muhammad: The Man and His Faith*, Londres, 1936, pág. 197.
9. Sura 2:213-15.
10. Sura 5:17, pero en 5:85 el Corán apunta que los cristianos son mucho más caritativos que los judíos.
11. Sura 22:252.
12. He tratado más a fondo la moderna *yihad* en *Holy War: The Crusades and Their Impact on Today's World*, Londres, 1988, págs. 223-284.
13. Citado en Ibn Ishaq, M., *Sirat Rasul Allah* 430, en Guillaume, A., *The Life of Muhammad*, Londres, 1955, pág. 291.
14. Ibíd., 435, pág. 294.
15. Ibíd., 438, pág. 296.
16. Ibíd., 441, pág. 298.
17. Ibíd.
18. Ibíd., 442, pág. 298.
19. Sura 8:70.
20. Armstrong, K., *Holy War*, en todo el libro.
21. Sura 8:45.
22. Sura 8:17.
23. Sura 8:66-67.
24. Sura 21:49.

25. Éxodo 14:25-31.

26. *Tariq ar-Rasul wa'al Muluk* 1281, citado en Montgomery Watt, W., *Muhammad at Medina*, Oxford, 1956, pág. 205.

27. *Véase* Sura 47:5, 24:34, 2:118.

28. Citado en Zafrulla Jan, M., *Islam: Its Meaning for Modern Man*, Londres, 1962, pág. 182.

29. Ibn Ishaq, *Sira* 459, en Guillaume, A., *The Life of Muhammad*, pág. 309.

30. Sura 47:22.

31. Ibn Ishaq, *Sira* 543, en Guillaume, A., *The Life of Muhammad*, pág. 361.

32. Ibíd., 545, pág. 363.

33. Ibn Umar al-Waqidi, M., *Kitab al-Maghazi* 214, citado en Lings, M., *Muhammad: His Life Based on the Earliest Sources*, Londres, 1983, pág. 176. [Trad. esp.: *Muhammad: su vida, basada en las fuentes más antiguas*, Ediciones Hiperión, Madrid, 1989.]

34. Ibn Ishaq, *Sira* 559, en Guillaume, A., *The Life of Muhammad*, pág. 372.

35. Ibíd., 562, pág. 374.

36. Ibíd.

37. Ibíd., 583, pág. 386.

38. *Muhammad at Medina*, pág. 184.

39. Sura 4:3.

40. Sura 4:23.

41. Sura 2:225-240; 65:1-70.

42. Sura 4:3.

43. Sura 6:152.

44. Mateo 6:26.

45. Sura 24:33.

46. Citado en Rodinson, M., *Mohammed*, Londres, 1961, pág. 192. No cita fuente. [Trad. esp.: *Mahoma*, Ediciones Península, Barcelona, 2002.]

47. Ibn Sad, M., *Kitab at-Tabaqat al-Kabir*, VIII, 71-72, citado en Lings, M., *Muhammad*, pág. 213. [Trad. esp.: *Muhammad: su vida, basada en las fuentes más antiguas*, Ediciones Hiperión, Madrid, 1989.]

48. Sura 33:36-40.

49. Sura 33:53.

50. Ibn Ishaq, *Sira* 729, pág. 493.

51. Ibíd., 726, pág. 491.

52. Ibíd., 735, pág. 496.

53. Ibíd., 735, pág. 496, y *Ahadith* de ibn Hanilal, A., VI:60, 197 y ibn al-Bujari, M., III:108, 296; citado en Abbot, N., *Aishah the Beloved of Muhammad*, Chicago, 1942, pág. 36. El patriarca cuyo nombre Aisha no podía recordar era, por supuesto, Jacob. Véase Corán, Sura 12:18.

54. Sura 24:11.

55. Waqidi, *Kitab al-Maghazi* 448-449, Ibn Sad, *Tabaqat*, 2:51, citado en Lings, M., *Muhammad*, pág. 218. [Trad. esp.: *Muhammad: su vida, basada en las fuentes más antiguas*, Ediciones Hiperión, Madrid, 1989.]

56. Ibn Ishaq, *Sira* 677, pág. 454.

57. *Véase* Sura 4:54.

58. Ibn Ishaq, *Sira* 675, pág. 453.
59. Sura 33:10-11.
60. Ibn Ishaq, *Sira* 683, pág. 460.
61. Waqidi, *Kitab* 488-490, citado en Lings, M., *Muhammad*, pág. 227. [Trad. esp.: *Muhammad: su vida, basada en las fuentes más antiguas*, Ediciones Hiperión, Madrid, 1989.]
62. Ibn Ishaq, *Sira* 689, pág. 464.
63. Ibíd., 689, págs. 464-465.
64. *Véase* Lewis, B, en *Semites and Anti-Semites, An Inquiry into Conflict and Prejudice*, Londres, 1986, págs. 117-139, 164-259.
65. Sura 2:191, 251.
66. Sura 8:62-63.
67. Sura 3:147:48.
68. Montgomery Watt, W., *Muhammad at Medina*, págs. 215-217; Rodinson, M., *Mohammed*, pág. 214.

9. Paz sagrada

1. Sura 48:27.
2. Ibn Umar al-Waqidi, M., *Kitab al-Maghazi* 587, citado en Lings, M., *Muhammad: His Life Based on the Earliest Sources*, Londres, 1983, pág. 247. [Trad. esp.: *Muhammad: su vida, basada en las fuentes más antiguas*, Ediciones Hiperión, Madrid, 1989.]
3. Ibn Ishaq, M., *Sirat Rasul Allah* 741, en Guillaume, A., *The Life of Muhammad*, Londres, 1955, pág. 500.
4. Ibíd.
5. Ibíd.
6. Ibíd., 743, pág. 501.
7. Ibíd., pág. 502.
8. Ibíd., 745, pág. 503.
9. Montgomery Watt, W., *Muhammad at Medina*, Oxford, 1956, pág. 50.
10. Ibn Ishaq, *Sira* 748, en Guillaume, A., *The Life of Muhammad*, pág. 505.
11. Ibíd., 747, pág. 504.
12. Por su matrimonio con Juwayriyah, hija del jefe de al-Mustaliq de Juzaa, después del ataque a al-Mustaliq en enero del año 627,
13. Ibn Ishaq, *Sira* 747, en Guillaume, A., *The Life of Muhammad*, pág. 504.
14. Ibíd., 748, pág. 505.
15. Citado en Lings, M., *Muhammad*, pág. 254. No cita fuente.
16. Ibíd., pág. 255.
17. Sura 48:1.
18. Sura 48:2.
19. Sura 48:10-17.
20. Sura 48:20.
21. Sura 48:26-27.
22. Sura 48:29.

23. Mateo 10:34-36.

24. Ibn Ishaq, *Sira* 751, en Guillaume, A., *The Life of Muhammad*, pág. 507.

25. Ibíd., 752, pág. 507.

26. Sura 2:174-175.

27. Hodgson, M.G.S., *The Venture of Islam: Conscience and History in a World Civilization*, Chicago, 1974, vol. I, pág. 339.

28. Sura 17:35.

29. Sura 5:49. cf. 16:127, 42:37.

30. Sura 2:172.

31. Sura 2:172. Han culpado a Mahoma de no abolir la esclavitud, pero éste es un juicio anacrónico. Algunos autores del Nuevo Testamento también consideran normal esta institución. Pero, de hecho, Mahoma redujo la esclavitud en Arabia al imponer la *pax islamica*, que limitó los ataques y la violencia en la península.

32. También es cierto que el espíritu igualitario estaba profundamente arraigado en la cultura de Oriente Medio y que el islam fue en parte una respuesta a dicha cultura.

33. Montgomery Watt, W., *Muhammad at Medina*, pág. 268.

34. Lancaster, W. y F., «The Gulf Crisis and Arab Disenchantment», *Middle East International*, 385, 12 de octubre de 1990. Incluye opiniones árabes sobre la división entre los musulmanes.

35. Ibn Sad, M., *Kitab at-Tabaqat al-Kabir*, VII, 147, citado en Lings, M., *Muhammad*, pág. 271. [Trad. esp.: *Muhammad: su vida, basada en las fuentes más antiguas*, Ediciones Hiperión, Madrid, 1989.]

36. Citado en Lings, M., *Muhammad*, pág. 282. No cita fuente. [Trad. esp.: *Muhammad: su vida, basada en las fuentes más antiguas*, Ediciones Hiperión, Madrid, 1989.]

37. Ibn Ishaq, *Sira* 717, en Guillaume, A., *The Life of Muhammad*, pág. 485.

38. Ibn Ismail al-Bujari, M., *Ahadith* LXIII, 6, citado en Lings, *Muhammad*, pág. 271. [Trad. esp.: *Muhammad: su vida, basada en las fuentes más antiguas*, Ediciones Hiperión, Madrid, 1989.]

39. Sura 33:28-29

40. Sura 33:35.

41. He tratado este tema más detalladamente en *The Gospel According to Woman: Christianity's Creation of the Sex War in the West*, Londres, 1986.

42. Tradición de Abu Naim al-Isfahani, *dala'il an nubuwwa*, II, 45, citado en Abbott, N., *Aishah, the Beloved of Muhammad*, Chicago, 1942, pág. 67.

43. Ibn Ishaq, *Sira* 812, en Guillaume, A., *The Life of Muhammad*, pág. 546.

44. Ibíd., 815, pág. 548.

45. Sura 17:82.

46. Ibn Ishaq, *Sira* 821, en Guillaume, A., *The Life of Muhammad*, pág. 553.

47. Citado en Lings, M., *Muhammad*, pág. 304. No cita fuente. [Trad. esp.: *Muhammad: su vida, basada en las fuentes más antiguas*, Ediciones Hiperión, Madrid, 1989.]

48. Jafah at-Tabari, A., *Tariq ar-Rasul wa'l-Muluk* 1642, en Guillaume, A., *The Life of Muhammad*, pág. 553.

49. Zafrulla Jan, M., *Islam: Its Meaning for Modern Man*, Londres, 1962, pág. 60.

50. Citado en Lings, M., *Muhammad*, pág. 311. No cita fuente. [Trad. esp.: *Muhammad: su vida, basada en las fuentes más antiguas*, Ediciones Hiperión, Madrid, 1989.]

51. Ibn Ishaq, *Sira* 886, en Guillaume, A., *The Life of Muhammad*, pág. 596-597.

52. Sura 9:66.

53. Sura 9:108. Se ha sugerido que los musulmanes rebeldes estaban en contacto con Abu Amir, el monoteísta conocido como «el Monje» que había desertado a La Meca después de la llegada de Mahoma a Medina.

10: ¿Muerte del Profeta?

1. Citado en Lings, M., *Muhammad: His Life Based on the Earliest Sources*, Londres, 1983, pág. 317. No cita fuente. [Trad. esp.: *Muhammad: su vida, basada en las fuentes más antiguas*, Ediciones Hiperión, Madrid, 1989.]

2. Shariati, *Hajj*, Teherán, 1988, págs. 54-56.

3. Ibn Ishaq, M., *Sirat Rasul Allah* 969, en Guillaume, A., *The Life of Muhammad*, Londres, 1955, pág. 651.

4. Ibíd., 1000, pág. 678.

5. Ibíd., 1006, pág. 679.

6. Ibíd., 1011, pág. 682.

7. Ibíd., 1012, pág. 683.

8. Sura 3:138.

9. Ibn Ishaq, *Sira* 1013, en Guillaume, A., *The Life of Muhammad*, pág. 683.

10. Cantwell Smith, W., *Islam and Modern History*, Princeton y Londres, 1957, pág. 32, sugiere esto, pero advierte que pocos musulmanes lo refrendarían.

11. Ibn Ishaq, *Sira* 1017, en Guillaume, A., *The Life of Muhammad*, pág. 687.

12. Instrucciones dadas por Ali a Makil al-Ashtar cuando fue nombrado gobernador de Egipto, en Chittick, W.C., *A Shi'ite Anthology*, Londres, 1980, pág. 75.

13. He tratado este tema en *Holy War: The Crusades and Their Impact on Today's World*, Londres, 1988, págs. 223-284.

14. *Encyclopaedia of Islam*, 1ª ed. Leiden, 1913, entrada bajo «Tasawwuf», citada también en Ruthven, M., *Islam and the World*, Londres, 1984, pág. 230.

15. Shariati, *Hajj*, pág. 54.

16. Hossein Nasr, S., *Ideals and Realities of Islam*, Londres, 1966, pág. 88.

17. Hossein Nasr, S., «The Significance of the *Sunnah* and *Hadith* in Islamic Spirituality», en *Islamic Spirituality: Foundation*, de la que también es editor, Londres, 1987, págs. 107-108.

18. Cantwell Smith, W., *Islam and Modern History*, pág. 305.

Bibliografía selecta

Abbot, N., *Aishah the Beloved of Muhammad*, Chicago, 1942.
Alighieri, D., *The Divine Comedy*, Cantica I: *Hell*, Londres, 1949. [Trad. esp.: *Divina comedia*, Ediciones Altaya, Barcelona, 1999.]
Andrae, T., *Muhammad: The Man and His Faith*, Londres, 1936.
Arberry, A.J., *The Koran Interpreted*, Oxford, 1964.
—, *Sufism: An Account of the Mystics of Islam*, Londres, 1950.
Armstrong, K., *The Gospel According to Woman: Christianity's Creation of the Sex War in the West*, Londres y Nueva York, 1986.
—, *Holy War: The Crusades and Their Impact on Today's World*, Londres, 1988; Nueva York, 1991.
Baudricourt, M., *La Guerre et le gouvernement de l'Algérie*, París, 1853.
Bell, R., *The Origin of Islam in Its Christian Environment*, Londres, 1926.
—, *Qu'ran, Translated with a Critical Re-arrangement of Its Suras*, 2 vols., Edimburgo, 1937-1939. [Trad. esp.: *Introducción al Corán*, Encuentro, Madrid, 1988.]
Boulares, H., *Islam: The Fear and the Hope*, Londres, 1990.
Brown, P., *The Making of Late Antiquity*, Cambridge, Mass., y Londres, 1978. [Trad. esp.: *El primer milenio de la cristiandad*, Crítica, Barcelona, 1997.]
Campbell, J. (con Moyers, B.), *The Power of Myth*, Nueva York y Londres, 1988. [Trad. esp.: *El poder del mito*, Salamandra, Barcelona, 1991.]
Carlyle, T., *On Heroes and Hero-Worship*, Londres, 1841. [Trad. esp.: *Los héroes*, Globus Comunicación, Madrid, 1995.]
Chittick, W.C., *A Shi'ite Anthology*, Londres, 1980.
Corbin, H., *Creative Imagination in the Sufism of Ibn Arabi*, Londres, 1970.
—, *Spiritual Body and Celestial Earth: From Mazdean Iran to Shi'ite Iran*, Londres, 1970.
Crone, P., y Cook, M., *Hagarism: The Making of the Islamic World*, Cambridge, 1977.
Cuppitt, D., *Taking Leave of God*, Londres, 1980.
Dan, J., «The Religious Experience of the *Merkavah*», en Green, A., ed., *Jewish Spirituality*, 2 vols., Londres, 1986, vol. I.
Daniel, N., *Islam and the West: The Makings of an Image*, Edimburgo, 1960.
—, *The Arabs and Medieval Europe*, Londres y Beirut, 1975.

Deshti, A., *Twenty-three Years*, Londres, 1985.

Dronke, P., *Women Writers of the Middle Ages: A Critical Study of Texts from Perpetua (d. 203) to Marguerite Porete (d. 1310)*, Cambridge, 1984. [Trad. esp.: *Las escritoras de la Edad Media*, Crítica, Barcelona, 1995.]

Eco, U., *Travels in Hyper-Reality*, Londres, 1987. [Trad. esp.: *De los espejos y otros ensayos*, Lumen, Barcelona, 1998.]

Eliade, M., *The Sacred and the Profane: The Nature of Religion*, Nueva York, 1959. [Trad. esp.: *Lo sagrado y lo profano*, Paidós, Barcelona, 1998.]

Frend, W.H.C., *Martyrdom and Persecution in the Early Church: A Study of a Conflict form the Maccabees to Donatus*, Oxford, 1965.

Fuller, P., *Images of God: The Consolations of Lost Illusions*, Londres, 1982.

Gabrieli, F., *Muhammad and the Conquests of Islam*, Londres, 1968. [Trad. esp.: *Mahoma y las conquistas del Islam*, Guadarrama, Barcelona, 1968.]

Gibbon, E., *The Decline and Fall of the Roman Empire*, ed. Saunders, D., Londres, 1980. [Trad. esp.: *Historia y decadencia del Imperio romano*, Alba Editorial, Barcelona, 2003.]

Gilsenan, M., *Recognizing Islam, Religion and Society in the Modern Middle East*, Londres y Nueva York, 1982.

Green, A., ed., *Jewish Spirituality*, 2 vols., Londres, 1986-1968.

Guillaume, A., trad. y ed., *The Life of Muhammad: A Translation of Ishaq's Sirat Rasul Allah*, Londres, 1955.

Heschel, A.J., *The Prophets*, 2 vols., Nueva York, 1962.

Hill, Rosalind, trad. y ed., *Gesta Francorum of The Deeds of the Franks and the Other Pilgrims to Jerusalem*, Londres, 1962.

Hodgson, M.G.S., *The Venture of Islam: Conscience and History in a World Civilization*, 3 vols., Chicago, 1974.

Iqbal, M., sir, *Six Lectures on the Reconstruction of Religious Thought in Islam*, Lahore, 1930.

Joinville, J., *The life of St Louis*, ed. de Wailly, N., Londres, 1955.

Kabbani, R., *Europe's Myths of the Orient*, Londres, 1986.

—, *Letter to Christendom*, Londres, 1989.

Kedar, B., *Crusade and Mission: European Approaches to the Muslims*, Princeton, 1984.

Keddie N.R., ed., *Religion and Politics in Iran: Shi'ism from quietism to Revolution*, New Haven y Londres, 1983.

Kepel, G., *The Prophet and Pharaoh: Muslim Extremism in Egypt*, Londres, 1985. [Trad. esp.: *Faraón y el profeta*, El Aleph, Barcelona, 1988.]

Jan, M.Z., *Islam: Its Meaning for Modern Man*, Londres, 1962.

Leaman, O., *An Introduction to Medieval Islamic Philosophy*, Cambridge, 1985.

Lewis, B., *The Arabs in History*, Londres, 1950. [Trad. esp.: *Los árabes en la historia*, Edhasa, Barcelona, 1996.]

—, *Islam from the Prophet Mohammad to the Capture of Constantinople*, 2 vols. vol I: *Politics and War*, vol. II: *Religion and Society*, Nueva York y Londres, 1976.

—, *The Muslim Discovery of Europe*, Nueva York y Londres, 1982.

—, *The Jews of Islam*, Nueva York y Londres, 1982. [Trad. esp.: *Los judíos del Islam*, Letrumero, Madrid, 2002.]

—, *Semites and Anti-Semites: An Inquiry into Conflict and Prejudice*, Londres, 1986.
Liebeschuetz, J.H.W.G., *Continuity and Change in Roman Religion*, Cambridge, 1979.
Lings, M., *Muhammad: His Life Based on the Earliest Sources*, Londres, 1983. [Trad. esp.: *Muhammad: su vida, basada en las fuentes más antiguas*, Ediciones Hiperión, Madrid, 1989.]
Mansfield, P., *The Arabs*, 3ª ed., Londres, 1985.
Massignon, Louis, *La Passion d'Hallaj*, 2 vols., París, 1922.
Nasr, S.H., *Muhammad: Man of Allah*, Londres, 1982.
—, ed., *Islamic Spirituality: Foundation*, Londres, 1987.
—, *Ideals and Realities of Islam*, Londres, 1966.
Nicholson, R.A., *The Mystics of Islam*, Londres, 1914.
—, *Eastern Poetry and Prose*, Cambridge, 1922.
Parrinder, G., *Sex in the World's Religions*, Londres, 1980.
Pernoud, R., *The Crusaders*, Edimburgo y Londres, 1963. [Trad. esp.: *Los hombres de las cruzadas*, Swan, colección Torre de la Botica, Móstoles, 1999.]
Prideaux, H., *The True Nature of Imposture, Fully Displayed in the Life of Mahomet*, 7.ª edición, Londres, 1708.
Rodinson, M., *Mohammed*, Londres, 1971. [Trad. esp.: *Mahoma*, Ediciones Península, Barcelona, 2002.]
Ruthven, M., *Islam in the World*, Londres, 1984.
—, *A Satanic Affair: Salman Rushdie and the Rage of Islam*, Londres, 1990.
Said, E.W., *Orientalism: Western Conception of Orient*, Nueva York y Londres, 1985. [Trad. esp.: *Orientalismo*, Ediciones Libertarias-Prodhufi, Madrid, 1990.]
—, *Covering Islam: How the Media and the Experts Determine How We See the Rest of the World*, Nueva York y Londres, 1981.
Sardar, Z., y Davies, M.W., *Distorted Imagination: Lessons from the Rushdie Affair*, Londres, 1990.
Saunders, J.J., *A History of Medieval Islam*, Londres y Boston, 1965.
Schimmel, A., *And Muhammad Is His Messenger: The Veneration of the Prophet in Islamic Piety*, Chapel Hill y Londres, 1985.
Scholem, G.G., *Major Trends in Jewish Mysticism*, 2.ª ed., Londres, 1955. [Trad. esp.: *Las grandes tendencias de la mística judía*, Siruela, Madrid, 2002.]
Schuon, F., *Understanding Islam*, Londres, 1963. [Trad. esp.: *Comprender el islam*, José J. de Olañeta, Palma de Mallorca, 1987.]
Shariati, A., *Hajj*, Teherán, 1988.
—, *What Is To Be Done?: The Enlightened thinkers and an Islamic Renaissance*, ed., Rajaee, F., Houston, 1986.
Sidersky, D., *Les Origines des légendes musulmans dans le Coran et dans les vies des prophètes*, París, 1933.
Cantwell Smith, W., *Islam and Modern History*, Princeton y Londres, 1957.
—, *Towards a World Theology*, Londres, 1981.
Southern, R.W., *Western Views of Islam in the Middle Ages*, Cambridge, Mass., 1962.
Steiner, G., *Real Presences: Is There Anything in What We Say?*, Londres, 1989. [Trad. esp.: *Presencias reales*, Destino, Barcelona, 1998.]

Torrey, C.C., *The Commercial-Theological Terms in the Koran*, Leiden, 1892.

Toynbee, A.J., *A Study of History*, Londres, 1951. [Trad. esp.: *Estudio de la historia*, Alianza Editorial, Barcelona, 1992.]

Trimingham, J.S., *Christianity Among the Arabs in Pre-Islamic Times*, Londres, 1979.

Von Grunebaum, G.E., *Classical Islam: A History 600-1258*, Londres, 1970.

Watt, W.M., *Muhammad at Mecca*, Oxford, 1953. [Trad. esp.: *Mahoma, profeta y hombre de Estado*, Labor, Cerdanyola, 1968.]

—, *Muhammad at Medina*, Oxford, 1956.

—, *Islam and the Integration of Society*, Londres, 1961.

—, *Muhammad's Mecca: History in the Qu'ran*, Edimburgo, 1988.

Weldon, F., *Sacred Cows*, Londres, 1989.

Wensinck, A.J., *The Muslim Cred: Its Genesis and Historical Development*, Cambridge, 1932.

Índice onomástico

Jacob, 115, 168, 208, 274
Jacobo de Vitry (obispo de Acre), 39
Jadija bint Juwaylid (primera esposa
de Mahoma), 101, 102, 103, 107,
108, 113, 129, 132, 134, 167,
171, 173, 177, 223, 233, 261-262,
310
Jafar, 103, 129, 157, 158, 171, 179,
301, 304
Jalal ad-Din Rumi, 337
Jalid ibn al-Walid, 155, 242, 263, 266,
273, 278, 279, 303, 305, 314, 317
Jalid ibn Hizam, 134
Jalid ibn Said, 130, 131, 157
Jattab ibn Nufayl, 89, 90, 155
Jeremías, 106, 107
Jesús, 19, 26, 29, 30, 33, 36, 39, 42,
44, 63, 65, 66, 68, 70, 86, 91, 92,
93, 95, 99, 110, 111, 117, 118,
135, 158, 162, 163, 165, 167,
168, 179, 206, 207, 208, 213,
215, 222, 248, 268, 289, 292,
296, 314, 324, 332, 339, 341
Joaquín de Fiori, 40, 41
Jomeini (ayatolá), 17
Jonás, 168, 177, 178
José, 125, 168, 179, 260
Josué, 38
Juan Bautista (san), 179
Juan de la Cruz (san), 180
Juan de Segovia, 43, 55
Juan (san), 65, 162
Julio César, 46
Jumah, 83, 132, 155, 157, 170, 174,
188, 219, 225, 249
Jusrua (rey de Persia), 70, 71
Justino, 142
Juvenal, 28
Juwayriyah bint al-Harith, 257

Kab ibn al-Ashraf, 235, 236, 237,
239, 250, 266
Kab ibn Asad, 264
Kabbani, Rana, 52, 54
Keddie, Nikki R., 53

Kepel, Gilles, 53
Kuhnays ibn Hudhafah, 233

Lucas (san), 65, 91, 95
Luis IX (rey de Francia), 25
Luis VII (rey de Francia), 38
Lutero, Martín, 42
Lyall (Sir) Alfred, 51
Lyell (Sir) Charles, 126, 341

Majzum, 83, 100, 103, 132, 155,
157, 171, 172, 242, 252
«Mahomet», 31, 32, 37, 43, 44, 48
«Mahound», 30, 32, 33, 34
Mana, 81, 82, 83, 88, 136, 142, 145,
146, 152, 317
Marcos (san), 65
María, Virgen, 111, 158, 168, 314
Mariam, 168
Marwah, 328
Maryam (concubina de Mahoma),
305, 306, 307, 309, 326
Massignon, Louis, 55, 337
Mateo (san), 65, 91, 95, 168
Maymunah (esposa de Mahoma),
302, 313
Maysara, 101
Moisés (patriarca), 38, 61, 63, 65,
66, 88, 105, 108, 125, 159, 168,
179, 205, 207, 208, 215, 229,
230, 269, 302
Mottahedeh, Roy, 53
Muhammad ibn Maslama, 250, 287
Muhammad Reza Pahlevi (Sha de
Irán), 117, 148, 334
Muqawqis de Egipto, 274, 305
Musab ibn Umayr, 189, 190, 192, 243
Mutim, 178, 187, 196
Muzdalifa, 79

Najla, 81, 82, 139, 219, 222, 223,
225, 317
Najran, 71, 81

Tiempo de Memoria
Últimos títulos de la colección
(Biografías, autobiografías, memorias y actualidad)